《共和国图典》编委会 主编

共和国图典

ILLUSTRATED CHRONICLE OF P.R. CHINA

青岛出版社

《共和国图典》编委会单位

前 言

1999年10月1日是中华人民共和国建国50周年大庆之日。

50年前，毛泽东主席在中国人民政治协商会议第一次全体会议上庄严宣告："占人类总人数四分之一的中国人从此站起来了。"中华人民共和国的成立结束了自鸦片战争以来中国人民饱受欺侮、积贫积弱的局面，开辟了中国历史的新纪元，具有5000年灿烂文明史的中华民族走上了发展、振兴的社会主义道路。

共和国走过的50年是我国各族人民自力更生、艰苦奋斗、发愤图强的50年；是伟大的社会主义祖国发生翻天覆地变化的50年。经过50年的奋斗，我国的社会生产力和综合国力得到很大发展，主要工农业产品产量跃居世界前列；12亿人民基本解决了温饱问题，物质文化生活整体水平接近小康；社会主义精神文明建设取得丰硕成果，全民族的科学文化素质普遍提高；社会主义民主与法制逐步健全，人民当家作主的国家政权日益巩固；爱国统一战线不断扩大，中华民族大团结、大联合空前增强；"一国两制"的伟大构想已经变成现实，祖国统一大业取得历史性进展；我国国际地位显著提高，成为世界上维护和平与促进发展的重要力量。这一切成就都是在党的正确领导下取得的。特别应当指出，党的十一届三中全会以来，我们党把马克思主义理论同中国的实践和当今时代的特征结合起来，形成了邓小平理论，制定了社会主义初级阶段的基本路线，实行改革开放，以经济建设为中心，走出了一条建设有中国特色的社会主义道路。如今，全国各族人民正高歌猛进，为实现党的十五大提出的跨世纪宏伟目标努力奋斗。

在人类历史长河中，50年不过是短短的一瞬间。但是，在中国共产党的领导下，中国人民取得了举世瞩目的辉煌成就，这在中华民族发展史上是前所未有的，对整个人类文明进步事业产生了广泛而深远的影响。这段历史值得我们认真地回顾与科学地总结。

《共和国图典》经过精心策划，从中国照片档案馆珍藏的170万幅图片档案中精选出2800余幅珍贵照片，辅以大事记，以编年体的结构、图文并茂的形式，真实、形象、生动地记叙和反映了共和国50年来政治、经济、国防、外交、科技、教育、文化、民主与法制及社会各方面所取得的巨大成就和重大进展，是一幅共和国50年发展光辉历程的历史画卷，也是一部严谨、恢宏的共和国国史档案集，是对人民群众进行集体主义、爱国主义、社会主义教育的形象教材。通过建国50年来的历史回顾，教育、引导人民群众，特别是青少年正确认识中华民族的伟大生命力、创造力；正确认识近百年来中国人民为争取民族独立、国家发展的不屈不挠的革命斗争精神；正确认识共和国50年艰苦创业的光辉历程，增强时代责任感和历史使命感，团结起来，振奋起来，高举邓小平理论伟大旗帜，在以江泽民同志为核心的党中央领导下，为建设富强、民主、文明的社会主义现代化国家而奋斗。

参加本书编写的单位有中共中央党校中共党史教研部、中共中央文献研究室第二编研部、中共中央党史研究室第二研究部、第三研究部、中国现代文化研究中心、中国照片档案馆。主要策划、编写人员为郭德宏、姜士林、明立志、杨德华、徐诚、黄峥、郑谦、章百家、谢琍。

《共和国图典》编委会

1999年8月

目 录

共　和　国　图　典

1949年

6月15～19日 新政治协商会议筹备会首次会议在北平召开。参加会议的有中国共产党和各民主党派、各人民团体，以及各界民主人士、国内少数民族、海外华侨等有关方面的23个单位，134人。会议通过了《新政治协商会议筹备会组织条例》和《关于参加新政治协商会议的单位及其代表名额的规定》，选出了筹备会常务委员会，推选毛泽东为主任，周恩来、李济深、沈钧儒、郭沫若、陈叔通为副主任。

6月30日 毛泽东发表《论人民民主专政》，阐明即将成立的中华人民共和国的性质，各阶级在国家政权中的地位和新政权的地位，以及新中国内政外交的基本政策。

9月17日 新政治协商会议筹备会第二次全体会议在北平举行，常务委员会副主任周恩来报告三个月的筹备工作。会议决定将新"新政治协商会议"改称为"中国人民政治协商会议"，并通过了《中国人民政治协商会议组织法（草案）》和《中华人民共和国中央人民政府组织法（草案）》。

9月21～30日 中国人民政治协商会议第一届全体会议在北平举行。中国共产党、各民主党派、各人民团体、各地区、人民解放军、各少数民族、国外华侨及其他爱国分子的代表662人出席了会议。会议代行全国人民代表大会职权，通过了《共同纲领》和《中华人民共和国中央人民政府组织法》，选举产生了中央人民政府委员会。毛泽东当选为中央人民政府主席，朱德、刘少奇、宋庆龄、李济深、张澜、高岗当选为副主席。会议决定了国旗、国歌和纪年，决议定都北平，将北平改名为北京。

10月1日 中央人民政府委员会举行第一次会议。毛泽东、朱德、刘少奇、宋庆龄、李济深、张澜、高岗及全体委员宣誓就职，中央人民政府成立。会议选举林伯渠为中央人民政府委员会秘书长，任命周恩来为中央人民政府政务院总理兼外交部长，毛泽东为中央人民政府人民革命军事委员会主席，朱德为人民解放军总司令，沈钧儒为中央人民政府最高人民法院院长，罗荣桓为中央人民政府最高人民检察署检察长。会议决定接受《中国人民政治协商会议共同纲领》为政府的施政方针。

下午3时，北京30万军民在天安门广场隆重举行开国大典。毛泽东宣读《中华人民共和国中央人民政府公告》，宣告中华人民共和国成立。朱德宣读《中国人民解放军总部命令》，命令全体指战员迅速肃清国民党反动军队的残余，解放一切尚未解放的国土。

同日 中华人民共和国政务院财政经济委员会（简称中财委）成立。陈云任主任。

10月2日 苏联政府承认中华人民共和国，并决定与新中国建立外交关系，互派大使。其后，保加利亚、匈牙利、朝鲜、波兰、罗马尼亚、捷克斯洛伐克、蒙古、德意志民主共和国、阿尔巴尼亚等国也与中华人民共和国建立了外交关系。

10月9日 中国人民政治协商会议第一届全国委员会举行第一次会议。会议选举毛泽东为政协全国委员会主席，周恩来、李济深、沈钧儒、郭沫若、陈叔通为副主席，李维汉为秘书长。

10月14日 广州解放。

10月17日 厦门解放。

10月19日 中央人民政府委员会举行第三次会议，任命董必武、陈云、郭沫若、黄炎培为政务院副总理，朱德、刘少奇、周恩来、彭德怀、程潜为人民革命军事委员会副主席，徐向前为总参谋长，还任命了政务院下属各委、各部的主任、部长，以及人民革命军事委员会的委员。

10月20日 人民解放军进驻新疆迪化（今乌鲁木齐）。

10月21日 中央人民政府政务院宣告成立。

10月22日 最高法院、最高检察署（后改名检察院）成立。

11月1日 中国科学院成立。

11月1日和5日 中央人民政府财政经济委员会研究稳定市场物价问题。之后，在陈云主持下，全国各大城市统一行动，采取了抛售物资、停止和收回贷款、冻结资金投放等措施，很快平抑了物价。

11月9日 中共中央作出关于在中央人民政府内建立中国共产党党组的决定和关于成立中央及各级党的纪律检查委员会的决定。中央纪律检查委员会由朱德任书记，王从吾、安子文任副书记。

同日 原国民党政府"中央航空公司"和"中国航空公司"员工4000多人在香港宣布起义。

11月15日 周恩来外长分别致电联合国秘书长赖伊和联合国大会主席罗慕洛，声明国民党反动政府残余势力无权代表中国，所谓"中国国民政府代表团"的一切权利应立即取消。

11月20日 李宗仁在香港发表声明，宣布将赴美就医。从此与蒋介石集团分道扬镳。

11月22日 桂林解放。

11月23日 中共中央西南局在湖南常德成立，邓小平任第一书记，刘伯承任第二书记，贺龙任第三书记。

11月30日 重庆解放，蒋介石逃往成都。

12月2日 中央人民政府委员会举行第四次会议。会议讨论并通过1950年度全国财政收支概算和关于发行人民胜利折实公债的决定，省、市、县各界人民代表会议组织通则，以及各大行政区、各省及重要市人民政府主要成员的任命，任命高岗、饶漱石、林彪、彭德怀、刘伯承分别为东北、华东、中南、西北、西南军政委员会主席。

12月5日 中央人民政府人民革命军事委员会主席毛泽东颁发《关于1950年军队参加生产建设工作的指示》。

12月9日 国民党云南省政府主席卢汉在昆明宣布起义。国民党西康省政府主席刘文辉、西南军政长官公署副长官邓锡侯、潘文华在彭县宣布起义。

12月16日 中华人民共和国中央人民政府主席毛泽东抵达莫斯科对苏联进行访问。

12月27日 成都解放。

12月31日 中共中央发表《告前线将士和全国同胞书》，宣告：在1949年内已经解放了除西藏以外的全部中国大陆，歼灭敌军260万人。

49-001

49-002
49-003

49-004

49-001. 新政协筹备会第一次全体会议在北平中南海勤政殿举行。

49-002. 毛泽东在新政协筹备会第一次全体会议上签到。

49-003. 中国国民党革命委员会代表李济深、何香凝等出席新政协筹备会。

49-004. 朱德、董必武、沈钧儒等在新政协筹备会上。

49-005

49-006

49-007

49-005. 新政协筹备会常务委员会合影。前排右起：沈雁冰、陈嘉庚、李济深、沈钧儒、毛泽东、朱德、章伯钧、谭平山。
49-006. 毛泽东在新政协筹备会开幕式上讲话。
49-007. 周恩来在新政协筹备会第二次全体会议上讲话。
49-008. 毛泽东步入全国政协一届会议会场。
49-009. 全国政协第一届全体会议开幕式会场外景。
49-010. 宋庆龄在全国政协一届会议上签到。
49-011. 全国政协第一届全体会议开幕式会场。

49-008

49-009

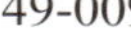

49-010

49-011

49-012

49-013

49-014

49-012. 全国政协第一届全体会议主席台。
49-013. 毛泽东、朱德与全国政协一届会议代表们在一起。
49-014. 全国政协一届会议代表举手通过《中国人民政治协商会议共同纲领》。
49-015. 出席全国政协一届一次会议的中国共产党代表合影。前排左起：刘少奇、林伯渠、董必武、吴玉章、徐特立、毛泽东；后排左起：安子文、刘澜涛、李克农、陈云、彭真、徐冰、周恩来、陆定一、齐燕铭。
49-016. 出席全国政协一届全体会议的部分女代表合影。前排左起：何香凝、宋庆龄、邓颖超、史良。
49-017. 出席全国政协一届全体会议的部分代表合影。前排左起：徐悲鸿、沈雁冰、朱德、周扬、丁玲、田汉。
49-018. 毛泽东为人民英雄纪念碑题词。
49-019. 毛泽东在人民英雄纪念碑奠基典礼上致词。
49-020. 毛泽东、朱德等为人民英雄纪念碑奠基。

49-015

49-016

49-017

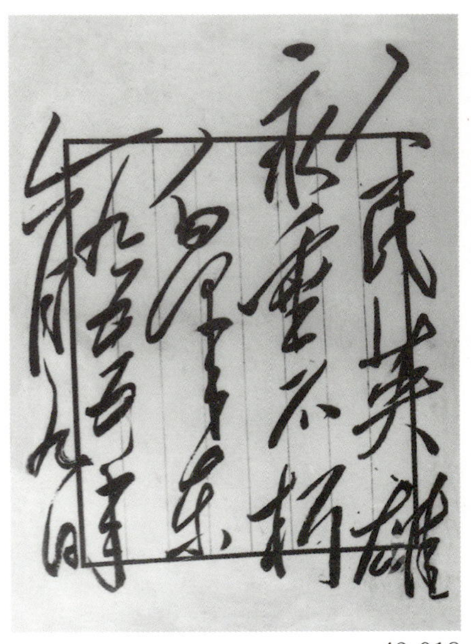

49-018

49-019

49-020

49-022
49-023

49-021

49-024

49-025

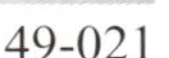

49-026

49-021. 开国大典时天安门城楼上的景象。
49-022. 在开国大典上，华北军区司令员兼京津卫戍司令员聂荣臻向朱德总司令报告受阅部队准备就绪。
49-023. 参加开国大典的人民解放军坦克部队经过东三座门向天安门广场行进。
49-024. 毛泽东在天安门城楼上庄严宣告中华人民共和国成立。
49-025. 中国人民解放军军乐团第一次奏起国歌《义勇军进行曲》。
49-026. 天安门广场上空升起第一面中华人民共和国国旗。

49-027

49-028

49-029

49-030

49-027. 开国大典时，天安门广场上万众欢腾的场面。
49-028. 参加开国大典的机关干部。
49-029. 开国大典上欢呼的群众。
49-030. 北京市民走上街头观看建国游行。
49-031. 南京市各界人士庆祝中华人民共和国成立。
49-032. 10月1日，周恩来在中央人民政府委员会第一次会议上讲话。

49-031

49-032

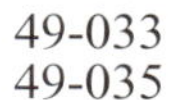

49-033
49-035

49-036

49-034
49-037

49-033. 中国航空公司和中央航空公司的爱国员工起义，图为在香港启德机场停放的中国航空公司的飞机。
49-034. 上海市民在南京路上扭起秧歌庆祝广州解放。
49-035. 进军新疆的人民解放军和新疆地方军在喀什会师的情景。
49-036. 重庆市民夹道欢迎人民解放军入城。
49-037. 中国人民解放军向两广进军途中过唐江浮桥。
49-038. 成都市民涌上街头庆祝解放。
49-039. 人民解放军进入昆明。
49-040. 人民解放军从云贵高原向云南挺进。

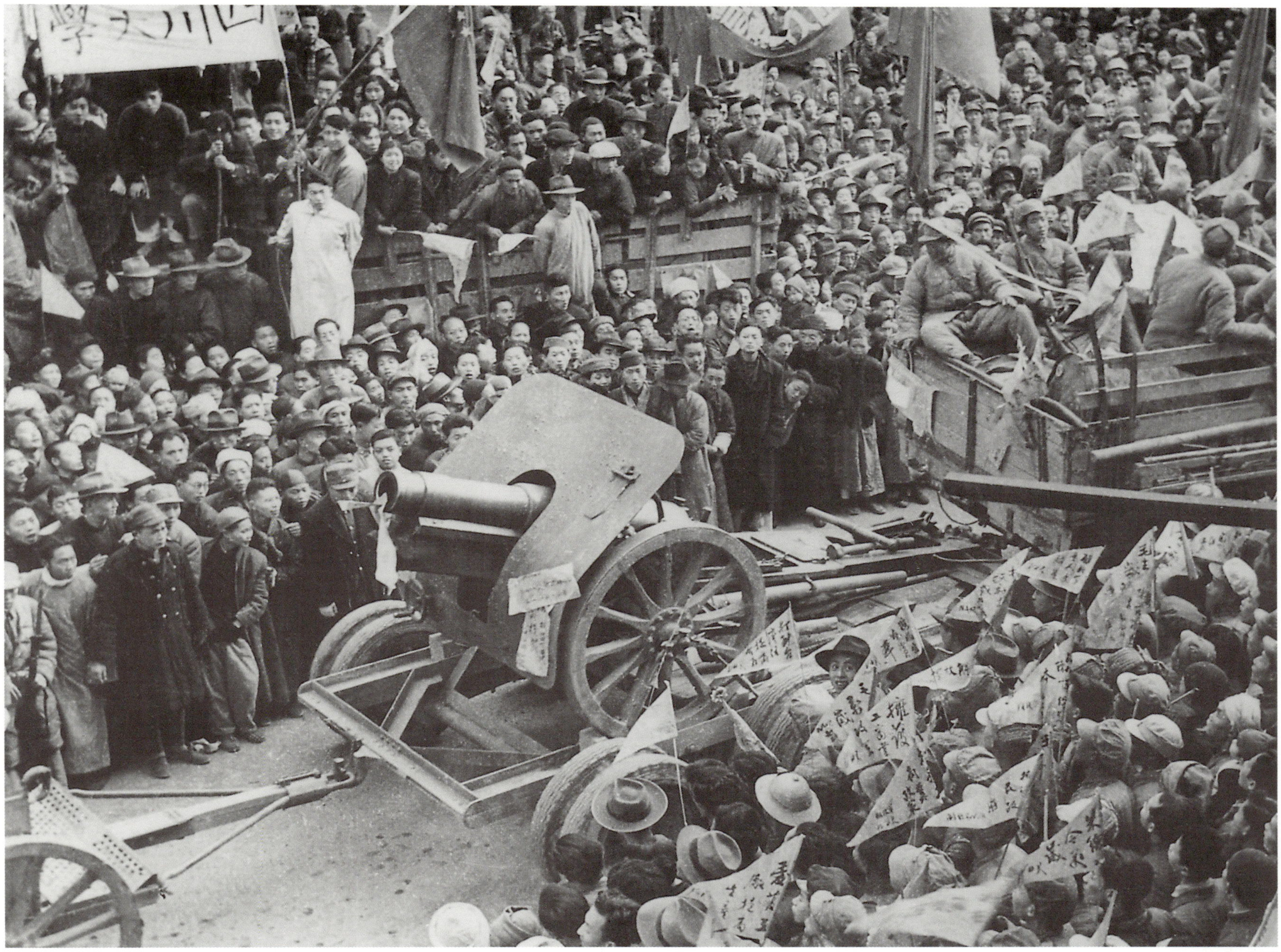

49-038

49-039

49-040

49-041

49-042

49-043

49-044

49-041. 在庆祝云南解放大会上陈赓代表二野四兵团接受少数民族群众献旗。

49-042. 人民解放军进入昆明后，起义将领卢汉（右）与陈赓（左）、宋任穷（左后）相见时的情景。

49-043. 毛泽东访苏时出席斯大林七十寿辰庆祝大会。

49-044. 参加折实公债上海推销委员会妇女界话剧电影支会会议的人士。有吴茵、上官云珠、白杨、黄宗英等。

1950

共　和　国　图　典

1950年

1月1日 广东省人民政府成立，叶剑英任主席。

同日 青海省人民政府成立，赵寿山任主席。

同日 京汉、粤汉铁路在中断12年后修复通车。

1月5日 周恩来外长发表声明：前国民党政府驻外使领馆和办事机构人员，均应负责保护资财、文件，听候接管。

1月8日 甘肃省人民政府成立，邓宝珊任主席。

1月10日 陕西省人民政府成立，马明方任主席。

1月13日 香港招商局全体员工宣布起义。

1月14日～16日 北京军事管制委员会分别收回美国、法国、荷兰在北京兵营的地产，并征用该地面上的营房和其他建筑物。

1月18日 中国和越南建立外交关系。

1月19日 周恩来外长照会联合国，通知中国政府已任命张闻天为出席联合国会议和安理会的首席代表，要求联合国立即将非法的国民党集团代表开除出去。

同日 西北军政委员会在西安成立，彭德怀任主席，习仲勋、张治中为副主席。

1月27日 华东军政委员会在上海成立，饶漱石任主席，曾山、粟裕、马寅初为副主席。

2月5日 中南军政委员会在武汉成立，林彪任主席，邓子恢、叶剑英、程潜、张难先为副主席。

2月6日 台湾国民党空军轰炸上海，造成重大损失。

2月8日 西南军政委员会在重庆成立，刘伯承任主席，贺龙、邓小平、王维舟、熊克武、刘文辉、龙云任副主席。

同日 广西省人民政府成立，张云逸任主席。

2月14日 中苏两国政府在莫斯科签订《中苏友好同盟互助条约》、《关于中国长春铁路、旅顺口及大连的协定》和《关于贷款给中华人民共和国的协定》。根据这些协定，苏联同意放弃在中国的特权，在1952年前将中国长春铁路的一切权利和财产无偿移交给中国政府。苏联军队从旅顺口撤退，中国政府偿付苏联自1945年以后在此处的建设费用。大连的行政由中国管辖，苏联在大连临时代管和租用的财产于1950年内由中国政府接收。苏联政府贷款3亿美元给中国政府。

2月22日 西南军区成立，贺龙任司令员，邓小平任政治委员。

2月28日 政务院发布《关于新解放区土地改革和征收公粮的指示》，要求新解放区在1950年秋收以前，一律不实行分配土地的改革。

3月3日 政务院作出关于统一国家财政经济工作的决定，规定统一全国的财政收支、物资调度和现金管理。

3月8日 山东省人民政府成立，康生任主席。

3月18日 中共中央发出《严厉镇压反革命分子的指示》。

3月21日 中共中央统战部部长李维汉在第一次全国统一战线工作会议上作题为《人民民主统一战线的新形势与新任务》的报告，强调对民族资产阶级必须执行既团结又斗争、斗争为了团结的方针。

3月27日 中苏两国政府在莫斯科签订《关于在新疆创办中苏石油股份公司协定》、《关于在新疆创办中苏有色及稀有金属股份公司协定》和《关于创办中苏民用航空股份公司协定》。

3月30日 教育部决定6月1日为儿童节，废除旧的4月4日儿童节。

4月1日 中国与印度建立外交关系。

4月10日 中国新民主主义青年团中央决定"五四"为中国青年节及青年团成立纪念日。

4月13日 中央人民政府委员会举行第七次会议。会议听取和批准了中财委主任陈云《关于财政状况和粮食状况的报告》，并通过了《中华人民共和国婚姻法》。

4月19日 中共中央发出《关于在报纸刊物上展开批评和自我批评的决定》，要求"在报纸刊物上展开对于我们工作中一切错误和缺点的批评与自我批评。"

4月28日 政务院举行第三十次政务会议。民族事务委员会副主任乌兰夫作关于民族工作问题的报告，提出民族工作的方向和目的是要尽量减少民族间的隔阂和矛盾，加强和巩固各族人民的团结，并尽可能有计划有步骤地帮助各少数民族逐渐发展其政治、经济和文化。会议批准了这个报告。

5月1日 中共中央发出《关于在全党全军开展整风运动的指示》，要求各级党组织结合总结工作，开展批评与自我批评，克服党内首先是领导干部中的居功自傲情绪、命令主义作风，以及少数人贪污腐化、政治上堕落颓废、违法乱纪等错误，密切党和人民的联系。

5月8～26日 中财委召开全国七大城市工商局长会议，讨论和研究物价稳定后出现市场萧条、私营工商业大批停工歇业的原因和解决的办法，确定了调整工商业的一些具体政策和措施。

5月9日 中国与瑞典建立外交关系。

5月11日 中国与丹麦建立外交关系。

5月12日 人民解放军解放福建南部沿海的东山岛。

5月19日 舟山群岛全部解放。

6月1～9日 教育部召开第一次全国高等教育会议。会议指出，高等教育无论在其内容、制度、方法各方面，都必须适应国家建设的需要，首先适应经济建设的需要。

6月6～9日 中共七届三中全会在北京举行。会上，毛泽东作《为争取国家财政经济状况的根本好转而斗争》的书面报告，并作《不要四面出击》的讲话，刘少奇、陈云、周恩来、聂荣臻分别就土地、财经、外交与统战、军事等问题作了报告。会议认为：要获得财政经济状况的根本好转，需要土地改革的完成、现有工商业的合理调整和国家机构所需经费的大量节减三个条件，做好土改、稳定物价、调整工商业、肃清反革命等八项工作。会议提出，要团结工人、农民、小手工业者以及民族资产阶级和知识分子的绝大多数，而不要四面出击，树敌太多，造成全国紧张。

6月8日 中国与缅甸建立外交关系。

6月9日 中国与印度尼西亚建立外交关系。

6月14～23日 中国人民政治协商会议第一届全国委员会举行第二次会议。会议讨论并同意了刘少奇作的《关于土地改革问题的报告》和中共中央提出的《土地改革法草案》。毛泽东号召包括民族资产阶级、各民主党派在内的各阶层人士积极支持土地改革，过好土地改革关。会议还通过了中华人民共和国国徽图案。

6月17日 政务院发布《关于救济失业工人的指示》。

6月25日 朝鲜内战爆发。26日，美国决定武装干涉朝鲜局势。27日，又宣布以武力阻止中国政府解放台湾。28日，周恩来代表中国政府发表声明，强烈谴责美国政府侵略朝鲜、台湾及干涉亚洲事务的罪行。

6月28日 中央人民政府委员会第八次会议讨论并通过《中华人民共和国土地改革法》，于30日公布施行。土地改革法规定："废除地主阶级封建剥削的土地所有制，实行农民的土地所有制，借以解放农村生产力，发展农业生产，为新中国的工业化开辟道路。"

6月29日 中央人民政府颁布《中华人民共和国工会法》。

6月30日 新华社报道：中国共产党成立29周年时，党员数量已超过500万人。

7月2日 中央西南各民族访问团一行120余人分赴云南、西康、四川、贵州等少数民族地区访问。

7月5～27日 中华全国合作社工作者第一次代表会议在北京举行。会议选出了中华全国合作社联合总社临时理事会，宣布成立中华全国合作社联合总社。

7月7日 中央军委决定组成东北边防军，将第40军、第38军、第39军、第42军调往东北边防一线集结，要求7月底以前部署完毕。

7月13～25日 贸易部召开全国进出口贸易会议，确定外贸的基本任务是保护与扶助生产，调剂供求，平稳物价。

7月23日 政务院和最高人民法院联合发布《关于镇压反革命活动的指示》。

7月26日～8月11日 第一届全国司法会议在北京举行。会议讨论了《人民法院暂行组织条例》、《刑法大纲》、《诉讼程序通则》、《犯人改造暂行条例》等。

7月30日 中国人民解放军总部发布《解放战争四年综合战绩》公报，宣布自1946年7月～1950年6月，人民解放军共消灭国民党军807万多人。

8月1日 中央人民政府军事委员会主席毛泽东发布《关于在军队中实施文化教育的指示》。

8月2日 政务院公布《关于实施高等学校课程改革的决定》。

8月4日 政务院第四十四次政务会议通过《关于划分农村阶级成分的决定》。

8月7～19日 新一届全国卫生会议在北京举行。会议提出以“面向工农兵”、“预防为主”、“团结中西医”为新中国卫生工作的三大原则。

8月11日 政务院通过《关于奖励有关生产的发明、技术改进及合理化建议的决定》和《保障发明权与专利权暂行条例》。

8月27日 周恩来外长分别致电美国国务卿艾奇逊和联合国秘书长赖伊，就美军飞机侵犯中国东北领空、扫射中国人民的事件，向美国政府提出严重抗议。

9月5日 中央人民政府委员会第九次会议通过《新解放区农业税暂行条例》。

9月14日 中国与瑞士建立外交关系。

9月17日 周恩来外长致电联合国秘书长赖伊，严正声明：若无中华人民共和国代表团参加，联合国一切有关中国的决议均属无效。

9月20～29日 教育部和中华全国总工会在北京联合召开第一次全国工农教育会议，通过了《关于举办工农速成中学和工农文化补习学校的指示》等文件。

9月20日 毛泽东主席发布命令，公布中华人民共和国国徽。国徽内容为国旗、天安门、齿轮和麦稻穗，象征中国人民自“五四”运动以来的新民主主义革命斗争和工人阶级领导的以工农联盟为基础的人民民主专政的新中国的诞生。

9月22日 外交部发言人发表声明，宣布居留在中国的朝鲜人有权利回去保卫祖国。

9月23日 全国各地基督教会负责人在北京发表宣言，宣布在中国基督教实行自治、自养、自传。

9月25日～10月2日 全国战斗英雄代表会议和全国工农兵劳动模范代表会议在北京举行。毛泽东代表中共中央向会议致词。

10月1日 北京40万人集会，庆祝中华人民共和国成立一周年。

10月5日 宁夏省人民政府成立，潘自力任主席。

10月8日 毛泽东主席发布《关于组成中国人民志愿军的命令》，任命彭德怀为中国人民志愿军司令员兼政治委员，命令中国人民志愿军“迅即向朝鲜境内开动，协同朝鲜同志向侵略者作战并争取光荣的胜利”。

10月10日 外交部发言人发表声明，抗议联合国大会在美国操纵下非法通过授权美国侵略朝鲜的提案。

同日 中共中央发出《关于镇压反革命活动的指示》，要求纠正“宽大无边”的偏向。

10月14日 政务院发布《关于治理淮河的决定》。当年6月下旬，淮河流域发生洪灾，河南、安徽两省淹地4300万亩，受灾人口1300万人。

10月24日 昌都战役结束，人民解放军打开了进军西藏的大门。

10月25日 中国人民志愿军跨过鸭绿江，进入朝鲜境内。

10月26日 中国人民保卫世界和平反对美国侵略委员会在北京成立，郭沫若任主席。

10月27日 中共中央政治局委员、中央书记处书记任弼时在北京病逝。终年46岁。

10月28日 中国与芬兰建立外交关系。

11月3日 政务院发布《关于加强人民司法工作的指示》。

同日 中财委发出《冻结现金、稳定物价措施的指示》。

11月4日 中国共产党和各民主党派联合发表宣言，“誓以全力拥护全国人民的正义要求，拥护全国人民在志愿基础上为着抗美援朝保家卫国的神圣任务而奋斗”。

11月5日 中国人民志愿军入朝第一次战役结束，将敌人从鸭绿江边驱逐到清川江以南。

11月15～27日 全国财经会议在北京举行。会议提出，1951年财经工作的方针应放在抗美援朝的基础上，一切服从战争，无论财力、物力应首先保证战争的胜利。

11月16日 中国政府照会印度政府，指出解放西藏是中国的内政，任何人都不能干涉。此前，印度政府曾指责人民解放军向西藏进军是“侵入西藏”。

11月24日 西康省藏族自治区人民政府在康定成立。

11月24～12月16日 中国特派代表伍修权出席联合国安理会，要求联合国通过决议谴责美国出兵朝鲜和侵略中国台湾的罪行，并要求美军撤出朝鲜和台湾。但在美国的操纵下，联合国安理会拒绝了这一要求。

12月4日 周恩来外长就对日和约问题发表声明：没有中华人民共和国参加，无论对日和约的内容与结果如何，都是非法的，也是无效的。

12月20日 中共中央发出《关于土地改革中应注意防止“左”倾危险的指示》，要求防止出现侵犯中农利益等错误。

12月24日 中国人民志愿军入朝第二次战役结束，把敌人基本上赶回“三八线”以南。

12月28日 政务院发布《关于管制美国在华财产冻结美国在华存款的命令》。此后，对其他国家在华企业，也分别采取管制、征购、征用、代管等措施，使其转化为国营经济的一部分。

12月29日 政务院第六十五次政务会议通过《关于处理接受美国津贴的文化教育救济机关及宗教团体的方针的决定》，要求实现完全自办。同时还通过了《私营企业暂行条例》，使私营企业逐渐纳入国家计划经济中。

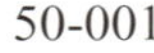

50-001

50-002

50-003

50-001. 西康省和平解放后，第一野战军十八兵团在省会雅安举行入城式。

50-002. 叶剑英（左三）在广东省人民政府成立大会上。

50-003. 粤汉铁路通车典礼。

50-004. 中苏两国在莫斯科签订《中苏友好同盟互助条约》等三个协议。

50-005. 周恩来代表中国政府在《中苏友好同盟互助条约》上签字。

50-006. 中国人民解放军解放海南岛。

50-007. 丹麦驻华大使向毛泽东递交国书。

50-008. 北京郊区农民在《中华人民共和国婚姻法》颁布后举行新式婚礼。

50-004

50-005

50-006

50-007

50-008

50-009

50-010

50-011

50-012

50-013

50-014

50-015

50-017

50-016

50-009. 中国人民解放军解放舟山群岛。
50-010. 中国人民解放军解放定海。
50-011. 中国人民解放军解放广东万山群岛。
50-012. 第一次全国高等教育会议在北京召开。
50-013. 毛泽东在全国政协一届二次会议上。
50-014. 全国政协一届二次会议会场。
50-015. 周恩来等人正在研究国徽图案。
50-016. 刘少奇在政协一届二次会议土改组会议上发言。
50-017. 中国人民政治协商会议一届二次会议通过国徽图案。

50-018

50-019

50-020

50-021

50-022

50-023

50-024

50-018. 中共七届三中全会在北京召开。
50-019. 陈云在中共七届三中全会上作报告。
50-020. 刘少奇作《关于土地改革问题的报告》。
50-021. 新中国在战争废墟上恢复生产。
50-022. 舟山群岛解放后市场恢复营业。
50-023. 丰收的棉农正在晾晒棉花。
50-024. 物价稳定，人民踊跃储蓄。

50-025

50-026
50-027

50-028

50-029

50-025. 农民自报公议民主评定阶级成份。
50-026. 成渝铁路动工兴建。
50-027. 翻身农民在看政府颁发的土地执照。
50-028. 农民群情激昂地控诉恶霸地主。
50-029. 东北地区的农民在土改中分田地。
50-030. 农民焚烧地契。
50-031. 土改后的农民投豆选举人民代表。
50-032. 土改工作队向农民宣传土地改革政策。
50-033. 分得土地的农民正在写土地分界牌。

50-030

50-031
50-032

50-033

50-034

50-035

50-036

50-037

50-039

50-038

50-040

50-041

50-034. 人民解放军在西南深山密林中清剿土匪。
50-035. 反革命分子登记自新。
50-036. 在四川巴县剿匪中抓获的土匪。
50-037. 江西南昌市审判潜伏的国民党特务。
50-038. 中国人民银行总行行长南汉宸在全国金融联席会议上讲话。
50-039. 薄一波在第二次全国税务工作会议上报告税则。
50-040. 毛泽东与中国基督教“三自”爱国运动发起人交谈。
50-041. 全国战斗英雄、劳动模范代表会议在北京召开。图为劳模代表正步入会场。

50-042

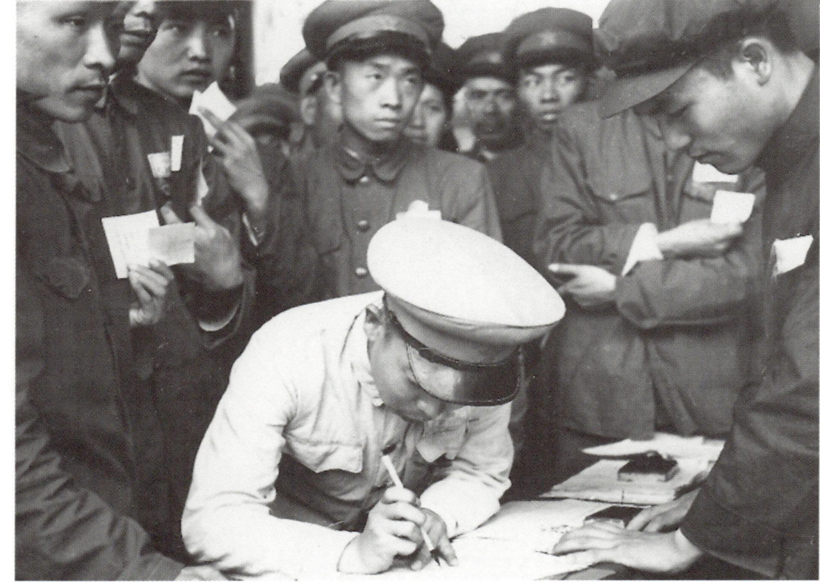

50-043

50-044

50-045

50-046

50-047

50-048

50-042. 全国战斗英雄、劳动模范代表会议会场。
50-043. 战斗英雄代表签名报到。
50-044. 毛泽东在全国战斗英雄、劳动模范代表会议闭幕典礼上代表中共中央向大会宣读贺词。
50-045. 上海中华铁工厂工人庆祝建国一周年。
50-046. 天津市庆祝建国一周年游行队伍。
50-047. 上海市军民欢庆建国一周年。
50-048. 以郭沫若（中）、李立三（右）为正副团长的中国代表团赴朝鲜，参加庆祝“八·一五”朝鲜民主主义人民共和国解放五周年纪念活动。

50-049
50-051

50-050
50-052

50-049. 朝鲜战争爆发，中国人民解放军在鸭绿江边守卫祖国。
50-050. 中国人民志愿军跨过鸭绿江抗美援朝、保家卫国。
50-051. 中国人民志愿军俘虏美国士兵。
50-052. 中国人民志愿军在朝鲜山地作战。
50-053. 上海市工商界举行抗美援朝、保家卫国示威游行。
50-054. 毛泽东在保卫世界和平宣言上签字。
50-055. 周恩来、宋庆龄、郭沫若在保卫世界和平宣言上签名。
50-056. 中国人民解放军进军西藏。

50-053

50-054

50-055
50-056

50-057

50-058

50-059

50-060

50-057. 任弼时遗像。
50-058. 任弼时的灵柩移往劳动人民文化宫。刘少奇、周恩来、朱德等前往护灵。
50-059. 北京市人民政府治理天桥的龙须沟。
50-060. 上海市军事管制委员会接管美商上海电力公司。

1951

共　和　国　图　典

1951 年

1月1日 中共中央发布《关于在全党建立对人民群众的宣传网的决定》。

1月4日 中财委发布《关于统购棉纱的决定》。

1月7～10日 黄河水利委员会在开封召开首次会议，讨论和决定1951年治理黄河的方针。

1月16日 中苏联合委员会发布公告指出，1950年内，苏联方面已将中国长春铁路、旅顺口及大连市苏联方面临时代管和租用的财产、苏联经济机关在东北从日本所有者手中获得的财产以及过去在北京兵营的全部房产移交给中国政府。

1月17日 周恩来总理兼外长电复联合国第一委员会主席阿彼拉兹，不同意先停战后谈判以解决朝鲜问题的原则，建议在同意一切外国军队撤出朝鲜的基础上举行停战谈判。

同日 齐齐哈尔机床厂马恒昌小组向全国工人提出生产竞赛条件。

1月22日 中国人民保卫世界和平反对美国侵略委员会发布《关于组织中国人民赴朝慰问团的通知》。

1月上旬 中国人民志愿军进行第三次战役，将敌军赶到“三八线”以南。

1月下旬至4月 中国人民志愿军进行第四次战役，歼敌7.8余万人。

2月18日 中共中央发出《中共中央政治局扩大会议决议要点》向党内通报2月中旬召开的中央政治局扩大会议讨论了“三年准备，十年计划经济建设”问题和抗美援朝的宣传教育运动、土改、镇压反革命、城市工作、整党建党、统一战线工作、整风等八个问题。

2月21日 中央人民政府公布《中华人民共和国惩治反革命条例》，规定了处理反革命案件的原则和方法。

2月23日 政务院通过并颁布《中华人民共和国劳动保险条例》，3月1日起生效。

3月23日 政务院通过《中华人民共和国暂行海关法》，5月1日起实施。

3月28日～4月9日 中共中央在北京召开第一次全国组织工作会议。刘少奇在报告中提出了共产党员的八项条件。会议通过了《关于整顿党的基层组织的决议》和《关于发展新党员的决议》，对整党和建党工作进行了具体的部署。

3月29日 政务院发布《关于1951年度财政收支系统划分的决定》，将过去实行的把财政力量高度集中于中央的方针转变为统一领导、分级负责的方针，将财政分为中央、大行政区和省（市）三级管理。

3月31日 政务院发布《关于进一步整顿城市地方财政的决定》，要求城市财政工作变供给财政为建设财政，以适应城市的经济情况。

4月6日 “加强国际和平”斯大林国际奖金委员会决定将奖金授予宋庆龄。

4月19日 外交部副部长章汉夫代表中国政府发表声明，抗议英国政府劫夺我国“永灏”轮。

4月24日 政务院发布《关于人民民主政权建设工作的指示》，要求进一步开好各级各界人民代表会议（或人民代表大会）。

4月27日 《中国青年报》创刊。该报由中国新民主主义青年团中央委员会主办。

4月30日 政务院发布命令，决定征用英国在中国境内各地的亚细亚火油公司除其总公司和分支机构的办公处及推销处以外的全部财产，并征购其全部存油。

4月至6月 中国人民志愿军进行第五次战役，共歼敌8万余人。

5月5日 政务院发出《关于戏曲改革工作的指示》，要求戏曲应以发扬人民新的爱国主义精神，鼓舞人民在革命斗争与生产劳动中的英雄主义为首要任务。

5月11日 中共中央发出《关于新区建立合作社问题的指示》，要求放手地普遍地组织新区农村合作社。

5月15日 中共中央发出《关于处理美国在华财产的指示》，规定对美国在华企业财产的处理原则是：①凡有关我国主权或与国计民生关系较大者，可予征用；②关系较小或性质上未便征用者可予代管；③政府认为有需要者，可予征购；④对于一般企业，可加强管制，促其自行清理结束。

5月16日 政务院发布《关于处理带有歧视或侮辱少数民族性质的称谓、地名、碑碣、匾联的指示》。

5月18日 联合国通过美国等国提出的禁运决议，对中国大陆实施全面经济封锁。

5月20日 《人民日报》发表毛泽东撰写的社论：《应当重视电影〈武训传〉的讨论》，严厉批评了对武训及电影《武训传》的赞扬。

5月21日 中国与巴基斯坦建立外交关系。

5月23日 《中央人民政府和西藏地方政府关于和平解放西藏办法的协议》在北京正式签字，从而宣告了西藏的和平解放。

6月6日 第一次全国手工业生产工作会议召开，开始对手工业进行社会主义改造。

6月30日 中国共产党成立30周年庆祝大会在北京隆重举行。毛泽东等出席会议，刘少奇作报告。

7月10日 朝鲜停战谈判首次会议在开城举行。

7月16日 公安部颁布《城市户口管理暂行条例》。

7月20日 根治淮河的第一期工程全部完工。

同日 政务院第九十四次政务会议通过《预算决算暂行条例》，并于8月20日公布施行。

8月13日 政务院发出通告，定9月3日为抗日战争胜利纪念日。

8月15日 周恩来外长发表关于美英对日和约草案及旧金山会议的声明，指出这一和约草案破坏了国际协定，中国政府不能接受。

8月19日 首批派往苏联的375名中国留学生启程。

9月3日 中央人民政府委员会举行第十二次会议，通过《中华人民共和国人民法院暂行组织条例》、《中央人民政府最高人民检察署暂行组织条例》、《各级地方人民检察署组织通则》。

9月8日 中共中央发出《关于新区土地改革完成后在经济上应团结所有的人进行生产的指示》。

9月9日 中共中央召开第一次农业互助合作会议，通过《中共中央关于农业生产互助合作决议（草案）》。

9月26日 政务院发布《关于检查〈婚姻法〉执行情况的指示》。

9月下旬 北京、天津两市22所高等院校教师3000余人，开展了一场以改造教师思想、改革高等院校教育为目的的学习运动。

10月1日 政务院命令施行《关于改革学制的决定》，决定小学实行五年一贯制。

10月12日 《毛泽东选集》第一卷出版发行。

10月23日～11月1日 中国人民政治协商会议第一届全国委员会第三次会议在北京举行。会议的决议指出，在今后一个时期中，全国各民主党派、各人民团体及各界爱国民主人士应团结广大人民，着重进行三项中心工作，即继续加强抗美援朝运动；提倡和推动爱国增产节约运动；广泛开展思想改造运动。

10月26日 由张国华、谭冠三率领的人民解放军进藏部队胜利进驻拉萨，受到西藏地方政府官员和拉萨各族各界人士的欢迎。

11月3～9日 教育部在北京召开全国工学

51-001

51-002

51-001. 中国人民志愿军涉水作战。
51-002. 朝鲜人民军和中国人民志愿军冲进汉城独立门。

院院长会议，以华北、华东、中南三地区为重点，拟定工学院调整方案。

11月5日 中共中央发出《关于清理厂矿、交通等企业中的反革命分子和在这些企业中开展民主改革的指示》。

11月30日 毛泽东以中共中央名义批转华北局《关于逮捕大贪污犯天津地委前任书记刘青山和现任书记张子善向中央的报告》。12月4日，中共河北省委开除刘青山、张子善的党籍。1952年2月10日，河北省人民法院依法判处刘青山、张子善死刑。

12月1日 中共中央发出《关于实行精兵简政、增产节约、反对贪污、反对浪费和反对官僚主义的决定》。

12月13～22日 中华全国总工会党组在北京召开第一次扩大会议，通过了《关于中华全国总工会工作的决议》。《决议》指出，主持中华全国总工会实际工作的李立三犯了狭隘经济主义的错误、严重的工团主义错误和主观主义、形式主义、事务主义及家长制的错误。

12月21日 云南丽江专区发生里氏6级以上地震。其中受灾最严重的剑川、鹤庆、丽江三县，70%房屋倒塌，死390人，伤1537人，约12万人受灾。

51-003

51-004

51-005

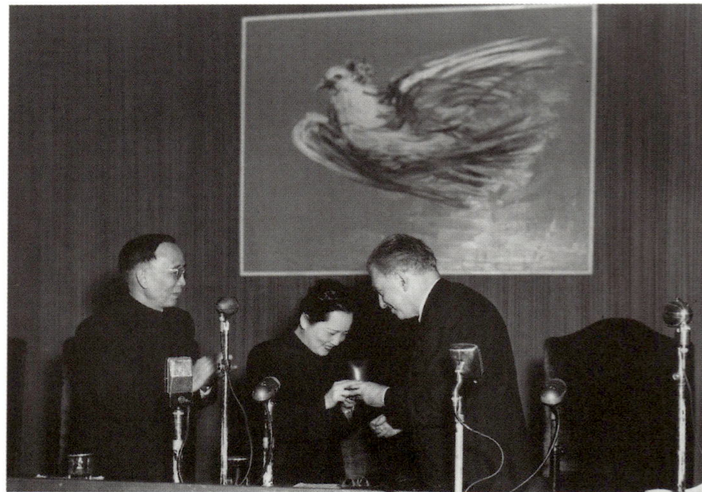

51-006
51-007

51-008

51-009

51-010

51-011

51-003. 朝中部队并肩行进。

51-004. 志愿军兵团司令员杨得志（右）和政委李志民（左）亲临津江前线指挥。

51-005. 朝鲜民主主义人民共和国驻华大使馆代表向归来的中国人民政府赴朝慰问团团长廖承志献花。

51-006. 刘少奇在中共第一次全国组织工作会议上讲话。

51-007. 宋庆龄在北京接受“加强国际和平”斯大林国际奖金典礼上。

51-008. 山西西沟乡农民李顺达（左二）和互助组员商议农事安排。

51-009. 毛泽东十分重视黄河水利。图为他正在黄河沿线视察。

51-010. 中央政府首席代表李维汉（右上一）与西藏地方政府首席代表阿沛·阿旺晋美（左上一）在谈判中。

51-011. 刘少奇在中共中央第一次宣传工作会议上提出要用马列主义教育人民。

51-012

51-013

51-014

51-015

51-016

51-017

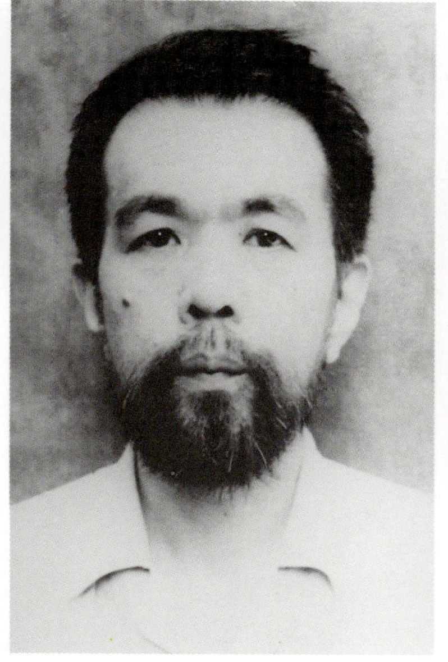

51-018

51-019

51-020
51-021

51-022

51-012. 朱德（后排右二）和李济深（后排右一）等在北京出席和平解放西藏签字仪式。

51-013. 天津市各界群众举行庆祝西藏和平解放大游行。

51-014. 毛泽东接受全国民族贸易会议代表献旗。

51-015. “八一”小学学生代表在“六一”儿童节时向毛主席献礼。

51-016. 在国庆宴会上，解放军战斗英雄向毛泽东敬酒。

51-017. 美国特务李安东（意大利人）、山口隆一（日本人）阴谋在国庆大典上轰击天安门用的迫击炮和炮弹。

51-018. 充当美国特务的山口隆一。

51-019. 充当美国特务的李安东。

51-020. 天主教“罗马教廷驻华公使”马迪儒，在其寓所中为充当美国特务的李安东隐藏大批武器和情报底稿，被我公安人员当场查获。

51-021. 武汉人民法院公审对工人进行血腥大屠杀、制造“二七”惨案的主谋赵继贤。图为审判长正在审问赵继贤。

51-022. 南京市人民在“镇反”运动中的一次集会场面。

51-023

51-024

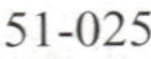

51-025

51-026

51-027

51-028

51-029

51-030
51-031

51-032

51-023. 淮河上游石漫滩山谷水库工程鸟瞰。
51-024. 参加春季治淮工程的民工们打着红旗、带着工具向治淮工地进发。
51-025. 淮阴船闸工程工地。
51-026. 上海人民轮船公司造船厂制造的淮河水闸油压筒正待运工地。
51-027. 毛泽东在全国政协一届三次会议上致开幕词。
51-028. 田家英在中央人民政府出版总署召开的《毛泽东选集》出版庆祝会上发言。
51-029. 周恩来与缅甸新任驻华大使为两国人民的友谊举杯。
51-030. 上海新华印刷厂工人正在整理《毛泽东选集》中印有毛主席肖像的扉页。
51-031. 一位刚刚买到《毛泽东选集》的老读者。
51-032. 在上海新华书店门口，购买《毛泽东选集》的读者排起长队。

51-033

51-034

51-033. 人民解放军在抵达黑河时受到当地藏胞的欢迎。
51-034. 人民解放军进入拉萨。

1952

共　和　国　图　典

1952年

1月1日 毛泽东在元旦团拜会上致祝词，号召全体人民和一切工作人员一致行动起来，大张旗鼓地、雷厉风行地开展一个大规模的反对贪污、反对浪费、反对官僚主义的斗争，把旧社会遗留下来的污毒清洗干净。

1月4日 中共中央发出《关于立即限期发动群众开展"三反"斗争的指示》。

1月5日 毛泽东主席批准中央人民政府人民革命军事委员会《军事整编计划》，实施裁军。

2月22日 政务院第一百二十五次会议原则通过《民族区域自治实施纲要》。同年8月8日，中央人民政府委员会第十八次会议批准了《纲要》，并由毛泽东主席命令公布实施。

3月13日 苏联部长会议颁发1951年科学和文学艺术斯大林奖金。中国作家丁玲的长篇小说《太阳照在桑干河上》、周立波的长篇小说《暴风骤雨》、贺敬之和丁毅执笔的歌剧《白毛女》分别荣获此项奖金。

4月21日 中央人民政府公布《中华人民共和国惩治贪污条例》。

4月28日 台湾当局和日本政府在台北签订《台日和平条约》。5月5日，周恩来外长发表声明，宣布中国政府坚决反对这项条约。

5月8日 中央人民政府内务部、中央人民政府出版总署发出通报指出，"额菲尔士峰"应正名为"珠穆朗玛峰"，"外喜马拉雅山"应正名为"冈底斯山"。

6月6日 毛泽东在中共中央统战部起草的一个文件上的批语中指出："在打倒地主阶级和官僚资产阶级以后，中国内部的主要矛盾即是工人阶级与民族资产阶级的矛盾，故不应再将民族资产阶级称为中间阶级。"

6月20日 荆江分洪第一期工程竣工。

6月20～24日 中华全国体育总会在北京成立，选举朱德为名誉主席，马叙伦为主席。

6月27日 政务院发出《关于全国各级人民政府、党派、团体及所属事业单位的国家工作人员实行公费医疗预防的指示》，由此，公费医疗制度建立。

7月1日 成渝铁路全线通车。成渝铁路全长504公里，西起成都，东到重庆。

7月17日 公安部公布《关于管制反革命分子暂行办法》。

7月25日 中国体育代表团离开北京前往赫尔辛基参加第十五届奥运会。

8月2日 章汉夫副外长发表声明，严重抗议英国政府劫夺中国民航所属"中国航空公司"和"中央航空公司"留在香港的全部资产，其中包括飞机70架。

8月7日 中央人民政府委员会第十七次会议通过《关于调整中央人民政府机构的决议》，决定撤销中央人民政府情报总署、中央人民政府新闻总署；成立中央人民政府对外贸易部、中央人民政府商业部，并于该两部成立后撤销中央人民政府贸易部；成立中央人民政府第一机械工业部、中央人民政府第二机械工业部、中央人民政府建筑工程部、中央人民政府地质部、中央人民政府粮食部。

8月15日 上海市军事管制委员会下令征用英国在上海的英联船厂及马勒机器造船厂有限公司的全部财产。

8月17日～9月22日 周恩来率政府代表团访问苏联，中苏两国政府就苏联帮助中国今后五年的经济建设广泛交换了意见，并公布《中苏关于中国长春铁路移交中华人民共和国政府的公告》和中苏两国外交部长《关于延长共同使用中国旅顺口海军根据地期限的换文》。

8月25日～9月4日 中国新民主主义青年团一届三中全会在北京举行。会议选举胡耀邦等9人为团中央书记处书记。

8月25日～9月5日 中华全国合作总社召开第二次手工业生产合作会议。

8月25日 安徽省人民政府成立，曾希圣任主席。

9月1日 四川省人民政府成立，李井泉任主席。

9月3日 吉林省延边朝鲜族自治区人民政府成立，朱德海任主席。

9月29日 天水至兰州铁路正式通车。天兰铁路全长348公里。

9月 中共中央提出"过渡时期总路线"，内容为"在一定时期内实现社会主义工业化，实现对农业、手工业和资本主义工商业的社会主义改造"（简称"一化三改"），之后被写入第一部宪法。

9月 全国高等院校开始院系调整工作。其指导方针是以培养工业建设干部和师资为重点，发展专门学院和专科学校，私立大学全部改为公立。这项工作至1953年10月完成。

10月6日～11月14日 文化部主办的"第一届全国戏曲观摩演出大会"在北京举行。

10月17日 塘沽新港举行开港典礼。

10月25日 中共中央批准安子文、廖鲁言关于结束"三反"、"五反"运动的两个报告。

11月8～17日 中国致公党第五届全国代表大会在广州举行。会议选出以陈其尤为主席的中央委员会。

11月15日 中央人民政府委员会举行第十九次会议，通过《中央人民政府关于改变大行政区人民政府（军政委员会）机构与任务的决定》、《关于调整省、区建制的决议》、《关于增设中央人民政府机构的决议》。决定大行政区人民政府（军政委员会）一律改为行政委员会，作为中央人民政府的代表机构。撤销平原省建制，所辖区域划归山东、河南。撤销察哈尔省建制，所辖区域划归山西、河北。成立江苏省人民政府，撤销苏北、苏南两个行政公署。增设国家计划委员会、高等教育部、体育运动委员会和扫除文盲工作委员会。

11月16日 中共中央决定，在中央人民政府下建立国家计划委员会，由高岗任主席，邓子恢任副主席。

11月20日 康藏公路康定至昌都段通车。

12月31日 中苏两国政府发表《关于苏联政府将中国长春铁路移交给中华人民共和国的公告》。

12月31日 全国实行工资改革，建立新型工资等级制度，并制定了工人的技术等级标准。

52-001

52-002

52-003

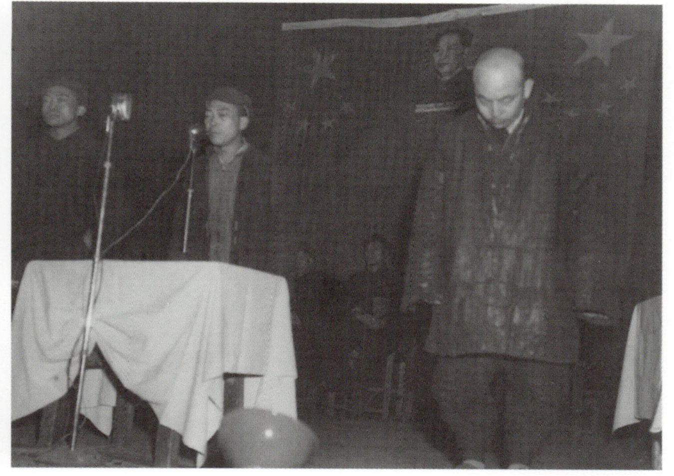

52-004

52-001. 薄一波在北京“三反”、“五反”大会上作报告。
52-002. 天津市举行“三反”大会。
52-003. 上海召开店员“五反”运动代表会议。
52-004. 北京市群众斗争偷税漏税罪犯。

52-005

52-006

52-007

52-008

52-009

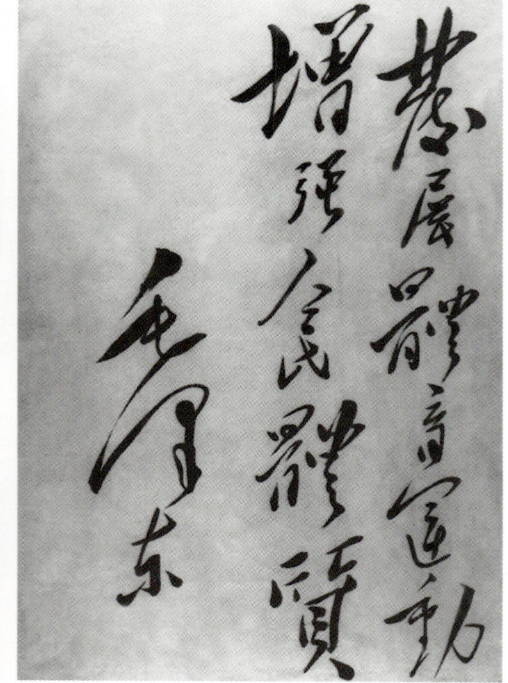

52-010

52-011

52-012

52-013

52-005. 江苏省无锡市举行“三反”、“五反”检举大会。
52-006. 北京市高校举行反浪费展览。
52-007. 上海市五洲大药店在“五反”中通过《爱国公约》。
52-008. 河北省人民政府公审大贪污犯刘青山、张子善。
52-009. 新中国第一个大型水利工程荆江分洪工程正在施工。
52-010. 毛泽东为中华全国体育总会题词。
52-011. 成渝铁路全线通车。
52-012. 李先念（左四）在验收荆江分洪第一期工程后与有关领导合影。
52-013. 为彻底肃清美国文化侵略的影响，燕京大学举办了美帝国主义文化侵略罪行展览会。

52-014

52-015

52-016

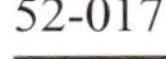
52-017

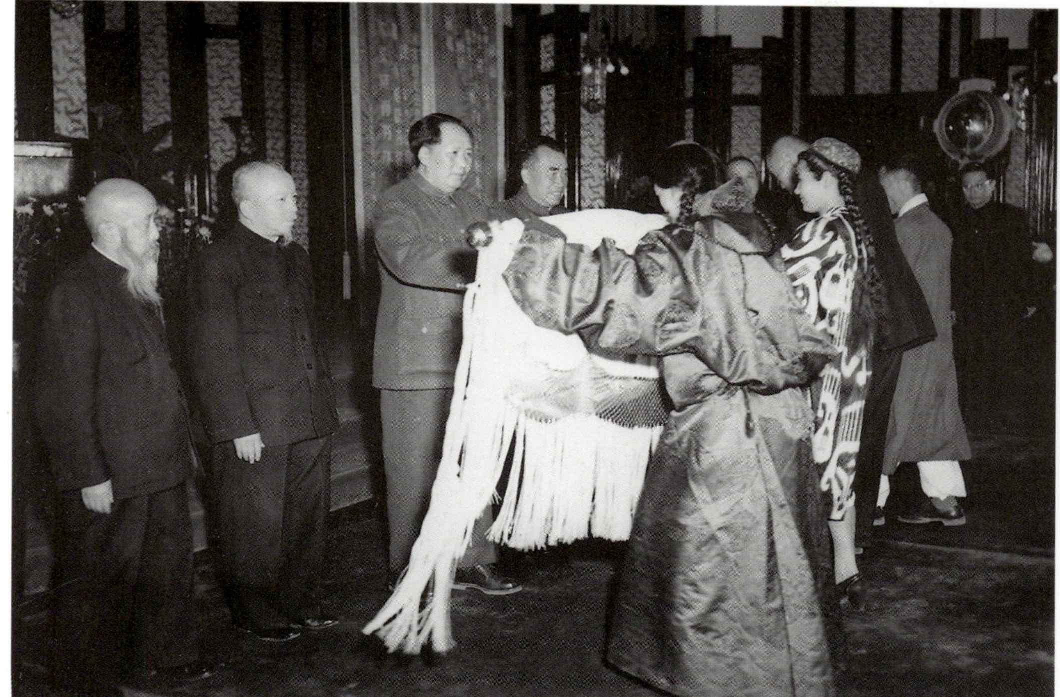

52-018

52-019

52-020

52-014. 毛泽东、朱德检阅参加“八一”建军节25周年体育运动大会入场式的运动员。
52-015. 青岛国棉六厂工人郝建秀（中）创造了先进工作法。
52-016. 周恩来在中苏谈判公报签字仪式上代表中国政府签字。
52-017. 周恩来出席中苏中长铁路移交仪式。
52-018. 参加1952年国庆大典的西北、西南各民族国庆观礼团向毛泽东献旗致敬。
52-019. 周扬在第一届全国戏曲观摩演出大会上作总结报告。
52-020. 天（水）兰（州）铁路正式通车。

52-021

52-022

52-023

52-021. 天津新港第一期工程提前完成。
52-022. 中央人民政府委员会第十九次会议举行。
52-023. 康藏公路康定至昌都段提前通车。
52-024. 中国人民志愿军发动1952年秋季攻势。
52-025. 中国人民志愿军在上甘岭战役中。
52-026. 志愿军特等功臣、二级英雄易才学在前线。
52-027. 志愿军文工团在前线慰问。

52-024

52-025

52-026

52-027

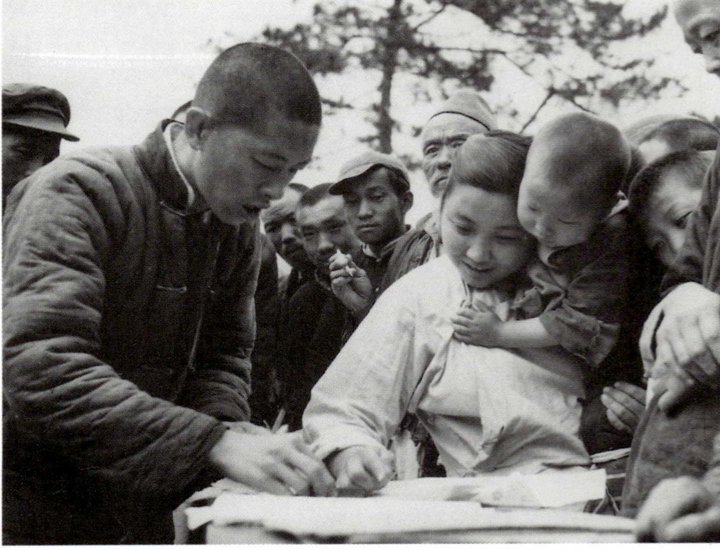

52-029

52-028
52-030

52-028. 蜿蜒在崇山雪峰中的康藏公路。
52-029. 北京郊区农民在和平呼吁书上签字。
52-030. 宋庆龄率领中国代表团出席在北京召开的亚洲及太平洋区域和平会议。右起：郭沫若、宋庆龄、彭真、马寅初、陈叔通。

1953

共　和　国　图　典

1953年

1月1日 政务院财经委员会《关于税制若干修正及实行日期的通告》和《商品流通税试行办法》在全国实行。新税制规定：不分公营、私营，一律平等纳税，取消了对国营经济和合作社经济的各种优待。

1月5日 中共中央发出《关于反对官僚主义、反对命令主义和反对违法乱纪的指示》。

1月13日 中央人民政府委员会举行第二十次会议，通过了《关于召开全国人民代表大会及地方各级人民代表大会的决议》，并决定成立中华人民共和国宪法起草委员会，毛泽东任主席；成立中华人民共和国选举法起草委员会，周恩来任主席。

1月14日 中央人民政府委员会举行第二十一次会议，通过和批准了各项任免名单。任命刘澜涛为华北行政委员会主席，高岗为东北行政委员会主席，彭德怀为西北行政委员会主席，饶漱石为华东行政委员会主席，林彪为中南行政委员会主席，刘伯承为西南行政委员会主席。

1月21日 周恩来外长发表声明，就1月12日美国政府派遣特务飞机侵入中国东北领空进行侦察一事向美国政府提出强烈抗议。

1月 中共中央决定成立马克思、恩格斯、列宁、斯大林著作编译局。

2月11日 中央人民政府委员会举行第二十二次会议，讨论通过了《中华人民共和国全国代表大会及地方各级人民代表大会选举法（草案）》。毛泽东主席签署命令，自3月1日起公布施行。

2月15日 中共中央正式通过《关于农业生产互助合作的决议》，要求根据生产发展的需要和可能，稳步发展农业生产互助合作。

2月 中共中央农村工作部成立，邓子恢任部长。

3月6日 中共中央和毛泽东分别给苏共中央和苏联最高苏维埃主席团发去唁电，对斯大林病逝表示最沉痛的哀悼。3月7日，吊唁斯大林逝世的中华人民共和国代表团，由周恩来率领赴莫斯科。

3月8日 中共中央发出《关于缩减农业增产和互助合作发展的五年计划数字给各大区的指示》。

3月10日 中共中央发出《关于加强中央人民政府系统各部门向中央请示报告制度及加强中央对于政府工作领导的决定（草案）》。

4月2日 中共中央发出《关于应当重视手工业的指示》。

4月3～23日 中央农村工作部召开第一次全国农村工作会议。

4月15～23日 中国妇女第二次全国代表大会在北京举行。会议通过了《中华全国民主妇女联合会章程》，选举了全国妇联第二届执行委员会。4月25日，全国妇联第二届执委会召开第一次会议，选举宋庆龄、何香凝为名誉主席，蔡畅为主席。

4月25日 中共中央下达《1953年国民经济计划提要》。

5月2～11日 中国工会第七次全国代表大会在北京举行。大会通过了《关于中国工会工作的报告的决议》、《关于修改中国工会章程的决议》和《中华人民共和国工会章程》，并选举中华全国总工会第七届执行委员会。12日，中华全国总工会第七届执委会举行第一次会议，选举刘少奇为名誉主席，赖若愚为主席。

5月9～11日 中国伊斯兰教协会成立会议在北京举行，会议选举鲍尔汉为中国伊斯兰教协会委员会主任。

5月15日 中苏两国政府签订《关于苏维埃社会主义共和国联盟政府援助中华人民共和国中央人民政府发展中国国民经济的协定》。协定规定：苏联政府援助中华人民共和国新建和改建141项重大工程，并提供30～35亿卢布的经济援助。

同日 政务院发出《关于中央人民政府所属各财政经济部门的工作领导的通知》，将各财政经济部门划分为五个方面，分别由高岗、邓小平、邓子恢、饶漱石、陈云领导。

6月3日 中国佛教协会成立。达赖喇嘛、班禅额尔德尼、虚云、查干葛根被选为中国佛教协会的名誉会长，圆瑛为会长。

6月14日～8月12日 中共中央召开全国财经工作会议。会议听取了高岗、李富春《关于经济建设计划的报告》，李维汉《关于利用、限制、改造资本主义工商业的意见的报告》。会议批判了税收、商业、财政、银行工作中在最近一个时期的某些错误。

6月15日 毛泽东在中央政治局扩大会议上指出："党在过渡时期的总路线和总任务，是要在十年到十五年或者更多一些时间内，基本上完成国家工业化和对农业、手工业、资本主义工商业的社会主义改造。"

6月23日～7月2日 中国新民主主义青年团举行第二次全国代表大会。大会通过胡耀邦的工作报告和《中国新民主主义青年团团章》，选举产生了青年团第二届中央委员会。7月4日，青年团中央二届一次会议选举胡耀邦等为团中央书记。

7月17日 福建海防部队粉碎国民党军向东山岛的进犯。

7月26日 朝鲜停战谈判达成协议。7月27日，朝中方面谈判代表团首席代表南日大将和美方谈判代表团首席代表哈利逊中将，在板门店正式签署《朝鲜停战协定》及其附件和《临时补充协议》。接着，"联合国军"总司令克拉克、金日成、彭德怀先后在不同地点分别在《朝鲜停战协定》和《临时补充协议》上正式签字。至此，历时三年多的朝鲜战争宣告结束。

7月27日 朝鲜人民军最高司令部和中国人民志愿军司令联合发表战绩公报：自1950年6月25日至本日止。共击毙、击伤、俘虏敌军1093839名，其中美军397543名，击落、击伤和缴获敌机12224架，击毁、击伤和缴获敌军坦克3064辆，击沉、击伤敌舰艇257艘。

8月21日 中国新民主主义青年团中央发出关于青年团第二次全国代表大会通过的把"中国少年儿童队"改名为"中国少年先锋队"的决定及对这一决定的说明。

9月12日 中央人民政府委员会举行第二十四次会议，听取志愿军司令员彭德怀《关于志愿军抗美援朝工作的报告》，通过了给中国人民志愿军的慰问电。

9月16～18日 中央人民政府委员会举行第二十八次会议，邓小平就全国人民代表大会及地方各级人民代表大会的选举问题作说明，通过了关于推迟召开全国及地方各级人民代表大会的决议。

9月～10月 中共中央在北京举行第二次全国组织工作会议。会议确定党的组织工作任务是：动员全党从组织上保证过渡时期总路线的贯彻执行，保证国家第一个五年计划的顺利实现；不断巩固和扩大党的组织，提高党员的思想政治水平，提高党的战斗力。

9月23日－10月6日 中国文学艺术工作者第二次代表大会在北京举行。大会选举21人为中国文联第二届全国委员会委员，郭沫若为主席团主席，茅盾、周扬为副主席。

9月26日 著名画家徐悲鸿在北京逝世。终年58岁。

10月4日 中共中央批准华北局《关于纠

53-001

53-002

53-001. 邓小平在中央人民政府委员会第二十二次会议上作关于《人大选举法》的说明。

53-002. 在中央人民政府委员会第二十二次会议上通过了《中华人民共和国全国人民代表大会及地方各级人民代表大会选举法》。

正农业生产互助运动中急躁冒进倾向后的情况及当前工作任务》的报告。

10月16日 中共中央作出关于实行粮食的计划收购与计划供应的决议。

10月23日~11日12日 中华全国工商业联合会会员代表大会在北京召开。大会宣告全国工商业联合会正式成立，并选举陈叔通为主任委员。

10月26日~11月5日 中共中央召开第三次全国互助合作会议。

11月14日~22日 中国政府和来访的朝鲜政府代表团在北京举行谈判。双方讨论了与中朝两国有关的重要的政治问题和中国政府向朝鲜政府提供经济援助的问题。

11月20日~12月17日 中华全国合作总社召开第三次全国手工业生产合作会议。

12月7日~1954年1月26日 全国军事系统党的高级干部会议在北京召开。会议讨论了人民解放军的编制、训练、党委的集体领导和首长分工负责制以及关于实行义务兵役制、薪金制、军衔制等问题。

民币6亿元。

12月16日 中共中央通过《关于发展农业生产合作社的决议》。决议要求，到1954年秋前农业生产合作社由现有的1.4万多个发展到3.58万多个，到1957年发展到80万个左右，参加农户占总农户的20%左右。

12月26日 鞍山钢铁公司为新型的大型轧钢厂、无缝钢管厂和七号炼铁炉系统工程隆重举行开工生产典礼。

12月28日 中共中央批准并转发中共中央宣传部编写的《为动员一切力量把我国建设成为一个伟大的社会主义国家而斗争—关于党在过渡时期总路线的学习和宣传提纲》。

12月31日 周恩来在同印度政府代表团谈话时，提出和平共处五项原则，即：互相尊重主权和领土完整；互不侵犯；互不干涉内政；平等互利；和平共处。

53-003

53-004

53-005

53-006

53-003. 哈尔滨市的一个居民读报小组正在宣讲普选工作。
53-004. 广州市珠江区的水上居民把投票站设在船上。
53-005. 全国劳模李顺达（左二）和申纪兰（左三）在西沟乡人口调查登记站领取选民证。
53-006. 福建晋江县金井村的华侨家属以认真严肃的态度推举出人民代表候选人。
53-007. 斯大林逝世后，毛泽东、朱德、周恩来等前往苏联大使馆吊唁。
53-008. 天安门广场的斯大林追悼大会主席台。
53-009. 周恩来出席在莫斯科红场举行的斯大林葬礼。
53-010. 毛泽东在“长江号”舰上听取林一山关于长江水利工作汇报，随后提出兴建三峡大坝的设想。
53-011. 中国妇女第二次全国代表大会在北京怀仁堂开幕时的情景。

53-007

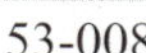

53-008

53-009

53-010

53-011

53-012

53-013

53-014

53-012. 参加第二次妇代会的少数民族代表认真填写选票。
53-013. 林伯渠代表中央人民政府向中国工会第七次全国代表大会致贺词。
53-014. 参加第二次妇代会的代表们走出会场。走在前面的是志愿军英雄黄继光的母亲邓芳芝。
53-015. 中华全国总工会秘书长赖若愚在代表大会上作《工作报告》。
53-016. 毛泽东、朱德、刘少奇、周恩来与中国工会第七次全国代表大会代表合影。
53-017. 鲍尔汉在中国伊斯兰教协会成立大会上报告该会筹备经过。
53-018. 毛泽东与中国佛教协会代理会长喜饶嘉措亲切交谈。
53-019. 苏联专家和中国工程技术人员胡冰（左一）等正根据勘探资料研究新疆地区有色金属矿苗的分布。
53-020. 在航测地形的飞机上，我国领航员朱向民（左）正在向苏联领航员雅鲁宁学习航测技术。

53-015

53-016

53-017
53-018

53-019

53-020

53-021

53-022

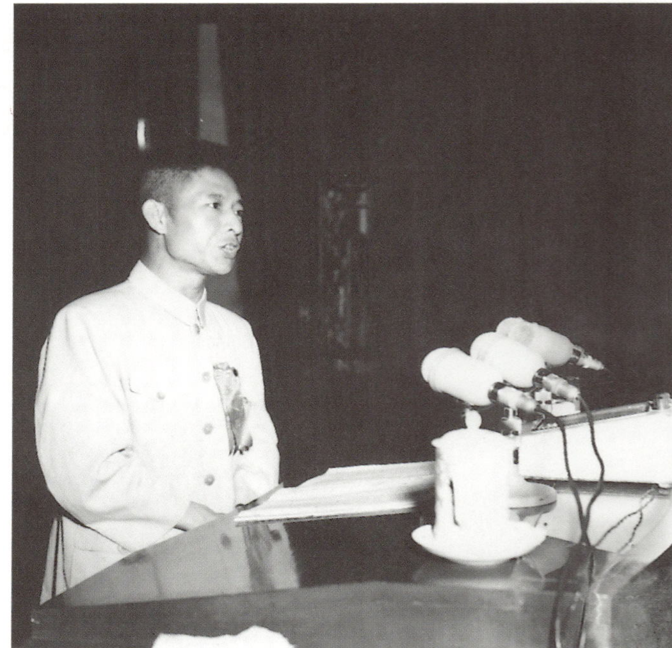

53-023

53-024

53-025

53-026

53-027

53-021. 北京市青年团员向团代会主席台献花。
53-022. 徐悲鸿（右一）与齐白石（右三）在全国文联第二次代表大会上。
53-023. 胡耀邦在中国新民主主义青年团第二次全国代表大会上作《工作报告》。
53-024. 首次板门店停战谈判时的情景。左二为朝鲜人民军李相朝中将，右二为美国陆军勃里安少将（两人均为谈判首席代表）。
53-025. 彭德怀从朝鲜胜利归国时受到热烈欢迎。
53-026. 北京各界在中山公园音乐堂为朝鲜停战举行庆祝大会。
53-027. 彭德怀在中央人民政府委员会第二十四次会议上作《关于中国人民志愿军抗美援朝战争的报告》。

53-029

53-028
53-030

53-031

53-028. 北京市少先队员国庆节在天安门城楼上向毛泽东献花。
53-029. 中国人民赴朝慰问团团长贺龙在北京火车站前的欢送大会上讲话。
53-030. 赴朝慰问团成员胡子昂在朝鲜高兴地见到了已成为志愿军战士的两个女儿。
53-031. 第三届赴朝慰问团副总团长康克清抱起向她献花的朝鲜儿童。
53-032. 中央人民政府主席和副主席在第二十九次委员会会议上。
53-033. 郭沫若在中央人民政府委员会第二十七次会议上作《关于文化教育工作的报告》。
53-034. 农业合作社在全国得到很大发展。图为山西平顺县西沟村李顺达农林畜牧合作社的社员正忙着春耕。
53-035. 北京郊区农业合作运动蓬勃发展。图为郭长有（站立者）在转社骨干训练班上介绍转社经过。

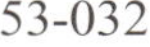
53-032

53-033

53-034

53-035

53-036

53-037

53-038

53-039

53-036. 鞍钢工人争相观看自己生产出的第一根无缝钢管。
53-037. 鞍山钢铁公司无缝钢管厂生产出第一根坯。
53-038. 石景山钢铁厂的工人们下班时围着拼音字母表学认生字。
53-039. 河北满城县要振声生产合作社社员正在给麦地施农家肥。

1954

共　和　国　图　典

1954年

1月4日 中共中央批转中财委《关于1954年扩展公私合营工业计划会议的报告》和《关于有步骤地将10个工人以上的资本主义工业基本上改造为公私合营企业的意见》。

2月1日 新疆省人民政府颁布更改一些含有歧视或侮辱少数民族的地名的决定，迪化市改名为乌鲁木齐市。

2月6～10日 中共七届四中全会在北京举行。全会作出决议：(1)七届三中全会以来，党中央的政治路线和组织路线都是正确的；(2)批准中共中央政治局所提出的党在过渡时期的总路线；(3)批准中共中央政治局关于在1954年内召开党的全国代表会议的决定。会议揭露并批判了高岗和饶漱石的反党分裂活动。全会一致通过根据毛泽东起草的《关于增强党的团结的决议》。

2月中旬 受中共中央书记处的委托，周恩来主持召开关于高岗问题的座谈会，邓小平、陈毅、谭震林主持召开关于饶漱石问题的座谈会。

3月6日 绥远省建制正式撤销，原绥远省辖区归划内蒙古自治区人民政府领导。

3月23日 中华人民共和国宪法起草委员会举行第一次会议。毛泽东主席代表中国共产党向会议提出了中共中央起草的《中华人民共和国宪法草案（初稿）》。

4月24月～7月23日 周恩来总理兼外长率领中国政府代表团参加讨论和平解决朝鲜问题和恢复印度支那和平问题的日内瓦会议。

4月25日 内蒙古自治区首府归绥市改名为呼和浩特市。

4月27日 中共中央任命邓小平为中共中央秘书长。

同日 中共中央政治局扩大会议决定撤销大区一级党政机构。6月19日，中央人民政府第三十二次会议通过《关于撤销大区一级行政机构和合并若干省、市建制的决定》。决定撤消大区一级的机构；辽东、辽西合并为辽宁省；松江、黑龙江合并为黑龙江省；宁夏与甘肃合并为甘肃省；沈阳、旅大、鞍山、抚顺、本溪、哈尔滨、长春、武汉、广州、西安、重庆等11个中央直辖市均改为省辖市。

5月3日 中国人民对外文化协会成立大会在北京举行。会议选举楚图南为会长。

5月上旬 中国第一座大型山谷水库——北京郊区永定河官厅水库竣工，该水库蓄水量为21.9亿立方米。

5月20日 政务院举行第二百二十一次会议，通过国家民委《关于帮助尚无文字的少数民族创立文字问题的报告》。

5月28日 中共中央转发华北局《关于在国营厂矿企业中实行厂长负责制的决定》。

6月14日 中央人民政府委员会举行第三十次会议，通过了《中华人民共和国宪法草案》和《关于公布<中华人民共和国宪法草案的决议》。

6月17日 中央人民政府委员会第三十一次会议听取并批准了1954年国家预算草案。

同日 中国政府与英国政府达成两国互相派遣外交代办的协议。

6月25～29日 周恩来总理访问印度和缅甸。访印期间，同印度总理尼赫鲁举行了会谈。6月28日，中印两国总理发表联合声明，重申了本年4月29日两国签订的《关于中国西藏地方和印度之间的通商和交通协定》中所规定的处理两国之间关系的五项原则。6月28～29日，周恩来访问缅甸，同缅甸联邦总理吴努举行了会谈并发表联合声明，同意把和平共处五项原则作为指导中缅关系的原则。

6月～10月 长江爆发多次洪水。淹没农田4755万亩，受灾人口1890万人，死亡3.4万人。

7月3～5日 周恩来总理和越南民主共和国主席胡志明在中越边境举行会谈，双方就日内瓦会议恢复印度支那和平问题和其他有关问题交换了意见，并发表了会谈公报。

7月13日 中共中央发出《关于加强市场管理和改造私营商业的指示》。

同日 中共中央批转中财委《关于实施棉布计划供应、棉花计划收购的报告》。

7月20～25日 中华全国合作社第一次代表大会在北京举行。大会通过《中华全国供销合作总社章程》。

7月22日～8月6日 中国基督教全国会议在北京召开，选举了中国基督教三自爱国运动委员会。

7月26日 中国首批飞机制造并试飞成功。

8月11日 中央人民政府委员会第三十三次会议（扩大）在北京举行。会议通过了《关于召开中华人民共和国第一届全国人民代表大会第一次会议的决议》。

9月3日 中央选举委员会举行第五次会议。会议听取并批准了邓小平所作的《关于中华人民共和国第一届全国人民代表大会选举工作完成的报告》，通过了《中央选举委员会公告》。

9月5日 中国人民志愿军总部发言人宣布，中国人民志愿军司令员彭德怀将军业已辞职，现由邓华将军任司令员。

9月9日 政务院第二百二十四次会议通过《关于设立中国人民建设银行的决定》。

9月15～28日 第一届全国人民代表大会第一次会议在北京举行。刘少奇代表宪法起草委员会向大会作《关于中华人民共和国宪法草案的报告》。大会通过《中华人民共和国宪法》、《中华人民共和国全国人民代表大会 组织法》、《中华人民共和国国务院组织法》、《中华人民共和国人民法院组织法》、《中华人民共和国人民检察院组织法》和《中华人民共和国地方各级人民代表大会、地方各级人民委员会组织法》。大会通过《关于政府工作报告的决议》，批准了周恩来的《政府工作报告》。大会选举毛泽东为中华人民共和国主席，朱德为副主席；刘少奇为全国人大常委会委员长，决定周恩来为国务院总理。

9月28日 中共中央政治局作出关于成立党的军事委员会的决议。决定由毛泽东、朱德、彭德怀、林彪、刘伯承、贺龙、陈毅、邓小平、罗荣桓、徐向前、聂荣臻、叶剑英组成中共中央军事委员会，毛泽东任主席，彭德怀主持中共中央军委日常工作。

10月1日 首都举行盛大阅兵式和群众游行，庆祝建国五周年。

10月5日 中国与挪威王国建立外交关系。

10月12日 赫鲁晓夫率领苏联政府代表团访华，参加中华人民共和国国庆五周年庆典。中苏两国政府代表团发表《关于中苏举行会谈的公报》。公报宣布了双方签订的《中华人民共和国政府和苏联政府关于中苏关系和国际形势各项问题的联合宣言》、《关于对日本关系问题的联合宣言》、《关于旅顺口海军根据地的联合公报》和《关于修建兰州——乌鲁木齐——阿拉木图铁路的联合公报》。还签订了《关于苏联政府给予中华人民共和国政府5.2亿卢布长期贷款的协定》和《关于苏联政府帮助中华人民共和国政府新建15项工业企业和扩大原有协定规定的141项企业设备的供应范围的议定书》。

10月15日 国务院举行第一次全体会议。会议听取了周恩来总理所作的《关于中苏会谈的报告》，通过了中苏《关于将中苏石油公司、中苏有色及稀有金属公司、中苏造船公司和中苏民用航空公司四个中苏股份公司中的苏联股份售予中华人民共和国的协定》和《中苏科学技术合作协定》。

54-001

54-001. 中共七届四中全会会场。

10月16日 第一届全国人民代表大会常务委员会举行第一次会议。会议通过了《关于同外国缔结条约的批准手续的决定》。

同日 毛泽东就《红楼梦》研究问题写信给中共中央政治局的同志和其他有关同志。

10月19～30日 印度总理尼赫鲁应邀访华。

10月31日 国务院全体会议第二次会议通过国务院各办公室主任名单：第一办公室主任罗瑞卿，第二办公室主任林枫，第三办公室主任薄一波，第四办公室主任贾拓夫，第五办公室主任李先念，第六办公室主任王首道，第七办公室主任邓子恢，第八办公室主任李维汉。

11月1日 国家统计局发表《关于全国人口调查登记结果公报》。宣布1953年6月30日24时的全国人口总数为601938035人。

11月14日 中国海军在浙江沿海击沉国民党军护航驱逐舰"太平号"。

11月19日 中国与荷兰建立外交关系。

11月23日 中华人民共和国最高人民法院军事审判庭对两批美国间谍进行宣判。

12月8日 周恩来总理兼外长就美国和蒋介石集团签订《共同防御条约》发表声明，宣告：台湾是中国的领土，中国人民一定要解放台湾。

12月12日 中共中央军委召开扩大会议，决定将原来的东北、华北、西北、华东、中南、西南6个大军区改划为12个大军区，即沈阳、北京、济南、南京、广州、武汉、成都、昆明、兰州、新疆、内蒙古、西藏军区。

12月20日 全国人大常委会举行第三次会议，通过了《中华人民共和国逮捕拘留条例》。同日，毛泽东发布中华人民共和国主席令予以公布。

12月21～25日 中国人民政治协商会议第二届全国委员会第一次全体会议在北京举行。陈叔通作《中国人民政治协商会议第一届全国委员会工作报告》；章伯钧作《关于〈中国人民政治协商会议章程〉(草案)的说明》；周恩来作《政治报告》。会议通过了《关于第一届全国委员会工作报告的决议》、《中国人民政治协商会议章程》和《中国人民政治协商会议宣言》。会议推举毛泽东为政协第二届全国委员会名誉主席，选举周恩来为主席。

12月25日 康藏公路与青藏公路全线通车。其中康藏公路全长2255公里，青藏公路全长1900多公里。

12月 中国文字改革委员会成立，吴玉章任主任。

54-002

54-004

54-003

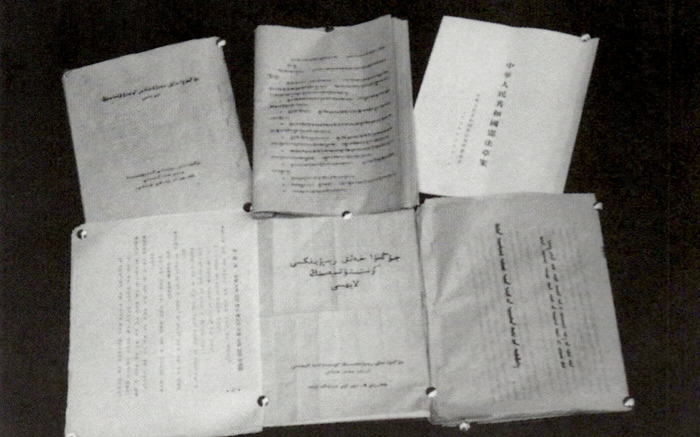

54-005

54-006

54-007

54-009

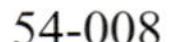

54-008

54-010

54-002. 毛泽东主持中央人民政府委员会第三十次会议。主席台上自左至右：林伯渠、宋庆龄、朱德、毛泽东、刘少奇、李济深、张澜。

54-003. 毛泽东在中华人民共和国宪法起草委员会全体会议上讲话。

54-004. 全国劳动模范孟泰（左）在听女儿读《中华人民共和国宪法（草案）》。

54-005. 民族出版社将《中华人民共和国宪法（草案）》翻译成蒙、藏、维吾尔、哈萨克和朝鲜五种文字出版。

54-006. 西安市的回民群众在文化馆前收听《中华人民共和国宪法（草案）》的广播。

54-007. 乌鲁木齐市第二幼儿园保育员再娜普正在家中收听《中华人民共和国宪法（草案）》公布后各地讨论的消息。

54-008. 出席日内瓦会议的周恩来（前中）抵达日内瓦机场。

54-009. 官厅水库全景。

54-010. 周恩来率中国政府代表团参加日内瓦会议。第一排左二为周恩来。

54-012

54-011

54-013

54-015

54-014

54-016

54-017

54-018

54-011. 周恩来到达印度时在机场受到印度总理尼赫鲁（左一）和中国驻印大使袁仲贤（右一）的欢迎。

54-012. 周恩来同缅甸联邦总统巴宇（右二）、总理吴努（右一）交谈。

54-013. 邓小平在中央人民政府委员会第三十一次会议上作《关于1954年国家预算草案的报告》。

54-014. 当四川省一届人大一次会议宣布朱德等87人当选为全国人大代表时，全场掌声雷动。

54-015. 江苏省一届人大一次会议会场外景。

54-016. 中国人民解放军华北军区军人代表大会选出聂荣臻、萧克等6人为全国人大代表。

54-017. 北京市召开一届人大一次会议时的情景。

54-018. 全国政协第五十八次常委会一致通过了《中华人民共和国各民主党派各人民团体为解放台湾的联合宣言》

54-019

54-020

54-021

54-022

54-023

54-024

54-025

54-026

54-019. 第一届全国人民代表大会会场外景。

54-020. 刘少奇作《关于中华人民共和国宪法草案的报告》。

54-021. 毛泽东在第一届全国人民代表大会上宣布大会通过了《中华人民共和国宪法》。

54-022. 在第一届全国人民代表大会上，当执行主席报告毛泽东当选为中华人民共和国主席时，全体代表起立欢呼。

54-023. 刘少奇当选为第一届全国人大常委会委员长，代表们鼓掌向他表示热烈祝贺。

54-024. 全国人大代表达赖（前排左五）和班禅额尔德尼（前排左三）拜会全国政协副主席李济深（前排左四）、郭沫若（前排左六）、陈叔通（前排左二）等人时合影留念。

54-025. 当刊登《中华人民共和国宪法》全文的报纸分发到解放军某坦克部队时，战士们欢呼雀跃。

54-026. 全国劳动模范郝建秀在一届全国人大一次会议上发言。

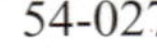
54-027

54-028

54-029

54-030

54-027. 参加国庆五周年游行的群众正通过天安门。
54-028. 挪威驻华大使克洛格·亨生在递交国书后同刘少奇交谈。
54-029. 周恩来（左）和印度总理尼赫鲁乘车从机场进入北京时受到北京市民的夹道欢迎。
54-030. 台湾空军飞行员胡弘一驾机飞回祖国大陆。图为他在福建省某地降落后同人民解放军人员热烈握手。
54-031. 最高人民法院军事审判庭在11月23日举行对唐奈、费克图和阿若德、包莫两个美国间谍案件的宣判大会。
54-032. 最高人民法院审理美国间谍案时的情形。
54-033. 美国间谍雷德蒙在审问记录上签字。
54-034. 上海军管会军法处于9月12日对美国间谍雷德蒙 及其7名同案犯分别判刑。图为审判长宣布判决书时的情形。
54-035. 安徽佛子岭水库的连拱坝闸门开启后，水流飞腾。

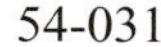
54-031

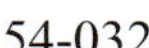
54-032

54-033

54-034

54-035

54-036

54-037

54-038

54-036. 毛泽东主持全国政协二届一次会议的开幕式。
54-037. 周恩来同出席全国政协二届一次会议的代表们交谈。
54-038. 在拉萨举行的康藏和青藏公路通车庆祝大会。

1955

共 和 国 图 典

1955年

1月1日 国防部部长彭德怀颁布《国防部关于对蒋军起义、投诚人员的政策及奖励办法的通告》。

1月2日 中国与南斯拉夫建立外交关系。

1月13日 中共中央发出《关于整顿和巩固农业生产合作社的通知》。指出：当前的合作化运动应基本转入控制发展、着重巩固阶段。

1月17日 中共中央发出《关于统一战线工作的指示》，要求各省、市委在省、市政府机关正确安排党外人士，加强政协地方委员会和地方统一战线工作。

1月18～19日 人民解放军解放一江山岛。

1月20日 中共中央宣传部向中共中央提出《关于开展批判胡风思想的报告》，要求在批判俞平伯和胡适的同时，对胡风的文艺思想进行公开的批判。中共中央批准了这个报告。

同日 中国与阿富汗建立外交关系。

1月26日 中共中央发出《关于在干部和知识分子中组织宣传唯物主义思想、批判资产阶级唯心主义思想的讲演工作的通知》。

1月31日 卫生部党组向中共中央报送《关于节制生育问题的报告》。3月1日中共中央批准了这个报告，指出，节制生育是关系广大人民生活的一项重大政策性的问题。

2月6日 国民党当局宣布撤退大陈岛上的守军。13日，解放军登上大陈岛。至2月26日，人民解放军控制了浙江沿海全部岛屿。

2月7日 一届全国人大常委会举行第五次会议。会议讨论并修正了国务院提出的《中华人民共和国兵役法（草案）》，规定：人民解放军由志愿兵役制改为义务兵役制。

2月9日 一届全国人大常委会副委员长、中国民主同盟主席张澜逝世。终年84岁。

2月12日 一届全国人大常委会第七次会议通过《关于授予中国人民志愿军抗美援朝保家卫国有功人员勋章奖章的决议》、《关于规定勋章奖章授予中国人民解放军在中国人民革命战争时期有功人员的决议》、《关于规定勋章奖章授予中国人民解放军在保卫祖国和进行国防现代化建设中有功人员的决议》。

2月21日 国务院颁布《关于发行新的人民币和收回现行的人民币的命令》，责成中国人民银行自1955年3月1日起发行新的人民币，并收回现行的人民币。新旧币的折合比率为：新币1元等于旧币1万元。

2月25日 中共中央发出《关于在少数民族地区进行农业社会主义改造问题的指示》，要求充分注意民族特点和政治、经济、文化各方面的落后情况，用更多时间和慎重稳定的方针逐步实现社会主义改造，把少数民族地区的互助合作运动健康地推向前进。

3月1日 中共中央发出《关于宣传唯物主义思想批判资产阶级唯心主义思想的指示》。

3月3日 中共中央、国务院发布《关于迅速布置粮食购销工作，安定农民生产情绪的紧急指示》。

3月9日 国务院全体会议举行第七次会议，通过《关于成立西藏自治区筹备委员会的决定》，筹备委员会由达赖喇嘛·丹增嘉措任主任委员，班禅额尔德尼.确吉坚赞任第一副主任委员，张国华任第二副主任委员。

3月15日 前国民党高级将领卫立煌自香港回到广州，并发表《告台湾袍泽朋友书》。

3月21～31日 中国共产党全国代表会议在北京举行。会议通过《关于中华人民共和国发展国民经济的第一个五年计划草案的决议》；通过《关于高岗、饶漱石反党联盟的决议》，决定开除高岗、饶漱石的党籍，并撤销他们的党内外各项职务；通过《关于成立党的中央和地方监察委员会的决议》，选举董必武为中央监察委员会书记。

4月1日 中国和印度两国政府发表《关于印度政府将其在中国西藏地方所经营的邮政、电报、电话等企业及其设备和驿站及其设备交给中国政府的公报》。

4月1～12日 中国民主建国会第一次全国代表大会在北京举行。大会选举了中国民主建国会中央委员会，通过了《中国民主建国会章程》、《关于总会委员会工作报告的决议》、《关于工作方针和任务的决议》。大会选举黄炎培为主任委员。

4月3日 上海市副市长潘汉年遭逮捕审查。1963年6月，最高人民法院终审判决，认定潘汉年是"长期暗藏在中国共产党和国家机关内部的内奸分子"，判处有期徒刑15年，剥夺政治权利终身。1986年复查此案，最高人民法院推翻原判决。

4月4日 中共中央举行七届五次全体会议，全会补选林彪、邓小平为中共中央政治局委员。

4月6日 国务院全体会议举行第八次会议，通过《关于加强农民业余文化教育的指示》。

4月9日 一届全国人大常委会第十一次会议决定设立中华人民共和国第三机械工业部和国务院城市建设总局。

4月11日 首都文化界隆重举行梅兰芳、周信芳艺术生活五十年纪念大会。

4月12日 中共中央发出《关于进一步加强市场领导，改造私商，改造农村购销工作的指示》。

4月18～24日 周恩来率领中国代表团出席在印度尼西亚万隆举行的有29个国家参加的亚非会议。在中国代表团和与会各国代表团的共同努力下，在和平共处五项原则的基础上，制定了著名的"万隆会议"十项原则。

4月28日 中国和印度尼西亚两国总理发表联合声明，对两国建立在和平共处五项原则基础上的良好关系表示满意，认为两国政府关于双重国籍问题条约的签订，是以友好协商的方法解决国际间繁难问题的一个良好的范例。

5月13日、24日、6月10日 《人民日报》分三批刊登《关于胡风反革命集团的材料》，毛泽东写了按语。胡风本人于同年5月18日由全国人大常委会批准逮捕。此案株连2100人，1980年撤案，1988年中共中央宣布胡风的文艺观属于学术问题。

5月13日 周恩来总理在全国人大常委会会议上指出，中国人民愿意在可能的条件下采取和平的方式解放台湾。

5月26日 中国全部收回旅顺主权。驻旅顺地区苏军指挥部的全体人员回国。

5月31日 国务院举行第十次全体会议，批准了中国科学院《关于筹组学部和召开学部成立大会的报告》和中国科学院学部委员名单。

6月18日 中国共产党领导人瞿秋白的遗骨由福建省长汀县迁来北京八宝山革命公墓安葬。安葬仪式由周恩来主祭，陆定一作瞿秋白生平的报告。

同日 国务院发出《关于国家机关工作人员自今年7月份起全部实行工资制待遇的通知》。规定自7月份起，国家机关一部分工作人员中原来实行的包干制待遇，一律改为工资制待遇。

7月1日 中共中央发出《关于展开斗争肃清暗藏的反革命分子的指示》。

同日 兰（州）新（疆）铁路黄河大桥落成通车。

同日 黎（塘）湛（江）铁路正式通车。铁路全长315公里。

7月5～30日 第一届全国人民代表大会第二次会议在北京召开。会议通过了中华人

55-001

55-002

55-001. 南斯拉夫驻华大使弗拉吉米尔·波波维奇向毛泽东递交国书。
55-002. 人民解放军登陆部队冒着密集炮火，向一江山岛进攻。

民共和国发展国民经济第一个五年计划；批准了1954年国家决算和1955年国家预算；批准了关于根治黄河水害和开发黄河水利综合规划的原则和基本内容。

7月30日 毛泽东主席令公布《中华人民共和国兵役法》。

7月31日 中共中央召集省、市、自治区党委书记会议。毛泽东作《关于农业合作化问题》的报告。

8月1日 中美两国大使级会谈在日内瓦首次举行。

同日 中国与尼泊尔建立外交关系。

8月25日 国务院令公布《农村粮食统购统销暂行办法》、《市镇粮食定量供应暂行办法》。

9月10日 中美两国大使级代表就双方平民回国问题达成协议并发表声明。

9月27日 中华人民共和国主席授予元帅衔和授予勋章典礼在北京举行。毛泽东将《授予中华人民共和国元帅衔的命令状》授予朱德、彭德怀、林彪、刘伯承、贺龙、陈毅、罗荣桓、徐向前、聂荣臻、叶剑英。将"一级八一勋章""一级独立自由勋章"、"一级解放勋章"分别授予在中国工农红军时期、抗日战争时期、解放战争时期参加革命战争的有功人员，在解放战争时期直接领导原国民党军队起义的有功人员，对人民解放战争有功人员，以及对和平解放西藏地区有功人员。同日，国务院举行授予中国人民解放军军官将官军衔典礼。周恩来分别把《授予大将、上将、中将、少将军衔的命令状》授予粟裕等在京将官。

9月30日 新疆维吾尔自治区成立，赛福鼎任新疆维吾尔自治区主席。

10月4～11日 中共七届六中全会（扩大）在北京举行。会议通过了《关于农业合作化问题的决议》、《关于召开党的第八次全国代表大会的决议》、《关于党的第八次全国代表大会名额和选举办法的规定》。

10月29日 毛泽东邀集中华全国工商业联合会执行委员会的委员，座谈私营工商业的社会主义改造问题。

11月9日 一届全国人大常委会第二十四次会议通过了《关于农业生产合作社示范章程（草案）的决议》。

11月10日 一届全国人大常委会第二十六次会议通过了《1956年国家经济建设公债条例》。将公债发行总额定为人民币6亿元，年息4厘，分10年偿还。

12月21日 中共中央颁布《农业十七条》，提出完成合作化的时间表和各地粮食亩产应达到的标准。

55-003

55-004

55-005

55-006

55-003. 阿富汗驻华大使阿卜杜尔·萨马德向毛泽东递交国书。
55-004. 1955年2月9日，第一届全国人大常委会副委员长张澜逝世。图为张澜生前在中南海选区投票。
55-005. 山西潞安县的一位老大娘愉快地送儿子应征服兵役。
55-006. 河北保定市郊的青年积极到兵役登记站登记。图为他们在进行目测。
55-007. 广东清远县的群众欢送应征青年入伍。
55-008. 入伍青年和家乡群众挥手道别。
55-009. 石景山发电厂工人在宿舍大楼前阅读报上发行新币收回旧币的消息。
55-010. 武汉市发行新人民币的第一天，参加修建汉水公路桥的职工拿着旧币兑换新币。
55-011. 陕西三原县农民大娘拿着换回的新人民币，禁不住笑逐颜开。
55-012. 一对刚从美国回来的侨胞夫妇正在商店用新人民币为孩子买衣料。

55-007

55-008

55-009

55-010

55-012

55-011

55-013

55-014

55-015
55-016

55-013. 毛泽东在中国共产党全国代表大会上。
55-014. 台湾空军人员刘若龙（左）、宋宝荣（右）驾机飞返祖国大陆。
55-015. 人民解放军空军首届英雄模范功臣代表大会在北京开幕。
55-016. 英模代表们参观被击落的美制蒋军飞机残骸。
55-017. 中国民主建国会第一次全国代表大会会场。
55-018. 周扬（前排左四）、沈雁冰（前排左三）、夏衍（前排左一）等出席梅兰芳、周信芳舞台生活五十年纪念会。
55-019. 周恩来在万隆会议上讲话。
55-020. 周恩来在万隆会议休息期间。

55-017

55-018
55-019

55-020

55-021

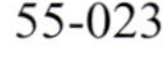

55-023

55-022
55-024

55-021. 周恩来为各国朋友签名。
55-022. 周恩来等在“克什米尔公主号”飞机爆炸事件中遇难烈士遗骨安葬仪式上。
55-023. 兰新铁路黄河大桥正在浇铸第四、第五号桥墩。
55-024. 在人们的欢呼声中，第一列客车从湛江车站徐徐开出。
55-025. 周恩来在北京八宝山亲自为瞿秋白重新安葬遗骨。
55-026. 5月8日，著名侨领司徒美堂在京逝世。图为在北京举行的公祭大会会场。
55-027. 李富春在一届全国人大二次会议上作关于发展国民经济第一个五年计划的报告。
55-028. 首都各界人士在8月5日举行反对原子战争与反对使用原子武器大会。图为中国人民保卫世界和平委员会副主席陈叔通在大会上讲话。
55-029. 北京车站的旅客在月台上签名反对使用原子武器。
55-030. 刘少奇、邓小平视察沈阳飞机制造厂。

55-025

55-026

55-027

55-030

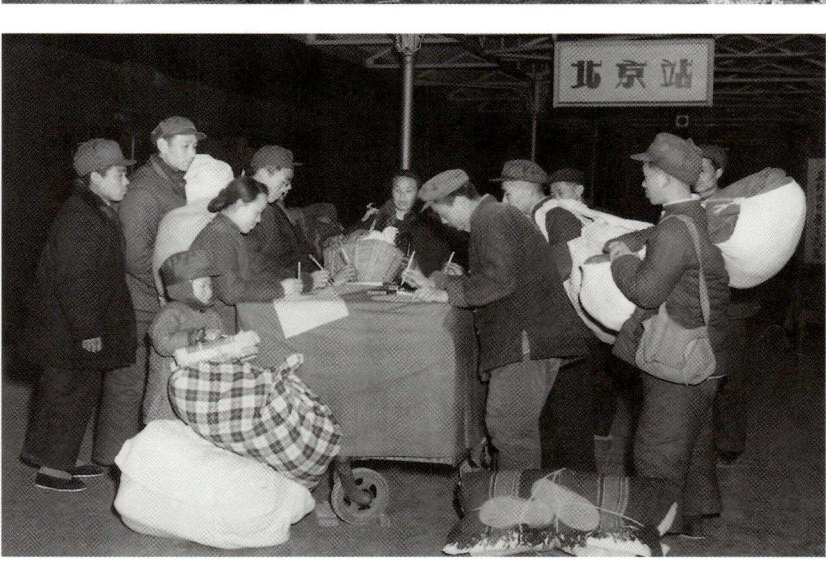

55-028
55-029

55-031

55-032

55-033
55-034

55-035

55-036

55-037
55-038

55-031. 全国青年社会主义建设积极分子大会开幕式。
55-032. 胡耀邦在全国青年社会主义建设积极分子大会上讲话。
55-033. 毛泽东等党和国家领导人在全国青年社会主义建设积极分子大会主席台上。
55-034. 根据全国人大常委会二十二次会议决定，毛泽东发布授予朱德等10位元帅军衔的命令。图为授衔典礼会场。
55-035. 毛泽东为朱德元帅授勋。
55-036. 四川农业合作社的社员们踊跃交售余粮。
55-037. 北京64名青年组成中国第一支青年志愿垦荒队赴黑龙江开荒。胡耀邦（左四）在欢送会上为他们授旗。
55-038. 福建省晋江县农民把丰收的早稻卖给国家粮食收购站。

55-039

55-040

55-041

55-042

55-043

55-044

55-045

55-046

55-039. 中共七届六中全会通过《关于农业合作社问题的决议》。
55-040. 北京丰台区东管头乡的农民拿着土地证正在办理入社手续。
55-041. 农民成群结队地报名加入合作社。
55-042. 乌鲁木齐举行庆祝国庆暨新疆维吾尔自治区成立大会。
55-043. 河北省平安县南王庄三户农民王玉坤（中）、王小其（左）、王小庞（右）坚持办社，受到毛泽东的赞扬。
55-044. 南王庄生产合作社建设筹备委员会的干部们正在规划土地，准备来年有计划地种植农作物。
55-045. 被推选为建社筹备委员会副主任的王玉坤（中）正在和社员们评议牲口的劳动报酬。
55-046. 京郊来广营农业合作社的社员们正在使用新式步犁进行春耕。

55-047

55-048

55-049

55-047. 毛泽东和安徽贵池县柳成乡的女社长龙冬花在宴会上亲切交谈。
55-048. 毛泽东、朱德、周恩来等出席人民解放军射击和体育检阅大会。
55-049. 钱学森从美国回归祖国后，在上海新居和父亲等家人在一起。

1956

共　和　国　图　典

1956年

1月1日 《人民日报》发表题为《为全面地提早完成和超额完成五年计划而奋斗》的社论，首次提出“又多、又快、又好、又省”的社会主义建设方针。

1月10日～2月7日 第三次全国计划会议在北京召开。这次会议按照反对“右倾保守思想”的精神，制订了1956年计划草案。

1月14～20日 中共中央召开关于知识分子问题的会议。周恩来在会上作《关于知识分子问题的报告》，首次提出知识分子已成为我们国家的各方面生活中的重要因素，他们中间的绝大部分已经成为工人阶级的一部分。

1月15日 北京各界20万人举行庆祝社会主义改造胜利联欢大会，庆祝北京市第一个实现了工商业的全行业公私合营。

1月23日 中共中央政治局讨论通过了《1956～1967年全国农业发展纲要（草案）》。

1月28日 国务院举行第二十三次全体会议，通过了《国务院关于公布汉字简化方案的决议》、《国务院关于推广普通话的指示》。

2月9～16日 九三学社第一届全国社员代表大会在北京举行。大会通过了《关于社务报告的决议》和《九三学社社章》，选举了新的中央委员会，许德珩为中央委员会主席。

2月9～20日 中国民主同盟第二次全国代表大会在北京举行。大会通过了《第二次全国代表大会的决议》和《中国民主同盟盟章》，选出了新的中央委员会，沈钧儒为主席。

2月21～29日 中国国民党革命委员会第三届全国代表大会在北京举行。大会通过了《第三届全国代表大会决议》、《中国国民党革命委员会章程》、《告台湾军政人员书》，选举了新的中央委员会，李济深为中央委员会主席。

3月12日 中共中央发出《关于积极领导先进生产者运动的通知》。

3月14日 国务院成立科学规划委员会，开始制订1956～1967年全国自然科学和社会科学12年长期规划。

4月5日 《人民日报》发表根据中共中央政治局扩大会议的讨论写成的《关于无产阶级专政的历史经验》的编辑部文章，论述了怎样历史地、有分析地看待无产阶级专政下所犯错误的问题。12月29日，针对国际共产主义运动中提出的一些重大问题，《人民日报》又发表编辑部根据中共中央政治局扩大会议的讨论写成的文章《再论无产阶级专政的历史经验》。

4月5～14日 中国致公党第六届全国代表大会在北京举行。大会通过了《关于今后方针任务的决议》和新的《中国致公党党章》选举了新的中央委员会，陈其尤为中央委员会主席。

4月22日 西藏自治区筹备委员会在拉萨正式成立。中共中央、中央人民政府派出以陈毅为团长的中央代表团前往拉萨祝贺。

4月25日 毛泽东在中共中央政治局扩大会议上作《论十大关系》的报告。报告以苏联经验为鉴戒，初步总结了中国社会主义建设的经验，提出了探索一条适合中国国情的社会主义建设道路的任务。

同日 一届全国人大常委会第三十四次会议通过《关于处理在押日本侵略中国战争中战争犯罪分子的决定》，决定对这些日本战犯按照宽大政策分别予以适当处理。

4月28日 毛泽东在中共中央政治局扩大会议上指出：艺术问题上的“百花齐放”，学术问题上的“百家争鸣”，应该成为我国发展科学、繁荣文学艺术的方针。

5月12日 一届全国人大常委会第四十次会议通过国务院总理周恩来提请讨论的《关于调整国务院所属财经部门组织机构的议案》。

5月26日 北京至拉萨空中航线试航成功。

5月29日 外交部发言人就菲律宾外长加西亚声称南沙群岛理应属于菲律宾一事发表声明，声明指出：南沙群岛自古就是中国领土的一部分，中华人民共和国对这些岛屿拥有无可争辩的合法主权。

5月30日 中国与埃及建立外交关系。

5月 国务院召开全国体制会议，检查中央集权过多的现象，提出了关于改进国家行政体制的决议草案。

6月7日 中国举重运动员陈镜开在上海举办的一场友谊比赛中，以133公斤的成绩，打破最轻量级双手挺举132.5公斤的世界纪录。这是中国运动员第一次打破世界记录。11月29日陈镜开又在上海创造双手挺举135.5公斤的成绩，被国际举重和健身联合会承认为正式世界纪录。

6月15～30日 第一届全国人民代表大会条三次会议在北京举行，李先念作《关于1955年国家决算和1956年国家预算的报告》，廖鲁言作《关于高级农业生产合作社示范章程草案的说明》。周恩来在大会上代表中央人民政府宣布：“我们愿意同台湾当局协商和平解放台湾的具体步骤和条件，并且希望台湾当局在他们认为适当的时机，派遣代表到北京或者其他适当的地点，同我们开始这种商谈。”

6月20日 《人民日报》发表题为《要反对保守主义，也要反对急躁情绪》的社论。

7月13日 长春第一汽制造厂建成，并试制成功第一批国产汽车。

8月10日 中国与叙利亚建立外交关系。

8月11～23日 中国民主促进会第二次全国代表大会在北京举行。大会通过了《中国民主促进会章程》，选举了中央委员会，马叙伦当选为中央委员会主席。

8月22日～9月13日 中共七届七中全会在北京举行。全会讨论并通过了第七届中央委员会准备向党的第八次全国代表大会提出的《政治报告》、《党章修改草案》和《关于修改党章的报告》、《关于发展国民经济第二个五年计划的建议草案》和《关于发展国民经济第二个五年计划的建议的报告》。

9月15～27日 中国共产党第八次全国代表大会在北京举行。毛泽东致《开幕词》，刘少奇作《政治报告》，周恩来作《关于发展国民经济的第二个五年计划的建议的报告》，邓小平作《关于修改党的章程的报告》，朱德、陈云、董必武等作了重要的发言。大会选举产生了新的中央委员会。

9月24日 中国与也门王国建立外交关系。

9月28日 中共八届一中全会在北京举行。全会选举了新的中央机构，毛泽东当选为中央委员会主席，刘少奇、周恩来、朱德、陈云当选为副主席，邓小平当选为总书记。

10月5～12日 中华全国归国华侨第一次代表大会在北京举行。会议通过了《关于中华全国归国华侨联合会的工作方针和基本任务的决议》、《中华全国归国华侨联合会章程》，选举陈嘉庚为中华全国归国华侨联合会主席。

10月13日 周恩来总理约见英国驻华代办，对香港当局未能制止国民党特务分子利用10月10日辛亥革命纪念日的机会在九龙制造大规模骚乱和暴行一事提出严重抗议。

10月24日 国务院发出《关于放宽农村市场管理问题的指示》。

11月3日 中国政府就英、法政府武装侵犯埃及的行为，照会英、法两国政府，提出强烈抗议。

11月10～15日 中共中央举行八届二中全会。会上刘少奇作《目前时局问题的报告》，周恩来作《关于1957年度国民经济发展计

56-001

56-001. 首都各界在天安门广场举行庆祝社会主义改造胜利联欢大会。图为毛泽东在天安门城楼上接受喜报。

划和财政预算控制数字的报告》，陈云作《关于粮食和主要副食品（猪肉和食油）问题的报告》。

11月17日～12月30日 周恩来总理应邀前往越南民主共和国、柬埔寨王国、印度共和国、缅甸联邦、巴基斯坦伊斯兰共和国进行友好访问。

12月10～23日 中华全国工商业联合会第二届会员代表大会在北京举行。大会选举了全国工商联第二届执行委员会，通过了《工商业联合会章程》。12月24日，全国工商业联合会第二届执委会举行第一次会议，选举陈叔通为主任委员。

12月11～22日 中国伊斯兰教第二次代表会议在北京举行。会议通过了中国伊斯兰教协会新的简章，并选举了协会第二届委员会。

12月29日 一届全国人大常委会召开第五十二次会议，通过了《1957年经济建设公债条例》，决定发行经济建设公债总额6亿元。

56-002

56-005

56-003
56-004
56-006

56-002. 北京街头庆祝行业公私合营的报喜队。

56-003. 上海宝大绸布店挂上公私合营的店牌。

56-004. 上海市工商业联合会举行会议庆祝上海市全市资本主义工商业实行公私合营。右三为荣毅仁。

56-005. 毛泽东主持最高国务会议，讨论1956年至1967年《全国农业发展纲要（草案)》。

56-006. 北京工商界向北京市委献旗。

56-007. 毛泽东与童第周、胡愈之、华罗庚、费孝通等知识界人士在一起交谈。

56-008. 郭沫若在汉语拼音方案审定委员会第四次会议上发言。这次会议通过了《汉语拼音方案修正草案》。

56-009. 教育部和中科院语言研究所联合举办的普通话语音研究班的学员们正在做拼写练习。

56-010. 吴玉章在全国文字改革会议上致开幕词。

56-011. 广州市高第路小学的少先队组织设立普通话服务台，为同学们解决说普通话的疑难问题。

56-012. 普通话语音研究班的学员在辅导员的指导下练习发音。

56-007

56-008

56-009

56-010

56-011

56-012

56-013

56-014

56-015

56-016

56-017

56-018

56-019

56-020

56-021

56-022

56-013. 毛泽东和出席全国政协二届二次会议的少数民族文艺人士在一起。
56-014. 董必武在全国政协二届二次会议上作《肃清反革命分子问题的报告》。
56-015. 中国国民党革命委员会第三届全国代表大会在北京开幕。
56-016. 郭沫若在全国政协二届二次会议上作《知识分子使命问题的报告》。
56-017. 刘少奇与皮肤病专家胡传揆促膝交谈。
56-018. 周恩来与参加全国科学规划会议的代表在一起。
56-019. 西藏自治区筹备委员会在拉萨成立。
56-020. 陈毅率中央代表团前往拉萨祝贺西藏自治区筹备委员会成立。
56-021. 拉萨市民阅读从飞机上撒下的贺喜传单。
56-022. 拉萨数万群众在布达拉宫前表演歌舞欢庆西藏自治区筹委会成立。

56-023

56-024

56-025

56-026

56-023. 毛泽东在最高国务会议上作《论十大关系》的讲话。
56-024. 中国戏剧界讨论贯彻“双百”方针。
56-025. 周恩来在杭州干部大会上传达毛泽东《论十大关系》的讲话。
56-026. 我国最轻量级举重运动员陈镜开打破世界挺举纪录。这是中国体育运动史上第一次打破世界纪录。
56-027. 毛泽东关于“双百”方针的手迹。
56-028. 北京至拉萨试航成功。
56-029. 埃及首任驻华大使向毛泽东递交国书。
56-030. 飞机在拉萨降落时受到藏族群众的欢迎。

56-027

56-028

56-029

56-030

56-031

56-032
56-033

56-034

56-031. 长春第一汽车制造厂制造出第一批国产解放牌汽车。
56-032. 李先念在一届全国人大三次会议上作报告。
56-033. 毛泽东在长春第一汽车制造厂观看国产解放牌汽车。
56-034. 我国第一口双筒斜向井开钻。
56-035. 周恩来、朱德接见中国民主促进会第二次全国代表大会代表。
56-036. 朱德与吴若安握手。
56-037. 首都各界隆重欢迎老挝政府代表团。
56-038. 纪念孙中山诞辰90周年纪念大会在北京隆重举行。自左至右：郭沫若、李济深、刘少奇、毛泽东、周恩来。
56-039. 老挝王国首相富马亲王在沈阳参观。

56-035

56-036

56-037

56-038

56-039

56-040

56-041

56-043

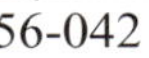
56-042

56-045

56-044

56-046

56-047

56-048

56-040. 中国共产党第八次全国代表大会在北京召开，毛泽东致开幕词。
56-041. 刘少奇在中共八大作《政治报告》。
56-042. 周恩来在中共八大作《发展国民经济第二个五年计划建议》的报告。
56-043. 邓小平作《关于修改党章的报告》。
56-044. 中共八大代表们以无记名投票方式选举中央委员会。
56-045. 中华全国归国华侨联合会在北京成立。陈嘉庚致开幕词。
56-046. 最高人民法院特别军事法庭在沈阳开庭审判铃木启九等8名日本侵华战犯。
56-047. 在最高人民法院特别军事法庭审判古海忠之（右一）等28名日本侵华战犯时，前伪满洲国皇帝溥仪（左二）出庭作证。
56-048. 中国试制成功第一批新型喷气式飞机。

56-049

56-050

56-051

56-052

56-049. 周恩来总理率中国政府代表团访问越南到达河内嘉林机场。
56-050. 周恩来总理访问印度时在孟买植树。
56-051. 周恩来总理访问柬埔寨期间参观银塔。
56-052. 周恩来总理访问巴基斯坦与巴总理举行会谈。

1957

共　和　国　图　典

1957年

1月7～27日 中共中央军委召开扩大会议，决定裁军三分之一，并调整全军组织编制。

1月7～10日 周恩来总理应邀率中国政府代表团访问苏联。

1月10日 中共中央发出《关于成立中央经济工作五人小组的通知》。由陈云、李富春、薄一波、李先念、黄克诚组成五人小组，在中共中央政治局领导下，领导国家的经济工作，陈云任组长。

1月11日 为纪念刘胡兰牺牲10周年，毛泽东为刘胡兰烈士题词："生的伟大，死的光荣"。

1月11～17日 周恩来总理率中国政府代表团访问波兰、匈牙利。

1月18～27日 中共中央在北京召开省、市、自治区党委书记会议，主要讨论了当前思想动态问题、农村问题和经济问题。

1月19日～2月5日 周恩来、贺龙率中国政府代表团访问阿富汗、印度、尼泊尔和锡兰（今斯里兰卡）。2月7日，中锡两国宣布建立外交关系。

2月15日 中共中央发出《关于1957年开展增产节约运动的指示》。

2月18～26日 全国农业劳动模范代表会议在北京举行。

2月27日 毛泽东在第十一次最高国务（扩大）会议上发表《关于正确处理人民内部矛盾的问题》的讲话。

3月6～13日 中共中央在北京召开有党外人士参加的全国宣传工作会议，传达和讨论了毛泽东《关于正确处理人民内部矛盾的问题》的讲话。

3月25日 中共中央发出《关于处理罢工、罢课问题的指示》。

4月13日 黄河三门峡水利枢纽工程开工。

4月24日 周恩来在中共浙江省委扩大会议上作题为《长期共存，互相监督》的讲话。

4月27日 刘少奇在中共上海市委召开的党员干部大会上发表《如何正确处理人民内部矛盾》的讲话。

同日 中共中央发出《关于整风运动的指示》。

4月28日 周恩来在上海工商界人士座谈会上指出："香港是纯粹的资本主义市场，不能社会主义化，也不应该社会主义化。"

4月30日 毛泽东邀集民主党派负责人和无党派民主人士进行座谈，欢迎民主党派及民主人士帮助共产党整风。

5月4日 中共中央发出《关于继续组织党外人士对党政所犯错误缺点开展批评的指示》。

5月8日～6月3日 中共中央统战部邀集各民主党派负责人和无党派民主人士举行座谈，征求对党的工作的意见。

5月10日 中共中央发出《关于各级领导干部参加体力劳动的指示》。

同日 国务院科学规划委员会成立。

5月14日 中共中央发出《关于报道党外人士对党政各方面工作的批评的指示》。

5月15日 毛泽东发表《事情正在起变化》一文，提出现在应当开始注意批判修正主义。

5月15～25日 中国新民主主义青年团在北京举行第三次全国代表大会。大会决定将中国新民主主义青年团改名为中国共产主义青年团，并通过了新的团章。选举胡耀邦为团中央第一书记。

5月15日～6月8日 中共中央统战部和国务院第八办公室联合召开全国工商界人士座谈会。

5月16日 中共中央发出《关于对待当前党外人士批评的指示》，要求各地注意掌握形势，设法团结中间力量，逐步孤立右派，争取胜利。

6月6日～9月17日 中国作家协会党组召开扩大会议，批判"丁玲、陈企霞反党集团"。

6月8日 中共中央发出毛泽东亲自起草的《关于组织力量准备反击右派分子进攻的指示》。

6月12日 美国航空母舰"大黄蜂号"上的四架海军攻击机侵入中国广东汕头地区上空骚扰。解放军驻汕头地区高射炮部队当即猛烈轰击，击伤美机一架。

6月14日 《人民日报》编辑部发表《文汇报在一个时期内的资产阶级方向》的文章。

6月18日～7月6日 各民主党派相继决定开展整风。

6月26日 中共中央发出《关于打击、孤立资产阶级右派分子的指示》。

6月26日～7月15日 一届全国人大四次会议在北京举行。会议听取了周恩来作的《政府工作报告》和彭真作的《全国人大常委会工作报告》，李先念作的《关于1956年国家决算和1957年国家预算草案的报告》，薄一波作的《关于1956年度国民经济计划执行结果和1957年度国民经济计划草案的报告》。

7月15日 马寅初在《人民日报》发表《新人口论》，呼吁节制生育，控制人口盲目增长。该文的主张被毛泽东否定，由此开展一场对马的批判。

7月17～21日 中共中央在青岛召开省市委书记会议，着重讨论反右派斗争问题。毛泽东在会议期间写了《1957年夏季的形势》一文，印发与会者阅读。

7月20日～8月6日 全国民族工作座谈会在青岛举行，周恩来作了《关于我国民族政策的几个问题》的报告。

8月8日 中共中央发出《关于向全体农村人口进行一次大规模的社会主义教育的指示》。

9月9～21日 中国妇女第三次全国代表大会在北京举行。会议修改了《中华人民共和国妇女联合会章程》，选出了中华人民共和国全国妇女联合会第三届执行委员会。9月21日，全国妇联第三届执委会第一次会议选举宋庆龄、何香凝为名誉主席，蔡畅为主席。

9月12日 中共中央发出《关于在企业中进行整风和社会主义教育运动的指示》。

9月14日 中共中央发出《关于整顿农业生产合作社的指示》、《关于做好农业合作社生产管理工作的指示》和《关于在农业合作社内部贯彻执行互利政策的指示》。

9月20日～10月9日 中共八届三中全会在北京举行。会议听取并讨论了邓小平《关于整风运动的报告》，陈云《关于改进国家行政管理体制问题和关于农业增产问题的报告》，周恩来《关于劳动工资和劳保福利问题的报告》。

10月15日 中共中央发出《关于在少数民族中进行整风和社会主义教育的指示》、《关于在中等学校和小学的教职员中开展整风和反右派斗争的通知》和《关于划分右派分子标准的通知》。

同日 武汉长江大桥建成。全长1670.4米，正桥长1155.5米。

11月2～21日 毛泽东率中国党政代表团访问苏联并出席各国共产党、工人党莫斯科会议。毛泽东说：苏联15年后可以超过美国，中国15年后可能赶上或超过英国。

11月13日 《人民日报》发表题为《发动全民，讨论40条纲要，掀起农业生产的新高潮》的社论。

11月14日 一届全国人大常委会批准国务院关于改进经济管理体制的文件。体改重点是调整中央和地方、国家和企业的关系，下放管理权限。

12月2～12日 中国工会第八次全国代表大会在北京举行。刘少奇代表中共中央宣布：15年后，我们争取在钢铁和其他重要工业产品的产量方面赶上或者超过英国。

57-001

57-002

57-001. 苏联部长会议主席布尔加宁在克林姆林宫宴请周恩来总理。
57-002. 周恩来总理访苏期间拜会苏联最高苏维埃主席团主席伏罗希罗夫。

57-003

57-005

57-004
57-006

57-007

57-003. 周恩来在莫斯科会见德意志民主共和国总理格罗提渥。
57-004. 周恩来总理率领中国政府代表团访问波兰，与波兰共产党领导人哥穆卡等人在一起。
57-005. 周恩来总理率中国政府代表团访问匈牙利。
57-006. 周恩来总理与匈牙利工农革命政府总理卡达尔举行会谈。
57-007. 周恩来总理与阿富汗王国首相达乌德在喀布尔签署联合公报。
57-008. 尼泊尔国王马亨德拉在王宫会见来访的周恩来总理。
57-009. 周恩来访问斯里兰卡与当地群众在一起。
57-010. 毛泽东在最高国务会议第十一次（扩大）会议上作《关于正确处理人民内部矛盾的问题》的讲话。
57-011. 北京石景山钢铁厂工人学习《关于正确处理人民内部矛盾的问题》。
57-012. 首都科学界讨论如何正确处理人民内部矛盾问题。图为郭沫若在会上发言。
57-013. 马寅初在最高国务会议扩大会议上作关于节育问题的发言。

57-008

57-009

57-010

57-011

57-012

57-013

57-014

57-015

57-016

57-014. 中国国民党革命委员会三届二次会议在北京举行，李济深作工作报告。
57-015. 中共上海市委书记陈丕显与下乡参加生产的大学生谈话。
57-016. 江苏省委书记刘顺元、省长惠浴宇参加农田改造劳动。
57-017. 中国新民主主义青年团第三次全国代表大会在北京召开。
57-018. 胡耀邦投票选举青年团中央委员会。
57-019. 邓小平代表中共中央向青年团第三次代表大会致词。
57-020. 毛泽东与参加中国新民主主义青年团第三次代表大会的代表在一起。

57-017

57-018

57-019

57-020

57-021

57-022

57-023

57-021. 中共中央号召党外人士和人民群众大鸣大放，帮助党整风。图为西安西北国棉一厂职工分成许多小组进行鸣放。
57-022. 全国人大代表观看从各地寄来的反右大字报。
57-023. 中国民主同盟中央委员会举行促进整风、加速自我改造大会。沈钧儒在会上发言。
57-024. 毛泽东在山东看整风大字报。
57-025. 在一届全国人大四次会议上，广东代表正在开会批判右派分子。
57-026. 陈叔通代表中国民主促进会、全国工商联作反击右派，参加整风，接受社会主义改造的报告。
57-027. 中国人民大学召开反击右派分子辩论大会。
57-028. 民主党派和无党派人士社会主义自我改造促进大会会场 。
57-029. 毛泽东主席为刘胡兰牺牲十周年题词手迹。
57-030. 周恩来观看京剧演出，与梅兰芳等艺术家在一起。

57-024

57-025

57-026

57-027

57-028

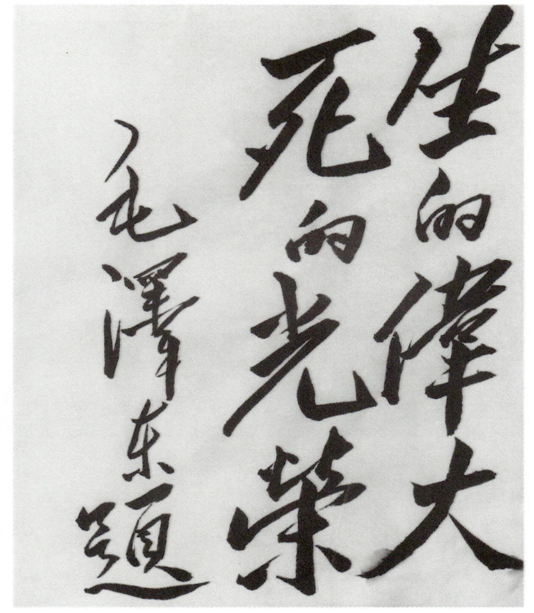

57-029

57-030

57-031

57-032

57-033

57-034

57-035

57-031. 中国妇女第三次代表大会在北京召开。蔡畅致开幕词。

57-032. 蔡畅、邓颖超投票选举全国妇联第三届执委会。

57-033. 李德全与新疆妇女代表们交谈。

57-034. 横跨长江的第一座铁路公路两用桥武汉长江大桥建成通车。

57-035. 北京郊区农业社社员学习《1956年至1967年全国农业发展纲要》。

57-036. 毛泽东率领中国代表团离开北京前往莫斯科参加十月社会主义革命40周年庆祝典礼。

57-037. 毛泽东访苏期间拜会苏共领导人赫鲁晓夫。

57-038. 毛泽东在莫斯科大学接见中国留学生、实习生。

57-039. 毛泽东在克里姆林宫拜会苏共领导人伏罗希罗夫。

57-040. 毛泽东拜谒列宁、斯大林陵墓并敬献花圈。

57-041. 毛泽东代表中国共产党在社会主义国家共产党和工人党宣言上签字。

57-036

57-037

57-038

57-039

57-040

57-041

57-042

57-043

57-044

57-045

57-042. 中国工会第八次全国代表大会在北京召开。
57-043. 出席全国工会八大的部分代表。
57-044. 杀害李大钊、胡也频等烈士的罪犯王振南被上海市第一中级法院判处死刑。
57-045. 郑凤荣在北京以1.77米的成绩打破女子跳高世界纪录。

1958

共　和　国　图　典

1958年

1月1日 宝成铁路正式通车.该铁路全长669公里。

同日 鹰厦铁路交付使用，该铁路全长694公里。

1月上旬 中共中央召开杭州会议。毛泽东在讲话中批评了1956年的“反冒进”，提出要批评右倾保守。

1月11～22日 中共中央在南宁召开有部分中央领导人和部分省、市委书记参加的工作会议，毛泽东对1956年的“反冒进”进行了严厉的批评。

1月13～26日 各民主党派分别召开会议，撤销被定为“右派分子”的领导人的职务。

2月1～11日 一届全国人大五次会议在北京举行。会议听取了周恩来作的《目前国际形势和我国的外交政策》的报告。

2月11日 《汉语拼音方案》由全国人民代表大会通过使用。该方案在原有汉语拼音方案的基础上采用拉丁字母。

2月12日 中共中央、国务院发出《关于除四害、讲卫生的指示》。

2月14～21日 周恩来率中国政府代表团访问朝鲜民主主义人民共和国。

2月19日 毛泽东提出《工作方法六十条(草案)》，要求从1958年起工作重点放到技术革命上。生产计划制定三本帐，中央两本账，一本是必成的计划，一本是期成的计划；地方两本账，一本是地方必成的计划(即中央的期成计划)，一本是地方期成的计划。

3月1日 中国人民解放军高等军事学院开学，刘伯承任院长兼政治委员。

3月3日 中共中央发出《关于开展反浪费反保守运动的指示》。

3月5日 广西僮(后改为“壮”)族自治区成立，韦国清任自治区主席。

3月8～26日 中共中央在成都召开了有中央有关部门负责人和各省、市、自治区党委第一书记参加的工作会议。会议通过了《关于1958年计划和预算“第二本账”的意见》、《关于发展地方工业问题的意见》、《关于把小型的农业合作社适当地合并为大社的意见》等37个文件。

3月12日 中国人民志愿军总部发表公告，宣布将分三批撤出朝鲜。3月15日至4月25日，第一批撤出6个师共8万人。

3月15日 中国人民解放军军事科学院在北京成立，叶剑英任院长兼政治委员。

4月2日 中共中央发出《关于整风问题的指示》，要求各地区、各部门一定要把整风坚持到底，不能虎头蛇尾。

4月15日 毛泽东著文《介绍一个合作社》。文章称，我国在工农业生产方面赶上资本主义国家，可能不需要从前所想的那样长的时间了。

5月5～23日 中国共产党第八次全国代表大会第二次会议在北京举行。会议正式通过了中共中央根据毛泽东的倡议而提出的“鼓足干劲、力争上游、多快好省地建设社会主义”的总路线。

5月6日 中共中央批准1958年国民经济计划“第二本账”。

6月1日 中共中央作出《关于加强协作区工作的决定》。

6月10日 中共中央发出《关于成立财经、政法、外事、科学、文教小组的通知》。

6月19日 华东地区召开农业协作会议。会议提出，今明两年内把粮食产量提高到每人平均1000～1500斤。

7月上旬 《红旗》杂志刊登陈伯达的文章，传达了毛泽东关于人民公社的构想。

7月1日～8月14日 中国人民志愿军第二批撤出朝鲜回国，计6个师和特种兵共10万人。

7月31日～8月3日 苏共中央第一书记赫鲁晓夫访华。会谈中，毛泽东严正拒绝了苏方在中国建立联合舰队和长波电台的建议。

8月上旬 毛泽东视察河北、河南、山东农村时说：“还是办人民公社好。”

8月17～30日 中共中央政治局在北戴河举行扩大会议。会议作出关于在农村建立人民公社问题的决议。会后，全国很快形成了全民炼钢和人民公社化运动的高潮。

8月23日 人民解放军福建前线部队开始向占据金门、马祖岛并不断骚扰大陆沿海地区的国民党军队进行炮击。

8月 中共中央决定将公安部队改编为人民武装警察部队。

9月10～29日 毛泽东视察湖北、安徽、江苏、上海等地。毛泽东指出：“发展钢铁工业一定要搞群众运动，什么工作都要搞群众运动，没有群众运动是不行的。”

9月13～20日 中共中央宣传部召开文艺创作座谈会。会议提出：创作和批评都必须发动群众，依靠全党全民办文艺。

9月19日 中共中央作出关于成立中央基本建设委员会、计划委员会、经济委员会的决定。陈云、李富春、薄一波分别任这三个委员会的主任。

9月25日～10月26日 中国人民志愿军第三批撤出朝鲜回国，包括总部、3个师和后勤保障部队共7万人。至此，撤军任务全部完成。

10月1日 《人民日报》报道：全国农村基本实现人民公社化。共建立人民公社23397个，参加的农户占总农户的90.4%，平均每个公社4797户。

10月10日 中共中央任命罗瑞卿为中央政法小组组长。

10月25日 宁夏回族自治区成立。刘格平当选为自治区人民政府主席。

11月2～10日 毛泽东在郑州召开有部分中央领导人、大区负责人和部分省、市委书记参加的会议(即第一次郑州会议)。会议在肯定总路线、大跃进和人民公社运动的前提下，着手纠正公社化运动中发生的一些错误。

11月28日～12月10日 中共八届六中全会在武昌举行。会议通过了《关于人民公社若干问题的决议》、《关于改进农村财政贸易管理体制的决议》、《关于1959年国民经济计划的决议》和《同意毛泽东同志提出的关于他不作下届中华人民共和国主席候选人的建议的决定》。

12月7日 中共中央批准财政部《关于土法炼铁的处理问题向中央的报告》。报告估计：当年生铁至少1000万吨。总计要亏损15亿元左右。建议生铁亏损由国家和地方分担。

同日 中共中央批准粮食部党组《关于粮食调运问题的报告》。报告反映1958年粮食供应紧张，许多地区纷纷要求调入粮食。

12月10日 中共中央批转中央宣传部《关于作家下乡下厂问题的报告》。

12月20日 中共中央、国务院发出《关于改进农村财政贸易管理体制的决定》。

58-001

58-002

58-003

58-004

58-001. 宝（鸡）成（都）铁路通车。贺龙为通车典礼剪彩。
58-002. 宝成铁路上的第一列火车驶出成都。
58-003. 鹰（潭）厦（门）铁路通车。
58-004. 参加一届全国人大第五次会议的女代表。

58-005

58-006

58-007

58-008

58-009

58-010

58-011

58-012

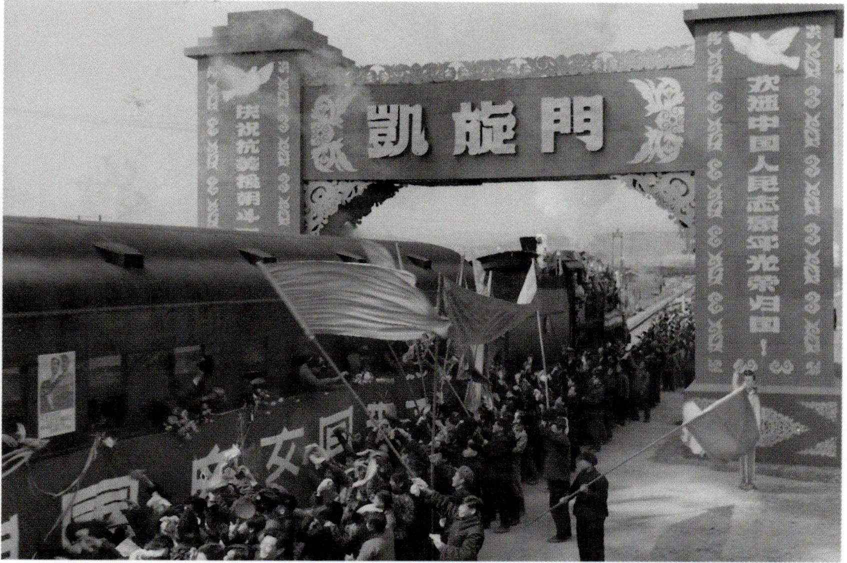

58-013

58-014

58-005. 周恩来总理率中国政府代表团访问朝鲜。
58-006. 周恩来总理与金日成主席举行会谈。
58-007. 周恩来、陈毅向中国人民志愿军烈士陵园献花圈。
58-008. 金日成主席欢送即将归国的志愿军坦克兵。
58-009. 中国人民志愿军总部官兵离朝回国。志愿军司令员杨勇在平壤车站致告别词。
58-010. 朝鲜军民欢送志愿军归国。
58-011. 平壤市民向志愿军司令员杨勇、政委王平赠送他们培植的苹果。
58-012. 首批归国志愿军部队回到边境城市丹东。
58-013. 北京市卫生教育所的宣传车进行除“四害”宣传。
58-014. 北京西四区福绥境红十字会成员到住户家宣传除“四害”。

58-015

58-016

58-017

58-015. 上海市卫生局清洁工人制作捕蝇笼。
58-016. 北京东郊管庄住宅区的居民围剿麻雀。
58-017. 中共八届二中全会在北京举行，通过“鼓足干劲，力争上游，多快好省地建设社会主义”的总路线。
58-018. 声势浩大的总路线宣传场面。
58-019. 贵阳“老妈妈合唱队”在街头演唱宣传总路线。
58-020. 毛泽东与中央军委扩大会议代表在一起。
58-021. 赫鲁晓夫访问中国。毛泽东到机场迎接。
58-022. 中共中央政治局在北戴河召开扩大会议，通过《关于在农村建立人民公社问题的决议》。

58-018

58-019

58-020

58-021

58-022

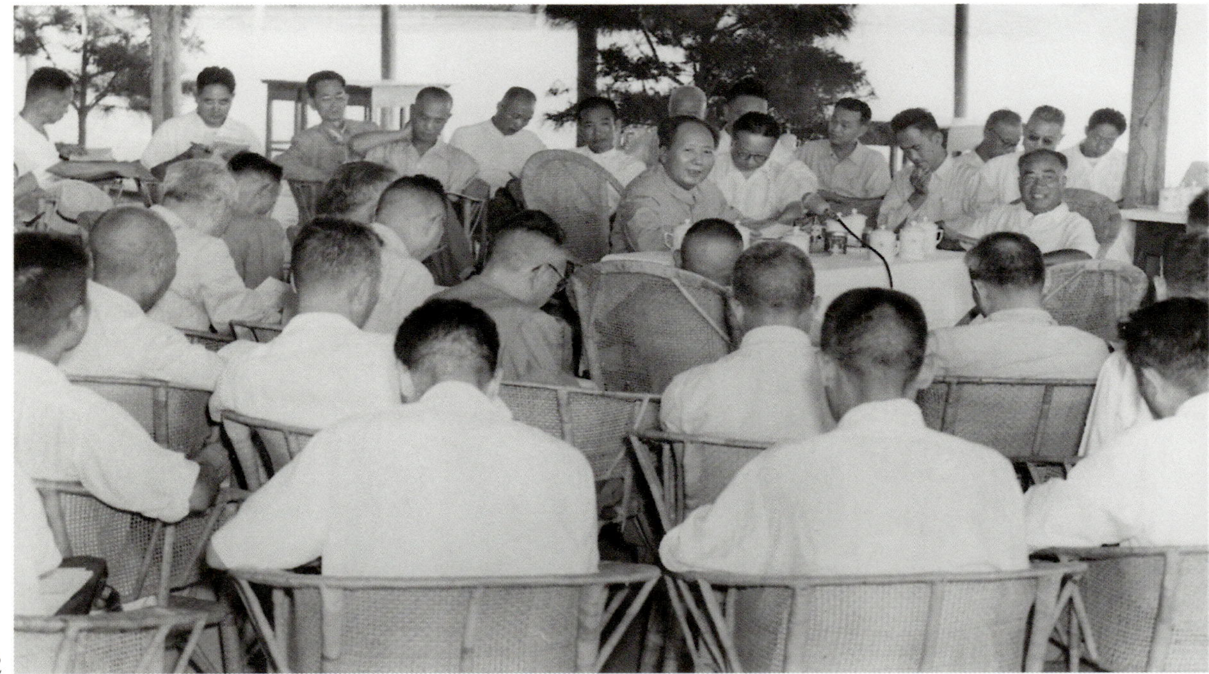

58-023

58-024

58-025

58-026

58-027

58-028

58-029

58-030

58-023. 毛泽东在河北安国县流村农业社参观社办铁工厂。

58-024. 河南省信阳市郊五里墩荒丘上建起的大炼钢铁土高炉群。

58-025. 毛泽东在山东济南郊区北园乡察看水稻生长情况。

58-026. 长春铁路材料厂青年节约队收集废钢材。

58-027. 广州市郊三元里人民公社成立后实行组织军事化、行动战斗化、生活集体化管理，社员出工前排队点名。

58-028. 河南省襄城人民公社每天出动10万余人深翻土地，社员们大翻“卫星田”。

58-029. 天津郊区东风人民公社的社员燃放鞭炮，庆祝公社成立。

58-030. 河南遂平县嵖岈山人民公社的社员们欢庆公社诞生。

58-031

58-032

58-033

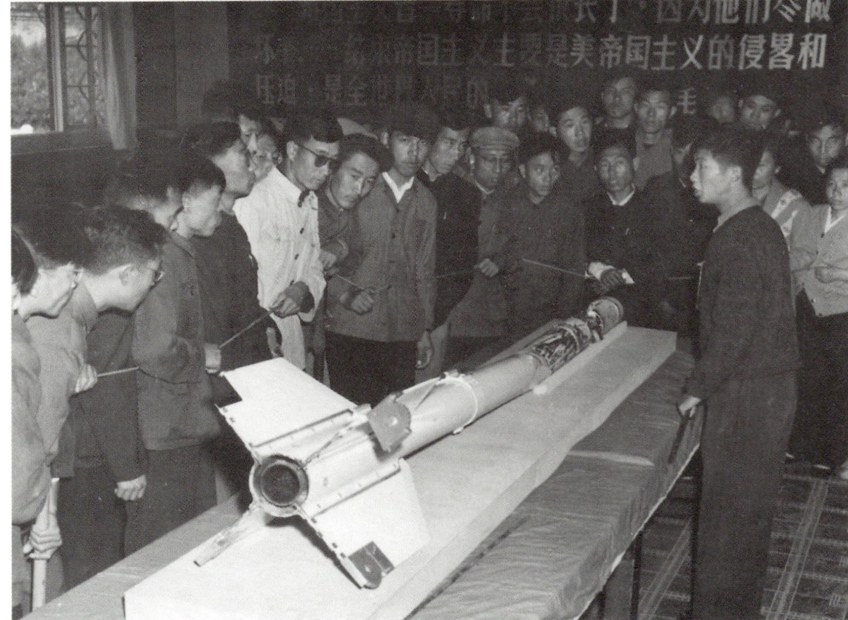

58-034

58-031. 林伯渠在银川庆祝宁夏回族自治区成立大会上讲话。
58-032. 宁夏回族自治区筹备委员会在银川成立。
58-033. 北京劳动人民文化宫展出美制“响尾蛇”导弹残骸。
58-034. 中国人民解放军炮击金门。图为被击中的军事目标起火燃烧。
58-035. 第二次全国青年社会主义建设积极分子大会在北京召开。
58-036. 朱德代表中共中央在第二次全国青年社会主义建设积极分子大会上讲话。
58-037. 中共中央举行第一次郑州会议。

58-035

58-036

58-037

58-038

58-039

58-040

58-041

58-038. 中共八届六中全会在武昌举行。

58-039. 杀害杨虎城、罗世文、车耀先等烈士的凶手杨进兴在重庆接受公审并被判处死刑。

58-040. 相声演员侯宝林（左）在河北农村劳动锻炼。

58-041. 画家古元下放到河北遵化县农村，劳动之余在墙壁上作宣传画。

1959

共 和 国 图 典

1959年

1月22日 中共中央发出《关于目前报刊宣传工作的几项通知》。要求对于1958年大跃进的成就和人民公社的优越性的宣传，要注意科学分析，力戒浮夸。

1月24日 周恩来率领中共代表团前往莫斯科，参加苏共第二十一次代表大会。

2月27日～3月5日 中共中央在郑州举行政治局扩大会议（即第二次郑州会议）。会议主要讨论人民公社问题，研究进一步整顿和建设人民公社的方针和方法，形成并下发了《郑州会议记录》。

3月10日 西藏上层反动集团在拉萨发动武装叛乱。17日，达赖喇嘛等人潜往印度。19日夜，叛乱分子向驻拉萨的人民解放军发动全面进攻。人民解放军驻藏部队奉命于3月20日开始平叛作战。28日，周恩来总理签发国务院命令，解散西藏地方政府，由西藏自治区筹备委员会行使地方职权。11月，叛乱集团的主要力量被歼灭，叛乱基本平息。

4月2～5日 中共八届七中全会在上海举行。全会讨论通过了《1959年国民经济计划草案》，对中共八届六中全会拟定的计划指标进行了调整。会议检查了人民公社的整顿工作，通过了《关于人民公社的十八个问题》的纪要。

4月18～28日 中国人民政治协商会议第三届全国委员会第一次全体会议在北京举行。会议选举毛泽东为中国人民政治协商会议第三届全国委员会名誉主席，周恩来为主席。

4月18～28日 第二届全国人民代表大会第一次会议在北京举行。会议通过了《政府工作报告》、《关于1959年国民经济计划草案的报告》、《关于1958年国家决算和1959年国家预算草案的报告》、《关于西藏问题的决议》、《关于撤销司法部、监察部的决议》等文件，会议选举刘少奇为中华人民共和国主席，宋庆龄、董必武为副主席，朱德为全国人民代表大会常务委员会委员长，决定周恩来继续担任国务院总理。

4月29日 毛泽东给省、地、县、公社、队、小队六级干部写信，谈了包产、密植、节约粮食、播种面积、机械化、讲真话等六个问题。

5月3日 周恩来邀请人大代表、政协委员中的部分文艺界代表和委员，以及北京的一部分文艺界人士举行座谈会，发表《关于文化艺术工作两条腿走路的问题》的讲话。

5月10日 中共中央批转湖北、河北、广东三个省委关于人民公社和农村情况的报告，指出农业生产指标必须实事求是。

5月17日 中共中央决定北京大学等16所高等学校为全国重点学校。

同日 中共中央发出《关于采取非常措施解决当前食油供应问题的紧急指示》，决定停止对农村用油的供应，以保证城镇居民、出口、工业和行业用油的需要。

6月11日 中共中央发出《关于社员私养家禽、家畜、自留地等四个问题的指示》。

6月18～23日 中共中央在上海举行大中城市副食品和手工业生产会议，着重讨论城市副食品生产和手工业生产的方针政策。

6月29日～7月2日 毛泽东在庐山同各协作区主任谈话时说，大跃进的重要教训之一就是没有搞好综合平衡，这是经济工作中的根本问题。

6月 苏联单方面撕毁中苏双方于1957年10月签订的《关于国防新技术的协定》，拒绝向中国提供原子弹样品和生产原子弹的技术资料。

7月2日～8月16日 中共中央在庐山先后举行政治局扩大会议和八届八中全会。会议原定的议题是总结1958年“大跃进”以来的经验教训，继续纠正“左”的错误。彭德怀于7月14日给毛泽东写了一封信，陈述自己对1958年以来党的工作的看法。7月16日，毛泽东批示将彭德怀的信印发会议讨论。7月23日，毛泽东在全体会议上批判了信中的一些观点。由此，会议将纠“左”变成反右。8月16日，全会通过了《为保卫党的路线、反对右倾机会主义而斗争》的决议和《关于以彭德怀同志为首的反党集团的错误的决议》。

7月7日 中共中央决定，正式宣布在西藏地区使用人民币。

8月1日 毛泽东在写给王稼祥的一封信中指出：一个百花齐放，一个人民公社，一个大跃进，这三件要向全世界作战，包括党内大批反对派和怀疑派。

8月7日 中共中央发出《关于反对右倾的指示》。指出：现在右倾思想已经成为工作中的主要危险，如不彻底批判和克服，贯彻党的总路线是不可能的。

9月8日 周恩来总理函复尼赫鲁总理，阐明中国政府对中印边界问题的原则立场。

9月14日 中共中央向二届全国人大常委会提出特赦确实已经改恶从善的战争罪犯、反革命罪犯和普通刑事罪犯的建议。

9月15日 毛泽东邀集各民主党派、人民团体的负责人、著名无党派民主人士和著名文化教育界人士，就关于反右倾、鼓干劲、坚持社会主义建设总路线问题，关于国庆十周年实行特赦，以及对确实表现改好了的右派分子摘掉右派帽子的问题进行座谈。

9月16日 中共中央、国务院发布《关于确实表现改好了的右派分子的处理问题的决定》。

9月17日 中华人民共和国主席刘少奇发布命令：根据中华人民共和国第二届全国人民代表大会常务委员会第九次会议的决定，任命林彪兼任国防部长，免去彭德怀国防部长职务和黄克诚中国人民解放军总参谋长职务。

9月26日 中共中央军事委员会发出《关于军委组成人员的通知》。中共中央政治局决定：中共中央军事委员会主席为毛泽东，副主席为林彪、贺龙、聂荣臻。

9月底 石油勘探工人在东北松辽盆地陆相沉积中找到了工业性油流。时值国庆10周年，油田因此命名为“大庆”。

10月13日 中共中央批转江苏省委《关于立即纠正把全部农活包到户和包产到户的通知》。

10月15日 中共中央转发湖南省委《关于结合生产进行整社试点即进行两条道路斗争的经验》。

11月1日 中国第一拖拉机制造厂落成典礼在洛阳举行。

11月7日 周恩来总理就中印边界问题写信给印度总理尼赫鲁，建议两国武装部队立即从东边的“麦克马洪线”和西边的双方实际控制线各自后撤20公里。

11月21日 重庆长江大桥建成。

12月4日 中华人民共和国最高人民法院根据主席特赦令，释放杜聿明、王耀武、溥仪等33名战犯。

12月9日 陈毅外长写信给印度尼西亚外交部长，严重抗议印尼进行大规模的反华、排华活动。

12月25日 浙、皖、苏、沪四省市座谈会讨论人民公社过渡问题，并形成会议纪要。会后，一些地方开始进行由基本队有向基本社有制过渡的试点。

59-001

59-002

59-003

59-001. 中共代表团团长周恩来在苏共第二十一次代表大会上致词。
59-002. 各族群众聚集在贵阳火车站庆祝黔贵铁路全线通车。
59-003. 黔桂铁路钻山越岭，成为贵州省的第一条运输大动脉。

59-004

59-005
59-006

59-007

59-004. 拉萨市在布达拉宫前的广场上举行坚决平息叛乱大会。
59-005. 人民解放军平定了西藏武装叛乱。图为武装叛乱分子向人民解放军交出武器。
59-006. 在平息叛乱大会上，尼姑向解放军献花以示谢意。
59-007. 毛泽东在第二次“郑州会议”上讲话。
59-008. 毛泽东在中共八届七中全会上讲话。
59-009. 周恩来等在全国政协三届一次会议上投票选举全国政协领导人。
59-010. 李维汉在全国政协三届一次会议上代表第二届政协常委会作《工作报告》。
59-011. 毛泽东和人大代表、政协委员们在一起。
59-012. 史良（右）和何香凝在全国政协三届一次会议上交谈。
59-013. 毛泽东、刘少奇与宋庆龄在二届全国人大一次会议主席台上。
59-014. 班禅额尔德尼·确吉坚赞在二届全国人大一次会议上发言，谴责支持西藏叛乱的帝国主义和外国敌对势力。

59-008
59-009

59-010

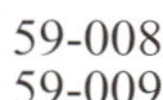

59-011

59-012

59-013

59-014

59-015

59-016

59-017

59-018

59-015. 邓颖超和人大女代表、政协女委员舒绣文（左一）、张瑞芳（左二）、秦怡（左三）交谈。
59-016. 沈钧儒在二届全国人大一次会议上投票，选举国家领导人。
59-017. 庐山会议前，彭德怀在湖南农村调查。
59-018. 彭德怀（左二）与平江老赤卫队员及他们的后代促膝谈心。
59-019. 毛泽东在庐山会议上讲话。错误地批判了彭德怀、黄克诚、张闻天、周小舟等人。
59-020. 毛泽东和身边工作人员游览庐山。
59-021. 毛泽东、刘少奇、朱德、周恩来等在第一届全运会主席台上。
59-022. 第二十五届世界乒乓球锦标赛男子单打冠军容国团载誉归来。
59-023. 贺龙在第一届全运会上致开幕词。
59-024. 参加第一届全运会的运动员代表向毛泽东献花。

59-019

59-020

59-021

59-022

59-023

59-024

59-025

59-026

59-027

59-025. 第一届全运会入场式。
59-026. 参加第一届全运会的北京代表团入场。
59-027. 彭真在二届全国人大常委会第九次会议上宣读中共中央关于特赦的建议。
59-028. 大庆第一口油井试喷成功。
59-029. 毛泽东和胡志明、赫鲁晓夫、刘少奇等检阅国庆游行队伍。
59-030. 志愿军战斗英雄黄继光的妈妈邓芳芝在天安门观礼台上。
59-031. 人民解放军的坦克和自动火炮威武地经过天安门广场。

59-028

59-029

59-030

59-031

59-032

59-033

59-034

59-035

59-036

59-037

59-038

59-039

59-032. 来自全国各地的劳动模范和先进生产者在天安门观礼台上。
59-033. 在天安门观礼台上的中国人民解放军代表。
59-034. 天安门狂欢之夜。
59-035. 周恩来十分关心北京十大建筑建设。图为周恩来在审查人民大会堂模型。
59-036. 十大建筑之一：人民大会堂正门全景。
59-037. 十大建筑之一：北京展览馆外景。
59-038. 十大建筑之一：北京华侨大厦外景。
59-039. 十大建筑之一：中国人民革命军事博物馆外景。

59-040

59-043

59-041
59-042

59-044

59-045

59-046

59-047

59-048

59-040. 十大建筑之一：北京火车站外景。
59-041. 十大建筑之一：北京广播大楼夜景。
59-042. 十大建筑之一：中国美术馆外景。
59-043. 十大建筑之一：民族文化宫外景。
59-044. 十大建筑之一：北京农业展览馆外景。
59-045. 十大建筑之一：中国历史博物馆外景。
59-046. 为保护国家财产被歹徒砍断双手的徐学惠与北京青少年见面。
59-047. 在群英大会上，刘少奇同掏粪工人时传祥握手。
59-048. 中华全国总工会主席刘宁一在北京召开的群英会上致开幕词。

59-049

59-050
59-051

59-049. 谭震林为洛阳拖拉机制造厂落成典礼剪彩。
59-050. 洛阳拖拉机制造厂生产的“东方红”牌拖拉机整装待发。
59-051. 重庆长江大桥建成后通过的第一列火车。

共　和　国　图　典

1960年

1月7～17日 中共中央在上海举行中央政治局扩大会议。会议认为1960年还将是一个大跃进年，可能比1959年更好。

1月20日 中国和印度尼西亚共和国在北京互换《双重国籍问题条约批准书》。

1月30日 中共中央批转《太原市委关于开展以机械化和半机械化为中心的技术革新和技术革命运动的决议》，要求各地立即掀起一个以大搞半机械化和机械化为中心的技术革新和技术革命的群众运动。

3月6日 中共中央批转《贵州省委关于目前农村公共食堂情况的报告》，认为食堂是必须固守的社会主义阵地。

3月9日 中共中央发出《关于城市人民公社问题的指示》，要求各地采取积极的态度，放手发动群众，试验组织以大型国营厂矿为中心，以机关、学校为中心，以街道居民或者以城区再加一部分农村为主体等各种形式的城市人民公社。

同日 中共中央发出《关于反对官僚主义的指示》。

4月14日 中共中央批准冶金部提出的钢产量"三本帐"的计划，并批准铁道部、煤炭部和冶金部关于实现这个计划的联合报告。

4月22日 为纪念列宁诞辰90周年，《红旗》杂志编辑部发表《列宁主义万岁》，《人民日报》编辑部发表《沿着伟大列宁的道路前进》，中共中央宣传部长陆定一发表《在列宁的革命旗帜下团结起来》三篇文章，不指名地批评了苏共，中苏两党关系开始恶化。

5月15日 中共中央发出《关于在农村中开展"三反"运动的指示》。规定运动的内容是反贪污、反浪费、反官僚主义，以反贪污为重点。

同日 中共中央发出《关于切实注意劳逸结合保证持续跃进的指示》。

5月25日 中国登山队首次从北坡登上世界最高峰珠穆朗玛峰。

5月28日 中共中央发出《关于调运粮食的紧急指示》。

6月24～26日 彭真率中共代表团参加在布加勒斯特举行的社会主义国家共产党和工人党代表会议。

7月16日 苏联政府照会中国政府，单方面决定召回苏联专家。7月25日，没等中方答复，苏方又通知中国政府：自7月28日至9月1日，将全部撤回在华专家1390人，终止派遣专家900多名并撕毁343个专家合同和合同补充书。废除257个科学技术合全作项目。自此，中苏关系全面破裂。

7月22日～8月13日 第三次全国文代会在北京召开。大会选举郭沫若为中国文联主席，茅盾等15人为副主席。

7月30日 中共中央同意北京市饮食业实行凭粮票供应的办法。同时，允许少数高级宾馆不收粮票，高价销售。

8月1日 中共中央同意国务院秘书长齐燕铭的报告，决定从8月份开始，对在京的高级干部和高级知识分子在副食品供应方面给予照顾。

8月10日 中共中央发出《关于全党动手，大办农业，大办粮食的指示》。

8月27日 周恩来在接见来访的日本朋友时谈到了中日贸易的三原则，即：政府协定，民间合同，个别照顾。

9月7日 中共中央发出《关于压低农村和城市的口粮标准的指示》。

9月14日～10月20日 中共中央军事委员会在北京举行扩大会议。会议通过了《关于加强军队政治思想工作的决议》和《关于谭政同志错误的决议》。撤销了谭政的总政治部主任职务。

9月17日 中共中央批转中央组织部、统战部《关于右派分子工作的几点意见的报告》，同意国庆节前后再摘掉一批右派分子的帽子。

9月30日 《毛泽东选集》第四卷出版。这一卷收集了毛泽东在全国解放战争时期的重要著作。

同日 中共中央基本同意并批转国家计委《关于1961年国民经济计划控制数字的报告》。报告提出：1961年要把农业放在首要地位，使各项生产、建设事业在发展中得到调整、巩固、充实、提高，争取国民经济在更加牢固的基础上更好地继续跃进。

9月 中共中央政治局决定成立6个中央局。随后相继决定陶铸为中南局第一书记；宋任穷为东北局第一书记；李井泉为西南局第一书记；刘澜涛为西北局第一书记；李雪峰为华北局第一书记；柯庆施为华东局第一书记。

10月11日 中共中央批转文化部党组、中国作家协会党组《关于废除版税制彻底改革稿酬制度的报告》。

10月12日 中共中央发出《关于整顿对负责干部的特需供应，禁止商品供应"走后门"的指示》。

11月3日 中共中央发出《关于农村人民公社当前政策问题的紧急指示信》，要求坚决纠正农村人民公社化初期产生的一平二调的"共产风"。

11月5日～12月8日 刘少奇率中国党政代表团参加苏联十月革命43周年庆祝典礼，并参加在莫斯科举行的81个共产党和工人党的会议。

11月14日 中共中央发出《关于立即开展大规模采集和制造代食品运动的紧急指示》。

11月15日 中共中央发出《关于彻底纠正"五风"问题的指示》。要求下决心彻底纠正十分错误的"共产风"、"浮夸风"、"命令风"、"干部特殊风"、对生产"瞎指挥风"，而以纠正"共产风"为重点。

11月19日 二届全国人大常委会第三十二次会议通过《关于特赦确实改恶从善的蒋介石集团和伪满洲国的战争罪犯的决定》。

11月28日 最高人民法院特赦李仙洲、范汉杰等50名战犯。

12月21日 中共中央、国务院发出《关于保证学生、教师身体健康的紧急通知》。

60-001

60-002

60-001. 全国政协三届二次会议会场。

60-002. 毛泽东等党和国家领导人步入二届全国人大二次会议会场，左一为黄炎培。

60-003

60-004

60-005

60-006

60-007

60-008

60-009

60-010

60-003. 二届全国人大二次会议主席台上，毛泽东、刘少奇、宋庆龄、董必武、周恩来、陈云、林彪、邓小平依次就座。

60-004. 谢冰心（前左）在二届全国人大二次会议小组会上发言。

60-005. 毛泽东和邓小平在二届全国人大二次会议休息室交谈。

60-006. 董必武和林伯渠（左）在二届全国人大二次会议上交谈。

60-007. 刘少奇和出席二届全国人大二次会议的上海市代表、全国劳模裔式娟交谈。

60-008. 周恩来总理在北京机场迎接缅甸联邦国防军总参谋长奈温将军和夫人。

60-009. 中国登山队完成了人类历史上第一次从北坡登上世界第一高峰珠穆朗玛峰的壮举。图为登山队员们向顶峰进发。

60-010. 中国登山队2名队员正在登顶。

60-011

60-013

60-012
60-014

60-015

60-011. 二届全国人大常委会第二十五次会议举手表决，一致通过中国政府和尼泊尔政府关于两国边界问题的协定。
60-012. 在纪念列宁诞辰九十周年大会上，中国音乐工作者演奏了肖斯塔柯维奇的第十一交响乐“1905”。
60-013. 毛泽东在上海举行的中共中央政治局扩大会议上讲话。
60-014. 中共中央在北戴河召开工作会议，讨论国民经济调整问题。
60-015. 邓小平总书记会见苏联驻华大使契尔年科。在座的有宋庆龄、董必武。
60-016. 全国第三次文学艺术工作者代表大会会场全景。
60-017. 周扬在第三次文代会上作报告。
60-018. 在接见文代会代表时，毛泽东与作家老舍握手。
60-019. 茅盾、郭沫若、周扬等投票选举中国文联第三届全国委员会委员。
60-020. 茅盾在第三次文代会上作报告。

60-016

60-017

60-018

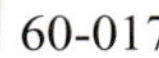

60-019

60-020

60-021

60-022

60-023

60-021. 参加文代会的女代表们在一起畅谈。
60-022. 《毛泽东选集》第四卷封面及扉页。
60-023. 周恩来总理接见日本友人铃木一雄（左二）等人。
60-024. 北京市天桥百货商场职工正在学习毛主席著作。
60-025. 邢燕子给爷爷念家信。
60-026. 邢燕子与生产队的女同伴们一起搞秋菜苗期管理。
60-027. 山东聊城群众争购《毛泽东选集》。

60-024

60-025

60-026

60-027

60-028

60-029

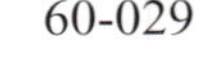

60-030

60-028. 刘少奇率中国党政代表团参加在莫斯科举行的八十一个共产党和工人党会议。图为他在列宁格勒受到群众夹道欢迎时的情形。

60-029. 在民革中央全会上，何香凝当选为民革中央委员会主席。

60-030. 刘少奇代表中国共产党在《各国共产党和工人党代表会议声明》上签字。坐在他两旁的是邓小平和彭真。

共　和　国　图　典

1961年

1月2～9日 周恩来总理率中国政府代表团访问缅甸，参加缅甸联邦独立节13周年庆典，互换了中缅边界条约批准书，缔结了两国经济技术合作协定和支付协定。

1月14～18日 中共八届九中全会在北京举行。会议决定对国民经济实行“调整、巩固、充实、提高”的八字方针。

1月20日 中共中央作出关于调整管理体制的若干暂行规定，规定：经济管理大权集中到中央、中央局和省（市、自治区）委三级。最近两三年内，应更多地集中至中央和中央局。

1月30日 二届全国人大常委会第三十五次会议通过决议，撤销国家基本建设委员会，其业务合并到国家计划委员会。

3月15～23日 中共中央在广州召开工作会议，讨论并通过了《农村人民公社工作条例（草案）》。

3月23日 中共中央发出《关于认真进行调查工作问题给各中央局，各省、市、自治区党委的一封信》，要求县以上党委领导，首先是第一书记，要把深入基层，蹲下来亲自进行系统的典型调查当作领导工作的首要任务。

4月2日 国家计委对1961年基本建设计划进行调整。确定预算内投资由原定的167亿元压缩为129亿元，正式施工的大中型项目由原定的900个减为771个。

4月18日 周恩来总理打电报给古巴总理卡斯特罗，表示中国坚决支持古巴人民的斗争。4月20日，中国政府发表反对美国武装侵略古巴的声明。同日，中国各民主党派也联合发表反对美国武装侵略古巴的声明。4月21日，首都各界60万人分别举行示威和集会，支持古巴人民反对美帝国主义的武装侵略。

4月21日 中共中央发出《关于西藏工作方针的指示》，指出：在民主改革基本完成之后，西藏工作必须采取稳定发展的方针，五年以内不搞社会主义改造。

5月21日～6月21日 中共中央在北京举行工作会议，讨论农村人民公社的有关政策问题。

6月15日 中共中央发出《关于讨论和试行农村人民公社工作条例修正草案的指示》。修正草案取消了分配上的部分供给制，规定办不办公共食堂完全由社员讨论决定，社员的口粮分配到户，由社员自己支配。

6月16日 中共中央发出《关于减少城镇人口和城镇粮食销量的九条办法》，要求城镇人口三年内减少2000万以上。

6月19日 中共中央发出《关于改进商业工作的若干规定（试行草案）》和《关于城乡手工业若干政策问题的规定（试行草案）》。

同日 中共中央发出《关于坚决纠正平调错误，彻底退赔的规定》。

7月16日 中共中央作出关于加强原子能工业建设若干问题的决定。

7月19日 中共中央发出《关于自然科学工作中若干政策问题的批示》，同意国家科委和中国科学院党组《关于自然科学研究机构当前工作的十四条意见（草案）》。

7月24日 安徽省委向中共中央呈送《关于试行田间管理责任制加奖励办法的报告》报告认为田间管理责任制加奖励不是包产到户，不是单干，没有违背集体经济的基本原则。

8月26日 湖南省委发出《关于借冬闲田给社员生产的通知》。

9月15日 中共中央发出《关于当前工业问题的指示》，要求所有工业部门和企业，今后七年内都必须执行调整、巩固、充实、提高的方针。

9月16日 中共中央发布《国营工业企业工作条例（草案）》。

10月9日 首都各界隆重举行纪念辛亥革命50周年大会。

10月15～31日 周恩来率中共代表团应邀参加苏共第二十二次代表大会。会上周恩来对苏共的一些做法进行了批评。

11月 中共中央同意聂荣臻提出的《关于建立学位、学衔、工程技术称号等制度的建议》。

12月6日 外交部发表《关于中印边界问题的声明》，驳斥了印度方面关于中国入侵印度领土事件和中国军队越界设立新哨所的指控。

12月16日 二届全国人大常委会第四十七次会议决定：对于经过一定期间的改造、确实改恶从善的蒋介石集团和伪满洲国的战争罪犯实行特赦。同日，刘少奇颁布特赦令。25日，最高人民法院特赦释放了68名战争罪犯。

同日 中央国家机关和各民主党派中央机关摘掉一批右派分子的帽子。

61-001

61-002

61-003

61-001. 在中共八届九中全会上，毛泽东要求全党大兴调查研究之风。

61-002. 在缅甸总统府举行的中缅边界条约批准书交换仪式上两国总理亲切握手。

61-003. 毛泽东在李井泉（前左三）陪同下深入四川农村调查。

61-004

61-005

61-006

61-007

61-008

61-009

61-010

61-011

61-012

61-004. 围绕国民经济实行“调整、巩固、充实、提高”的方针，毛泽东和刘少奇、陈云（中）在一起交谈。

61-005. 刘少奇在湖南老家了解农村真实情况。图为他在社员刘玉青家。

61-006. 周恩来带领工作组在河北邯郸农村调查。

61-007. 朱德在四川自贡市盐场作调查。

61-008. 毛泽东在广州举行的中央工作会议上组织讨论《农村人民公社工作条例（草案）》。

61-009. 邓小平在海南岛兴隆华侨农场观看工人割胶。

61-010. 陈云深入农村了解农业生产情况。

61-011. 在中共中央举行的民主党派负责人和无党派民主人士座谈会上，沈钧儒坦诚进言。

61-012. 全国各界纷纷举行声援古巴的活动。图为清华大学的集会场面。

61-013

61-014

61-015

61-013. 在首都人民支持古巴人民反对美国武装侵略大会上，周恩来手持古巴国旗和群众在一起。
61-014. 中央工艺美院学生绘制古巴人民反对美国武装侵略的宣传画。
61-015. 庄则栋在二十六届世乒赛男子单打决赛中夺冠。图为他击球的一刹那。另一位为李富荣。
61-016. 庆祝中国共产党成立四十周年大会会场。
61-017. 纪念辛亥革命五十周年大会主席台。
61-018. 何香凝代表民主党派人士在北京举行的纪念辛亥革命五十周年大会上讲话。
61-019. 周恩来率中共代表团赴莫斯科参加苏共第二十二次代表大会，刘少奇、朱德、林彪等到机场送行。
61-020. 周恩来抵达莫斯科时，赫鲁晓夫前往机场迎接。

61-016

61-017

61-018

61-019

61-020

61-022

61-021

61-023

61-024

61-021. 周恩来从莫斯科回到北京，毛泽东、刘少奇等到机场迎接。
61-022. 周信芳六十周年戏剧生涯纪念演出后，陈毅等上台祝贺（中为周信芳）。
61-023. 由铁道部电气化工程局承建的我国第一条电气化铁路宝成线宝（鸡）凤（州）段开通运营。
61-024. 万吨水压机的制造成功标志着中国机械制造业达到新的水平。

共 和 国 图 典

1962年

1月11日～2月7日 中共中央在北京举行扩大的中央工作会议（七千人大会）。会上，刘少奇代表中央提出了书面报告，初步总结了1958年以来社会主义建设的经验教训，分析了几年来工作中的主要缺点错误。毛泽东在会上讲话指出：必须健全党的民主集中制，必须在总结正反两个方面的经验的基础上，加深对社会主义建设规律的认识。

2月13日 中共中央发出《关于改变农村人民公社基本核算单位问题的指示》。决定以生产队为基本核算单位。

2月14日 中共中央作出关于1962年上半年继续减少城镇人口700万人的决定。

2月21～23日 中央政治局召开常委扩大会议（西楼会议），讨论1962年国家经济预算和整个经济形势问题。刘少奇在讲话中指出现在处在非常时期，要采取非常措施。陈云提出了调整国民经济的一系列重要措施和10年内经济工作分两步走的方案：前5年先下马、后退，进行恢复；后5年再发展。

2月27日 中共中央联络部部长王稼祥给中央写了一个书面建议，提出：为有利于国民经济的调整和恢复工作，争取时间渡过困难，党应该在对外政策上采取和缓的方针。在困难形势下，中国对外援助应实事求是，量力而行。

3月2日 周恩来在广州召开的话剧、歌剧、儿童剧创作座谈会和全国科技工作会议上作《关于知识分子问题的报告》，指出，就一般范畴说，应把知识分子放在劳动者之中。3月6日，陈毅在讲话中提出应该取消“资产阶级知识分子”的帽子。

3月18日 中共中央转发2月26日陈云在国务院各部、委党组成员会议上的讲话：《目前财政经济的情况和克服困难的若干办法》。

3月20日 中共安徽省委作出《关于改正“责任田”办法的决议》。

3月23日～4月19日 全国政协三届三次会议在北京举行。会议听取并通过了陈叔通副主席的《工作报告》。

3月27日～4月16日 二届全国人大三次会议在北京举行。会议听取并通过周恩来总理的《政府工作报告》。报告提出了1962年国民经济调整工作的十项任务。

4月13日 外交部公布中印两国政府间二十二件照会，同时公布两国官员关于边界问题的报告。

4月16日 苏联通过其领事策动、诱骗中国新疆维吾尔自治区塔城、裕民、霍城居民6万余人逃往苏联。

4月27日 中共中央发出《关于加速进行党员、干部甄别工作的通知》，指出：甄别工作的重点是县级以下的农村基层干部。

4月30日 中共中央批准《关于当前文学艺术工作若干问题的意见（草案）》。

5月18日 中共中央、国务院决定建立全国物价委员会。薛暮桥为主任委员。

5月22日 中共中央发出《关于压缩食油销量和安排1962年6～11月食油调拨计划的紧急通知》。

5月27日 中共中央、国务院作出关于进一步精简职工和减少城镇人口的决定，决定全国职工人数应当在1961年末的4170万人的基础上，再减少1056万人至1072万人。

5月31日 中共中央批准中央华侨事务委员会党组《关于所谓“海外关系”问题的报告》。报告指出：所谓“海外关系”的提法，是模糊政策界限、混淆敌我关系的提法，是不妥当的。

同日 中共中央同意国家计委《关于加强基本建设管理问题的报告》，规定：中央各部直属的大中型项目一律由国家计委审核，报国务院批准。

6月10日 中共中央发出准备粉碎蒋军窜犯东南沿海地区的指示。

6月11日 中共中央批转中央华侨事务委员会党组《关于妥善处理侨眷、归国华侨的就业和精简问题的请示报告》。

6月14日 中共中央批转中央统战部《关于全国统战工作会议的报告》，指出：忽视统战工作对于党同党外人士的团结合作，对于社会主义事业是十分不利的，必须坚决纠正。

6月16日 彭德怀写信给毛泽东和党中央，请求全面审查自己的历史。8月22日，彭德怀又写了一封简短的信给毛泽东和党中央，再次恳请中央组织专案审查，以便弄清他所犯错误的性质，作出正确处理。

6月19日 毛泽东发出关于民兵工作“三落实”的指示，指出民兵工作要做到组织落实、政治落实、军事落实。

6月下旬 中央书记处会议讨论“包产到户”问题。邓子恢、邓小平表示支持。

7月9日～11日 邓子恢在中央党校作关于农业问题的报告，提出要建立严格的生产责任制，实行队（生产队）包产、组包工，田间管理包到户。对一些特殊的技术活，可以实行超产奖励的个人责任制。

8月1日 刘少奇的《论共产党员的修养》在《红旗》杂志重新发表。

9月9日 中国空军部队在华东某地上空击落美制蒋军U-2高空侦察机一架。

9月24～27日 中共八届十中全会在北京举行。毛泽东在会上作了关于阶级矛盾和党内团结问题的讲话，提出阶级斗争必须年年讲、月月讲。会议决定成立两个审查委员会，分别对彭德怀、习仲勋“反党集团”案进行审查。会议作出了撤销黄克诚和谭政的书记处书记职务的决定，增选陆定一、康生、罗瑞卿为中央书记处书记。全会讨论通过了《关于进一步巩固人民公社集体经济、发展农业生产的决定》等文件，并发表了公报。

10月1日～12月6日 广东沿海地区公安机关、边防部队、公安部队、广大民兵和人民群众密切配合，全部、干净、彻底地歼灭了从海上登陆和空投到海丰、惠阳、惠来、电白、台山、阳江的九股美蒋武装特务。

10月20日 中国边防部队在中印边境东西两段同时反击并粉碎了印度军队的进攻。11月21日，中国政府建议停止边境冲突，重开和平谈判，解决中印边界问题。11月22日，中国边防部队单方面全线停火。12月1日起，主动从1959年11月7日实际控制线中国一边后撤20公里。

10月23日 中共中央批转中共湖南省委《关于怎样纠正“单干风”的报告》。

11月9日 中共中央决定，撤销中央农村工作部，其业务合并于国务院农林办公室，谭震林兼任办公室主任。

11月15日 周恩来就中印边界问题致信亚非国家领导人，全面介绍中印边界问题的背景和中国政府的立场。

11月22日 中共中央、国务院作出关于发展农村副业生产的决定。

12月11日 中共中央批转《安徽改正“责任田”情况的报告》。

12月18日 中共中央、国务院发出《关于认真提倡计划生育的指示》，指出：在城市和人口稠密的农村地区，各级党委和政府都要认真加强对计划生育工作的领导。

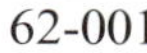

62-001

62-002

62-003

62-001. 毛泽东、刘少奇、周恩来、陈云、邓小平等在“七千人大会”上。

62-002. 毛泽东在“七千人大会”上讲话时谈笑风生。

62-003. 为讨论1962年国家经济预算和经济调整问题，中央政治局举行了常委扩大会议（西楼会议）。图为会场外景。

62-004

62-005

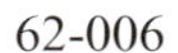

62-006

62-007

62-004. 刘少奇在最高国务会议上就国民经济调整问题发表讲话。
62-005. 全国政协三届三次会议在北京开幕,图为陈叔通在会上作报告。
62-006. 爱新觉罗·溥仪（右二）在全国政协小组会上发言。
62-007. 党和国家领导人接见出席全国政协三届三次会议的委员。
62-008. 程潜（前排站者）在二届全国人大三次会议上发言。
62-009. 陈毅（左）、贺龙（中）、李达（右）在二届全国人大三次会议的小组会上。
62-010. 徐特立在二届全国人大三次会议上。
62-011. 全国人大代表孟泰和王崇伦与选民交谈。

62-008

62-009

62-010

62-011

62-012

62-013

62-014

62-015

62-016

62-017

62-018

62-019

62-020

62-012. 广东海南岛的黎族民兵押送被活捉的美蒋空投特务。
62-013. 北京各界群众参加人民解放军击落美国U－2型飞机庆祝大会。
62-014. 广东沿海的民兵正在搜索偷渡登陆的美蒋武装特务。
62-015. 广东化州县的基干民兵正在进行武装泅渡训练。
62-016. 浙江军民围歼登陆不久的美蒋武装特务。图中被押解的是“反共挺进军第三十一支队”参谋长杨廷尧等人。
62-017. 8月1日，《红旗》杂志重新发表了《论共产党员的修养》。图为刘少奇当年在延安窑洞里撰写《论共产党员的修养》时的情景。
62-018. 中共八届十中全会上，毛泽东提出“阶级斗争要年年讲、月月讲、天天讲”。
62-019. 听到中国政府将释放和遣返全部被俘印军人员的消息后，被俘印军不禁拉起收容所工作人员的手欢呼歌唱。
62-020. 印度军队入侵我国新疆加勒万河谷地区。图为人民解放军边防战士正在监视印军飞机。

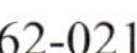

62-021

62-022

62-023

62-024

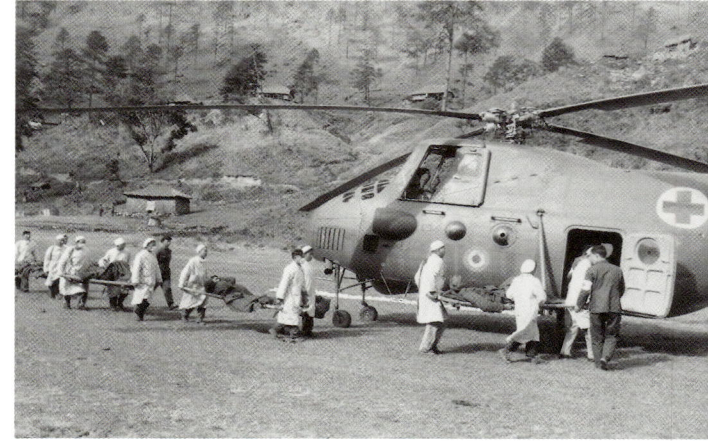
62-025

62-021. 在释放不适应高山气候的被俘印度军人时，人民解放军俘虏收容所的工作人员轮流背送。

62-022. 登上汽车的印军俘虏向人民解放军俘虏收容所的工作人员挥手告别。

62-023. 达旺居民送别撤离这里的人民解放军西藏边防部队。

62-024. 福建空军某部集会，谴责美国飞机入侵中国领空。

62-025. 西藏边防部队的医护人员用担架把被释放的印军伤病人员送上印度红十字会派来的直升飞机。

1963

共　和　国　图　典

1963 年

1 月 15 日　中共中央对德州地委《关于前德州市主要领导干部腐化堕落违法乱纪案件的检查处理报告》作出批示，指出：各级党组织必须经常地同党员干部中的这类错误行为进行严肃的斗争。

1 月 21 日　国防部批准授予沈阳部队工程兵某部四班"雷锋班"光荣称号。沈阳部队领导机关隆重举行命名大会。

1 月 29 日　周恩来在上海科学技术工作会议上讲话，指出：我们要实现农业现代化、工业现代化、国防现代化和科学技术现代化，把我们祖国建设成为一个社会主义强国，关键在于实现科学技术现代化。

2 月 8 日　中共中央、国务院发出《关于成立第四机械工业部的通知》。

2 月 11～28 日　中共中央在北京举行工作会议。毛泽东介绍了湖南开展社会主义教育运动及河北保定地区清理帐目、清理仓库、清理财物、清理工分的经验，督促各地注意阶级斗争和社会主义教育问题。

3 月 1 日　中共中央发出《关于厉行增产节约和反对贪污盗窃、反对投机倒把、反对铺张浪费、反对分散主义、反对官僚主义运动的指示》。

3 月 3 日　中共中央、国务院作出关于全部完成和力争超额完成精减任务的决定。

3 月 5 日　毛泽东等中央领导为雷锋题词，号召全国人民向雷锋同志学习。

3 月 19 日　中共中央、国务院决定提高粮食的销售价格和棉花的收购价格。

3 月 23 日　中共中央下发并试行《全日制小学暂行工作条例（草案）》和《全日制中学暂行工作条例（草案）》。

3 月 27 日　中共中央批转中央精简小组《关于中央国家机关、党派、人民团体编制进一步精减调整的报告》，指出：中央各部门应当实行精兵简政，提高工作效率。

同日　中共中央颁布《中国人民解放军政治工作条例》。

3 月 29 日　中共中央批转文化部党组《关于停演"鬼戏"的请示报告》，要求文化部门大抓戏曲改革工作。

3 月 30 日　中华人民共和国主席刘少奇颁布特赦令，对确实改恶从善的蒋介石集团、伪满洲国和伪蒙疆自治政府的战争罪犯实行特赦。

4 月 12 日～5 月 16 日　中华人民共和国主席刘少奇先后访问印度尼西亚、缅甸、柬埔寨和越南。

4 月 25 日　国防部发布命令，授予驻上海某部八连以"南京路上好八连"光荣称号。

4 月 28 日　中共中央统战部发出《关于在增产节约和"五反"运动中如何对待党外人士的通知》。通知规定：对于上层民主人士，不组织他们参加"五反"运动。各民主党派、工商联和其他有关团体的中央一级的机关内，不搞"五反"运动。

5 月 20 日　中共中央发出《关于目前农村工作中若干问题的决定（草案）》（简称前十条）。《前十条》认为当前中国社会中出现了严重的尖锐的阶级斗争，资本主义势力和封建势力正在对我们猖狂进攻，要求重新组织革命的阶级队伍，开展大规模的群众运动，打退资本主义和封建势力的进攻。

5 月 26 日　国防部发言人发表《关于完全释放和遣返全部被俘印度军事人员的声明》。

6 月 17 日　《人民日报》全文刊载中共中央6月14日对苏共中央1963年3月30日来信的复信，题目是：《关于国际共产主义运动总路线的建议》。

7 月 1 日　中共中央发表《关于中苏两党会谈的声明》，声明宣布：根据已经达成的协议，中国共产党和苏联共产党将于7月5日开始在莫斯科举行两党会谈。中共代表团团长为邓小平，副团长为彭真。

7 月 5～20 日　中共代表团和苏共代表团在莫斯科举行会谈。双方就现代世界发展、国际共产主义运动和中苏关系等一系列重大原则问题，阐述了各自的观点和立场。

7 月 8 日　二届全国人大常委会批准国务院《关于第二个五年计划后两年调整计划和计划执行情况的报告》，批准《关于1961年和1962年国家决算的报告》和国家决算。

7 月 20 日　《人民日报》全文刊登《苏共中央给苏联各级党组织和全体党员的公开信》。"编者按语"说，苏共中央7月14日给苏联各级党组织和全体共产党员的公开信的内容是不符合事实的，它的观点是我们不能同意的。

7 月 31 日　中共中央批转中央精简小组《关于精减任务完成情况和结束精减工作的意见的报告》。《报告》说，从1961年1月到1963年6月的两年半时间里，全国职工减少了1887万人，城镇人口减少了2600万人，吃商品粮人数减少了2800万人。

8 月 8 日　毛泽东主席发表《呼吁世界人民联合起来，反对美国帝国主义的种族歧视，支持美国黑人反对种族歧视的斗争的声明》。

8 月 29 日　毛泽东发表《反对美国—吴庭艳集团侵略越南南方和屠杀越南南方人民的声明》。

9 月 6 日　《人民日报》、《红旗》杂志联合发表编辑部文章《苏共领导同我们分歧的由来和发展》（一评苏共中央公开信）。

9 月 6 日～27 日　中共中央在北京举行工作会议。会议讨论了农村工作、1964年国民经济计划等问题，并着重讨论了工业发展的方针问题。会议确定：从本年起，再用3年时间，继续进行调整、巩固、充实、提高的工作，作为第二个五年计划到第三个五年计划之间的过渡阶段。会议制定了《关于农村社会主义教育运动中一些具体政策的规定（草案）》（简称《后十条》）。

9 月 7 日　中共中央发出《关于在农村社会主义教育运动中对待侨户问题的指示》，规定对华侨中有影响的统战人物的眷属，原则上不斗争、不戴地富帽子，必须斗争或重戴帽子的，应征求侨委的意见。

9 月 13 日　《人民日报》、《红旗》杂志联合发表编辑部文章《关于斯大林问题》（二评苏共中央公开信）。

9 月 17 日　中共中央、国务院决定将兵器工业、造船工业从第三机械工业部划分出来，分别成立第五、第六机械工业部。

9 月 26 日　《人民日报》、《红旗》杂志联合发表编辑部文章《南斯拉夫是社会主义国家吗？》（三评苏共中央公开信）。

10 月 8 日　中共中央、国务院作出关于建立中国农业银行，统一管理国家支持农业资金的规定。

10 月 22 日　《人民日报》、《红旗》杂志联合发表编辑部文章《新殖民主义的辩护士》（四评苏共中央公开信）。

11 月 14 日　中共中央发出《关于印发和宣传农村社会主义教育运动问题的两个文件的通知》，要求做一次伟大的宣传运动，使《前十条》和《后十条》在全国家喻户晓。

11 月 17 日～12 月 3 日　二届全国人大四次会议在北京举行。会议批准了《1963年国民经济计划和1963年国家预算执行情况的报告》，批准了1964年国民经济计划和1964年国家预算的初步安排。会议还通过了《关于第三届全国人大代表名额和选举问题的决议》。会议号召全国人民为把我国建设成为一个具有现代农业、现代工业、现代国防和现

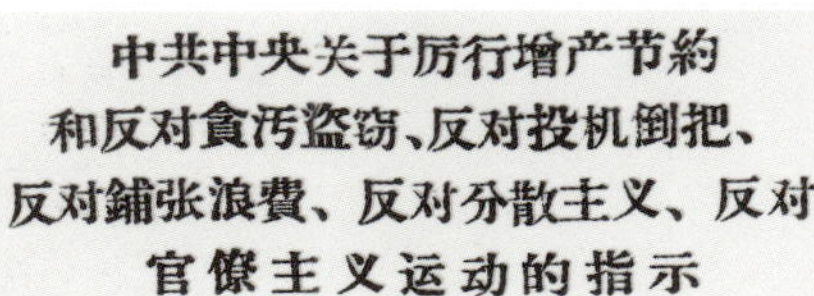

中共中央关于厉行增产节約和反对貪污盜窃、反对投机倒把、反对鋪张浪費、反对分散主义、反对官僚主义运动的指示

一九六三年三月一日

目前国內政治、經济和其他各方面的情况，都是好的。为了保証一九六三年的国民經济計划和国家財政預算的完滿实現，争取經济情况进一步的全面的好轉，使第三个五年計划期間国民經济得到更好的发展，为了健全制度，改进思想作风，克服和防止資本主义、修正主义的腐蝕，保証我国社会主义建設事业的順利发展，中央认为，有必要在全国范圍內，有領导、有步驟地开展一次增产节約和反对貪污盜窃、反对投机倒把、反对鋪張浪費、反对分散主

63-001

63-002

63-001. 中共中央关于增产节约和“五反”运动指示的影印件。

63-002. 周恩来在上海科技工作会议上发表讲话。

代科学技术的强大的社会主义国家而奋斗。

11月17日～12月4日 全国政协三届四次会议在北京召开。会议听取了政协副主席陈叔通作的政协三届常委会的工作报告。会议决定，政协三届委员会的任期至1964年9月。

11月19日 《人民日报》、《红旗》杂志联合发表编辑部文章《在战争与和平问题上的两条路线》（五评苏共中央公开信）。

11月 毛泽东对《戏剧报》和文化部进行了两次批评，认为一个时期内《戏剧报》尽宣传牛鬼蛇神，文化部不管文化，封建的、帝王将相的、才子佳人的东西很多。

12月2日 中共中央和国务院原则批准中央科学小组、国家科学技术委员会党组《1963～1972年科学技术发展规划的报告》、《科学技术发展规划和科学技术事业规划》。

12月12日 《人民日报》、《红旗》杂志联合发表编辑部文章《两种根本对立的和平共处政策》（六评苏共中央公开信）。

同日 毛泽东在中央宣传部文艺处编印的一份上海举行故事会活动的材料上批示：“各种艺术形式——戏剧、曲艺、音乐、美术、舞蹈、电影、诗和文学等等，问题不少，人数很多，社会主义改造在许多部门至今还是‘死人’统治着。”

12月14日～1964年2月29日 周恩来访问阿联酋、阿尔及利亚、摩洛哥、阿尔巴尼亚、突尼斯、加纳、马里、几内亚、苏丹、埃塞俄比亚、索马里、缅甸、巴基斯坦、锡兰等14国家。

12月16日 中共中央军委副主席、第一、二届全国人大常委会副委员长、中国人民解放军总政治部主任罗荣桓元帅因病在北京逝世，终年61岁。

12月25日 新华社报道，中国石油产品基本自给，中国人民使用“洋油”的时代将一去不复返了。

63-003

63-004

63-005

向雷锋同志学习
毛泽东

63-006

63-007

63-008

63-009

63-011

63-010

63-003. 雷锋生前在修理汽车。
63-004. 上海第六人民医院陈中伟医生正在检查断臂再植成功后伤员的手臂功能。
63-005. 湖北新洲县农民踊跃交售新棉。
63-006. 毛泽东为雷锋题词手迹。
63-007. 沈阳军区司令员陈锡联将毛泽东的题词送给雷锋生前所在连队。
63-008. 北京市日坛中学建起新校舍迎接学生，改善学校学习环境。
63-009. 北京市东皇城根小学利用幻灯给学生上自然课。
63-010. 北京市北京小学组织各种有趣的科技活动。图为无线电小组在搞活动。
63-011. 北京中古友谊小学二年级学生正在上课。

63-012

63-013

63-014
63-015

63-016

63-017

63-018

63-019

63-020

63-012. 刘少奇和胡志明在越南河内主席府会谈时的情景。
63-013. 刘少奇接受越南少年儿童敬献的红领巾。
63-014. 刘少奇访问柬埔寨时，美丽的柬埔寨公主给他戴上花环。
63-015. 刘少奇和夫人王光美在缅甸首都仰光拜会奈温将军。
63-016. 访问印尼期间，刘少奇夫妇在苏加诺总统陪同下走过“花海”。
63-017. 中国男子乒乓球队在第二十七届世乒赛上首次捧回团体冠军的奖杯。
63-018. “南京路上好八连”的指战员们参加支农劳动后归来。
63-019. “好八连”连长张继宝（右）和指导员王经文（右二）从许世友将军手中接过锦旗。
63-020. 原国民党空军上尉飞行员徐廷泽驾机返回祖国大陆。

63-021

63-022

63-023

63-024

63-025

63-026

63-027

63-028

63-021. 周恩来亲切接见徐廷泽（左二）。

63-022. 陈毅、宋庆龄、邓颖超、周恩来、何香凝、朱德、董必武等（从左至右）在庆祝中国福利会成立25周年酒会上。

63-023. 首都各界人民支持美国黑人反对种族歧视斗争大会会场。

63-024. 李富春在二届全国人大常委会第九十九次会议上作《关于第二个五年计划执行情况的报告》。

63-025. 中国科技委员会副主席武衡（右）和苏中科技合作委员会苏联组代理组长弗·雅·霍洛斯托夫在议定书上签字后交换文本。

63-026. 以邓小平为团长、彭真为副团长的中共代表团前往莫斯科，参加中苏两党会谈。刘少奇、周恩来、朱德等到机场送行。

63-027. 江苏射阳县军民正在押解被抓的美蒋武装特务。

63-028. 庆祝全歼“江苏省反共救国军独立第十八纵队”武装特务大会会场。

63-029

63-030

63-031

63-032

63-034

63-033
63-035

63-036

63-029. 全国政协三届四次会议开幕式。

63-030. 二届全国人大四次会议开幕式主席台。

63-031. 李先念在二届全国人大四次会议上作《关于国家预算安排的报告》。

63-032. 严济慈（右）和叶·米·茹科夫（左）分别代表中苏科学院在合作计划上签字。

63-033. 访问几内亚城市拉贝时，周恩来总理和杜尔总统（右）在群众欢迎大会上。

63-034. 在阿尔巴尼亚部长会议大厦，周恩来和谢胡分别代表两国政府在联合声明上签字。

63-035. 周恩来、陈毅在突尼斯举行的招待宴会上，高兴地观看布尔吉巴总统（左二）赠送的照片册。

63-036. 周恩来到达加纳首都阿克拉。

63-037

63-038

63-039

63-040

63-037. 在苏丹喀土穆市，该市市长向周恩来总理赠送象征喀土穆市的一只刻着象群的牙雕。

63-038. 马里人民击鼓欢迎周恩来总理和陈毅外长，左为凯塔总统。

63-039. 周恩来总理访问加纳期间参观特马港的一家炼油厂。

63-040. 12月16日，中央军委副主席罗荣桓元帅逝世。图为罗荣桓生前在批阅文件。

共 和 国 图 典

1964年

1月1日 人民文学出版社和文物出版社同时出版发行《毛主席诗词》。

1月2日 中共中央批转中央监委《关于五反运动中对贪污盗窃、投机倒把问题的处理意见的报告》，指出：要防止把问题扩大化，防止打击面过宽，处分人过多。

1月9日 中央决定:在中央、大区两级的工业交通、财贸、农林部门及省、市、自治区的工业交通、财贸系统普遍建立政治机构，并从军队抽调干部担任领导工作。

1月15日 周恩来访问加纳共和国期间，提出中国政府对外经济技术援助的八项原则。

1月27日 中法两国政府发表联合公报，决定建立外交关系，并在3个月内任命大使。

2月1日 《人民日报》、《红旗》杂志联合发表编辑部文章《苏共领导是当代最大的分裂主义者》(七评苏共中央公开信)。

2月5日 中共中央发出《关于传达石油工业部〈关于大庆石油会战情况的报告〉的通知》，指出：大庆油田的经验不仅在工业部门中适用，在其他部门也适用，或者可作参考。

2月6日 解放军总政治部发出《关于给国防工业部门抽调干部和训练干部问题的通知》。

2月10日 《人民日报》刊登新华社记者的通讯《大寨之路》，介绍了山西省昔阳县大寨大队同穷山恶水进行斗争，改变山区面貌，发展生产的事迹，并发表社论《用革命精神建设山区的好榜样》。自此，全国农业战线开展学大寨运动。

2月13日 毛泽东在人民大会堂召开教育工作座谈会。毛泽东在会上指出：教育的方针路线是正确的，但是方法不对。学制、课程、教学方法、考试方法都要改。

2月29日 中共中央给苏共中央写信，答复苏共中央1963年11月29日的来信。中共中央在信中再次提出了恢复和加强团结、解决问题的具体措施的建议。

3月6日 最高人民法院释放关押在中国的最后三名日本战犯。至此，中华人民共和国政府释放了全部在押日本战犯。

3月31日 《人民日报》、《红旗》杂志联合发表编辑部文章《无产阶级革命和赫鲁晓夫修正主义》(八评苏共中央公开信)。

4月13日 中共中央和国务院发出《关于进一步开展代替私商工作的指示》。

4月27、28日 《人民日报》全文刊登了《苏共中央二月全会的反华报告》、《苏共中央二月全会的反华决议》、《苏联〈真理报〉4月3日的反华社论》和《赫鲁晓夫最近期间的反华言论》。

5月4日 中共中央、国务院批转教育部临时党组《关于克服小学学生负担过重现象和提高教学质量的报告》。

5月9日 《人民日报》全文刊登中共中央公布的中共中央和苏共中央来往的七封信。

5月15日~6月17日 中共中央在北京举行工作会议。会议讨论了农业规划、农村工作、第三个五年计划和政治工作。

5月22日 考古工作者在陕西蓝田发现一个猿人头盖骨。

6月5日~7月31日 1964年京剧现代戏观摩演出大会在北京举行，共演出了《芦荡火种》、《红灯记》、《奇袭白虎团》、《智取威虎山》等37个剧目。

6月11日~29日 中国共产主义青年团第九次全国代表大会在北京举行。大会一致通过了《关于工作报告的决议》和新修改的《团章》，选举了中国共产主义青年团第九届中央委员会。胡耀邦当选为第一书记。

6月15、16日 毛泽东、刘少奇等党和国家领导人检阅北京、济南部队军事表演。

6月16日 毛泽东提出接班人的五个条件:(1)要搞马列主义，不要搞修正主义;(2)要为大多数人服务;(3)要能够团结大多数人;(4)要有民主作风;(5)自己有了错误，要自我批评。

6月25日 中共中央发出《关于印发〈中华人民共和国贫下中农协会组织条例(草案)的指示》。

6月27日 毛泽东对中共中央宣传部《关于全国文联和各协会整风情况的报告》作出批示，对这些协会和所属的刊物进行了严厉批评。

6月29日 公安部发布公报，从1963年11月到1964年6月，广东、福建、浙江沿海地区军民连续歼灭9股美蒋武装特务计74人，缴获和击沉船只11艘。

7月7日 空军部队在华东某地上空再次击落美制蒋军U-2飞机一架。

7月10日 《毛泽东著作选读》的甲种本和乙种本正式出版发行。

7月14日 《人民日报》、《红旗》杂志联合发表编辑部文章《关于赫鲁晓夫的假共产主义及其在世界历史上的教训》(九评苏共中央公开信)。

7月31日 《人民日报》发表中共中央7月28日对苏共中央6月15日来信的复信，同时刊登了苏共中央的来信。

8月17日 中共中央和国务院批转国家经济委员会党组《关于试办工业、交通托拉斯的意见的报告》。

8月中旬 中共中央书记处举行会议讨论三线建设问题，会议决定首先集中力量建设三线，在人力、物力、财力上给予保证。

8月31日 《人民日报》发表中共中央8月30日对苏共中央7月30日来信的复信，同时刊登了苏共中央的来信。

9月1日 中共中央转发《关于一个大队的社会主义教育运动的经验总结》(简称“桃园经验”)。

9月11日 中共中央、国务院发出《关于组织高等学校文科师生参加社会主义教育运动的通知》。

9月18日 中共中央发出《关于印发〈农村社会主义教育运动中一些具体政策的规定(修正草案)〉的通知》，规定整个运动由工作队领导。

10月16日 中国第一颗原子弹爆炸成功。同日，中国政府发表声明，指出：中国政府一贯主张全面禁止和彻底销毁核武器。中国发展核武器是为了防御，为了打破核大国的核垄断。中国在任何时候、任何情况下，都不会首先使用核武器。

10月24日 中共中央发出《关于社会主义教育运动夺权斗争问题的指示》，并转发了天津市委《关于小站地区夺权斗争的报告》。

10月30日 中共中央批准并下发了国家计委提出的《1965年计划纲要(草案)》，确定1965年计划的基本指导思想是：争取时间，积极建设三线战略后方，防备帝国主义发动侵略战争。

11月5~13日 应苏共中央和苏联政府的邀请，周恩来率领中国党政代表团赴莫斯科参加十月革命47周年纪念活动。

11月12日 中共中央发出《关于在问题严重的地区由贫协行使权力的批示》。

11月13日 中共中央发出《关于农村社会主义教育运动中工作队的领导权限的规定(草案)》的通知。

11月17日 中共中央发出《关于发展半工(耕)半读教育制度问题的批示》。

11月23日 中共中央决定成立第七机械工业部，统一管理导弹工业的科研、设计、试制、生产和基本建设工作。

64-001

64-002

64-001. 人民文学出版社和文物出版社同时出版并发行《毛主席诗词》。

64-002. 山西省昔阳县大寨大队的社员正在冒雪垫地，进行山地农田基本建设。

12月12日 毛泽东在陈正人关于洛阳拖拉机厂蹲点报告的批示中提出“官僚主义者阶级”和“走资本主义道路的领导人”的概念。

同日 刘少奇发布特赦令，对确实改恶从善的蒋介石集团、伪满洲国和伪蒙疆自治政府的战争罪犯实行特赦。

12月15日 毛泽东号召全国工业战线开展“工业学大庆”的群众运动。

12月15～28日 中共中央政治局在北京召开全国工作会议，主要讨论了农村社会主义教育运动问题。毛泽东提出运动的性质是社会主义和资本主义的矛盾。提出这次运动的重点是整党内那些走资本主义道路的当权派。

12月20日～1965年1月4日 第三届全国人民代表大会第一次会议在北京举行。周恩来在《政府工作报告》中宣布：调整国民经济的任务已经基本完成，整个国民经济将要进入一个新的发展时期；还提出，要在不太长的历史时期内把我国建设成为一个具有现代农业、现代工业、现代国防和现代科学技术的社会主义强国。会议选举刘少奇为国家主席，宋庆龄、董必武为副主席，朱德为全国人大常委会委员长，周恩来继续担任国务院总理。

12月20日～1965年1月5日 中国人民政治协商会议第四届全国委员会第一次会议在北京举行。会议通过了全国政协四届一次会议决议，周恩来连任全国政协主席。

64-003

64-005

64-004

64-006

64-007

64-008

64-009

64-010

64-003. 陈永贵（左）在给少数民族参观团讲述大寨的玉米丰收经验。
64-004. 广西壮族自治区钦州地区飞跃大队社员正响应号召学大寨，开山造田。
64-005. 山东省黄县大吕家公社下丁家大队学大寨，战胜特大洪涝灾害，夺得玉米丰收。
64-006. 毛泽东邀集党内外负责人举行教育工作座谈会，提出“学制要缩短，课程要精简，方法要改变”。
64-007. 被提前释放的日本战犯铃木启九（右二）、三宅秀也（右）具结出狱。
64-008. 1964年京剧现代戏观摩演出大会闭幕式。
64-009. 观摩演出期间，京剧表演艺术家盖叫天（左）和昆曲演员韩世昌在一起交谈。
64-010. 现代京剧《芦荡火种》剧照，毛泽东观看演出后，提议将剧名改为《沙家浜》。

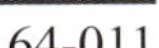

64-011

64-012

64-013

64-014

64-011. 乌鲁木齐市京剧团在观摩会上演出的《红岩》剧照。
64-012. 内蒙古艺术剧院京剧团编剧并演出的《草原英雄小姐妹》剧照。
64-013. 江西省南昌市京剧团演出的京剧《强渡大渡河》。
64-014. 南昌市京剧团演出的京剧《李双双》。
64-015. 毛泽东和周恩来在共青团第九次全国代表大会上。
64-016. 共青团九大代表廖初江（左三）、李瑞环（左四）等在一起交流学习《毛选》的经验。
64-017. 中央领导接见共青团九大全体代表时的欢腾场面。
64-018. 毛泽东在北京、济南部队军事训练汇报表演现场。
64-019. 罗瑞卿（左）向观看军事训练表演的刘少奇介绍我军使用的自动步枪。
64-020. 杨成武参观工程兵部队技术汇报表演。左二为彭绍辉。

64-015

64-016

64-017

64-018

64-019

64-020

64-021

64-022

64-024

64-023

64-025

64-026

64-027
64-028

64-029

64-021. 吉林省伊通县的农民观看“三史”（家史、村史、队史）墙报，进行新旧社会对比教育。

64-022. 北京新华书店王府井门市部前，人们争先购买《毛泽东著作选读》甲种本和乙种本。

64-023. 毛泽东接见连续击落美制无人驾驶高空侦察机的人民空军有功部队指战员。

64-024. 首都各界人士隆重集会，热烈庆祝我军第三次击落美制U－2飞机。

64-025. 海军航空兵部队击落美制国民党RF－101型侦察机，驾驶员谢翔鹤被海上民兵捕获。

64-026. 10月16日15时我国第一颗原子弹试验成功的情景。

64-027. 以贺龙为团长的中央代表团，前往乌鲁木齐参加庆祝新疆自治区成立十周年大会。 图为贺龙在王恩茂（左）、赛福鼎（右）陪同下走出机场。

64-028. 周恩来在人民大会堂接见音乐舞蹈史诗《东方红》演职员时，兴奋地报告我国第一颗原子弹试验成功的消息。

64-029. 周恩来参加十月革命四十七周年庆祝活动时向列宁墓献花圈。

64-030

64-031

64-032

64-030. 毛泽东、刘少奇、朱德在机场欢迎参加十月革命纪念活动归来的周恩来。
64-031. 井喷发生时，“铁人”王进喜不顾重伤跳进泥浆池，用身体充当搅拌器。
64-032. 大庆油田1202钻井队的工人在井台上紧张工作。
64-033. 三届全国人大一次会议的会场外景。
64-034. 毛泽东、刘少奇在三届全国人大一次会议开幕式上。
64-035. 周恩来代表国务院在三届全国人大一次会议上作《政府工作报告》。
64-036. 宋庆龄、董必武、周恩来（左起）在三届全国人大一次会议主席台上。
64-037. 毛泽东会见出席三届全国人大一次会议的农村代表（右起）陈永贵、邢燕子、董加耕。
64-038. 赛福鼎·艾则孜（右）在三届全国人大一次会议新疆维吾尔自治区小组讨论会上发言。
64-039. 出席三届全国人大的体育界代表在一起。左起：钱澄海、郑凤荣、卓尔汗、庄则栋、张俊秀、陈镜开。

64-033

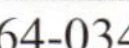
64-034

64-035

64-036

64-037

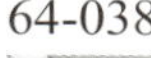
64-038

64-039

64-041

64-040

64-042

64-043

64-040. 杭州市各界人民欢庆三届全国人大一次会议召开。

64-041. 在全国政协四届一次会议上，毛泽东被推荐为中国人民政治协商会议第四届全国委员会名誉主席。

64-042. 周恩来在“两会”期间同全国人大代表和政协委员一起畅谈国民经济的新发展。

64-043. 毛泽东接见出席全国政协四届一次会议的代表时和科学家李四光握手。

共　和　国　图　典

1965年

2月1日 中共中央决定成立第二轻工业部，撤销中央手工业管理总局，并将原轻工业部改为第一轻工业部。

同日 公安部发布公报，从1964年7月～1965年1月，广东、福建、浙江、江苏沿海地区军民连续歼灭了7股美蒋武装特务共计196人。

2月11日 毛泽东、刘少奇会见路过中国前往朝鲜民主主义人民共和国访问的苏联部长会议主席柯西金。

2月25日 国务院批准高等教育部的报告，同意本年向资本主义国家派遣自然科学留学生50名。

2月26日 中共中央、国务院作出关于西南三线建设体制问题的决定，决定成立西南三线建设委员会，李井泉为主任。

3月18日、31日 解放军空军部队、海军航空兵部队先后在东南沿海地区和华南地区上空击落美制蒋军RF—101型侦察飞机和美军无人驾驶高空侦察机各一架。

3月23日 《人民日报》、《红旗》杂志联合发表编辑部文章《评莫斯科三月会议》。

3月27日 中共中央决定成立国家基本建设委员会，谷牧为主任。

4月7日 中共中央作出关于调整文化部领导问题的批复，免去齐燕铭、夏衍等在文化部的领导职务。

4月12日 中共中央发出加强备战工作的指示，号召全党、全军和全国人民在思想上和工作中准备应付最严重的局面，尽一切可能支持越南人民的抗美救国斗争。

5月11日 中共中央作出关于在全国工业交通系统建立政治工作机关的决定。

5月22日 三届全国人大常委会决定取消解放军军衔制度。同日，刘少奇发布主席令，公布了这一决定。

6月26日 毛泽东提出要把医疗卫生工作的重点放到农村去。

7月25日 中共中央发出《关于组织高等院校、科学研究和文化单位的干部参加农村社会主义教育运动的通知》。

7月22、31日 毛泽东、刘少奇先后接见了从海外归来的前国民党政府代总统李宗仁和夫人一行。

8月6日 南海舰队担任护渔任务的舰艇部队在广东省南澳岛、福建省东山岛附近渔场击沉美制蒋军大型猎潜艇“剑门号”和小型猎潜艇“章江号”，这一战绩受到国防部通令嘉奖。

9月9日 西藏自治区首届人民代表大会一次会议闭幕，西藏自治区宣告正式成立，阿沛·阿旺晋美当选为自治区主席。

9月17日 中国科学院与北京大学合作，人工合成牛胰岛素取得成功。

9月18日–10月12日 中共中央在北京召开工作会议，主要讨论1966年的国民经济计划和长远规划问题。会议同意国家计委提出的“国防建设第一，加速三线建设，逐步改变工业布局”的“三五”计划方针。

9月24日 中共中央批转中央高级党校校委会《关于杨献珍问题的报告》，同意撤销杨献珍中央高级党校副校长和校委委员的职务，另行分配工作。

10月 应越南民主共和国政府的请求，中国军队开始派出防空、工程、铁道、后勤保障等部队进行援越抗美斗争。

11月6日～8日 解放军总政治部、全国总工会、共青团中央先后发出通知，号召向王杰学习。

11月10日 中共中央通知：任命汪东兴为中央办公厅主任，免去杨尚昆中央办公厅主任职务。

同日 上海《文汇报》发表姚文元的《评新编历史剧〈海瑞罢官〉》。

11月14日 东海舰队担任护渔任务的舰艇部队在福建崇武以东海域击沉美制蒋军炮舰“永昌号”，击伤大型猎潜艇“永泰号”。

12月8日～15日 毛泽东在上海主持召开中共中央政治局常委扩大会议，决定将罗瑞卿调离军事领导岗位，由杨成武担任代理总参谋长。

65-001

65-002

65-003

65-004

65-005

65-006

65-001. 毛泽东、刘少奇、周恩来、邓小平会见访朝途经我国的苏联部长会议主席柯西金（前左六）一行。
65-002. 中德两国政府互派留学生协定在京签定。
65-003. 邓小平、李富春（右三）在西南视察三线建设。
65-004. 首都工人集会支持越南人民抗美救国斗争。
65-005. 中越边境上的“友谊关”。
65-006. 被我空军部队击落的美军无人驾驶高空侦察机残骸。

65-007

65-008

65-009

65-010

65-011

65-012

65-013

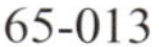

65-014

65-015

65-007. 湖北长阳县乐园公社实行农村合作医疗。

65-008. 活跃在乡间的农村流动医院。

65-009. 农村"赤脚医生"为公社社员看病。

65-010. 在巴西遭到非法监禁一年多的我国贸易与新闻工作者回到北京。

65-011. 周恩来到机场迎接从海外归来的前国民党政府代总统李宗仁。

65-012. 毛泽东会见李宗仁和夫人郭德洁（右三）、程思远（右四）。

65-013. 刘少奇夫妇会见李宗仁夫妇。前排左起：邓小平、董必武、李宗仁、刘少奇、郭德洁、王光美、程思远。

65-014. 西藏自治区第一届人民代表大会第一次会议在拉萨召开。

65-015. 中央代表团团长谢富治把礼品单交给西藏自治区筹委会代主任阿沛·阿旺晋美（左）。

65-016

65-017

65-018

65-019

65-016. 中华人民共和国第二届运动会在北京开幕。毛泽东、刘少奇等出席开幕式，贺龙致开幕词。
65-017. 大型团体操《紧握手中枪》场景。
65-018. 大型团体操《人民公社好》场景。
65-019. 上海选手胡祖荣打破撑杆跳高全国纪录。
65-020. 大型团体操《高举火炬》的一个场面。
65-021. 福建选手倪志钦获男子跳高第一名。
65-022. 山东选手郑凤荣刷新五项全能全国纪录。
65-023. 广东举重运动员叶浩波打破最轻量级抓举世界纪录。
65-024. 沈阳部队开展向王杰学习活动。
65-025. 朱德为王杰题词手迹。

65-021

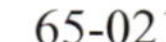

65-020

65-023

65-022

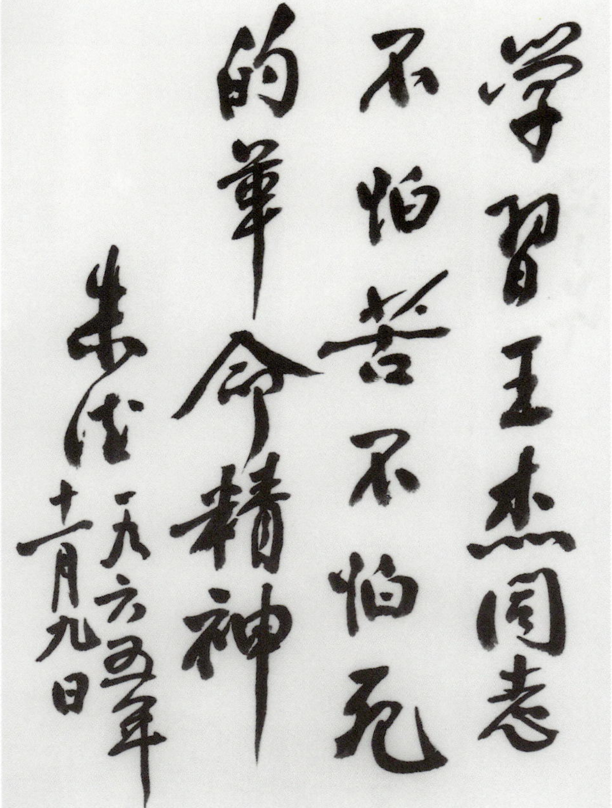

65-025

65-024

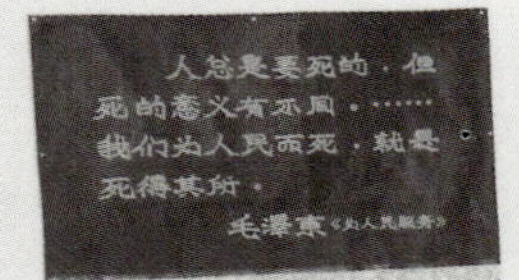

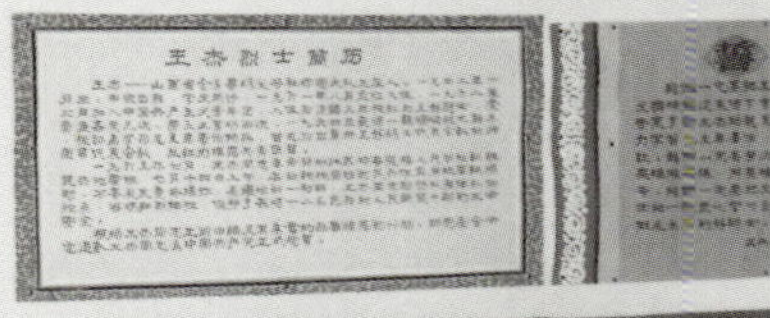

65-026

65-027

65-028

65-029

65-026. 各界青年参观王杰事迹展览。
65-027. 朱德、邓小平、彭真参加北京地下铁道破土动工典礼。
65-028. 贺龙（右）、杨成武视察部队。
65-029. 毛泽东会见美国友人斯特朗。

共　和　国　图　典

1966年

1月10日 中共中央批转中央工商行政管理局党组《关于当前反对资本主义势力的斗争和加强市场管理的报告》。

2月7日 《人民日报》发表《县委书记的榜样——焦裕禄》的报道和《向毛泽东同志的好学生——焦裕禄同志学习》的社论。

2月12日 中共中央转发以彭真为组长的中央文化革命五人小组关于当前学术讨论的汇报提纲。《提纲》提出：要坚持实事求是，在真理面前人人平等的原则，要以理服人。要提倡坚持真理，随时修正错误。

3月8日 河北省邢台地区发生强烈地震。有5个县、34万人受灾。

3月26日～4月19日 刘少奇应邀访问巴基斯坦、阿富汗、缅甸。

4月10日 中共中央转发《林彪同志委托江青同志召开的部队文艺工作座谈会纪要》。

5月4日～26日 中共中央政治局扩大会议在北京举行。会议对彭真、罗瑞卿、陆定一、杨尚昆等进行揭发批判，决定停止他们的职务。调陶铸任中央书记处常务书记，并兼任中央宣传部部长；调叶剑英任中央书记处书记，并兼任中央军委秘书长；李雪峰兼任北京市委第一书记。5月16日会议通过了中共中央通知（即《五·一六通知》）。《五·一六通知》是发动"文化大革命"的纲领性文件。

5月7日 毛泽东就林彪转送的解放军总后勤部《关于进一步搞好部队农副业生产的报告》，给林彪写了一封信。这封信被称为《五·七指示》。

5月9日 我国在西部地区上空首次成功地进行了含有热核材料的爆炸试验。

5月10日 上海《解放日报》、《文汇报》同时刊载姚文元的长文《评"三家村"—〈燕山夜话〉〈三家村札记〉的反动本质》，点名批判邓拓、吴晗、廖沫沙有步骤、有组织、有指挥地向党进攻。全国报纸奉命转载这篇长文。

5月25日 北京大学哲学系聂元梓等7人在校内贴出《宋硕、陆平、彭珮云在文化大革命中究竟干了些什么？》的大字报。康生把大字报密报在外地的毛泽东。毛称之为"全国第一张马列主义的大字报"。

5月28日 中共中央发出关于设立中央文化革命小组的通知。组长陈伯达，顾问康生，副组长江青、王任重、刘志坚、张春桥，组员谢镗忠、尹达、王力、关锋、戚本禹、穆欣、姚文元。8月2日，中共中央通知：陶铸兼任中央文革小组顾问。8月30日，由第一副组长江青代理中央文革小组组长。陶铸、王任重、刘志坚、谢镗忠、尹达、穆欣等人不久即脱离中央文革小组。

5月29日 清华大学附属中学一些学生自发成立了全国第一个红卫兵组织——清华附中红卫兵。北京大学附属中学等学校的一些学生也自发成立了类似的组织。

5月31日 经毛泽东同意，中央派以陈伯达为组长的工作组进驻《人民日报》社。

6月1日 《人民日报》发表陈伯达授意、修改和审定的社论《横扫一切牛鬼蛇神》，号召"横扫盘踞在思想文化阵地上的大量牛鬼蛇神"。

同日 根据毛泽东的指示，中央人民广播电台于晚间播发了北京大学聂元梓等7人的大字报。

6月2日 《人民日报》全文刊登了聂元梓等人的大字报，并发表评论员文章《欢呼北大的一张大字报》。

6月4日 《人民日报》公布中共中央改组北京市委的决定。同时，改组了北京大学党委。

6月初 刘少奇、邓小平主持的中央政治局常委扩大会议决定向北京市的大学和中学派出工作组，领导"文化大革命"。

6月18日 北京大学发生揪斗干部、教师、学生40多人的乱斗乱批事件。工作组发现后，立即予以制止。20日，刘少奇批转北大工作组处理这一事件的简报。

6月20日 中共中央转发《文化部为彻底干净搞掉反党反社会主义反毛泽东思想的黑线而斗争的请示报告》。

6月 北京和全国一些大中城市的大专院校和中等学校，仿效北京大学等校的做法开展"文化大革命"。

7月1日 人民解放军第二炮兵（战略导弹部队）正式组建。

7月16日 毛泽东在武汉畅游长江。此后几年里每逢7月16日，全国各地都要组织群众性的横渡江湖的活动。

7月20日 中共中央宣传部改组，决定由陶铸兼任部长，陈伯达任顾问。

7月18日 毛泽东从武汉回到北京。25日，毛泽东接见各中央局书记和中央文革小组成员，严厉指责工作组。随后，撤销了工作组。

8月1日～12日 中共八届十一中全会召开。毛泽东在会上严厉指责工作组犯了方向、路线错误。当天，全会印发了毛泽东写给清华大学附中红卫兵的复信，对他们表示"热烈的支持"。7日，毛泽东把他5日写的《炮打司令部——我的一张大字报》印发全会。8日，全会通过了《中国共产党中央委员会关于无产阶级文化大革命的决定》（简称《十六条》）。全会改组了中央领导机构，林彪名列第二位，成为毛泽东的接班人。全会还决定撤销彭真、罗瑞卿、陆定一中央书记处书记，杨尚昆候补书记职务。

8月13日～23日 中共中央召开工作会议。13日林彪在会上指出"这次运动要罢一批人的官，升一批人的官，保一批人的官。组织上要有个全面的调整"。23日，毛泽东在会上讲话："我的意见是乱它几个月，坚决相信大多数是好的。"

8月18日 首都百万群众在天安门广场举行"庆祝无产阶级文化大革命群众大会"。毛泽东在天安门广场首次接见来京进行大串联的全国各地的红卫兵、学生和教师。

8月20日起 北京、上海、天津等地的红卫兵先后走上街头"破四旧"（旧思想、旧文化、旧风俗、旧习惯）。各地报刊连续报道，赞扬"破四旧"活动。

8月31日 毛泽东第二次接见外地来京的红卫兵及师生代表约50万人。

9月5日 中共中央发出通知：组织外地高等学校学生、中等学校学生代表及教职工代表"从9月6日起分期分批来北京参观、学习、相互支援，交流革命经验"，"生活补助费和交通费由国家财政中开支"。通知发出后，大串连在全国出现高潮。

9月8日 林彪在中央军委常委会议上打招呼，说贺龙有问题。10月，打招呼的范围扩大到解放军各总部、各军兵种、各大军区的负责人。

9月15日 毛泽东第三次接见来京的红卫兵及师生代表约100万人。

9月18日 林彪在接见解放军高等军事学院、政治学院和总政治部宣传部负责人时说："毛主席这样的天才，全世界几百年、中国几千年才出现一个。毛主席是世界最大的天才。"

9月18日～20日 中央文革小组召开北京大专院校部分师生座谈会，以听取意见为名，收集反刘少奇的材料。

10月1日 毛泽东在中华人民共和国成立17周年庆祝大会上第四次接见来京的红卫兵及师生代表约150万人。

66-001

66-002

66-001. 齐齐哈尔选手罗致焕获全国速度滑冰男子组全能冠军。
66-002. 全国速度滑冰锦标赛在吉林举行。

同日　《红旗》杂志第十三期社论《在毛泽东思想的大路上前进》称:“两条路线的斗争并未就此结束。”此后,全国各地掀起批判所谓“资产阶级反动路线”、冲击各级党委的高潮。

10月5日　根据林彪的建议,经毛泽东批准,中共中央批转中共中央军委、总政治部《关于军队院校无产阶级文化大革命的紧急指示》。

10月9日～28日　中央召集各省、市、自治区党委负责人,在北京召开以批判“资产阶级反动路线”为中心内容的中央工作会议。林彪在25日大会上讲话,公开点名攻击刘少奇、邓小平,陈伯达16日在会上作题为《无产阶级文化大革命中的两条路线》的讲话。根据毛泽东的意见,林彪、陈伯达的讲话会后大量印发。

10月18日　毛泽东第五次接见外地来京红卫兵及师生代表约150万人。

10月22日　大连海运学院15个学生组成的“长征红卫队”步行到达北京。《人民日报》报道了这一消息并为此发表社论《红卫兵不怕远征难》。

10月27日　我国首次成功地进行了一次发射导弹核武器的试验。

10月29日　中共中央、国务院发出《关于北京大中学校革命师生暂缓外出串连的紧急通知》,以解决大串连造成铁路公路交通拥挤不堪、食宿难以保障的问题。此后食宿交通不再免费。

11月3日　毛泽东第六次接见外地来京的红卫兵及师生代表约200万人。

11月10日～11日　毛泽东第七次接见外地来京的红卫兵及师生代表约200万人。这次接见采用检阅式。受接见者坐大道两旁,毛泽东乘敞篷汽车检阅。

11月12日　北京举行集会纪念孙中山诞辰100周年。

11月17日～12月23日　全国计划、工业交通会议召开。国务院业务组草拟了《工交企业进行文化大革命的若干规定》(即《十五条》),主张分期分批搞“文化大革命”,不赞成在工人中间建立造反组织和企业间的串联。

11月20日　中共中央把中央文革小组拟定的中共北京市委11月18日公布的《重要通告》转发全国。《通告》规定:“任何厂矿、学校、机关或其他单位,都不许私设拘留所、私设公堂、私自抓人拷打”。

11月25日～26日　毛泽东第八次接见外地来京的红卫兵及师生代表约200万人。

12月4日～6日　中共中央政治局扩大会议在北京召开。会议由林彪主持,否定了工交会议关于“文化大革命”的建议,讨论通过《中共中央关于抓革命、促生产的十条规定(草案)》。

12月13日　《红旗》杂志第十五期发表王力等人的长篇文章《无产阶级专政和无产阶级文化大革命》。

12月15日　经毛泽东批准,中共中央发出《关于农村无产阶级文化大革命的指示(草案)》。文件改变了中共中央关于工厂和农村原则上不开展“文化大革命”的决定,把“文化大革命”扩大到工交财贸系统和农村。

12月16日　林彪为《毛主席语录》撰写了《再版前言》。

12月31日　中共中央、国务院发表《关于对大中学校革命师生进行短期军政训练的通知》,规定从现在起到1967年暑假,对全国大中学校师生分期分批地进行短期军政训练。

66-003

66-004

66-005

66-006

66-007

66-008

66-009

66-010

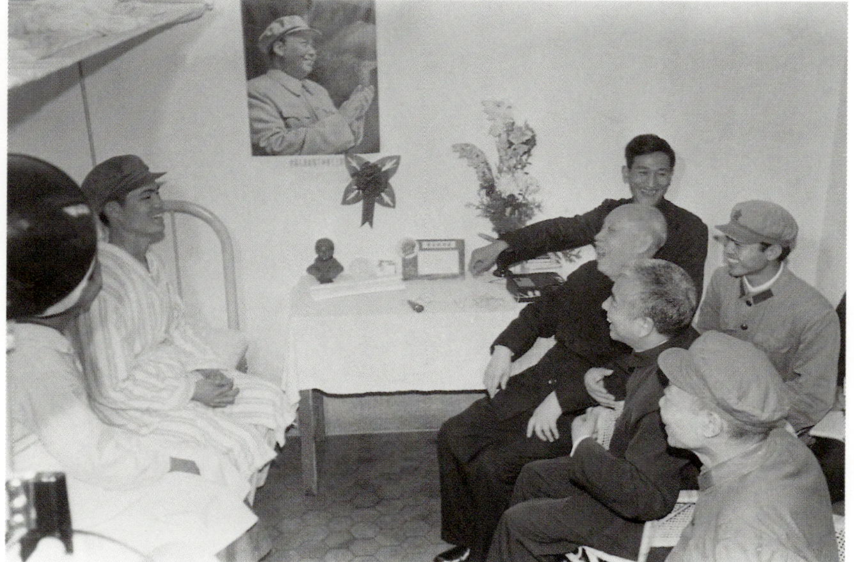

66-011

66-003. 县委书记的榜样焦裕禄生前在兰考。
66-004. 河南人民学习焦裕禄的先进事迹。
66-005. 邢台受灾人民重建家园。
66-006. 周恩来在邢台视察地震灾区。
66-007. 刘少奇主席访问巴基斯坦。
66-008. 刘少奇主席参观阿富汗礼拜五清真寺。
66-009. 麦贤得用左手练习写字。
66-010. 国防部、共青团中央授予麦贤得"战斗英雄"、"模范共青团员"光荣称号。
66-011. 董必武到医院看望麦贤得。

66-012

66-013

66-014

66-012. 人民解放军官兵落实毛泽东“五·七”指示开垦荒地。
66-013. 北京最后一辆有轨电车停驶。
66-014. 空军某部在机场附近开荒种地。
66-015. “红卫兵”的宣传活动。
66-016. 陈伯达率工作组进驻《人民日报社》。次日，该报发表经他修改定稿的社论《横扫一切牛鬼蛇神》。图为修改后的社论稿。
66-017. 我国第三次核试验成功。
66-018. 黑龙江省委书记任仲夷被扣上4尺长的高帽子批斗。
66-019. 北京市组织批判邓拓等人的活动。
66-020. 安徽省合肥市“红卫兵”破“四旧”活动。

66-015

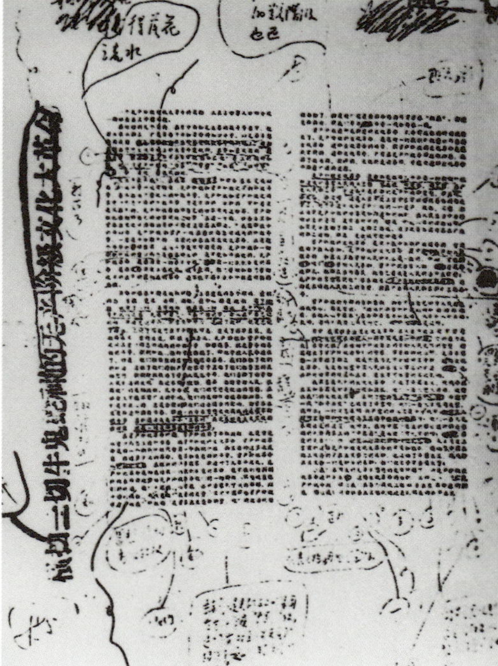

66-016

66-017

66-018

66-019

66-020

66-022

66-021

66-023

66-024

66-025

66-026

66-027

人民日报

无产阶级文化大革命万岁！

我们伟大领袖毛主席万岁！

中国共产党中央委员会关于无产阶级文化大革命的决定

（一九六六年八月八日通过）

一、社会主义革命的新阶段

二、主流和曲折

三、敢字当头，放手发动群众

四、让群众在运动中自己教育自己

五、坚决执行党的阶级路线

七、警惕有人把革命群众打成"反革命"

八、干部问题

九、文化革命小组、文化革命委员会、文化革命代表大会

66-028

66-029

66-030

66-021. 聂元梓在首都高校学生中演讲。
66-022. 北京市“红卫兵”将费多罗维等8名修女驱逐出境。
66-023. 北京等地1万余名师生正在砸碎山东曲阜孔府“大成殿”的匾额。
66-024. 毛泽东在武汉畅游长江。
66-025. 上海“红卫兵”的破“四旧”活动。
66-026. 中共八届十一中全会在北京召开，通过《关于无产阶级文化大革命的决定》。
66-027. 《人民日报》全文刊登了中共八届十一中全会通过的《关于无产阶级文化大革命的决定》（简称“十六条”）。
66-028. 毛泽东和首都以及外地来京的师生代表在一起。
66-029. 女学生给毛泽东戴上“红卫兵”的袖章。
66-030. 毛泽东接见来自全国各地的“红卫兵”。

66-031

66-032

66-033

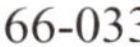

66-034

66-035

66-036

66-037

66-038

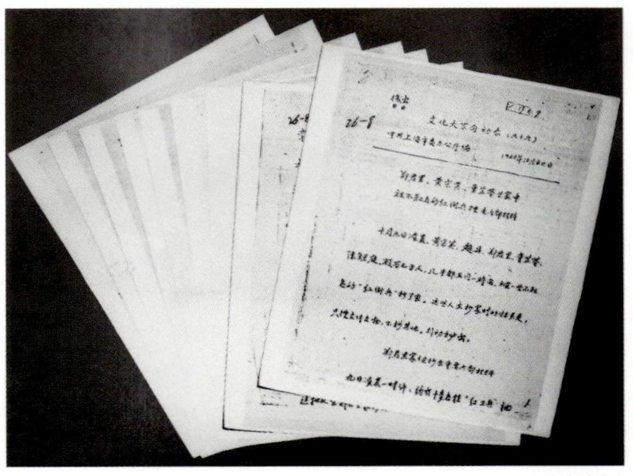

66-039

66-031. 毛泽东乘车接见“红卫兵”。

66-032. 受接见的“红卫兵”。

66-033. 赴北京串联的新疆工学院“红卫兵长征队”行进在戈壁滩上。

66-034. 来京串联的黑龙江“红卫兵”在天安门广场演唱《造反有理》歌。

66-035. “红卫兵”串联到井冈山。

66-036. 来京串联的“红卫兵”在永定门车站受到欢迎。

66-037. 毛泽东第七次接见“红卫兵”。

66-038. 北京群众在天安门集会庆祝我国发射导弹核武器试验成功。

66-039. 江青与叶群指使吴法宪、江腾蛟派人查抄上海文艺界人士赵丹、郑君里、童芷苓等人的家。图为当时上海市委出版的“文化大革命动态”上关于这次抄家的材料。

66-040

66-041

66-042

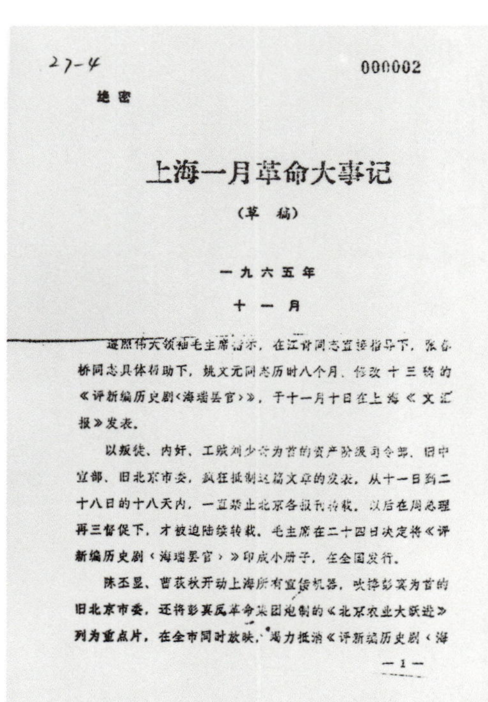

27-4　　000002

绝密

上海一月革命大事记

（草稿）

一九六五年

十一月

遵照伟大领袖毛主席指示，在江青同志直接指导下，张春桥同志具体帮助下，姚文元同志历时八个月、修改十三稿的《评新编历史剧〈海瑞罢官〉》，于十一月十日在上海《文汇报》发表。

以叛徒、内奸、工贼刘少奇为首的资产阶级司令部，旧中宣部、旧北京市委，疯狂抵制这篇文章的发表，从十一日到二十八日的十八天内，一直禁止北京各报刊转载。以后在周总理再三督促下，才被迫陆续转载。毛主席在二十四日决定将《评新编历史剧〈海瑞罢官〉》印成小册子，在全国发行。

陈丕显、曹荻秋开动上海所有宣传机器，吹捧彭真为首的旧北京市委，还将彭真反革命集团炮制的《北京农业大跃进》列为重点片，在全市同时放映，竭力抵消《评新编历史剧〈海

—1—

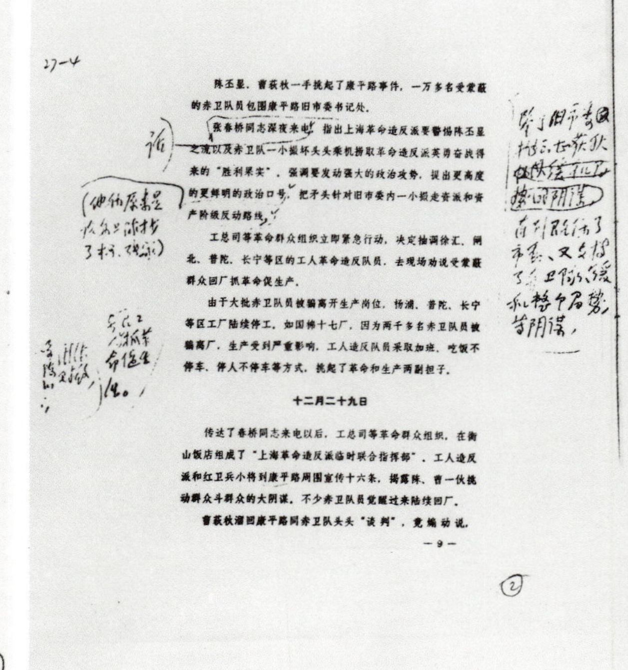

27-4

陈丕显、曹荻秋一手挑起了康平路事件，一万多名受蒙蔽的赤卫队员包围康平路旧市委书记处。

张春桥同志深夜来电，指出上海革命造反派要警惕陈丕显之流以及赤卫队一小撮坏头头乘机摘取革命造反派英勇奋战得来的“胜利果实”，强调要发动强大的政治攻势，提出更高度的更鲜明的政治口号，把矛头针对旧市委内一小撮走资派和资产阶级反动路线。

工总司等革命群众组织立即紧急行动，决定抽调徐汇、闸北、普陀、长宁等区的工人革命造反队员，去现场劝说受蒙蔽群众回厂抓革命促生产。

由于大批赤卫队员被骗离开生产岗位，杨浦、普陀、长宁等区工厂陆续停工。如国棉十七厂，因为两千多名赤卫队员被骗离厂，生产受到严重影响，工人造反队员采取加班、吃饭不停车、停人不停车等方式，挑起了革命和生产两副担子。

十二月二十九日

传达了春桥同志来电以后，工总司等革命群众组织，在衡山饭店组成了“上海革命造反派临时联合指挥部”，工人造反派和红卫兵小将到康平路周围宣传十六条，揭露陈、曹一伙挑动群众斗群众的大阴谋，不少赤卫队员觉醒过来陆续回厂。

曹荻秋溜回康平路同赤卫队头头“谈判”，竟编动说，

—9—

66-043

66-040．首都召开纪念孙中山诞辰100周年大会。

66-041．宋庆龄在纪念孙中山诞辰100周年大会上讲话。

66-042．叶剑英（左）、陈毅（右）在北京工人体育场举行的军队院校和文体单位10万人大会上。

66-043．为张春桥、王洪文一伙树碑立传的“上海一月革命大事记（草稿）”记载了发生于1966年12月29日的上海康平路武斗事件。文中所加文字为张春桥亲笔修改。

1967

共　和　国　图　典

1967年

1月 《红旗》杂志第一期发表姚文元的《评反革命两面派周扬》，点名批判了周扬、夏衍、田汉、阳翰笙、林默涵、齐燕铭、陈荒煤、邵荃麟、何其芳、翦伯赞、于伶等人，指责茅盾、巴金、老舍、赵树理、曹禺等是“资产阶级反动权威”。

1月4日 中央政治局常委、中央书记处常务书记陶铸突然被打倒，中央文革小组副组长王任重、刘志坚也同时被打倒。

同日 文汇报社的造反派夺了《文汇报》的权。6日，解放日报社的造反派接管了《解放日报》。16日，毛泽东批准上海市的夺权行动。同日，《人民日报》刊登《红旗》杂志评论员文章《无产阶级革命派联合起来》，支持上海的夺权。2月5日，经毛泽东批准，“上海市人民公社”成立，后改称“上海市革命委员会”。

1月11日 中共中央发出《关于反对经济主义的通知》，中共中央、国务院发出《关于制止腐蚀群众组织的通知》，12日，《人民日报》发表编辑部文章《反对经济主义，粉碎资产阶级反动路线的新反扑》。

1月11日 中央军委发出《改组全军文化大革命小组的通知》，新的全军文化大革命小组组长为徐向前；顾问江青；副组长肖华、杨成武等。

1月13日 刘少奇应邀深夜去人民大会堂面见毛泽东。他郑重地向毛泽东提出辞职请求。

同日 中共中央、国务院发出《关于在无产阶级文化大革命中加强公安工作的若干规定》（即《公安六条》）。

1月14～31日 山西、青岛、贵州、黑龙江相继发生造反派夺权事件。《人民日报》分别作出报道，并发表社论予以肯定。

1月23日 中共中央、国务院、中央军委、中央文革小组作出关于人民解放军坚决支持革命左派群众的决定。3月19日，中央军委作出关于集中力量执行支左、支农、支工、军管、军训任务的决定，通称为“三支两军”。

2月3日 山东省革命委员会成立。

2月11日 周恩来在怀仁堂主持中央碰头会，谭震林、陈毅、叶剑英、李富春、李先念、徐向前、聂荣臻等同陈伯达、康生、张春桥、谢富治等人进行了面对面的斗争。

2月13日 贵州省革命委员会成立。

2月18日 毛泽东召集部分政治局委员碰头，严厉指责在怀仁堂会议上提意见的老同志。江青、康生、陈伯达、谢富治等以“二月逆流”的罪名批斗了这些同志。此后，中共中央政治局停止活动，中央文革小组完全取代了中共中央政治局。

2月19日 毛泽东对北京卫戍区2月18日的《关于五所高等院校短期军政训练试点的总结报告》和《关于两个中学军训试点工作总结报告》作出批示：大学、中学和小学高年级每年训练一次，每次20天。党、政、军机关，除老年外，中、青年都要实行军训，每年20天。

同日 中共中央发出《关于中学无产阶级文化大革命的意见（供讨论和试行用）》。

3月11日 中共中央发出通知，要求各省、市、自治区和地、县在农业、工业、财贸各方面成立“三结合”的“抓革命，促生产”指挥部。

3月16日 经毛泽东批准，中共中央印发《薄一波、刘澜涛、安子文、杨献珍等61人的自首叛变材料》，把1936年薄一波等执行组织决定出狱定为“自首叛变”。

3月18日 山西省革命委员会成立。

同日 中共中央发出《给全国厂矿企业革命职工、革命干部的信》，号召巩固劳动纪律，坚持八小时工作制，坚持民主集中制，建立社会主义生产和文化大革命的良好秩序。

3月19日 中共中央发出《关于停止全国大串连的通知》。

3月30日 《红旗》杂志第五期发表戚本禹的《爱国主义还是卖国主义？——评反动影片〈清宫秘史〉》、评论员文章《在干部问题上的资产阶级反动路线必须批判》、编辑部调查员文章《“打击一大片，保护一小撮”是资产阶级反动路线的一个组成部分》，集中抨击刘少奇。4月1日之后，在全国范围内掀起打倒刘少奇的运动。该期还发表社论《论革命的“三结合”》。社论引用了毛泽东的话：“在需要夺权的那些地方和单位，必须实行革命的‘三结合’的方针，建立一个革命的、有代表性的、有无产阶级权威的临时权力机构。这个权力机构的名称，叫革命委员会好。”

4月6日 经毛泽东批准，中央军委发布十条命令，要求保护造反的各种群众组织。

4月20日 北京市革命委员会成立。

5月10日～6月中旬 首都和全国纪念毛泽东《在延安文艺座谈会上的讲话》发表25周年，现代京剧《智取威虎山》等八个“样板戏”同时在首都舞台上演，历时37天。

5月14日 北京市革命委员会发布毛泽东批准的《重要通知》。22日《人民日报》发表社论《立即制止武斗》。6月1日，中共中央、国务院、中央军委、中央文革小组针对某些地区出现破坏铁路、交通运输秩序的严重现象，发布《关于坚决维护铁路、交通运输革命秩序的命令》。

5月18日 刘少奇、王光美专案组成立。

6月6日 中共中央、国务院、中央军委、中央文革小组发布《通令》，要求“纠正最近出现的打、砸、抢、抄、抓的歪风”。

6月17日 我国第一颗氢弹在西部某基地上空爆炸成功。

6月22日 中国工人运动的创始人之一，原中华全国总工会主席李立三遭受迫害逝世，终年68岁。

6月28日 中共中央发出《关于“抓叛徒”的通知》。

7月1日 成昆铁路建成通车，全长1085.8公里。

7月20日 武汉群众组织“百万雄狮”，为反对中央代表团谢富治、王力把他们打成“保守组织”而殴打了王力，这一事件被诬为“兵变”，通称“七·二〇事件”。

8月1日 《红旗》杂志第十二期发表社论《无产阶级必须牢牢掌握枪杆子——纪念中国人民解放军建军40周年》，提出“要把军内一小撮走资本主义道路的当权派揪露出来”。9月5日，毛泽东批转了中共中央、国务院、中央军委、中央文革小组《关于不准抢夺人民解放军武器、装备和各种军用物资的命令》。

8月12日 青海省革命委员会成立。

同日 外交部照会英国驻华代办处，强烈抗议港英当局在文锦渡、罗湖等边境地区制造事端。

20日 外交部照会英国驻华代办处，要求英国政府在48小时内撤销对香港3家爱国报纸的停刊令，释放所有被捕的新闻工作者。

22日 发生红卫兵“火烧英国代办处”事件，严重破坏了我国的声誉。

8月30日 经毛泽东批准，王力、关锋被隔离审查。翌年1月，戚本禹也被隔离审查。

9月8日 经毛泽东审阅的姚文元《评陶铸的两本书》一文在《人民日报》发表，第一次公开点名批判了陶铸和王任重。

9月13日 毛泽东批转中共中央、国务院、中央军委、中央文革小组《关于严禁抢夺国家物资商品、冲击仓库，确保国家财产安

67-001

67-002

67-001. 上海“一月风暴”期间街景。

67-002. 上海市造反派焚烧原上海市人民政府的牌子，宣告“上海市革命委员会”成立。

全的通知》。

9月24日 中共中央、中央文革小组决定成立中央军委办事组。组长杨成武，副组长吴法宪，成员叶群、邱会作、李作鹏。

10月7日 中共中央转发《毛泽东视察华北、中南、华东地区时的重要指示》（记录稿），要求各地组织学习，贯彻执行。

10月12日 《人民日报》根据毛泽东视察三大区时的指示发表社论《全国都来办毛泽东思想学习班》。此后，全国各地陆续举办各种形式的毛泽东思想学习班。

10月14日 中共中央、国务院、中央军委、中央文革小组发出《关于大、中、小学校复课闹革命的通知》，但不少大专院校、中等专业学校因搞运动并未真正复课，或短期复课后又停课。

10月21日 中共中央、中央文革小组发出《关于征询“九大”问题意见的通知》，着手筹备党的第九次全国代表大会。

10月27日 中共中央、中央文革小组发出《关于已经成立了革命委员会的单位恢复党的组织生活的批示》。

11月1日 内蒙古自治区革命委员会成立。

12月6日 天津市革命委员会成立。

12月9日 中共中央、国务院、中央军委、中央文革小组作出关于公安机关实行军管的决定。

12月22日 中共中央发出《关于城市（镇）街道无产阶级文化大革命的意见（草案）》，规定街道要开展大批判，举办学习班，进行斗、批、改。

同日 中共中央、中央文革小组批转北京市香厂路小学取消少年先锋队、建立红小兵的材料。据此，全国小学红小兵取代少年先锋队达11年之久。

67-004
67-005

67-003

67-006

67-007

67-008

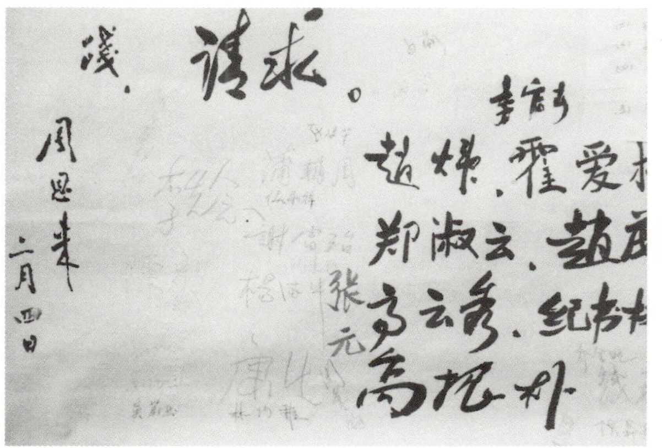

67-009

67-010

67-011

67-012

67-003. 上海市造反派在街头散发中央文革小组给上海市各造反团体的贺电。
67-004. 北京大学的“大批判”专栏。
67-005. 上海市汽车运输公司修理厂生产出我国第一台载重1500吨的重型平板挂车。
67-006. 解放军八三四一部队“支左”人员在车间对工人宣传。
67-007. 担任“三支”、“两军”任务的人民解放军驻四川省乐山地区某部在田间为社员演唱。
67-008. 毛泽东会见阿尔巴尼亚劳动党代表团。
67-009. 在周恩来身边工作人员恳求周恩来注意休息的大字报上，叶剑英、李先念、陈毅、吴阶平等人也签了名。
67-010. 在反击“二月逆流”中召开的批判谭震林大会。
67-011. 北京地区中学生复课。
67-012. 复课的北京小学生正在上语文课。

67-013

67-014

67-015

67-016

67-017

67-018

67-019

67-020

社论

立即制止武斗

67-021

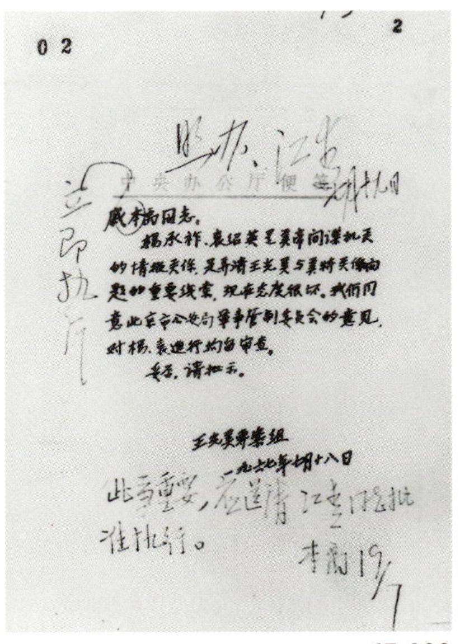

0 2 2

中央办公厅便笺

照办。江青 七月十九日

立即执行

戚本禹同志：

杨承祚、袁绍英是王光美间谍机关的情报关系，是弄清王光美与美特关系问题的重要线索，现在态度很坏。我们同意北京市公安局军事管制委员会的意见，对杨、袁进行拘留审查。

妥否，请批示。

王光美专案组

一九六七年七月十八日

此事重要，应送请江青同志批准执行。本禹 19/7

67-022

67-023

67-013. 首都大专院校师生进行军训。

67-014. 正在军训的北京中学生。

67-015. 上海市无线电八厂工人学习《中共中央给全国厂矿企业革命职工、革命干部的信》。

67-016. 上海市第六女子中学学生正在开批判会。

67-017. 天安门广场前贴出打倒国家主席刘少奇的标语。

67-018. 刘少奇夫人王光美在清华大学被“造反派”游斗。

67-019. 北京市革命委员会成立庆祝大会。

67-020. 北京工人体育场召开的欢呼中共中央《“五·一六”通知》发表大会。

67-021. 《人民日报》社论《立即制止武斗》。

67-022. 江青、康生、谢富治指使专案组搞刑讯逼供，制造伪证。图为“王光美专案组”关于拘留中国人民大学教授杨承祚和他的妻子袁绍英写给戚本禹的报告。上面有江青和戚本禹的批示。

67-023. 纪念毛泽东《在延安文艺座谈会上的讲话》发表25周年大会在北京召开。

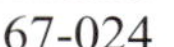

67-024

67-025
67-026

67-027

67-028

67-029

67-031
67-033

67-034

67-030
67-032

67-024. 现代京剧《红灯记》剧照。
67-025. 现代京剧《奇袭白虎团》剧照。
67-026. 现代京剧《龙江颂》剧照。
67-027. 现代京剧《沙家浜》剧照。
67-028. 交响音乐《沙家浜》。
67-029. 现代京剧《海港》剧照。
67-030. 现代京剧《智取威虎山》剧照。
67-031. 芭蕾舞剧《红色娘子军》剧照。
67-032. 舞剧《白毛女》剧照。
67-033. 我国第一颗氢弹试验成功。
67-034. 6月22日，原全国总工会主席李立三逝世。图为李立三生前与夫人李莎在一起。

67-035

67-036

67-037

67-038

67-039

67-035. 武汉地区造反派举行盛大游行。
67-036. 内蒙古自治区革命委员会成立。
67-037. 天津市革命委员会成立。
67-038. 首都“革命造反派”实行“革命大联合”。
67-039. 辽宁省抚顺市“红小兵”高唱革命历史歌曲。

共　和　国　图　典

1968年

1月5日 江西省革命委员会成立。

1月18日 中共中央、国务院、中央军委、中央文革小组发出《关于进一步打击反革命经济主义和投机倒把活动的通知》。

1月24日 甘肃省革命委员会成立。

1月27日 河南省革命委员会成立。

2月3日 河北省革命委员会成立

2月4日 康生、谢富治等人鼓动和支持在内蒙古自治区挖所谓“内蒙古人民革命党”，造成重大冤案。

2月5日 湖北省革命委员会成立。

2月21日 广东省革命委员会成立。

3月6日 吉林省革命委员会成立。

3月22日 中共中央、国务院、中央军委、中央文革小组发出命令，撤销杨成武、余立金、傅崇碧三人职务，改组军委办事组。1973年12月21日，毛泽东承认“杨成武、余立金、傅崇碧事件”搞错了。

3月23日 江苏省革命委员会成立。

3月24日 浙江省革命委员会成立。

3月30日 《人民日报》、《红旗》杂志、《解放军报》发表社论《革命委员会好》。

4月4日 中共中央、国务院、中央军委、中央文革小组批转黑龙江省革命委员会《关于大专院校毕业生分配工作的报告》，要求“大、中、小学一切学龄已到毕业期限的学生，一律及时地做出适当安排，做好分配工作”。

4月8日 湖南省革命委员会成立。

4月10日 宁夏回族自治区革命委员会成立。

4月16日 毛泽东发表支持美国黑人斗争的声明。

4月18日 安徽省革命委员会成立。

4月28日 谢富治等人制造“中国（马列）共产党”假案，阴谋陷害朱德、陈毅、李富春、董必武、叶剑英、李先念、贺龙、徐向前等领导人。

5月1日 陕西省革命委员会成立。

5月10日 辽宁省革命委员会成立。

5月12日 中共中央、国务院、中央军委、中央文革小组发布对全国体育系统实行军事接管的命令。

5月23日 于会泳在《文汇报》发表《让文艺舞台永远成为宣传毛泽东思想的阵地》一文。文中公开提出文艺创作“三突出”的口号。

5月25日 中共中央、中央文革小组转发《北京新华印刷厂军管会发动群众对敌斗争的经验》，要求“有步骤地有领导地把清理阶级队伍这项工作做好”。全国逐步开展“清队”活动，一大批干部和职工遭到批判。

5月31日 四川省革命委员会成立。

6月16日 中共中央、国务院、中央军委、中央文革发出《关于1968 年城乡居民棉布定量的通知》。决定对各方面的棉布供应量作适当调整。

7月22日 《人民日报》发表关于《从上海机床厂看培养工程技术人员的道路》的调查报告，毛泽东在编者按中加写了一段“大学还是要办的”的话。上海机床厂为贯彻“七.二一指示”，创办“七.二一”工人大学。各地相继仿效。

7月27日 中共中央、国务院、中央军委、中央文革小组发出通知：中央决定对教育部实行军事管制，成立军事管制小组。

8月5日 《人民日报》发表社论《在以毛主席为首的无产阶级司令部的领导下团结起来》。社论批判了无政府主义思潮。

8月13日 云南省革命委员会成立。

8月19日 福建省革命委员会成立。

8月23日 中国政府强烈谴责苏联侵占捷克斯洛伐克。国务院总理周恩来在罗马尼亚驻中国大使举行的国庆招待会上，强烈谴责苏联出动武装力量侵占捷克斯洛伐克。

8月26日 广西壮族自治区革命委员会成立。

9月5日 西藏自治区革命委员会成立。

同日 新疆维吾尔自治区革命委员会成立。

9月7日 北京召开庆贺全国29个省、市、自治区革命委员会成立大会。

10月5日 《人民日报》刊登《柳河“五·七”干校为机关革命化提供了新的经验》的报道，并加编者按。此后，全国各地相继办起“五·七”干校，大批干部和知识分子下放到“五·七”干校劳动改造。

10月31日 中共八届十二中全会扩大会议在北京召开。主要议题是通过《关于刘少奇专案的审查报告》和通过《党章草案》。

11月14日 《人民日报》发表山东省嘉祥县马集公社马集小学教师的信。信中“建议所有（农村）公办小学下放到大队来办”，《人民日报》开辟“关于公办小学下放到大队来办的讨论”专栏。

12月22日 《人民日报》报道了甘肃省会宁县部分城镇居民到农村安家落户的消息，并在编者按中引述了毛泽东的最近指示：“知识青年到农村去，接受贫下中农的再教育，很有必要。”从此，在全国开展了知识青年“上山下乡”运动，使因“文革”开始而积压的各级学校应届大、中学毕业生就业安置困难暂时缓解。

12月26日 中共中央、中央文革小组发出《关于对敌斗争中应注意掌握政策的通知》。

12月29日 南京长江大桥全面建成通车。大桥是双线、双层的铁路和公路两用桥，铁路桥长6772米，公路桥长4589米。

68-001

68-002

68-003

68-004
68-005

68-001. 周恩来在国务院召开的生产会议上讲话。
68-002. 人民解放军总参、总后和二炮召开学习“毛主席著作积极分子”代表大会。
68-003. 河北省国棉二厂工人欢庆省革命委员会成立。
68-004. 江西省革命委员会成立。
68-005. 湖北省革命委员会成立大会上欢呼的群众。

68-007

68-006

68-008

68-009

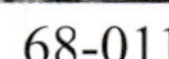

68-011

68-010

68-012

68-013
68-014

68-015

68-006. 驻广州的人民解放军在广东省革命委员会成立大会上。
68-007. 吉林省革命委员会成立大会会场。
68-008. 山东省济南市军民举行集会拥护毛泽东支持美国黑人抗暴斗争的声明。
68-009. 中国科学院工人学习毛泽东发表的声明。
68-010. 上海机床厂“七·二一工人大学”的学员们。
68-011. 驻北京大学附中的工人、解放军毛泽东思想宣传队与师生一起学习。
68-012. 首都工人驻清华大学毛泽东思想宣传队正在集体默读毛泽东著作。
68-013. 四川省革命委员会成立。
68-014. 庆祝云南省暨昆明市革命委员会成立的游行队伍。
68-015. 油画《毛主席去安源》。

68-016

68-017

68-018

68-019

68-020

68-021

68-022

68-023

68-024

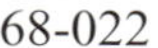

68-025

68-026

68-016. 新疆维吾尔自治区革命委员会成立。
68-017. 庆祝陕西省暨西安市革命委员会成立的游行队伍。
68-018. 拉萨市 5 万军民举行西藏革命委员会成立的集会和游行。
68-019. 首都军民在天安门广场欢庆“全国山河一片红”。
68-020. 中共中央办公厅五七干校学员在学习讨论。
68-021. 黑龙江省一批党政干部前往五七干校劳动。
68-022. 毛泽东在天安门城楼检阅游行队伍。
68-023. 毛泽东在中共八届十二中全会上。
68-024. 首都军民在天安门广场举行集会、游行，庆祝中华人民共和国成立 19 周年。
68-025. 北京市的知识青年准备去边疆下乡落户。
68-026. 哈尔滨轴承厂职工子弟书写上山下乡“决心书”。

68-027

68-028

68-029

68-030
68-031

68-027. 北京韶山中学学生告别亲友到陕北农村插队落户。

68-028. 河南省郏县“广阔天地大有作为人民公社”的知青与社员一起打井。

68-029. 上海第一医学院的知识青年到贵州少数民族地区安家落户。

68-030. 四川南部县知青在插秧。

68-031. 南京长江大桥建成通车。

共 和 国 图 典

1969年

1月8日 《人民日报》发表题为《农村商业是否由贫下中农管理好》的调查报告。

1月27日 《红旗》杂志第二期发表兰州市关于城市中学走工厂办学道路的调查报告《厂办校，两挂钩》。

1月29日 中共中央、中央文革小组转发了毛泽东批示"照发"的驻清华大学工人、解放军宣传队的报告《坚决贯彻执行对知识分子"再教育"、"给出路"的政策》。

1月30日 知名爱国人士李宗仁逝世。

3月 苏联边防军4次侵入我国黑龙江省珍宝岛地区，制造严重的流血事件。中国边防部队被迫自卫还击。事件发生后，我国政府一再向苏联政府提出最强烈抗议，并警告苏联政府，由此产生的一切严重后果只能由苏联政府承担全部责任。

3月15日 毛泽东在"中央文革"碰头会上讲话，指出：政策落实是个大问题，解放的人很少，关的人多了。毛泽东还着重讲了要准备打仗的问题。

3月29日 《人民日报》发表驻复旦大学工人、解放军宣传队的文章并开辟专栏，讨论"社会主义大学应当如何办"。

4月1～24日 中国共产党第九次全国代表大会在北京召开。毛泽东致《开幕词》，林彪代表党中央作《政治报告》。大会选举产生了新一届中央委员会。

4月28日 中共九届一中全会选出中央政治局常委5人：毛泽东、林彪、陈伯达、周恩来、康生。毛泽东当选为中央委员会主席，林彪当选为中央委员会副主席。

同日 九届中央政治局第一次会议决定：中共中央军事委员会主席毛泽东，副主席林彪、刘伯承、陈毅、徐向前、聂荣臻、叶剑英；中央军委办事组组长黄永胜，副组长吴法宪。

4月2日 我国自行设计、用我国自制钢材建造的第一艘1.5万吨油轮"大庆二十七号"下水。

6月9日 原中央军委副主席、国务院副总理贺龙元帅被迫害致死，终年73岁。

6月11日 中华人民共和国外交部照会苏联驻华大使馆，对苏联军队侵入中国新疆维吾尔自治区裕民县巴尔鲁克山西部地区，制造新的流血事件提出强烈抗议。8月19日，中华人民共和国外交部照会苏联驻华大使馆，对苏联军队6、7两月在中苏边界的许多地段侵犯中国领土、领水、领空，挑起一系列边境事件提出抗议。

6月 黄永胜等人主持的军委办事组召开座谈会。这次会议按照毛泽东提出的"要准备打仗"的要求，提出庞大的国防建设计划。

7月23日 《中国共产党中央委员会布告》发布。中央决定：任何组织和个人都要坚决、彻底、全部地执行中央关于禁止打、砸、抢的布告、通令、命令、通知。

8月27日 中共中央决定成立全国性的人民防空领导小组和各省、市、自治区人民防空领导小组，以加强人民防空工作。在各级防空领导小组的指导下，普遍开展了群众性的挖防空洞和防空壕的活动。

9月4～5日 周恩来率领我国政府代表团到河内吊唁胡志明主席逝世，并同越南党政军领导人进行了会谈。9月11日，国务院总理周恩来在首都机场会见在河内参加胡志明主席葬礼后回国途经北京的苏联部长会议主席柯西金，双方进行了坦率的谈话。

9月23日 我国成功地进行了首次地下核试验。

9月29日 我国第一台12.5万千瓦双水内冷汽轮发电机组建成并运转发电。这是我国自行设计、自行制造和安装的第一台具有世界先进水平的大型汽轮发电机组。

10月1日 北京地铁一期工程建成通车，全长23.6公里。

10月17日 根据毛泽东关于国际形势有可能突然恶化的估计，林彪在苏州作出"关于加强战备，防止敌人突然袭击的紧急指示"，要求全军进入紧急战备状态，抓紧武器的生产，指挥班子进入战时指挥位置等。

10月20日 根据中苏两国政府的协议，中苏边界谈判在北京举行。

10月26日 中共中央发出《关于高等院校下放问题的通知》。此后，在两个多月中，一些高等院校被裁并，一批设在北京、上海、广州、长春等大中城市的高等学校被外迁。

11月12日 原中共中央副主席、中华人民共和国主席刘少奇，因遭受诬陷和残酷的人身摧残，在河南开封病逝，终年71岁。

11月30日 原中共中央政治局常委、中央书记处常务书记、中共中央宣传部部长、国务院副总理陶铸，因遭受残酷迫害，在安徽合肥蒙冤去世，终年61岁。

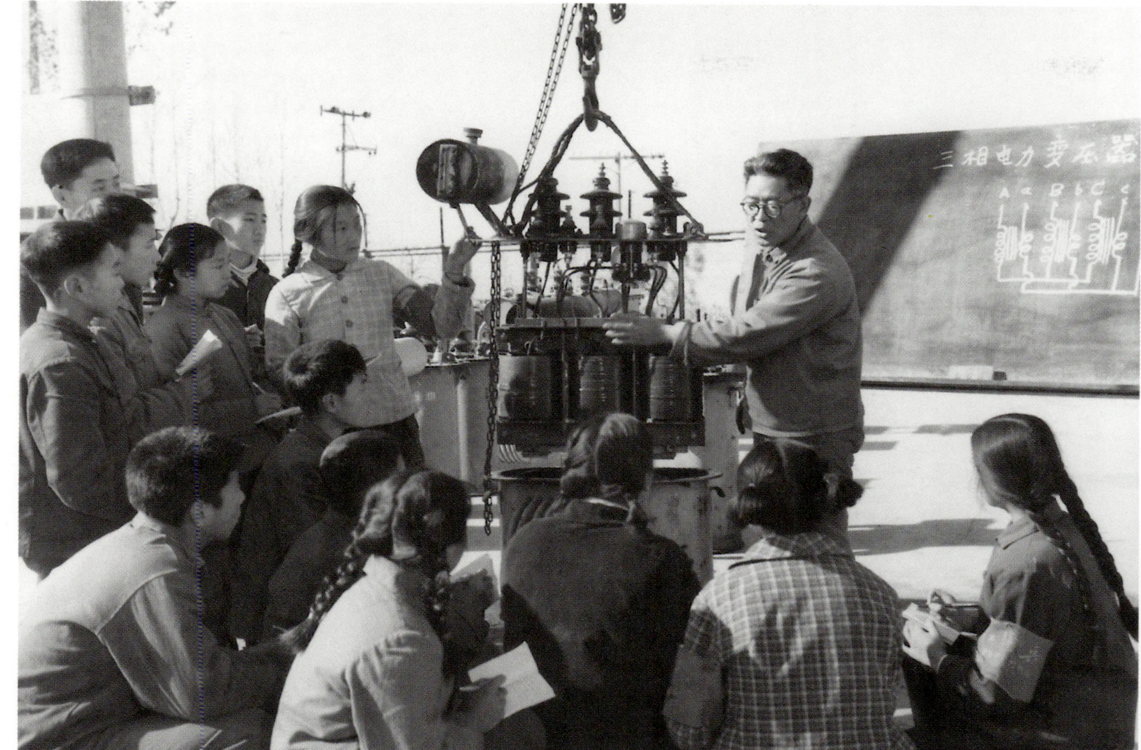

69-001

69-002

69-003
69-004

69-005

69-001. 北京市密云县二中实行开门办学，到生产现场讲课。
69-002. 驻中国舞剧团的工人、解放军毛泽东思想宣传队对青年演员进行阶级斗争教育。
69-003. 苏联装甲车、汽车闯入我国珍宝岛地区。
69-004. 苏联武装人员在乌苏里江中苏边境扭打我边防战士。
69-005. 首都军民举行示威游行，抗议苏联军队入侵我国珍宝岛。

69-006

69-007

69-008

69-009

69-010

69-011

69-012

69-013

69-014

69-006. 中国共产党第九次全国代表大会会场。
69-007. 毛泽东主持中共九大第一次全体会议。
69-008. 中国共产党第九次全国代表大会代表进入会场。
69-009. 中共九届一次全体会议。
69-010. 毛泽东出席中共九大闭幕式。
69-011. 我国自行设计制造的第一艘1万5千吨远洋油轮下水。
69-012. 驻守在新疆帕米尔山区的边防部队正在巡逻。
69-013. 7月6日，河南林县在太行山上修建的长达150公里的红旗渠工程竣工。
69-014. 原国务院副总理贺龙逝世。图为贺龙生前在广州。

69-015

69-016

69-017

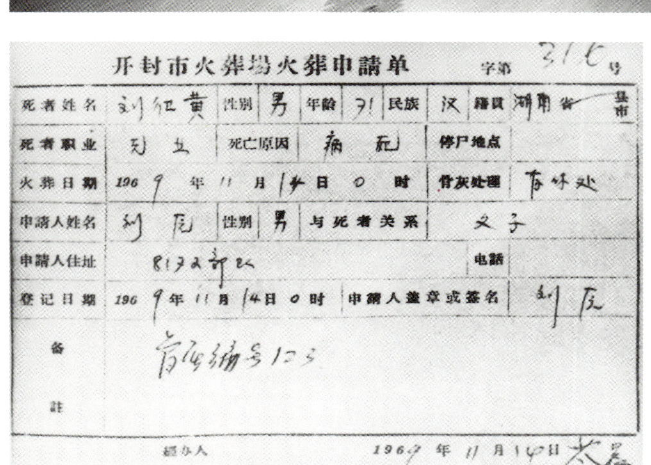

开封市火葬場火葬申請单　　字第 316 号

死者姓名	刘卫黄	性别	男	年龄	71	民族	汉	籍貫	湖南省　县市
死者职业	无业	死亡原因	病死			停尸地点			
火葬日期	1969年11月14日0时					骨灰处理	[illegible]		
申請人姓名	刘原	性别	男	与死者关系	父子				
申請人住址	8172部队					电話			
登记日期	1969年11月14日0时			申請人盖章或签名	刘原				
备註	骨灰编号123								

經办人　　1969年11月14日 [illegible]

69-018

69-019

69-015. 周恩来到机场欢送途经北京的苏联部长会议主席柯西金。
69-016. 我国自行设计制造的第一台12万5千千瓦双水内冷汽轮发电机组在上海组装完成。
69-017. 广西各界群众到越南驻南宁总领事馆吊唁越南民主共和国主席胡志明逝世。
69-018. 刘少奇在河南开封逝世后由“专案组”填写的化名火葬申请单。
69-019. 中共中央政治局常委陶铸逝世。图为陶铸生前在广东肇庆。

1970

共　和　国　图　典

1970年

1月31日 中共中央发出《关于打击反革命破坏活动的指示》，此后，全国开展了"一打三反"（打击反革命分子、反对贪污盗窃、反对投机倒把、反对铺张浪费）运动。

3月5日 国务院拟定《关于国务院工业交通各部直属企业下放地方管理的通知（草案）》。大庆油田、长春汽车制造厂、开滦煤矿、吉林化学工业公司等2600多个中央直属企事业单位下放地方管理。

3月17日 中央召开工作会议，讨论召开四届人大和修改宪法的问题。4月11日，林彪提出要毛泽东任国家主席。4月下旬，毛泽东在中央政治局会议上第三次提出他不当国家主席，也不设国家主席。林彪仍然主张设国家主席。

3月27日 中共中央发出《关于清查"五·一六"反革命阴谋集团的通知》。

4月24日 我国成功地发射了第一颗人造地球卫星，重173公斤，标志着我国在宇航技术的研究方面，取得了重大突破。

4月28日 中华人民共和国政府声明，坚决支持4月22～25日举行的印度支那人民最高级会议，即柬埔寨人民代表团、老挝人民代表团、越南南方共和人民代表团、越南民主共和国人民代表团三国四方最高级领导人会议。

5月20日 毛泽东发表声明《全世界人民团结起来，打败美国侵略者及其一切走狗！》。21日，首都举行支持世界人民反对美帝国主义斗争大会。

6月22日 中共中央同意国务院1970年6月7日《关于国务院各部门建立党的核心小组和革命委员会的请示报告》，《报告》中提出将各部、委、直属机构由原来的90个精简、合并为27个，暂行编制为原有人员的18%。

6月27日 中共中央批转《北京大学、清华大学关于招生（试点）的请示报告》。本年，部分高等学校试点招收工农兵学员41870人。

同日 中共中央发出通知：从1970年7月份开始分配1969、1970、1971年大专院校应届毕业生。本年，全国大专院校在"文化大革命"前招收的学生基本上分配完毕。

7月1日 成昆铁路建成通车，全长1085.8公里，总投资为33亿元。

7月初 根据周恩来总理的指示，成立国务院科教组，主管原教育部和国家科委的工作。李四光任组长，刘西尧、迟群主持日常工作。

7月21日 《红旗》杂志第八期发表驻清华大学工人、解放军毛泽东思想宣传队的长文《为创办社会主义理工科大学而奋斗》。

8月13日 台湾当局针对美国将琉球群岛交还日本，把钓鱼岛划入琉球群岛准备交还日本一事发表声明，指出钓鱼岛主权属于中国。

8月23日～9月6日 中共九届二中全会在江西庐山召开。全会基本上通过《宪法》修改草案，批准了国务院关于1970年国民经济计划的报告，批准了中央军委关于加强战备工作的报告。根据毛泽东的意见，中央决定对陈伯达进行审查。

10月1日 毛泽东在天安门城楼上会见美国友人埃德加·斯诺。

11月6日 中共中央作出关于成立中央组织宣传组的决定。中央组织宣传组组长为康生，组员为江青、张春桥、姚文元、纪登奎、李德生。

11月16日 中共中央发出《关于传达陈伯达反党问题的指示》。文件下达后，全党开展了"批陈整风"运动（对外称为"批修整风"运动）。

11月24日 毛泽东对北京卫戍区《关于部队进行千里战备野营拉练的总结报告》作了批示，要求全军利用冬季实行长途野营训练。毛泽东在指示中还指出："大、中、小学（高年级）学生是否利用寒假也可以实行野营训练一个月。"

12月18日 毛泽东再次会见美国友人斯诺，提到欢迎尼克松访华的问题。

12月22日 根据毛泽东提议，周恩来主持召开华北会议，揭发批判陈伯达的问题。

12月25日 中共中央决定修建长江葛洲坝水利枢纽工程。

70-001

70-002

70-003

70-001. 周恩来总理访问朝鲜到达平壤。

70-002. 周恩来总理在金日成陪同下进入市区。

70-003. 周恩来总理陪同印度支那三国四方代表团团长观看文艺演出。

70-004

70-005

70-006

70-007
70-008

70-009

70-010

70-011

70-004. 首都举行盛大集会游行，拥护毛泽东支持世界人民反对美帝国主义斗争的声明。
70-005. 毛泽东在首都人民支持世界人民反对美帝国主义斗争大会的主席台上。
70-006. 青海黄南藏族自治州藏族社员在收割小麦。
70-007. 首都群众欢庆我国第一颗人造地球卫星发射成功。
70-008. 清华大学工农兵新学员入校。
70-009. 工农兵学员在上课。
70-010. 成昆铁路建成通车。
70-011. 列车行驶在成昆铁路上。

70-012

70-013

70-014

70-015

70-012. 毛泽东在天安门城楼上会见美国作家埃德加·斯诺。
70-013. 建设中的中国最大的水电站葛洲坝水电站。
70-014. 中共中央九届二中全会在庐山召开。
70-015. “铁人”王进喜逝世。图为王进喜生前向彭真介绍油井钻探情况。

1971

共　和　国　图　典

1971年

1月24日 中央决定改组北京军区，李德生任北京军区司令员，谢富治任北京军区第一政委，纪登奎任第二政委。

1月26日 中共中央发出《反党分子陈伯达的罪行材料》。2月21日，中共中央发出《关于扩大传达反党分子陈伯达问题的通知》。4月29日，中共中央发出《关于把批陈整风运动推向纵深发展的通知》。

1月29日 旅居美国各地台湾留学生掀起保卫钓鱼岛运动，成立"保钓委员会"，在纽约、芝加哥、西雅图等地游行，运动持续二三天。

3月22日 林彪之子林立果在上海秘密据点研究制定政变计划，名为《"571工程"纪要》。

3月28日～4月7日 在日本名古屋举行的第三十一届世界乒乓球锦标赛上，中国运动员获得男子团体、女子单打、女子双打、男女混合双打四项世界冠军。

4月7日 毛泽东、中共中央派纪登奎、张才千参加军委办事组，对黄永胜、吴法宪主持的军委办事组"掺沙子"。

4月14日 周恩来总理会见应邀来我国访问的加拿大、哥伦比亚、英格兰、尼日利亚、和美国乒乓球代表团全体队员。邀请美国乒乓球代表团来访，是毛泽东决定的。中美接触自"乒乓球队"互访开始，被称之为"乒乓外交"。

4月15日～7月31日 全国教育工作会议在北京召开。会后，《全国教育工作会议纪要》由中共中央批发全国。

4月29日 第二、三、四届全国政协副主席，国务院科教组组长李四光在北京病逝，终年82岁。

6月15日 第四届全国政协副主席谢觉哉在北京病逝。终年88岁。

6月17日 中华人民共和国外交部针对美国将琉球群岛交还日本，钓鱼岛主权由台日协商解决发表声明，指出钓鱼岛是中国领土，美国将其交归日本是非法的，无效的。

6月27日 上海江南造船厂建造的我国第一艘两万吨货轮"长风"号下水。

7月8日 国务院转发卫生部、商业部、燃料化学工业部《关于做好计划生育工作的报告》。《报告》提出，在"四五"计划期间人口自然增长率要逐年降低，争取到1975年，一般城市降到10‰左右，农村降到15‰以下。

7月9～11日 周恩来总理同美国总统尼克松的国家安全事务助理基辛格博士在北京举行会谈。

7月16日 中美发表会谈公告。公告宣布，中国政府邀请尼克松总统于1972年5月以前的适当时间访问中国。

8月5日 周恩来在北京会见美国《纽约时报》副社长。这是1949年以来，中国领导人第一次在北京公开会见美国新闻界人士。

8月20日 中华人民共和国外交部发表声明，对美国提出的同意中华人民共和国加入联合国，但反对驱逐台湾当局代表一事，表示中国政府不能容忍任何"两个中国"的做法。

8月中旬～9月12日 毛泽东巡视南方各地，在武汉、长沙、南昌、杭州、上海，分别同各地的党政军负责人谈话。谈话中揭露和批评了林彪及其同伙。

9月5～6日 毛泽东南巡期间的谈话内容，为林彪一伙所知。7日，林立果向"联合舰队"下达了"一级战备"的命令。8日，林彪在北戴河下达了武装政变的手令，欲在途中谋害毛泽东。毛泽东事先有所觉察，突然改变行程，于11日下午乘列车提前离开了上海，12日到达北京。林立果又策划南逃广州未遂，林彪等人强行乘专机外逃，飞机在蒙古温都尔汗附近坠毁，乘员9人全部死亡。

9月18日 中共中央发出《关于林彪叛国出逃的通知》。

9月24日 中共中央命令黄永胜、吴法宪、李作鹏、邱会作离职反省，交代问题。10月3日，中央决定成立中央专案组，集中处理林彪反党集团的问题。

10月3日 中共中央决定增补华国锋为国务院业务组成员并任副组长。

10月20日 基辛格一行到达北京。20～26日，周恩来总理同尼克松总统的国家安全事务助理基辛格博士在北京举行会谈，为尼克松总统访华进行具体安排。

10月25日 联合国大会于晚间结束了"恢复中华人民共和国在联合国组织中的合法权利问题"的辩论并进行表决。大会以76票赞成、35票反对、17票弃权的压倒多数，通过了恢复中华人民共和国在联合国的一切合法权利和立即把台湾当局的代表从联合国的一切机构中驱逐出去的提案。

11月12日 由乔冠华任团长，黄华任副团长的中华人民共和国出席联合国大会代表团到达纽约。

11月15日 乔冠华在联合国大会发表讲话。

12月11日 中共中央转发中央专案组整理的《粉碎林陈反党集团反革命政变的斗争》，要求在党内外组织传达和讨论。全国开展批林整风运动。

12月30日 我国外交部发表声明，抗议美、日把我国钓鱼岛等岛屿划入日本"归还区域"，重申我国对这些岛屿的领土主权。

71-001

71-002

71-003

71-004

71-005

71-001. 周恩来总理会见来华访问的美国乒乓球代表团。

71-002. 中美两国乒乓球运动员进行友谊比赛。

71-003. 4月29日，四届全国政协副主席、中国科学院副院长、著名地质学家李四光逝世。图为李四光生前在工作室里。

71-004. 周恩来总理和美国乒乓球代表团全体成员合影。

71-005. 6月5日，四届全国政协副主席谢觉哉逝世。图为谢觉哉生前在书房。

71-006

71-007

71-008

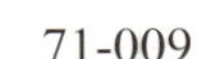

71-009

71-010

71-011

71-012

71-013

71-014

71-015

71-016

71-006. 由上海江南造船厂建造的我国第一艘二万吨货轮“长风”号下水。
71-007. 周恩来总理会见来访的美国总统国家安全事务助理亨利·基辛格博士。
71-008. 周恩来总理会见美国《纽约时报》记者。
71-009. 周恩来、叶剑英与基辛格在北京举行会谈。
71-010. 林彪出逃乘坐的“256”号三叉戟飞机在蒙古温都尔汗坠毁。
71-011. 林彪集团设在上海巨鹿路的据点。
71-012. 周恩来处理“九一三事件”时设在人民大会堂新疆厅的办公室。
71-013. 叶剑英在北京欢迎为美国总统尼克松访华作准备的美国国家安全事务助理基辛格。
71-014. 美国华侨欢迎中华人民共和国出席第二十六届联合国大会代表团。
71-015. 基辛格第二次访华时在北京天坛参观。
71-016. 乔冠华（左一）、黄华（左二）在联合国的中华人民共和国代表席上。

71-017

71-018

71-019

71-017. 中国代表团团长乔冠华外长在二十六届联合国大会上发言。

71-018. 五星红旗在联合国大厦前飘扬。

71-019. 周恩来在新年招待会上向长期帮助我国建设的各国专家及夫人祝贺新年。

1972

共　和　国　图　典

1972年

1月6日 国务院副总理兼外交部长陈毅元帅因患直肠癌不幸逝世，终年71岁，陈毅的追悼大会于1月10日下午在八宝山革命公墓礼堂举行。毛泽东主席参加了追悼会，并向陈毅的夫人张茜及其子女表示亲切慰问。

1月6日 周恩来会见为尼克松访华作准备的黑格一行。

2月21~28日 应周恩来总理的邀请，美国总统理查德·尼克松访华。28日，中美双方在上海发表《联合公报》。中美《联合公报》的发表，标志着中美两国开始走向关系正常化。

3月13日 中华人民共和国和英国发表公告，将两国外交关系由代办级升为大使级。

3月25日 新华社报道：河南省最近几年发现和发掘一批重要的历史文物。这次出土的甲骨，是建国后20多年来发现的数量最大、字数最多的一批。

7月15日~8月9日 国务院科教组在北京召开高等学校招生工作座谈会。本年，全国高等学校共招收工农兵学员13.35万人。

7月30日 新华社报道：湖南长沙市郊马王堆一号汉墓发掘出一具保存完好的女尸及帛书、帛画等文物珍品。

8月1日 新华社报道：一座距今2100多年的西汉早期墓葬，在湖南省长沙市郊的马王堆出土。这座古墓保存比较完整，是极为罕见的重要发现。

8月3日 邓小平给毛泽东写信。14日，毛泽东在邓小平来信上写下"人才难得"的批语。

8月21日 中共中央发出《关于征询对三支两军问题的意见的通知》，附《关于三支两军若干问题的决定（草案）》。此后，"三支两军"的人员陆续撤回军队。

9月1日 第二、三届全国人大副委员长、中国国民党革命委员会主席、中华全国妇女联合会名誉主席何香凝因病在北京逝世，终年95岁。

9月25~30日 日本国内阁总理大臣田中角荣访华。毛泽东27日会见了田中角荣。29日，中日两国发表《联合声明》，决定结束两国的不正常状态，自1972年9月29日起建立外交关系。

10月1日 山东省北镇黄河大桥建成正式通车。这是黄河上最长的一座公路桥。

10月12~18日 1972年全国田径运动会在南京举行。

10月13日 湘黔铁路建成通车。全长902公里。在我国南方构成了和陇海线平行、横贯我国东西的第二条交通大干线。

10月中旬 国务院文化组召集北影、长影、上影、八一电影制片厂有关创作人员总结拍摄"革命样板戏"的"经验"。

12月10日 第四届全国政协副主席邓子恢在北京病逝，终年76岁。

同日 《红旗》杂志第十二期发表了中山大学教授杨荣国的文章《春秋战国时期思想领域内两条路线的斗争——从儒法论争看春秋战国时期的社会变革》。这是以"左"倾观点解释历史上儒法斗争的第一篇公开发表的文章。

12月10日 中共中央在转发国务院11月24日《关于粮食问题的报告》时，传达了毛泽东关于"探挖洞，广积粮，不称霸"的指示。从1972年到1980年，国家财政拨付人防专款达数十亿元。

12月14日 我国选派16名留学生赴英国学习英语。本年连同派赴法国的留学生20人，共派出留学生36人。这是自1966年停止派出留学生以来，首批派出的留学生。

72-001

72-002

72-003

72-004

72-005

72-001. 毛泽东会见尼克松。左一为周恩来，右一为基辛格。

72-002. 周恩来总理到机场迎接应邀来访的美国总统理查德 · 尼克松。

72-003. 毛泽东参加陈毅追悼会并慰问陈毅夫人张茜。

72-004. 著名建筑学家梁思成先生逝世，图为梁思成生前与彭真(右一)、老舍（左一)、华罗庚（右二）在一起交谈。

72-005. 美国友人埃德加 · 斯诺骨灰安放仪式在北京举行。

72-006

72-007

72-008

72-010
72-011

72-009

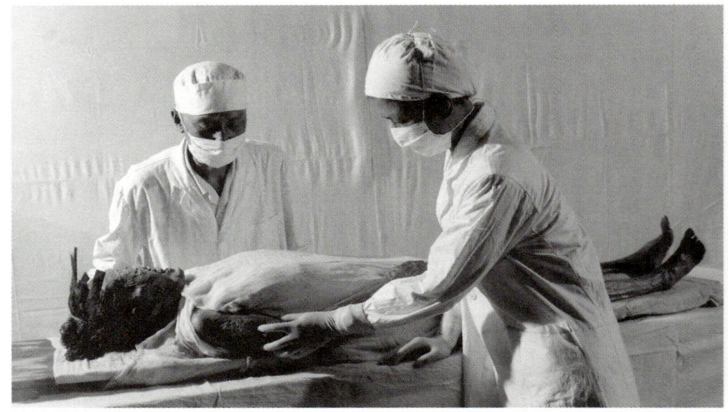

72-012

72-013

72-014

72-015

72-016

72-017

72-006. 董必武代主席接受英国首任驻华大使递交国书。

72-007. 毛泽东会见斯里兰卡总理班达拉奈克夫人。

72-008. 国防部举行中国人民解放军建军45周年招待会。

72-009. 第二、三届全国人大常委会副委员长何香凝逝世，何香凝的灵柩专程运到南京与廖仲恺合墓。

72-010. 湖南医学院的专家正在对长沙马王堆一号汉墓出土的女尸进行医学研究。

72-011. 长沙马王堆一号汉墓出土文物。

72-012. 毛泽东主席会见日本内阁总理大臣田中角荣（中）和外交大臣大平正芳（右）。

72-013. 中日两国政府联合声明在北京签字。

72-014. 中国与希腊王国建立外交关系联合公报签字仪式。

72-015. 周恩来会见荷兰首任驻华大使。

72-016. 1972年全国田径运动会在南京举行。

72-017. 1972年10月，北京建筑木材厂革委会主任李瑞环和工人一起进行技术革新活动。

72-018

72-019

72-020

72-021
72-022

72-018. 全国五项球类比赛发奖仪式。
72-019. 影片《艳阳天》剧照。
72-020 . 湘黔铁路建成通车。
72-021. 影片《火红的年代》的导演与演员。
72-022. 河北正定县落实毛泽东的指示储粮备荒。

共　和　国　图　典

1973年

1月2日 根据周恩来指示，国家计委向国务院报送《关于增加设备进口、扩大经济交流的请示报告》，提出了从国外进口43亿美元成套设备和单机的方案，即“四三方案”。后又陆续追加了一批项目，达到51.4亿美元。

1月7日～3月30日 国务院在北京召开全国计划会议。会议研究如何解决粮食销量、工资总额、职工人数突破国家计划的“三个突破”问题的具体措施。

1月15～29日 1973年全国冰上运动会在吉林省吉林市举行。

2月15～19日 美国总统国家安全事务助理基辛格再次访华。2月17日毛泽东会见了基辛格和随员温斯顿·洛德。2月22日中美发表联合公报，宣布中美双方在不久的将来相互在对方的首都建立一个联络处。

3月10日 中共中央作出《关于恢复邓小平同志的党的组织生活和国务院副总理的职务的决定》。

4月3日 国务院批转国务院科教组《关于高等学校1973年招生工作的意见》。《意见》提出：1973年除继续采取前一年的办法外，要“重视文化考查，了解推荐对象掌握基础知识的状况和分析问题、解决问题的能力”。本年，全国高等学校共招收工农兵学员15万人。

5月20～31日 中共中央在北京召开工作会议。会议宣布恢复谭震林、李井泉、乌兰夫等13名老干部的工作；又决定王洪文、华国锋、吴德列席中央政治局会议并参加政治局的工作。会议决定由张春桥等负责中央党章修改小组，在中央政治局领导下，修改《中国共产党章程（草案）》。

6月10日 毛泽东给李庆霖的复信印发全党。为统筹解决知识青年上山下乡工作中的问题，国务院于6、7月间召开了全国知识青年上山下乡工作会议。8月4日，中共中央转发国务院《关于全国知识青年上山下乡工作会议的报告》。

6月22日 毛泽东会见马里国家元首特拉奥雷。

7月1日 中央文史研究馆馆长章士钊病逝，终年91岁。

7月3日 国务院批转国家计委、国务院科教组《关于中等专业学校、技工学校办学几个问题的意见》，决定全国中等专业学校、技工学校开始招生。

7月16日 周恩来在北京宴请美籍华人、物理学家杨振宁教授及夫人，17日毛泽东会见杨振宁。

7月18日 原教育部部长、中国人民外交学会会长张奚若在北京病逝，终年84岁。

7月19日 《辽宁日报》按照中共辽宁省委书记毛远新的指示，以《一份发人深省的答卷》为题，发表了经删改过的下乡知识青年张铁生的一封信，并加了编者按，将高等学校文化考查中交白卷的张铁生树为“反潮流的英雄”。

同日 国务院科教组转发经国务院批准的《关于1973年接受来华留学生若干问题的请示报告》。本年，共接受来华留学生383人。这是1966年停止接受外国留学生以来首批来华留学生。

8月5～20日 国家计委召开第一次全国环境保护会议。

8月20日 中共中央批准中央专案组《关于林彪反党集团反革命罪行的审查报告》。决定开除林彪、陈伯达、叶群、黄永胜、吴法宪、李作鹏、邱会作等人的党籍，撤销他们的党内外一切职务。

8月26日 新华社报道：我国第一台每秒钟运算100万次的集成电路电子计算机，设计试制成功。

8月30日 中共十届一中全会 选举毛泽东为中共中央主席，周恩来、王洪文、康生、叶剑英、李德生为副主席。

9月11～17日 法国总统蓬皮杜访华，中法两国发表联合公报。

9月 大庆至秦皇岛输油管道工程建成输油，全长1152公里。

9月30日 国务院办公厅举行招待会，欢迎台湾同胞、港澳同胞和海外侨胞。邓小平副总理在招待会上讲话，号召爱国同胞为解放台湾、统一祖国贡献力量。

10月4日 新华社报道：中国科学院生物学教授童第周和美籍中国科学家牛满江教授，在中国科学院进行合作研究，第一次通过动物实验证明，细胞质内的信息核糖核酸对细胞分化、个体发育和性状遗传有显著作用。

12月12日 毛泽东在中央政治局会议上提出关于大军区司令员对调的建议。14日在接见出席中央军委会议的同志时，毛泽东提出由邓小平当军委委员、政治局委员，22日中共中央发出通知：宣布邓小平为中共中央政治局委员，参加中央领导工作，待十届二中全会开会时追认；同时为中央军委委员，参加军委领导工作。同日，中央军委发布八个大军区司令员实行对调的命令。

12月12日 《北京日报》发表《一个小学生的来信和日记摘抄》，并加长篇编者按。全国各地的中小学中迅速掀起了一股“破师道尊严”、“横扫资产阶级复辟势力”、“批判修正主义教育路线回潮”的浪潮。

12月30日 美国从台湾撤出3500名军事人员。

73-001

73-002

73-003

73-001. 毛泽东会见来访的美国总统国家安全事务助理基辛格。

73-002. 吉林省运动员赵伟昌在全国冰上运动会上获男子速滑第一名。

73-003. 全国政协举行纪念台湾“二·二八”起义26周年。

73-004

73-005

73-006

73-007

73-008

73-009

73-011

73-010

73-004. 邓小平副总理陪同法国总统乔治·蓬皮杜参观故宫。
73-005. 辽宁省兴城县知青张铁生在高考中因一封"反潮流"的信上了大学。
73-006. 中央"五·七"艺术大学在陕西户县开门办学。
73-007. 中国首次向日本出口原油的列车驶出大庆。
73-008. 毛泽东会见美籍华裔物理学家杨振宁。
73-009. 毛泽东、周恩来在中共十大主席台上。
73-010. 中央文史研究馆馆长章士钊病逝，终年91岁。
73-011. 中共第十次全国代表大会代表步入会场。

73-012

73-013

73-012. 我国试制成功百万次集成电路电子计算机。
73-013. 童第周（左三）与美籍科学家牛满江（左二）一起研究与交流。

1974
共 和 国 图 典

1974年

1月1日 《人民日报》、《红旗》杂志、《解放军报》联合发表的元旦社论《元旦献词》说:“要继续开展对尊孔反法思想的批判,……批孔是批林的一个组成部分。”

1月18日 中共中央转发《林彪与孔孟之道》(材料之一),并发出开展批林批孔运动的《通知》。

1月19~21日 迟群、谢静宜按照江青的意见,到河南省唐河县马振扶公社中学调查初中学生张玉勤自杀一事。并以“马振扶事件”为由迫害一批重视教学质量的师生。

1月19日 外交部副部长余湛召见苏联驻华大使托尔斯季科夫,面交一份抗议照会。指出:苏联驻华大使馆一等秘书维·伊·马尔琴柯夫妇、三等秘书尤·阿·谢苗诺夫夫妇和武官处翻译阿·阿·科洛索夫,在中国进行间谍活动,被中国公安人员和民兵当场捕获。并向苏联政府提出强烈抗议。

同日 中国人民解放军在民兵、渔民配合下,与入侵的南越军队在西沙海域激战,20日战斗结束。

1月25日 原中央书记处书记、中共中央对外联络部部长王稼祥逝世,终年68岁。

2月22日 毛泽东会见赞比亚总统卡翁达,提出“三个世界”划分的理论,认为美、苏是第一世界,日本、欧洲、加拿大、澳大利亚是第二世界,亚洲除了日本都是第三世界,还有整个非洲、拉丁美洲是第三世界。

4月5~15日 经中央政治局批准,国家计委在北京召开15个省、市“抓革命促生产”座谈会。

4月6日 邓小平率中国代表团出席联合国大会第六届特别会议。10日,邓小平在大会发言,全面阐述了毛泽东“三个世界”的理论并说明了中国的对外政策。

5月15日 新华社报道:我国在华北东部滨海地区建成了大港油田。

5月30日 毛泽东会见美籍华人、物理学家李政道。

6月4日 国务院科教组发出通知:恢复和新建天津外国语学院、天津财经学院、四川农学院、西南民族学院等27所高等院校。本年,恢复和新建的高等学校还有山东大学、曲阜师范学院、湘潭大学、广东民族学院、西藏师范学院、浙江中医学院等。同时宣布撤销山东科技大学。

6月15日 国务院批转国务院科教组《关于1974年高等学校招生工作的请示报告》。本年,高等学校招收工农兵学员16.5万人。

7月1日 中共中央发出《关于抓革命促生产的通知》,以扭转“批林批孔”使工业生产萎缩甚至倒退的局面。

7月17日 毛泽东在中央政治局会议上批评江青、张春桥、姚文元、王洪文搞帮派活动。这是第一次提出“四人帮”的问题。

8月16日 中华人民共和国和巴西联邦共和国建立外交关系。在此前后,中国与马来西亚、特立尼达和多巴哥、委内瑞拉、尼日尔、冈比亚等国建立了外交关系。

9月1日~16日 第七届亚运会在伊朗首都德黑兰举行,中国运动员取得了优异的成绩。

9月29日 新华社报道:我国渤海湾地区建起一个新的大油田——胜利油田。

9月30日 中共中央副主席、国务院总理周恩来抱病在人民大会堂举行盛大招待会,热烈庆祝中华人民共和国成立25周年。

10月4日 毛泽东提议邓小平担任国务院第一副总理。

10月11日 中共中央为召开四届人大发出《通知》,《通知》转述了毛泽东的意见:“无产阶级文化大革命已经八年。现在,以安定为好。全党全军要团结。”11月毛泽东又提出要把“国民经济搞上去”。

11月29日 原中央军委副主席、国防部长彭德怀元帅在北京含冤逝世,终年76岁。

12月21~28日 国务院科教组、农林部和中共辽宁省委联合召开学习朝阳农学院教育革命经验现场会,宣传朝阳农学院坚持在农村办学、分散办学的经验。

12月31日 中共中央转发上海市、河北省关于开展计划生育和晚婚工作的两个报告,要求各级党委把计划生育和晚婚工作列入议事日程,把生育计划落实到人。

74-001

74-002

74-001. 上海工人召开“批林批孔”会议。
74-002. 首都影院前的电影广告牌。

74-003

74-004

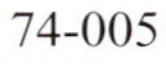
74-005

74-006
74-007

74-003. 毛泽东主席会见赞比亚总统卡翁达。
74-004. 邓小平在联合国大会第六次特别会议上发言。
74-005. 邓小平在联大发言后许多国家代表向他表示祝贺。
74-006. 巴西首任驻华大使向朱德委员长递交国书。
74-007. 王稼祥生前与夫人朱仲丽在一起。
74-008. 毛泽东在书房会见美籍华裔物理学家李政道。
74-009. 大港油田井架。
74-010. 人民海军炮艇在西沙群岛海疆巡逻。
74-011. 守卫西沙群岛的海军舰艇进行实弹射击演习。
74-012. 委内瑞拉首任驻华大使向朱德委员长递交国书。
74-013. 马来西亚首任驻华大使向董必武主席递交国书。

74-008

74-009

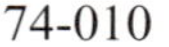

74-010

74-011

74-012

74-013

74-014

74-015

74-016

74-014. 第七届亚运会开幕式上，由704名伊朗学生手持亚运会会旗和各成员国、地区旗帜组成的七届亚运会会徽图案。

74-015. 第七届亚运会开幕式上中国运动员入场。

74-016. 蒋绍毅、宁小琳和辛桂秋获第七届亚运会女子体操个人全能前三名，图为颁奖仪式。

74-017. 中国乒乓球队获得第七届亚运会乒乓球男子团体冠军。图为团体主力梁戈亮（正面）与日本运动员河野满比赛的情景。

74-018. 陈玉娘获得第七届亚运会羽毛球女子单打冠军。

74-019. 李亚敏在第七届亚运会上打破女子标准手枪射击世界纪录。

74-020. 胜利油田耸立的井架。

74-021. 中央军委原副主席、国防部长彭德怀元帅逝世，终年76岁。

74-017

74-018

74-019

74-020

74-021

74-022

74-023

74-024

74-022. 国庆 25 周年招待会盛况。

74-023. 周恩来在庆祝中华人民共和国成立25周年招待会上致词。

74-024. 毛泽东提议邓小平担任国务院第一副总理。图为毛泽东与邓小平握手。

1975

共　和　国　图　典

1975年

1月5日 中共中央发出1号文件，任命邓小平为中共中央副主席兼中国人民解放军总参谋长；任命张春桥为中国人民解放军总政治部主任。

1月6日 中国政府与博茨瓦纳共和国政府建立大使级外交关系。此后又同菲律宾、莫桑比克等国建立了外交关系。

1月9日 国务院副总理李富春在北京病逝，终年75岁。

1月8～10日 中共十届二中全会在北京举行，会议由周恩来主持。会议讨论了第四届全国人民代表大会的准备工作，决定将《中华人民共和国宪法修改草案》、《关于修改宪法的报告》、《政府工作报告》和全国人民代表大会常务委员会、国务院成员的候选人名单，提请全国人民代表大会讨论。会议追认邓小平为中央政治局委员，选举邓小平为中共中央副主席、中央政治局常委；批准李德生关于免除他所担任的中共中央副主席、中央政治局常委的请求。

1月13～17日 第四届全国人民代表大会第一次会议在北京举行。周恩来作《政府工作报告》。会议选举朱德为全国人大常委会委员长，周恩来为国务院总理。

1月25日 邓小平在中国人民解放军总参谋部机关团以上干部会上发表《军队要整顿》的讲话，传达毛泽东提出的军队要整顿的指示。

2月初 经周恩来建议，毛泽东批准，邓小平“主管外事， 在周恩来总理治病疗养期间，代总理主持会议和呈批主要文件”。邓小平实际上开始主持中央日常工作。

2月4日 辽宁省南部营口、海城一带发生7.3级地震。灾区死亡1400多人，受伤1.7万人，财产等损失10亿元以上。

同日 我国最大的水电站刘家峡水电站建成，总发电能力为122.5万千瓦， 年发电57亿度。

2月5日 中共中央发出《通知》，决定取消军委办公会议，成立中共中央军委常委会，由叶剑英主持军委工作。

2月18日 中共中央发出《关于学习毛泽东对理论问题指示的通知》，并印发了毛泽东《关于理论问题的指示》。通知发出后，全国掀起了学习“无产阶级专政理论”运动。

2月25日～3月8日 中央在北京召开解决铁路问题的全国省、市、自治区工业书记会议。邓小平在会上作了题为《全党讲大局，把国民经济搞上去》的讲话。

2月26日～3月20日 中国工会第九次全国代表大会、中国共产主义青年团第十次全国代表大会、中国妇女第四次全国代表大会各筹备组第一次会议分别在北京举行。

3月8日 著名京剧表演艺术家周信芳蒙冤逝世，终年80岁。

3月17日 经第四届全国人大常委会第二次会议讨论决定，对全部在押战争罪犯实行特赦并随即释放，给予公民权。至此，在押的战争罪犯全部处理完毕。

4月2日 中共中央政治局常委、全国人大常委会副委员长董必武在北京逝世，终年90岁。

5月8～29日 中共中央在北京召开了钢铁工业座谈会。万里在会上介绍了铁路整顿的经验。邓小平作了重要讲话，首次提出以“三项指示为纲”。

6月9日 原中央军委副主席、国务院副总理贺龙元帅骨灰安葬仪式在北京举行。叶剑英主持仪式，周恩来致悼词。

6月16日～8月11日 国务院召开计划工作务虚会。会议认为，当前经济生活中的主要问题是乱和散，必须狠抓整顿，强调集中。

6月24日～7月15日 中共中央军委召开扩大会议。会议以毛泽东提出的“军队要统一”、“军队要整顿”为指导方针，讨论解决军队的整顿问题。

6月30日 河北省任丘地区发现古潜山油田。这是我国第一次在古生纪地层找到的较大油田。

7月1日 我国第一条电气化铁路——宝成铁路电气化工程全部建成，并全线通车。

7月10日 新华社报道：陕西省临潼县秦始皇皇陵东侧，发现了一处规模巨大的秦代陶俑坑。出土和未出土武士俑约有6000尊，排列成一完整的军阵场面。

7月20日～8月4日 经中共中央批准，中央军委召开了国防工业重点企业会议。邓小平于8月3日在会上作了《关于国防工业企业的整顿》的讲话。

8月5～8日 河南驻马店、许昌、南阳地区普降特大暴雨，发生洪灾。

8月14日 毛泽东在一次谈话中对《水浒》作了评论。“四人帮”借机开展全国规模的评论《水浒》运动。

8月18日 国务院讨论《关于加快工业发展的若干问题》。这个文件是国家计委根据国务院的决定和邓小平的意见，从7月中旬开始起草的，简称“工业20条”。

8月 为了阐明和宣传整顿的指导思想，国务院政治研究室根据邓小平多次讲话的精神，开始起草《论全党全国各项工作的总纲》。

9月9日 西藏自治区成立10周年。中共中央派出以中共中央政治局委员、国务院副总理华国锋为团长的代表团赴拉萨出席庆祝会。

9月12～28日 第三届全国运动会在北京举行。

9月15日～10月19日 全国农业学大寨会议召开。邓小平在开幕式上讲话，着重强调搞好农业的重要性，还提出了各方面的整顿问题。

9月22日 司法机关决定对在押的95名蒋帮武装特务和49名武装特务船船员， 全部宽大释放。至此，自1962年10月至1965年9月间捕获的美蒋武装特务及武装特务船船员，全部处理完毕。

9月23日～10月21日 按照毛泽东的指示精神，中共中央在北京召开农村工作座谈会，讨论关于人民公社的基本核算单位迅速由生产队向大队过渡的建议，会上未形成一致意见。

9月26日 邓小平听取中国科学院负责人胡耀邦等关于《科学院工作汇报提纲》（即《关于科技工作的几个问题》讨论稿）的说明。邓小平认为《汇报提纲》对整个科技界、教育界和其他部门都适用。

9月26日～11月8日 教育部长周荣鑫主持起草教育部给国务院的汇报提纲。

10月26日～1976年1月23日 全国计划会议在北京召开。会议讨论了发展国民经济的十年规划和1976年计划。

10月 经毛泽东批示，为著名人民音乐家聂耳逝世40周年、冼星海逝世30周年举行纪念音乐会。

11月1日 毛泽东的联络员毛远新向毛泽东汇报，指责邓小平否定“文化大革命”。毛泽东提出由邓小平主持作一个肯定“文化大革命”的决议，“总的看法基本正确，有所不足”。邓小平坚持原则，婉言拒绝。

11月下旬 中央政治局根据毛泽东的指示，在北京召开“打招呼会议”，宣读了毛泽东批准的《打招呼的讲话要点》，正式提出了“反击右倾翻案风”的问题。12月14日，中共中央转发《清华大学关于教育革命大辩论的情况报告》。《报告》下发后，“教

75-001

75-002

75-001. 朱德主持第四届全国人民代表大会开幕式。
75-002. 周恩来在四届全国人大一次会议上作《政府工作报告》。

育革命大辩论”即推向全国。

11月26日 我国成功地发射一颗人造地球卫星。这颗卫星在正常运行后，按预定计划于12月2日返回地面。这是我国第一次成功地将卫星回收到地面。

12月1～5日 美国总统杰拉尔德·福特访华。毛泽东、朱德、邓小平、李先念分别会见福特一行。

12月1日 《红旗》杂志第十二期发表北京大学、清华大学大批判组的文章《教育革命的方向不容篡改》。这是“四人帮”反击“右倾翻案风”的“大进攻的信号。”

12月16日 中共中央副主席康生病逝，终年77岁。1980年10月16日，康生被中共中央开除党籍。

12月24日 新华社报道：迄今与我国建交的有107个国家，有贸易往来的有150多个国家和地区。

12月24日 焦枝铁路建成通车。这条铁路北起河南焦作，南至湖北枝城。全长约800公里，是联结山西、豫西、鄂西的又一南北重要干线。

75-003

75-004

75-005

75-006

75-003. 出席四届全国人大的妇女代表。
75-004. 辽宁省庄河县山区建设队队员学习《政府工作报告》。
75-005. 2月初，中央决定由邓小平主持日常工作。
75-006. 2月初，中央决定取消军委办公会议，成立中共中央军委常委会，由叶剑英主持工作。
75-007. 福建省古田溪水电站工人自办的“学习无产阶级专政理论”宣传栏。
75-008. 刘家峡水电站建成发电。
75-009. 华国锋代表国务院到辽宁海城地震灾区慰问受灾群众。
75-010. 空军某部向辽宁海城地震灾区运送物资。
75-011. 国务院副总理李富春追悼会在北京举行。
75-012. 张志新因坚持真理被“四人帮”杀害。图为张生前和女儿、儿子合影。

75-007

75-008

75-009

75-010

75-011

75-012

75-014

75-013

75-015

75-016

75-017

75-018

75-019

75-020

75-021

75-013. 4月2日，中共中央政治局常委董必武逝世。图为董必武生前和夫人何莲芝在广州。
75-014. 3月8日，著名京剧表演艺术家周信芳逝世。图为周信芳生前在京剧观摩大会上发言。
75-015. 司法机关向宽大释放的原国民党县团以上党政军特人员颁发证书。
75-016. 被宽大释放的原国民党军特人员在国营采茶厂工作。
75-017. 全军第三届体育运动会开幕式。
75-018. 首都庆祝越南南方人民解放大会。
75-019. 中国登山队再次登上珠穆朗玛峰。
75-020. 华北任丘油田勘探队。
75-021. 周恩来总理与菲律宾总理马科斯在中菲建交公报签字仪式上。

75-022

75-023

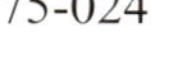

75-024

75-025
75-026

75-027

75-028

75-029

75-030

75-031

75-022. 贺龙元帅骨灰安葬仪式在北京举行。
75-023. 身患癌症的周恩来在贺龙骨灰安葬仪式上致悼词。
75-024. 贺龙家属护送贺龙的骨灰前往八宝山革命公墓。
75-025. 陕西临潼秦始皇陵出土大批兵马俑。
75-026. 考古工作者正在清理出土的兵马俑。
75-027. 北京汽车制造厂工人响应号召参与评论历史小说《水浒》。
75-028. 我国第一条电气化铁路宝（鸡）成（都）铁路建成通车。
75-029. 中央代表团参加西藏自治区成立10周年庆祝活动。
75-030. 拉萨群众举行游行庆祝西藏自治区成立十周年。
75-031. 第三届全国体育运动会开幕式。

75-032

75-033

75-034

75-035

75-036

75-037

75-038

75-040

75-039

75-032. 第三届全运会大型团体操第四场《提高警惕，保卫祖国》。
75-033. 第三届全运会进行的两轮摩托车表演—飞越断桥。
75-034. 文化部举办的聂耳、冼星海音乐会。
75-035. 第三届全运会进行的摩托艇表演—编队快速航行。
75-036. 全国农业学大寨会议主席台。
75-037. 邓小平到机场迎接来访的美国总统福特。
75-038. 毛泽东会见美国总统福特。
75-039. 为纪念红军长征40周年创作的长征组歌《红军不怕远征难》剧照。
75-040. 长征组歌《过雪山草地》剧照。

75-041

75-042

75-043

75-041. 河南辉县修建的石门水库。

75-042. 焦枝铁路上的公路铁路两用桥——襄樊汉江大桥。

75-043. 清华大学的“反击右倾翻案风”大字报专栏。

共 和 国 图 典

1976年

1月1日 《人民日报》和《红旗》杂志1976年第一期转载《诗刊》1976年一月号发表的毛泽东1965年写的《水调歌头·重上井冈山》和《念奴娇·鸟儿问答》，并发表元旦社论《世上无难事，只要肯登攀》。

1月8日 中共中央副主席，国务院总理，第二、三、四届全国政协主席周恩来病逝，终年78岁。11日下午4时45分，周恩来的遗体在八宝山火化。北京市百万人自发地走上街头向周恩来告别。15日，在北京举行追悼会，邓小平代表中央致悼词。

1月21、28日 毛泽东先后提议，并经中共中央政治局通过，确定华国锋任国务院代总理和主持中央日常工作。2月2日，中共中央正式发出《通知》：由华国锋任国务院代总理。在叶剑英生病期间，由陈锡联主持中央军委工作。

2月23日 毛泽东会见来中国访问的美国前总统尼克松。

3月下旬 南京市许多学生和市民自发悼念周总理，反对"四人帮"。3月底至4月初，北京以天安门为中心出现了更大规模的悼念活动。

4月1日 《红旗》杂志、《人民日报》点名批判邓小平及《论全党全国各项工作的总纲》。

4月4日（清明节） 到天安门广场悼念周总理的群众达数十万。4日晚，中央政治局召开会议讨论天安门事件问题。会议错误地认定为反革命事件。晚上9时半，上万名民兵、警察和军人带着木棍包围广场，天安门抗议运动被镇压下去。7日晚，中央政治局开会，根据毛泽东的意见宣读并通过了《关于华国锋任中国共产党中央委员会第一副主席、中华人民共和国国务院总理的决议》和《关于撤销邓小平党内外一切职务的决议》。

4月30日 毛泽东给华国锋写了3个条子：一是"慢慢来，不要招急"；二是"照过去方针办"；三是"你办事，我放心"。

5月6日～6月23日 教育部分三批召开29个省、市、自治区高等学校招生工作座谈会。本年，全国高等学校共招收工农兵学员21.7万人。

5月29日 20时23分在云南省西部龙陵、潞西一带发生7.5级地震。由于地震部门对这次强烈地震有预报，减轻了伤亡和损失。

6月6日 我国第一座现代化10万吨级的深水油港——大连新港建成投产。

7月1日 老一辈无产阶级革命家和理论家、曾在中共中央负总责的张闻天在江苏无锡含冤病逝，终年76岁。

7月5日 滇藏公路建成并正式通车。这条公路是继川藏、青藏、新藏公路之后，从内地到西藏的第4条公路干线。

7月9日 中国人民解放军的创始人之一、中共中央政治局委员、全国人大常委会委员长朱德在北京病逝，终年90岁。

7月25日 地质科学工作者采用古地磁方法首次测出1965年云南元谋发现的"元谋人"的年龄为距今170万年左右，证明"元谋人"是我国迄今发现的最早的古人类。

7月28日 河北省唐山、丰南一带3时42分发生强烈地震，天津、北京市也有较强震感。这次地震为7.8级，震中烈度为11度。累计死亡24.2万多人，重伤16.4万多人，唐山市夷为一片废墟。8月4日，中共中央、国务院派出以华国锋为总团长的中央慰问团慰问受灾群众。随后成立了抗震救灾指挥部，十几万解放军官兵、两万多名医务工作者和数万名各方面的救援人员迅速赶赴灾区。

8月16日 四川省部松潘、平武一带22时6分发生7.2级强烈地震，成都市和甘肃省武都地区有强烈震感。

9月9日 中国共产党、中国人民解放军与中华人民共和国的主要缔造者，中共中央主席、中央军委主席、全国政协名誉主席毛泽东逝世，终年83岁。18日，首都百万群众在天安门广场举行隆重的追悼大会，会议由王洪文主持，华国锋致悼词。

9月下旬～10月5日 华国锋、叶剑英、李先念、汪东兴等研究解决"四人帮"问题。10月6日中央政治局采取断然措施，对江青、张春桥、姚文元、王洪文实行隔离审查。

10月7日 中央政治局作出《关于华国锋任中共中央主席、中共中央军委主席的决议》。8日，中共中央、全国人大常委会、国务院、中央军委决定建立毛泽东主席纪念堂，并决定尽快出版《毛泽东选集》第5卷，筹备出版《毛泽东全集》。

10月21～30日 全国各省、市、自治区和人民解放军各部队先后举行盛大集会和游行，庆祝粉碎"四人帮"的伟大胜利，香港、澳门各界爱国同胞也举行了庆祝会。

11月30日～12月2日 第四届全国人大常委会第三次会议在北京召开。会议通过邓颖超为四届人大常委会副委员长的决议，并任命黄华为外交部部长，免去乔冠华外交部部长职务。

12月7日 我国成功地发射一颗人造地球卫星。10日，这颗卫星按预定计划准确地返回地面。

12月10日 中共中央下发《王、张、江、姚反党集团罪证（材料之一）》。此后，罪证材料之二、之三也相继下发。全国掀起揭发批判"四人帮"的高潮。

76-001

76-002

76-003

词二首

毛泽东

水调歌头

重上井冈山

一九六五年五月

久有凌云志，
重上井冈山。
千里来寻故地，
旧貌变新颜。
到处莺歌燕舞，
更有潺潺流水，
高路入云端。
过了黄洋界，
险处不须看。
风雷动，
旌旗奋，
是人寰。
三十八年过去，
弹指一挥间。
可上九天揽月，
可下五洋捉鳖，
谈笑凯歌还。
世上无难事，
只要肯登攀。

念奴娇

鸟儿问答

一九六五年秋

鲲鹏展翅，
九万里，
翻动扶摇羊角。
背负青天朝下看，
都是人间城郭。
炮火连天，
弹痕遍地，
吓倒蓬间雀。
怎么得了，
哎呀我要飞跃。
借问君去何方？
雀儿答道：
有仙山琼阁。
不见前年秋月朗，
订了三家条约。
还有吃的，
土豆烧熟了，
再加牛肉。
不须放屁，
试看天地翻覆。

（原载《诗刊》一九七六年一月号）

76-004

76-001. 1月8日，中共中央副主席、国务院总理周恩来逝世，首都举行追悼会，图为周恩来追悼会会场。

76-002. 首都青年学生在天安门广场悼念周恩来。

76-003. 邓小平在周恩来同志追悼会上致悼词。

76-004. 《人民日报》发表毛泽东1965年写的《水调歌头·重上井冈山》和《念奴娇·鸟儿问答》。

76-005

76-006

76-007

76-008

76-009

76-010

76-011

76-013

76-012
76-014

76-015

76-005. 首都各界自发到天安门广场敬献花圈悼念周恩来。
76-006. 首都各界群众和解放军指战员前往劳动人民文化宫吊唁周恩来。
76-007. 十里长街泪送总理。图为安放周恩来遗体的灵车通过天安门。
76-008. 第四机械工业部干部职工向周恩来敬献的花圈。
76-009. 清明节前后首都百万群众在天安门广场悼念周恩来，声讨“四人帮”。
76-010. 人民英雄纪念碑下的花圈、横幅。
76-011. 西安群众沉痛悼念周恩来，声讨“四人帮”。
76-012. 毛泽东会见美国前总统尼克松。
76-013. 毛泽东与华国锋在一起。
76-014. 我国最大的栈桥式油港——大连新港。
76-015. 云南西部龙陵、潞西一带发生地震。图为救援人员正向灾区运送救灾物资。

76-016

76-017

76-018

76-019

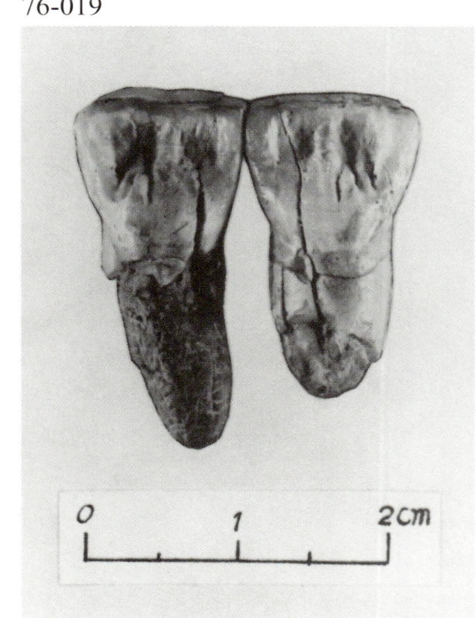

76-020

76-021

76-022

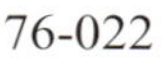

76-023

76-016. 即将毕业奔赴各地的工农兵学员。
76-017. 北京大学举行应届工农兵学员毕业典礼。
76-018. 清华大学赴西藏工作的工农兵大学毕业生。
76-019. 在云南元谋发现的猿人牙齿化石。
76-020. 张闻天逝世。图为张闻天生前和夫人刘英在无锡梅园。
76-021. 7月9日，第四届全国人大常委会委员长朱德逝世，首都隆重举行朱德追悼大会。
76-022. 吊唁朱德逝世的各界群众。
76-023. 朱德夫人康克清及子女在追悼会上。

76-024

76-025

76-026

76-024. 强烈地震后的河北唐山。
76-025. 以华国锋为总团长的中央慰问团到达唐山灾区。
76-026. 四川北部松潘、平武一带发生地震。图为医务人员为受伤群众治疗。
76-027. 9月9日，中共中央主席、中央军委主席毛泽东逝世，党和国家领导人在毛泽东遗体旁守灵。
76-028. 首都各界群众瞻仰毛泽东遗容。
76-029. 在北京的外国使节吊唁毛泽东。
76-030. 首都各界群众代表在毛泽东遗体前默哀。

76-027

76-028

76-029

76-030

76-031

76-033

76-032

76-034

76-035

76-031. 首都百万群众隆重举行毛泽东追悼大会。
76-032. 首都百万群众欢庆粉碎“四人帮”的胜利。
76-033. “四人帮”的人头像被挂在北京长安街头。
76-034. 台湾省在京同胞欢庆粉碎“四人帮”。
76-035. 香港各界人士欢庆粉碎“四人帮”的胜利。

1977

共　　和　　国　　图　　典

1977年

1月2日 我国最长的公路桥——洛阳黄河大桥建成通车。大桥全长3,428.9米。

1月8日 首都和全国各省、市、自治区人民举行各种活动，纪念周恩来总理逝世一周年。

1月11日 山东胜利石油化工总厂建成投产。

同日 长期被“四人帮”禁演的优秀戏剧《洪湖赤卫队》、《豹子湾的战斗》、《南海长城》、《八一风暴》、《朝阳沟》、《小刀会》等重新上演。

2月2日 国务院在北京召开全国铁路工作会议。会议明确指出，1975年《中共中央关于加强铁路工作的决定》是正确的，它在当时不仅推动了全国铁路形势的好转，而且对整个工业交通生产建设起了促进作用。

2月7日 《人民日报》、《红旗》杂志、《解放军报》发表题为《学好文件抓住纲》的社论，公开提出“两个凡是”（即“凡是毛主席作出的决策，我们都坚决拥护，凡是毛主席的指示，我们都始终不渝地遵循”）。

2月17日 中国与利比里亚建立外交关系。

3月1日 中共中央决定成立中央毛泽东主席著作编辑出版委员会。

3月7日 中共中央决定中央军委的日常工作仍由叶剑英负责主持。

3月10～22日 中共中央召开工作会议，分析、总结粉碎“四人帮”5 个月来的工作和政治形势，并部署1977年的工作任务。陈云、王震等老同志抵制华国锋的错误，提议要邓小平出来工作，同时要为“天安门事件”平反。

4月7日 中共中央作出关于学习《毛泽东选集》第五卷的决定。15日起，《毛泽东选集》第五卷在全国发行，首批发行2800万册。

4月10日 邓小平在给中共中央的信中指出，我们必须世世代代地用准确的完整的毛泽东思想来指导全党、全军和全国人民。5月3日，中共中央转发此信，肯定了邓小平的正确意见。

5月24日 邓小平同王震、邓力群谈话，明确指出：“两个凡是”不符合马克思主义。

6月20日 党中央批准，国务院成立财贸小组。组长姚依林，副组长陈国栋、邓力群。

7月16～21日 中共十届三中全会在北京举行。会议通过了《关于追认华国锋为中共中央主席和中央军委主席的决议》、《关于恢复邓小平领导职务的决议》、《关于把王、张、江、姚永远开除出党，撤销其党内外一切职务的决议》、《关于提前召开党的第十一次代表大会的决议》。

8月4～8日 中共中央召开科学和教育工作座谈会。应邀参加的有30多位著名科学家和教育工作者。8日，邓小平作了《关于科学和教育工作的几点意见》的讲话。

8月10日 国务院发出《关于调整部分职工工资的通知》，决定在国民经济初步恢复和国家财政状况开始好转的基础上，为部分低工资的职工提升工资，这次调整工资使3000多万名职工生活有所改善。

8月12–18日 中国共产党第十一次全国代表大会在北京召开。华国锋在《政治报告》中宣告“文化大革命”结束，重申在本世纪内把我国建设成为社会主义的现代化强国是新时期党的根本任务。叶剑英作《关于修改党章的报告》。邓小平致闭幕词。会议选举产生了新的一届中央委员会。8月19日，中共十一届一中全会选举华国锋为中共中央主席，叶剑英、邓小平、李先念、汪东兴为副主席。

8月13日～9月25日 全国高等学校招生工作会议在北京召开。会议决定高等学校招生采取统一考试、择优录取的办法。1977年，全国约有570 万青年参加了高等学校招生考试，各大专院校从中录取了27.3万名学生。

8月28日 中华人民共和国出席联合国大会代表团团长黄华在联合国大会上发言，提出著名的中美建交“三原则”。

8月29日 毛主席纪念堂建成。安放毛泽东遗体的水晶棺移入堂内。9月9日，中共中央、全国人大常委会、国务院和中央军委召开隆重纪念毛泽东逝世一周年及毛主席纪念堂落成典礼大会。

9月17日 邓小平同教育部主要负责同志谈话指出，教育战线要进行拨乱反正，“两个估计”是不符合实际的。

9月28日 《人民日报》发表陈云的文章《坚持实事求是的革命作风》。文章指出：实事求是不是一个普通的作风问题，而是马列主义唯物主义的根本思想路线问题。

10月5日 中共中央作出关于办好各级党校的决定。10月9日，中央党校举行开学典礼。华国锋（兼中央党校校长）、叶剑英、邓小平、汪东兴（兼中央党校第一副校长）等参加了开学典礼。华国锋、叶剑英和中央党校副校长胡耀邦在会上讲了话。

10月15日 中共中央批转中央统战部《关于爱国民主党派问题的请示报告》。

10月30日～11月18日 普及大寨县工作座谈会在北京召开。华国锋在会议上提出我国建设事业要来一个高速度。

10月31日 中共中央决定恢复中央宣传部，由张平化担任部长。

11月6日 中共中央转发教育部党组《关于工宣队问题的请示报告》，批准从学校撤出工宣队。据此，各地进驻大、中、小学的工宣队随即全部撤出学校。

11月8日 新华社报道，我国建成第一个数字控制卫星通信地面站，并顺利开通。

12月10日 中共中央任命胡耀邦为中央组织部部长。

77-001

77-002

77-003

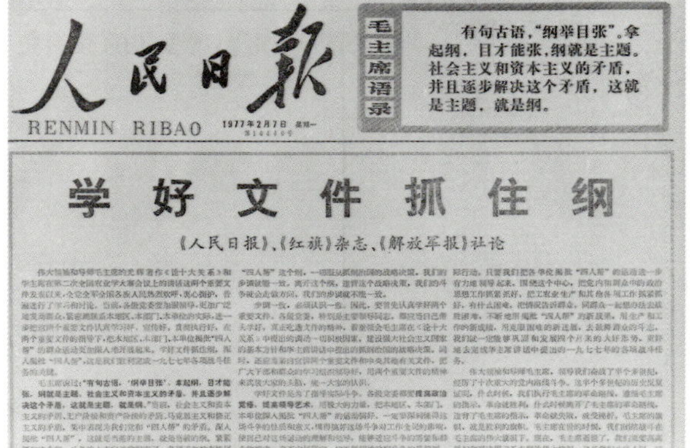

人民日報

RENMIN RIBAO 1977年2月7日

毛主席语录

有句古语，"纲举目张"。拿起纲，目才能张，纲就是主题。社会主义和资本主义的矛盾，并且逐步解决这个矛盾，这就是主题，就是纲。

学好文件抓住纲

《人民日报》、《红旗》杂志、《解放军报》社论

77-004

77-005

77-001. 我国最长的公路桥——洛阳黄河公路大桥建成通车。

77-002. 现代化的石化基地——山东胜利石油化工总厂建成投产。图为炼油厂夜景。

77-003. 一批历史剧目重新上演。图为《小刀会》剧照。

77-004. 《人民日报》、《红旗》杂志、《解放军报》社论《学好文件抓住纲》，提出"两个凡是"的口号。

77-005. 群众欢庆《毛泽东选集》第五卷在全国发行的场面。

77-006

77-007
77-008

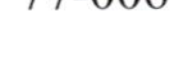

77-009

77-010

77-006. 中国共产党十届三中全会在北京举行。
77-007. 邓小平在中共十届三中全会上强调要完整准确地理解毛泽东思想。
77-008. 叶剑英在中国人民解放军建军五十周年庆祝大会上讲话。
77-009. 邓小平等出席庆祝中国人民解放军建军五十周年大会。
77-010. 邓小平复出后重视科学和教育，图为他在北京召开的科教工作座谈会上。
77-011. 中国共产党第十一次全国代表大会在北京召开，图为大会举手表决。
77-012. 在中共十一大上，叶剑英代表中央委员会作《修改党章的报告》。
77-013. 华国锋、叶剑英、邓小平、李先念、汪东兴在中国共产党第十一次全国代表大会主席台上。
77-014. 代表们投票选举中共第十一届中央委员会。
77-015. 新疆代表载歌载舞欢庆中国共产党第十一届全国代表大会的胜利召开。
77-016. 毛主席纪念堂落成典礼。

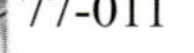
77-011

77-012

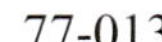
77-013

77-014

77-015

77-016

77-017

77-018

77-019

77-020

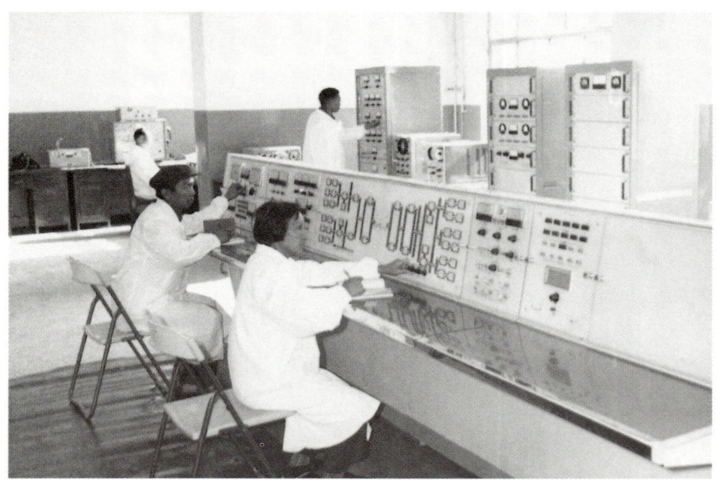

77-021

77-022

77-017. 铁托总统乘坐的汽车驶过天安门时，受到首都群众的热烈欢迎。
77-018. 在欢迎宴会结束时，铁托总统感谢乐队成功演奏了南斯拉夫乐曲。
77-019. 邓小平等中央领导出席中共中央党校开学典礼。图为开学典礼会场。
77-020. 我国自行设计研制的数字控制卫星通信地面站的天线。
77-021. 卫星通信地面站的控制台。
77-022. 越共中央总书记黎笋率代表团访华，在机场受到热烈欢迎。

1978

共　和　国　图　典

1978年

1月1日 《人民日报》、《红旗》杂志、《解放军报》发表题为《光明的中国》的元旦社论。

1月5日 中共中央、国务院批准，命名上海铁路局东风3型0058号内燃机车为“周恩来”号机车。

2月3日 《人民日报》以《一份省委文件的诞生》为题，报道了安徽省落实农村经济政策的经验。6月13日又报道四川省落实农村经济政策的经验。

2月6日 中共中央批准教育部、中央广播事业局《关于筹办电视大学的报告》，由教育部和中央广播事业局主办面向全国的中央广播电视大学。

2月18～23日 中共十一届二中全会在北京召开。会议的议题是即将召开的五届人大和五届政协的各项准备工作，讨论通过了《政府工作报告》、《1976年至1985年发展国民经济十年规划纲要（草案）》、《中华人民共和国宪法修改草案》和《关于修改宪法的报告》，决定提请第五届全国人民代表大会第一次会议审议。

2月24日～3月8日 中国人民政治协商会议第五届全国委员会第一次会议在北京召开。会议通过了《中国人民政治协商会议章程》，选举邓小平为第五届全国政协主席。

2月26日～3月5日 第五届全国人民代表大会第一次会议在北京召开。华国锋作《政府工作报告》。会议通过了《中华人民共和国宪法》，选举叶剑英为全国人大常委会委员长，任命华国锋为国务院总理。会议还通过了新国歌。

3月11日 国务院同意国家计委、建委、经委、上海市、冶金部《关于上海新建钢铁厂的厂址选择、建设规模和有关问题的请示报告》，决定从日本引进成套设备，在上海宝山新建钢铁厂。

3月18～31日 全国科学大会在北京举行，出席代表近6000人。邓小平发表重要讲话，提出了科学技术是生产力的观点，明确肯定我国知识分子是为社会主义服务的脑力劳动者，是劳动人民的一部分；强调四化的关键是科学技术现代化，要大力发展科学研究事业和教育事业。

4月1日 国务院批准恢复和增设广西轻工业学院、锦州工学院、北京化工学院等一批专科学校，共55所。

4月5日 中共中央批准中央统战部、公安部4月4日《关于全部摘掉右派分子帽子的请示报告》，决定全部摘掉右派分子的帽子。9月17日，中共中央同意中组部、中宣部、统战部、公安部、民政部8月25日呈报的《贯彻中央关于全部摘掉右派分子帽子决定的实施方案》，并指出，对于过去错划的人，要做好改正工作。至11月，全部摘掉右派分子帽子。右派的改正工作1980年基本结束，原划“右派分子”总数的97%以上被改正。

4月15日 中共中央根据内蒙古自治区党委的报告，作出彻底推倒挖“新内人党”历史错案的批示。

4月22日～5月16日 全国教育工作会议在北京召开。

5月5日 《人民日报》发表评论员文章《贯彻执行按劳分配的社会主义原则》。文章要求坚定不移地执行按劳分配原则，掀起社会主义劳动竞赛和社会主义建设新高潮。

5月5～10日 华国锋访问朝鲜民主主义共和国。

5月10日 中共中央党校《理论动态》第六十期发表《实践是检验真理的唯一标准》一文。5月11日《光明日报》以特约评论员的名义公开发表此文，由此，引发了一场关于真理标准问题的大讨论，为党的十一届三中全会的召开作了思想准备。

5月15～17日 罗马尼亚共产党总书记、共和国总统齐奥塞斯库访华。

5月24日 中共中央发出通知：根据宪法规定，重新设置各级人民检察院。

5月27日 中国文联第三届委员会在北京举行第三次扩大会议，宣布文联正式恢复工作。

6月9日 外交部发表《关于越南驱赶华侨问题的声明》，严正抗议越南4月初以来大规模的排华反华运动。到5月底，被越南驱赶回国的华侨达10万余人。

6月12日 全国人大常委会副委员长、中国科学院院长郭沫若因病在北京逝世，终年86岁。

7月1日 中国政府照会越南政府，由于越方不顾中国政府的耐心劝告，不断加剧反华排华，中国决定停止对越南的经济技术援助，并调回援越工程技术人员。

7月7日 国务院批准恢复1971年被撤销的中国人民大学。

同日 外交部就我国被迫停止对阿尔巴尼亚援助和撤回专家问题，照会阿驻华使馆。中国援阿专家和技术人员于7月21日全部回到北京。

7月19日 外交部照会越南外交部，建议中越两国政府就居住在越南的华侨问题举行副外长级谈判。8月8日，两国关于华侨问题谈判的第一次会议在河内举行。

8月3日 中共中央军委秘书长、国务院副总理罗瑞卿大将逝世，终年72岁。

8月12日 中日和平友好条约在北京签订。

8月13日 中共中央批转《关于港澳工作会议预备会情况的报告》，决定成立中央港澳小组，协助中央掌管港澳工作。

8月16日～9月1日 华国锋访问罗马尼亚、南斯拉夫和伊朗，与三国政府分别签署了一些关于经济、技术、科学和文化合作的协定。

8月16日～9月21日 中共中央组织部分三批召开选拔优秀中青年干部汇报会。胡耀邦在会上强调选拔优秀中青年干部是个战略问题，要走群众路线才能选好。

8月19日 中共中央转发共青团十大筹备委员会《关于红卫兵问题的请示报告》。文件下达后，学校中的“红卫兵”组织即行撤销。

9月8～13日 邓小平率领党政代表团参加朝鲜民主主义人民共和国成立30周年庆典。

9月8～17日 中国妇女第四次全国代表大会在北京召开。大会推选宋庆龄、蔡畅、邓颖超为全国妇联名誉主席。19日，妇联第四届执委会第一次全体会议选举康克清为妇联主席。

9月20日 胡耀邦在全国信访会议上指出，判断对干部的定性和处理是否正确，根本的依据是事实。凡是不实之词，凡是不正确的结论和处理，不管是什么时候、什么情况下搞的，不管是哪一级组织、什么人定的和批的，都要实事求是地改正过来。

10月9日 中共中央转发国家科委党组《关于1978～1985年全国科学技术发展规划纲要（草案）》，《纲要》指出：科学技术就是生产力。要在本世纪末达到四个现代化，必须抓紧实现科学技术现代化。

10月10日～11月4日 中共中央组织部分批召开落实知识分子政策座谈会。会后，中央组织部发了《关于落实知识分子政策的几点意见》。

10月11～21日 中国工会第九次全国代表大会在北京举行。邓小平代表中共中央、国

78-001

78-001. 首先实行包产到户生产责任制的安徽农村，农民的生产积极性显著提高。

务院作了《工人阶级要为实现四个现代化作出优异贡献》的致词。22日，中华全国总工会第九届执委会举行第一次会议，倪志福当选为中华全国总工会主席。

10月16～26日 中国共产主义青年团第十次全国代表大会在北京召开。李先念代表中共中央、国务院在会上致词。大会通过了《中国共产主义青年团章程》。韩英当选为团中央第一书记。

10月22～29日 邓小平访问日本。23日，互换中日和平友好条约批准书仪式在东京举行。

10月31日 四川省决定在工业方面进行扩大企业自主权的试点。

11月10日～12月15日 中共中央工作会议在北京召开。会议就中央政治局根据邓小平提议的全党工作重点转移的问题进行了认真的讨论。12月13日，邓小平在会上作了《解放思想，实事求是，团结一致向前看》的报告，为即将召开的十一届三中全会提出了指导思想。

11月14日 经中共中央政治局常委批准，中共北京市委宣布：1976年清明节期间，广大群众到天安门广场悼念周总理，声讨“四人帮”是革命行动。此后，中共江苏省委、中共浙江省委和中共河南省委相继宣布：为1976年清明节期间南京、杭州、郑州因悼念周总理、反对“四人帮”而受迫害的同志平反。

11月27日 邓小平会见美国专栏作家罗伯特·诺瓦克时说，我们在实现四个现代化的进程中，要善于完整地、准确地掌握和运用毛泽东思想。

12月16日 华国锋总理和卡特总统分别在北京和华盛顿同时发表中华人民共和国和美利坚合众国关于建立外交关系的联合公报，宣布两国政府自1979年1月1日起建立外交关系。

12月18～22日 中共十一届三中全会在北京举行，全会的中心议题是讨论把全党的工作重点转移到社会主义现代化建设上来。全会批判了“两个凡是”的错误方针，强调必须完整地、准确地掌握毛泽东思想的科学体系，高度评价了关于真理标准问题的讨论，审查和决定了历史上一些重大事件和重要人物的是非问题，提出改革和开放的方针。全会决定补选陈云为中共中央副主席、中央政治局常委，补选邓颖超、胡耀邦、王震为中央政治局委员。决定设立中央纪律检查委员会，陈云为第一书记。全会重新确立了解放思想、实事求是的思想路线和正确的政治路线、组织路线，实现了建国以来党的历史上具有深远意义的伟大转折。

12月24日 彭德怀、陶铸追悼大会在北京隆重举行。华国锋、叶剑英、邓小平、李先念、陈云等领导同志参加了追悼会，会上宣布为他们平反昭雪、恢复名誉。

12月25日 中共中央政治局召开会议，讨论人事问题，决定胡耀邦任中共中央秘书长兼中央宣传部部长，胡乔木、姚依林任中央副秘书长，姚依林兼中央办公厅主任，胡乔木兼毛泽东著作编辑委员会办公室主任，宋任穷任中央组织部部长。同时免去汪东兴的中央办公厅主任等职务。

12月28日 国务院通知，决定在全国恢复和增设169所普通高等院校，进一步发展高等教育，以逐步适应四个现代化的需要。

78-002

78-003

78-004

78-005

78-006

78-007

78-008

78-009

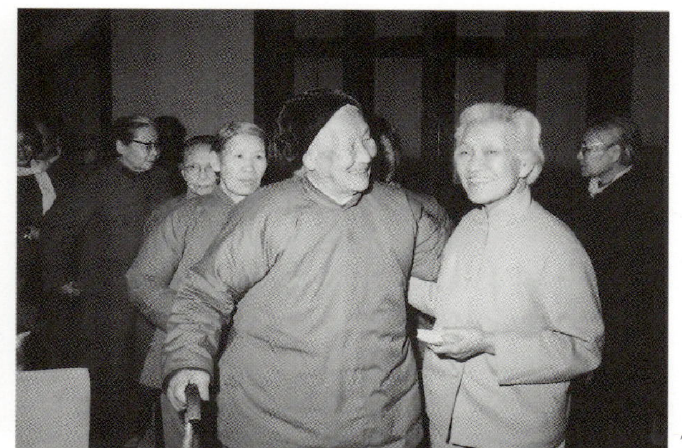

78-010

78-011

78-012

78-002. 大胆实行包产到户生产责任制的安徽凤阳县小岗生产队三位农民，他们被称为“包大胆”。
78-003. 上海机务段工人将周恩来金色浮雕胸像安装在“周恩来号”机车上。
78-004. 中国共产党十一届二中全会在北京召开。
78-005. 中央广播电视大学举行期末考试。图为北京西城区考生在考英语。
78-006. 五届全国人大一次会议在北京召开，图为大会主席台。
78-007. 叶剑英在五届全国人大一次会议上作《关于修改宪法的报告》。
78-008. 五届全国人大一次会议期间，宋庆龄（左）、陈云（中）、苏振华在上海市代表团小组会上交谈。站立者为袁雪芬。
78-009. 五届全国人大一次会议期间，华国锋（右二）、叶剑英（右三）、李先念（右一）看望广西代表、105岁的冉大姑。
78-010. 子弟兵的母亲戎冠秀（前左）和著名妇产科专家林巧稚（前右）都是出席全国人大五届一次会议的代表。
78-011. 邓小平在全国政协五届一次会议上讲话。
78-012. 出席全国政协五届一次会议的何长工（右二）等老干部在一起交谈。

78-013

78-014

78-015

78-016

78-017

78-018

78-019

78-020

78-021

78-022

78-023

78-024

78-013. 赵朴初、费彝民、谢冰心、雷洁琼（左起）在全国政协五届一次会议上交谈。

78-014. 出席全国政协五届一次会议的委员（左起）朱大纯、程思远、杜聿明、董其武、胥兰峰在驻地散步。

78-015. 现代化大型钢铁联合企业——上海宝山钢铁总厂在高炉区进行试验打桩。

78-016. 叶圣陶、叶至善父子一起出席全国政协五届一次会议。

78-017. 谷牧为宝钢动工典礼剪彩。

78-018. 全国科学大会在北京举行。

78-019. 连接武汉市汉口与汉阳之间的重要交通枢纽工程江汉大桥建成通车。

78-020. 华国锋访问朝鲜民主主义人民共和国。

78-021. 8月3日，国务院原副总理、中央军委秘书长罗瑞卿逝世。罗瑞卿追悼大会在首都人民大会堂隆重举行。

78-022. 第四届全国人大常委会副委员长、中国科学院院长郭沫若逝世。

78-023. 著名作家、原中国文联副主席老舍冤案平反。

78-024. 一批华侨被迫离开越南老街回到云南河口。

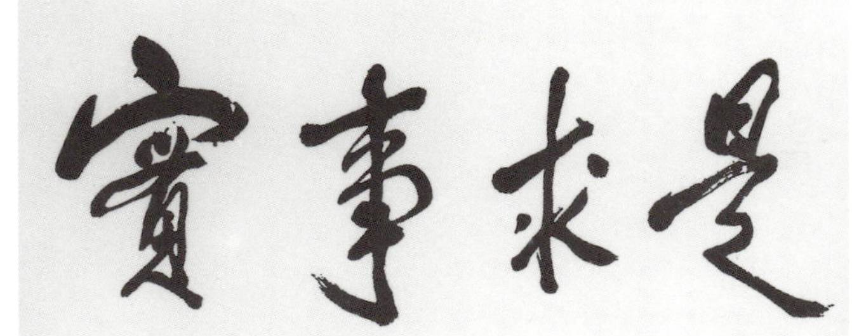

78-025

78-026

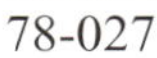
78-027

78-028

78-029

78-030

78-031

78-032

78-033

78-034

78-035

78-036

78-025. 邓小平把毛泽东思想的精髓概括为“实事求是”，图为邓小平手书。
78-026. 我国十一个人民群众团体举行盛大招待会，庆祝中日和平友好条约签订。
78-027. 黄华外长和园田直外务大臣分别代表中日两国政府在中日和平友好条约上签字。
78-028. 邓小平和金日成（左）在主席台上观看平壤各界群众的国庆游行队伍。
78-029. 华国锋出访罗马尼亚，在齐奥塞斯库总统陪同下参观布加勒斯特重型机械厂。
78-030. 宋庆龄在中国妇女第四次全国代表大会上致闭幕词。
78-031. 蔡畅（右三）、邓颖超（右二）、康克清（左一）在中国妇女第四次全国代表大会上。
78-032. 各族妇女代表投票选举第四届全国妇联执行委员会委员、候补委员。
78-033. 倪志福在中国工会第九次全国代表大会上作题为《中国工人阶级新的伟大历史使命》的工作报告。
78-034. 中共中央、国务院举行中华人民共和国成立29周年国庆招待会。
78-035. 中国共产主义青年团第十次全国代表大会在北京召开。
78-036. 邓小平访日期间，出席在日本首相官邸举行的中日和平友好条约批准书互换仪式。

78-037

78-038

78-039

78-040

78-041

78-037. 日本天皇裕仁在皇宫会见来访的邓小平。
78-038. 邓小平在东京拜会日本前首相田中角荣（前左二），宾主举杯共祝中日友好。
78-039. 邓小平访日期间，在奈良巧遇一场婚礼，他向新婚夫妇祝福。
78-040. 江苏邗江县六圩公社红旗大队知识青年在阅读农业科技杂志。
78-041. “天安门事件”平反后，童怀周小组编印的《天安门诗文选》受到群众的欢迎。
78-042. 邓小平会见英国专栏作家罗伯特·诺瓦克。
78-043. 华国锋举行中外记者招待会，宣布中美建交。
78-044. 在中国科学院研究生院工作的美国专家玛丽·范德·沃特同师生一起畅谈中美建交的意义，并互相祝贺。
78-045. 《人民日报》发表中美两国建交的联合公报。
78-046. 陈云、邓小平在中共十一届三中全会上。
78-047. 叶剑英、李先念在中共十一届三中全会上。

78-042

78-043

78-044

人民日報

RENMIN RIBAO

在中外记者招待会上

华主席宣布我国政府对台湾的政策

爱国一家，爱国不分先后，我们希望台湾同胞和全国人民包括港澳同胞、海外侨胞，一起为祖国的统一大业继续作出贡献

中华人民共和国和美利坚合众国关于建立外交关系的联合公报

华主席就中美建交举行记者招待会

宣读中美建交公报和我国政府声明

华主席说，中美建交将为发展两国人民的了解和友谊，促进两国在各个领域的交流开辟广阔前景，也将有助于亚洲和世界的和平和稳定

就中美两国建立外交关系

我国政府发表声明

重申台湾是中国的一部分，解决台湾归回祖国、完成国家统一的方式，这完全是中国的内政

邓小平副总理应邀将于明年一月正式访问美国

78-045

78-046

78-047

78-048

78-049

78-050

78-048. 出席中共十一届三中全会的中央委员一致通过会议公报。
78-049. 宁夏银川市街头群众争索十一届三中全会公报的情景。
78-050. 彭德怀、陶铸追悼会在北京举行。

1979
共和国图典

1979年

1月1日 《人民日报》发表社论：《把主要精力集中到生产建设上来》。

同日 中美两国正式建交。美国国务院正式通知台湾当局，美台《共同防御条约》将于1980年1月1日终止。3月1日，中美两国分别在对方首都正式建立大使馆。

同日 全国人大常委会发表《告台湾同胞书》，建议台湾和大陆尽快实现通航通邮，开展经济交流。同日，全国政协举行座谈会，邓小平在会上发表讲话，指出要把台湾回归祖国、完成祖国统一的大业提到具体日程上来。

同日 国防部部长徐向前发表声明：从即日起停止对大金门、小金门、大担、二担等岛屿的炮击。

1月1日、8日、14日、20日、21日 《人民日报》先后报道四川省广汉县、贵州省开远县、云南省元谋县、安徽省和广东省普遍实行农业生产责任制的情况。

1月4日 中共中央转发国家科委和中国科学院《1978～1985年全国基础科学发展规划纲要》。

1月7日 中国政府就越南当局向柬埔寨发动新的大规模侵略战争一事发表声明，谴责越南当局的侵略行径。

1月8日 中国与吉布提共和国建立外交关系。

1月9日 新华社报道：1978年是我国恢复研究生制度的第一年，共录取了1.05万名研究生。

1月11日 中共中央发出通知，将十一届三中全会原则通过的《关于加快农业发展若干问题的决定（草案）》和《农村人民公社工作条例（试行草案）》两个文件印发各省、市、自治区讨论并试行。

同日 中共中央作出《关于地主、富农分子摘帽问题和地富子女成分问题的决定》，称他们当中的绝大多数已经改造成为自食其力的劳动者。

1月17日 中共中央批准中央统战部等六部门《关于落实对国民党起义、投诚人员政策的请示报告》。

1月18日～4月3日 党的理论工作务虚会在北京召开，会议研究了全党工作重心转移后理论宣传工作的根本任务。3月30日，邓小平代表党中央作了《坚持四项基本原则》的重要讲话。

1月29日～2月5日 邓小平副总理应邀对美国进行正式访问。这是新中国建立后领导人首次访问美国。31日，邓小平和卡特分别代表本国政府签署了两国科技合作协定和文化协定等有关协定。

2月3日 中共中央批准中央统战部《关于建议为全国统战、民族、宗教工作部门摘掉“执行投降主义、修正主义路线”帽子的请示报告》。

2月8日 中国与葡萄牙共和国建立外交关系。

2月14日 中共中央发出《关于对越进行自卫反击、保卫边疆战斗的通知》。2月17日到3月16日，中国进行了对越自卫反击作战。

2月17～23日 五届全国人大常委会第六次会议在北京举行。会议通过了《中华人民共和国逮捕拘留条例》；原则通过了《中华人民共和国森林法（试行）》，决定3月12日为植树节。

3月1日 国务院决定，提高粮、棉、油、猪等18种主要农副产品收购价格。

3月5日 国务院批复广东省革命委员会，同意新设深圳市、珠海市。

3月14日 中共中央决定在国务院下设财政经济委员会，作为研究制订财经工作方针政策和决定财经工作中大事的决策机关。陈云为主任。

3月17日 国务院成立进出口领导小组，余秋里任组长，重大方针、政策、规划问题由该组审议。

3月21日～23日 中共中央政治局召开会议，讨论1979年计划和国民经济调整问题。

3月24日 新华社报道：我国西南地区目前最大的一座水电站——龚咀电站胜利建成。

3月30日 第五届全国政协副主席、著名生物学家童第周在北京逝世，终年77岁。

4月1日～3日 五届全国人大常委会第七次会议在北京举行，通过了《关于不延长中苏友好同盟互助条约的决定》、《关于设立建筑材料工业部的决定》及有关任免事项。

4月3日 新华社报道：全国重点文物保护单位之一的山东曲阜鲁国故城和孔庙、孔府、孔林，最近已经修整一新，恢复了古迹的原貌。

4月5日～28日 中共中央工作会议在北京召开，主要讨论调整国民经济和当前思想理论工作方面的问题，正式通过了对整个国民经济实行“调整、改革、整顿、提高”的八字方针。

4月10日 黄华外长约见美国驻华大使伍德科克，指出美国总统卡特近日签署的《与台湾关系法》违反了中美上海公报和建交公报的原则。

4月29日 联合国秘书长库尔特·瓦尔德海姆访华。

5月26日～6月1日 邓颖超应邀对朝鲜进行正式友好访问。5月31日，金日成陪同邓颖超在咸兴市参加周恩来总理铜像和纪念碑揭幕典礼。

5月30日 中共中央、国务院决定恢复内蒙古自治区原行政区划。

6月6日 新华社报道：国务院最近正式承认聚居于云南的基诺人为我国的一个单一的少数民族。

6月7～12日 五届全国人大常委会第八次会议在北京举行。通过了《中华人民共和国刑法（草案）》、《中华人民共和国刑事诉讼法（草案）》等七个法律草案及国务院机构设置和人事任免事项。

6月15日～7月2日 全国政协五届二次会议在北京举行。

6月22日 中国与爱尔兰建立外交关系。

7月13日 国务院作出规定，从1980年起，对省、市试行“收支挂钩、全额分成、比例包干、三年不变”的财政管理办法。

7月15日 中共中央、国务院批转广东省委、福建省委《关于对外经济活动实行特殊政策和灵活措施的两个报告》。

8月4日 中共中央批转中央组织部《关于文化大革命前一些案件处理意见》。《意见》指出，对于“文化大革命”前老案的处理，仍然本着实事求是的精神，坚持“有反必肃，有错必纠”的方针，全错全改，部分错部分改，不错不改。

8月15日～9月3日 全国统战工作会议在北京召开。会议讨论了当前国内阶级状况的根本变化和统战工作的基本任务，明确了新时期统战工作的性质、任务、方针和基本政策等问题。

8月25日 张闻天追悼会在北京隆重举行。邓小平致悼词，宣布为他平反和恢复名誉。

9月11～13日 五届全国人大常委会第十一次会议在北京举行。会议原则通过《全国人民代表大会常务委员会关于省、自治区、直辖市可以在1979年设立人民代表大会常务委员会和将革命委员会改为人民政府的决议》和《中华人民共和国环境保护法（试行）》。

9月12～21日 丹麦女王玛格丽特二世和亨里克亲王访华。

9月15～30日 第四届全国运动会在北京举行。在34个比赛项目中，有5人五次破五项世界纪录，2人三次破三项青年世界纪录，3人三次平三项世界纪录。

9月19日 全国新长征突击手命名表彰大会在北京举行。被命名表彰的有10面新长征突出队红旗，155个新长征突击手（队）标兵和万名新长征突击手（队）。

9月21日 全国“三八”红旗手、“三八”红旗集体表彰大会在北京举行，受到表彰的有8000多名“三八”红旗手，1000多个“三八”红旗集体。

9月25～28日 中共十一届四中全会在北京召开。讨论通过了叶剑英代表党中央、全国人大常委会和国务院在庆祝中华人民共和国成立30周年大会上的讲话和《中共中央关于加快农业发展若干问题的决定》。

9月26日 外交部发表声明，重申南沙群岛历来是中国的领土。

10月2日 新华社报道：新中国成立后第一部修订的大型综合性辞书——《辞海》1979年版（三卷本）出版。

10月4日 经国务院批准，中国国际信托投资公司董事会成立，董事会由44人组成，荣毅仁任董事长。

10月11～22日 民革等8个民主党派和全国工商联先后在北京召开代表大会。23日，各自选出的新中央领导机构分别举行第一次全体会议，选出各自的领导成员。民革中央主席朱蕴山、民盟中央主席史良、民建中央主任委员胡厥文、民进中央主席周建人、农工民主党中央主席季方、致公党中央主席黄鼎臣、九三学社中央主席许德珩、台盟总部理事会主席蔡啸、全国工商联执委会主任委员胡子昂。

10月15日～11月6日 华国锋总理先后出访法国、联邦德国、英国、意大利。

10月18日 邓小平接见日本《朝日新闻》社长渡边诚毅，在谈及台湾问题时指出，我们提出台湾的社会制度可以不变，可以继续保持资本主义生活方式，包括它的军队。我们承认台湾作为地方政府可以实行广泛的自治。

10月19日 叶剑英、邓小平、李先念等中共领导人在人民大会堂会见出席各民主党派和工商联代表大会的全体代表。邓小平讲话，强调坚持“长期共存、互相监督”的方针。

10月30日～11月16日 中国文学艺术工作者联合会第四次全国代表大会在北京举行。

11月1日 中共中央、国务院决定从即日起适当提高猪肉、牛肉、禽、蛋等8种主要副食品的销售价格。

11月2日 新华社报道：我国对安置上山下乡知识青年工作正在进行重大改革，由分散插队改为安置到集体农场。

11月8日 新华社报道：从1978年1月到1979年10月底，我国已向33个国家派出访问学者和留学人员2230多人。

11月12日 中共中央批转中央统战部等六部门提出的《关于把原工商业者中的劳动者区别出来问题的请示报告》。

11月13日 中共中央、国务院印发《关于高级干部生活待遇的若干规定》。

11月23日～29日 五届全国人大常委会第十二次会议在北京举行，通过《关于中华人民共和国建国以来制定的法律、法令效力问题的决议》等决议。会议强调要进一步加强社会主义法制，要采取措施整顿大中城市社会秩序。

11月25日 石油部海洋石油勘探局渤海二号钻井船在渤海湾迁移井位的拖航作业途中翻沉，死亡72人，直接经济损失达3700多万元。

11月26日 邓小平会见美国《不列颠百科全书》副总编弗·吉布尼等人，谈中国四个现代化问题和前景。

同日 国际奥委会通过决议，决定恢复中华人民共和国在国际奥委会中的合法权利。

12月5日 日本首相大平正芳访华。

12月9～15日 吉布提共和国总统哈桑·古莱德·阿普蒂敦访华。

12月27日 中国科学家用人工方法，合成了有41个核苷酸组成的核糖酸半分子，为天然核糖核酸的人工合成打开了一条道路。

同日 新华社报道：我国首次举办的1979年度全国最佳运动员评选揭晓，评出的十名最佳运动员是：陈肖霞、陈伟强、葛新爱、吴数德、容志行、聂卫平、栾菊杰、邹振先、宋晓波、吴忻水。

79-001

79-002

79-003

79-004

79-005

79-001. 邓小平访问美国。美国总统卡特为邓小平和夫人卓琳举行欢迎仪式。
79-002. 邓小平和卡特总统在白宫签订《中美科技合作协定》和《文化合作协定》。
79-003. 邓小平在费城接受坦普尔大学授予他的名誉法学博士证书。
79-004. 邓小平在美国休斯顿观看马术竞技表演时向观众招手致意。
79-005. 全国政协就全国人大发表的《告台湾同胞书》在北京举行座谈会。邓小平出席并讲话。
79-006. 中国科技大学研究生院首届开学典礼在北京举行。
79-007. 邓小平在中共中央理论务虚会上讲话。
79-008. 被越军炸毁的云南河口与越南老街之间的中越界桥。
79-009. 中国边防部队用炮火摧毁越南侵略者的阵地。
79-010. 对越自卫反击战中的中国炮兵。
79-011. 第五届全国人大常委会第六次会议在北京举行。

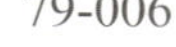

79-006

79-007

79-008

79-009
79-010

79-011

79-012

79-013

79-014
79-015

79-016

79-017

79-018

79-019

79-020

79-021

79-012. 建设中的深圳特区所属的罗湖小区。

79-013. 南国海滨新城——珠海经济特区。

79-014. 修复后的山东曲阜孔府内的红萼轩。

79-015. 曲阜孔庙的大成殿。

79-016. 著名生物学家童第周追悼会在北京举行。方毅致悼词。

79-017. 五届全国人大二次会议在北京召开。

79-018. 茅盾（右四）与文史专家们在《红楼梦学刊》编委会成立会上。右起：俞平伯、顾颉刚、王昆仑。

79-019. 著名红学家吴世昌（左三）等参观哈尔滨师范大学图书馆举办的“红楼梦版本展览”。

79-020. 云南西双版纳的基诺族中学生在上课。

79-021. 昔日树叶为衣的基诺人，如今住进了新山村。

79-022

79-023

79-024

79-025

79-026

79-027

79-028

79-029

79-030

79-031

79-022. 彭真在五届全国人大常委会第八次会议上作关于法律草案的说明。

79-023. 中国同爱尔兰正式建交。图为爱尔兰首任驻中国大使约翰·坎贝尔（左）向国家副主席乌兰夫递交国书。

79-024. 为田汉平反昭雪的追悼会在北京举行。

79-025. 张闻天追悼大会在北京举行。邓小平致悼词。

79-026. 邓拓追悼会在北京举行。

79-027. 共青团中央在北京召开全国新长征突击手命名表彰大会。

79-028. 第四届全国运动会在北京举行。图为开幕式上表演的大型团体操《新的长征》。

79-029. 邓小平在第四届全运会闭幕式上给乒乓球运动员葛新爱发奖。

79-030. 全国妇联在北京召开表彰“三八”红旗手、“三八”红旗集体大会。

79-031 运动员高庆（右）打破了女子手枪慢射加速的世界纪录；杜宁生（左）平了该项世界纪录。

79-032

79-033

79-034

79-035

79-036

79-037

79-039

79-038

79-032. 华国锋、叶剑英、邓小平、李先念、西哈努克亲王、黄文欢在国庆招待会上。

79-033. 叶剑英代表中共中央、人大常委会、国务院在国庆30周年大会上发表重要讲话。

79-034. 中国国际信托投资公司董事长荣毅仁在办公室里。

79-035. 中国国际信托投资公司办公大楼外景。

79-036. 我国八个民主党派分别在北京召开全国代表大会。图为中国国民党革命委员会第五届全国代表大会会场。

79-037. 中国民盟中央主席史良在民盟代表大会主席台上。

79-038 胡厥文、胡子昂在中国民主建国会第三次全国代表大会上投票。

79-039. 兰州市黄河公路大桥建成通车。

79-040

79-041

79-042

79-043

79-044

79-045

79-046

79-047

79-048

79-040. 邓小平会见日本《朝日新闻》代表团团长杜边诚毅。

79-041. 中国文联第四次代表大会在北京举行。邓小平在主席台上与周扬交谈。

79-042. 茅盾（右）与夏衍在中国文联第四次代表大会开幕式主席台上。

79-043. 邓颖超和著名京剧演员李玉茹（左一）、评剧演员李忆兰（左二）、京剧演员童芷龄（右三）、京剧演员关肃霜（右二）、著名蒙古族舞蹈家斯琴塔日哈在第四次文代会的招待茶话会上。

79-044. 五届全国人大常委会第十二次会议在北京举行。图为聂荣臻、宋庆龄在主席台上。

79-045. 日本首相大平正芳访华。期间，两国签订《中日两国促进文化交流协定》。图为签字仪式现场。

79-046. 中国第一次评选年度“最佳运动员”。1979年度十佳运动员为（上排自左至右）：陈肖霞、陈伟强、葛新爱、吴数德、容志行；下排自左至右：聂卫平、栾菊杰、邹振先、宋晓波、吴忻水。

79-047. 国际奥林匹克运动委员会总部外景。

79-048. “渤二”钻井船翻沉事件发生后，海洋石油勘探局局长马骥祥（左一）、副局长王兆诸（右二）、局副总调度长张德经（右三）、滨海282号船船长蔺永志因渎职罪被判刑。

79-049

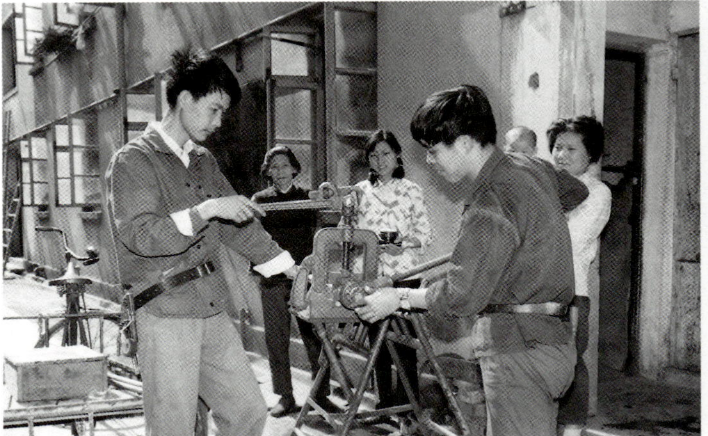

79-050

79-051

79-049. 参加人工合成核糖核酸的研究人员正在工作。
79-050. 由回城知识青年为主组成的上海徐汇区劳动服务公司上门为居民安装水表和电表。
79-051. 北京市通过招工考试解决待业青年的就业问题。

共　和　国　图　典

1980年

1月5～13日 美国国防部长布朗率代表团访华。

1月16日 中共中央在北京召开干部会议。邓小平代表中央作《目前形势和任务》的报告。

1月21～24日 中美科技合作联合委员会在北京举行全体会议。

1月27日 新华社报道：我国第一座大型地下水库在河北省南宫县初步建成，总蓄水量为4.8亿立方米。

1月31日 《人民日报》发表中华人民共和国外交部文件《中国对西沙群岛和南沙群岛的主权无可争辩》。

2月1日 中美贸易关系协定即日起开始生效。

2月7日 中国与哥伦比亚建立外交关系。

2月5～12日 五届全国人大常委会第十三次会议在北京召开。会议通过了《关于县级直接选举工作问题的决定》。

2月13～24日 第十三届冬季奥运会在美国普莱西德湖举行。中国体育代表团首次参加冬季奥运会。

2月22～24日 中国男女乒乓球队在西德吕塞尔斯姆举行的第二十九届国际乒乓球锦标赛中，获得男女团体冠军和4个单项冠军。

2月23～29日 中共中央十一届五中全会在北京召开。全会选举胡耀邦、赵紫阳为中央政治局常委。决定恢复中央书记处，并选举胡耀邦为中央委员会总书记。同时通过决议，为原中共中央副主席、国家主席刘少奇平反昭雪。还通过了《关于党内政治生活的若干准则》。

2月25日 中共中央发出《关于为所谓"习仲勋反党集团"平反的通知》。

3月2日 中共中央决定：邓小平不再兼中国人民解放军总参谋长，任命杨得志为中国人民解放军总参谋长、中央军委副秘书长、军委办公会议成员。

3月12日 邓小平在中央军委常委扩大会议上作了《精简军队，提高战斗力》的讲话。

3月14～15日 中共中央书记处召开西藏工作座谈会，讨论西藏建设的方针、任务和若干政策问题。

3月27日 经国务院批准，并经联合国教科文组织和人与生物圈理事会执行局通过，中国长白山、卧龙、鼎湖山三处自然保护区被划为国际生物圈保护区。

4月1日 中国民航波音747大型客机载着100多名中外旅客首航巴黎。

同日 经国务院批准，中国银行开始发行外汇兑换券，同时禁止外币的使用和流通。

4月8～16日 五届全国人大常委会第十四次会议在北京举行。会议决定任命赵紫阳、万里为国务院副总理，免去纪登奎、陈锡联的国务院副总理职务。

4月17日 邓小平、胡耀邦会见意大利共产党总书记贝林格和由他率领的意共代表团。

同日 国际货币基金组织正式决定恢复中华人民共和国在该组织的代表席位。

5月2～6日 巴基斯坦总统齐亚·哈克和夫人访华。

5月3～6日 几内亚总统杜尔和夫人访华。

5月7日 中国政府发表声明，指出日本政府决定同南朝鲜当局在东海大陆架片面划定的"共同开发区"西侧开始进行钻探试采，是无视中国主权，不以中日友好关系为重的行为。

5月16日 中共中央、国务院发出《关于广东、福建两省会议纪要》，决定在广东省的深圳市、珠海市、汕头市和福建的厦门市，各划一定范围的区域，试办经济特区。

5月17日 刘少奇追悼大会在北京人民大会堂隆重举行。华国锋主持追悼大会，邓小平致悼词。

5月20日 中共中央发出《关于为罗瑞卿同志平反的通知》。

5月22日 新华社报道：1980年5月18～21日，中国向太平洋海域发射运载火箭获得圆满成功。

5月27日～6月1日 华国锋总理访问日本。

5月31日 邓小平在同中央负责人谈话时，肯定了安徽省肥西县和凤阳县实行的包产到户的做法。

6月4日 中共中央、国务院发出《关于收回文化大革命期间散失的珍贵文物和图书的规定》。

6月17日 新华社报道：中国科学院新疆分院副院长彭加木在新疆罗布泊地区进行科学考察时失踪。

6月19日 中国代表团在日内瓦裁军谈判委员会夏季会议上提出《关于禁止化学武器公约的建议》。

6月25日 国务院环境保护办公室主任李超伯在日内瓦宣布，中国决定参加《国际自然和自然资源保护联合会和保护濒危的野生动植物国际贸易公约》。

6月30日 中国同世界野生生物基金会《关于在中国四川省卧龙地区建立保护大熊猫研究中心的议定书》在海牙签字。

7月7日 国际足球联合会第四十二届代表大会在苏黎世正式通过联委会于1979年10月作出的《关于恢复中华人民共和国在国际足球联合会的合法权利的决定》。

7月21日 外交部发言人就苏越签订所谓在"越南南方大陆架"合作勘探、开采石油和天然气协定发表声明，重申西沙、南沙群岛和东沙、中沙群岛一样，历来是中国领土的一部分。

7月24日 中共中央书记处邀请科学家给中央领导同志讲课。著名科学家钱三强教授主讲第一课：科学技术发展的简况。

7月28日 中共中央批转解放军总政治部《关于黄克诚同志的复查结论》，决定为黄克诚平反。

8月1日 国际业余游泳联合会理事会通过接纳中国游泳协会为正式会员的决议。

8月2～7日 中共中央在北京召开全国劳动就业工作会议。

8月14日 华国锋、李先念等中央领导同志在中南海听著名物理学家吴仲华、王淦昌和化学家鲍汉琛讲能源科学。

8月17日 新华社报道：《中国青年》杂志开展的题为《人生的意义究竟是什么?》的讨论，受到广大青年的欢迎。

8月18日 邓小平在中共中央政治局扩大会议上作题为《党和国家领导制度的改革》的讲话。31日，中央政治局讨论并通过了这篇讲话。

8月21日、23日 邓小平两次会见意大利记者奥琳娜·法拉奇，谈对毛泽东的评价等问题。

8月26日 中共中央、中央军委批转《总政治部关于为李德生同志平反的报告》。

8月28日～9月12日 中国人民政治协商会议第五届全国委员会第三次会议在北京召开。会议通过政协五届三次会议关于修改政协章程的决议。

8月30日～9月10日 五届全国人民代表大会第三次会议在北京举行。会议通过《关于修改〈中华人民共和国宪法〉第四十五条的决议》，决定取消第四十五条中关于公民"有运用'大鸣、大放、大辩论、大字报'的权利"的规定。会议根据中共中央的建议，决定华国锋不再兼任国务院总理，由赵紫阳接任。同意一批老一辈革命家不再兼任

国务院副总理和人大副委员长的辞职请求，在废除领导干部职务终身制方面迈出了重要的一步。

9月2日 中共中央纪委作出《关于康生问题的审查报告》，揭露了康生的罪行。

9月14～19日 肯尼亚总统丹尼尔·阿拉普·莫依访华。

9月14～22日 中共中央召开省、市、自治区党委第一书记会议，着重讲加强和完善农业生产责任制问题。

9月18～26日 意大利总统山德罗·佩尔蒂尼和夫人访华。

9月25日 中共中央发出《关于控制我国人口增长问题致全体党员、共青团员的公开信》，号召党团员带头，做到每对夫妇只生一个孩子。

9月26～29日 五届人大常委会第十六次会议在北京举行。会议决定成立最高人民检察院特别检察厅和最高人民法院特别法庭，检察、审判林彪、江青反革命集团案主犯；任命黄火青兼任特别检察厅厅长，江华兼任特别法庭庭长。

9月29日 中共中央批转公安部、最高人民检察院、最高人民法院提出的《关于"胡风反革命集团"案件的复查报告》，决定为胡风平反。

同日 中国第一部综合性大型年鉴——《中国百科年鉴》(1980)出版。

10月1日 中国首次参加在华盛顿举行的国际货币基金组织和世界银行联合年会。

10月6～21日 第一次全国规模的1980年书展在北京举办。

10月10日 中国政府正式加入保证民用航空安全的《海牙公约》和《蒙特利尔公约》，并于即日起生效。

10月15～21日 法国总统吉斯卡尔·德斯坦访华。

10月16日 中共中央批转中纪委关于康生和谢富治问题的审查报告，决定开除他们的党籍。

10月19日 中共中央办公厅转发中纪委的报告，指出"文化大革命"中把瞿秋白诬为"叛徒"是完全错误的。

10月20日 中国第一条彩色电视生产线在国营天津无线电厂建成并投入试生产。

10月28日～11月4日 荷兰首相范阿赫特访华。

11月15日～12月21日 国务院在北京召开全国省长、直辖市长、自治区主席会议和全国计划会议，讨论经济形势，调整1981年计划。

11月15日 北京——伦敦国际航线正式开航。同日，邓小平会见美国《基督教科学箴言报》总编辑费尔。

11月20日 最高人民法院特别法庭开始对林彪、江青两个反革命集团的10名主犯进行审理。

11月23日 中共中央批转山西省委《关于农业学大寨运动中经验教训的检查报告》。

12月1日 在云南省禄丰县石灰坝发掘出腊玛古猿人类化石，证明人类起源是800万年前，起源地点在亚洲。

12月3日 中共中央、国务院发出《关于普及小学教育若干问题的决定》。

12月3～5日 中日两国政府成员级首次会议在北京举行。邓小平、赵紫阳分别会见了日本6 位内阁成员。5日，双方发表了联合公报，并就1980年度日本政府向中国政府贷款560亿日元签字换文。

12月10日 国务院正式批准成立厦门经济特区。

12月13日 外交部照会越南驻华大使馆，强烈抗议越南在中越边境武装入侵和挑衅。

12月16～23日 中国佛教协会第四届全国代表大会在北京举行。选举出以班禅额尔德尼·确吉坚赞为名誉会长、赵朴初为会长的新的领导机构。

12月21日 外交部新闻司发言人就荷兰政府批准向台湾出售潜艇，表示了中国政府的强烈不满和极大遗憾。

12月25日～1981年1月5日 全国科学技术工作会议在北京召开。

12月28日 新华社报道：《周恩来选集》上卷由人民出版社出版，1981年元旦起在全国各省、市、自治区新华书店发行。

80-001

80-002

80-003

80-004

80-005
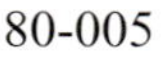

80-006

80-007

80-008

80-009
80-010

80-001. 在全国政协举行的元旦茶话会上，邓小平同宋庆龄亲切交谈。
80-002. 新启用的首都国际机场候机楼出港大厅一角。
80-003. 五星红旗在冬奥会运动员村上空飘扬。
80-004. 在第十三届冬奥会开幕式上中国体育代表团入场。
80-005. 王震（左二）和王任重（左三）在北京工人体育场接见参加冬奥会的运动员时观看冬季体育装备。
80-006. 中国选手王年春（左）在男子500米速滑比赛中。
80-007. 华国锋、叶剑英、邓小平、李先念、陈云和胡耀邦、赵紫阳在中共十一届五中全会上。
80-008. 邓小平会见意大利共产党总书记贝林格。
80-009. 聂荣臻和彭真在中共十一届五中全会上交谈。
80-010. 李立三、贾拓夫追悼会在北京举行。

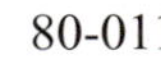
80-011

80-012

80-014

80-013

80-015

80-011. 贝林格和中国少年儿童在一起。
80-012. 林业部等五个单位在人民大会堂联合召开植树造林动员大会。
80-013. 长白山自然保护区林区冬景。
80-014. 美丽的长白山自然保护区。
80-015. 四川卧龙保护大熊猫研究中心的大熊猫繁殖饲养场外景。
80-016. 被抢救的大熊猫“桦桦”在转运途中。
80-017. 首都各界群众在中国历史博物馆门前奉迎鉴真大师像。
80-018. 汕头经济特区的新建筑。
80-019. 珠海特区的渔村盖起了成片新楼房，面貌焕然一新。
80-020. 迅速发展的深圳经济特区。
80-021. 彭加木（左二）和新疆的科研人员在罗布泊地区进行科学考察。

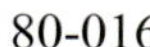

80-016

80-018

80-017
80-019

80-020

80-021

80-022

80-023

80-024

80-025

80-026

80-027

80-028

80-029

80-030

80-031

80-022. 刘少奇追悼大会在人民大会堂举行。
80-023. 邓小平、陈云向刘少奇夫人王光美表示亲切的慰问。
80-024. 王光美在迎接刘少奇骨灰的专机上。
80-025. 王光美和子女们遵照刘少奇生前遗言，将他的骨灰撒在大海里。图为亲人们向刘少奇骨灰作最后告别。
80-026. 魂系大海。
80-027. 华国锋总理访日期间，在日本6个友好团体的欢迎大会上讲话。
80-028. 中国文字改革委员会第一次全体委员会议在北京举行。
80-029. 中国向太平洋预定海域发射的运载火箭点火起飞。
80-030. 钱三强教授给中共中央书记处和国务院领导同志讲《科学技术发展的简况》。
80-031. 正在讲课的钱三强教授。

80-032

80-033

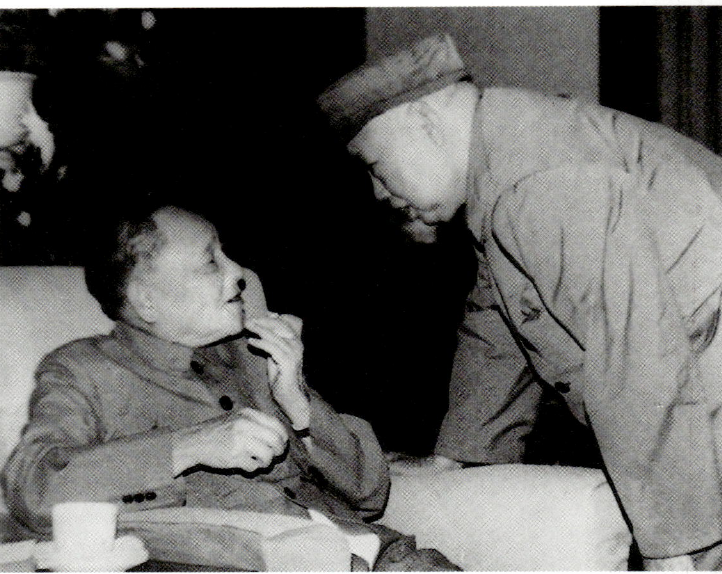

80-035

80-034
80-036

80-032. 出席五届全国人大三次会议的代表们举手通过各项决议。
80-033. 五届全国人大三次会议期间，邓小平同许世友亲切交谈。
80-034. 在五届全国人大三次会议上，顾明（前排左一）就《中华人民共和国中外合资经营企业所得税法（草案）》作说明。
80-035. 全国人大代表钱学森（右）与侯宝林在一起说笑。
80-036. 在五届全国人大三次会议上，武新宇（前排右一）就《中华人民共和国婚姻法修改草案和中华人民共和国国籍法(草案)》作说明。
80-037. 著名历史学家刘大年（右四）在上海市小组讨论会上发言。
80-038. 班禅额尔德尼·确吉坚赞（左）和阿沛·阿旺晋美在西藏自治区小组会上学习文件。
80-039. 邓小平与意大利记者奥琳埃娜·法拉奇亲切握手。
80-040. 我国第一条复线电气化铁路——石太线石家庄至阳泉段改造工程竣工通车，从而使晋煤外运能力大大提高。
80-041. 全国少数民族文艺汇演在北京举行。图为景颇族舞蹈《景颇刀舞》剧照。
80-042. 新疆民族舞蹈《跳吧》剧照。

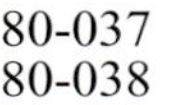

80-037
80-038

80-039

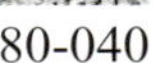

80-040

80-041

80-042

80-043

80-044

80-045

80-046

80-047

80-048

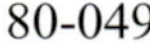

80-049

80-050

80-051

80-043. 湖北应城县红旗公社卫生院医生向乡村医生和接生员讲解节育知识。

80-044. 山东崂山县云头崮大队为只生一个孩子的青年夫妇发奖。

80-045. 中科院古脊椎动物与古人类研究所的徐庆化（右一）、陆庆武（右三）和云南省博物馆考古工作者郑良（中）正在对禄丰古猿头骨化石作进一步研究。

80-046. “云南西瓦古猿”下颌骨化石。

80-047. 著名作家叶圣陶（前左）在北京劳动人民文化宫举行的全国书市上和读者见面。

80-048. 中国佛教协会第四届全国代表大会在北京举行。名誉会长班禅额尔德尼·确吉坚赞带领会议代表在北京西山参拜佛牙舍利。

80-049. 五届全国人大常委会第十六次会议通过决定，设立最高人民检察院特别检察厅和最高人民法院特别法庭，审判林彪、江青反革命集团主犯。

80-050. 黄火青（中）和江华（左）在五届全国人大常委会十六次会议上。

80-051. 最高人民法院特别法庭开庭审判林彪、江青反革命集团案。

80-052

80-053

80-054

80-055

80-052. 三层转盘式立交桥在北京西直门建成。
80-053. 《周恩来选集》（上卷）开始在全国发行。
80-054. 邓颖超在中南海会见参加《周恩来选集》编辑的工作人员。
80-055. 北京王府井新华书店发行《周恩来选集》（上卷）的场面。

1981
共 和 国 图 典

1981年

1月4日 葛洲坝大江截流戗堤胜利合成。

1月6日 中共中央批转中央统战部、中央组织部《关于在国家机关安排党外人士担任领导职务的情况和今后意见的报告》。

1月13日 《人民日报》报道：国务院批准颁布会计、统计、编辑、外语翻译、新闻记者和经济专业干部等6种社会科学专业人员业务职称的6个暂行规定。

1月16日 中共中央统战部、组织部联合发出通知，要求各地解决好原工商业者安排使用问题。

同日 国务院会议决定1981年开始发行国库券。

1月19日 由于荷兰政府坚持为台湾建造潜艇，外交部照会荷兰驻华大使，要求把两国外交关系由大使级降为代办处级。

1月25日 最高人民法院特别法庭对林彪、江青反革命集团10名主犯作出判决。判处江青、张春桥死刑，缓期二年执行，剥夺政治权利终身。对王洪文、姚文元、陈伯达、黄永胜、吴法宪、李作鹏、邱会作、江腾蛟等也作出了相应的刑事判决。

2月3日 新华社报道：国务院作出八项平衡财政收支、严格财政管理的决定。

2月9日 新华社报道：中国自行设计建造的第一座大型高通量原子反应堆建成。

2月9～16日 密特朗率法国社会党代表团访华。

2月20日 中共中央、国务院发出《关于处理非法刊物、非法组织和有关问题的指示》。

2月25日 全国总工会、共青团中央、全国妇联等9个单位联合发出倡议，在全国开展以“讲文明、讲礼貌、讲卫生、讲秩序、讲道德”和“心灵美、语言美、行为美、环境美”为内容的“五讲”、“四美”文明礼貌活动。

2月25日～3月6日 第五届全国人大常委会第十七次会议在北京举行。会议通过了《关于防止关停企业和停建缓建工程国家财产遭受损失的决议》等6个决议和两个公告。

2月28日 国家体委举行授奖大会，向近年来获得世界冠军或打破世界记录的运动员颁发体育运动荣誉奖章，向在国际体育比赛中获得优良成绩的运动员颁发优异成绩奖状。

3月2日 中国人民解放军总参谋部、总政治部颁发《军人誓词》。

3月6日 五届全国人大常委会第十七次会议决定设立国家计划生育委员会。

3月8日 中共中央、国务院作出关于保护森林发展林业若干问题的决定。

3月12日 国务院最近作出关于在国民经济调整时期加强环境保护工作的决定。

3月22～26日 坦桑尼亚总统尼雷尔访华。

3月24日 1980年全国优秀短篇小说颁奖大会在北京举行。《西线轶事》、《乡场上》等30篇作品获奖。

3月27日 全国文联名誉主席、著名作家茅盾在北京逝世，终年85岁。主要作品有《子夜》、《春蚕》等。

3月29日 新华社报道：中国科学院新增补学部委员113人，至此，中国科学院学部委员人数达到400人。

4月1～5日 英国外交和联邦事务大臣卡林顿访华。

4月2日 新华社报道：国家计委、建委、财政部联合作出关于制止盲目建设、重复建设的几项规定。

4月7～14日 瑞典首相费尔丁访华。

4月11日 《人民日报》发表黄克诚的文章：《关于对毛主席评价和对毛泽东思想的态度问题》。

4月16～25日 全国经济管理体制改革理论与实践问题研讨会在成都举行。会议重点讨论了调整的目标和步骤、扩权企业的利润留成等6个问题。

4月18日 文化部举行1980年优秀影片授奖大会。《巴山夜雨》等26部影片榜上有名。

4月26日 中国运动员在第三十六届世界乒乓球锦标赛上夺取全部项目冠军，并夺得五个单项比赛亚军和三项第三名。

4月27日～5月2日 塞拉利昂总统史蒂文斯访华。

4月30日 第五届全国政协副主席、第五届全国人大副委员长、五届民革中央主席朱蕴山在北京逝世，终年94岁。

5月9日 国家科委发明评选委员会审查批准26项发明和奖励等级。棉花新品种“鲁棉一号”获一等奖。另评出二等奖4项，三等奖13项，四等奖8项。

5月11～20日 中国科学院第四次学部委员大会在北京举行。大会主席团推选卢嘉锡为中国科学院院长，钱三强、胡克实等为副院长。

5月12～17日 津巴布韦总理穆加贝访华。

5月23日 第一届中国电影金鸡奖和第四届电影百花奖授奖大会在杭州举行。《巴山夜雨》等影片、谢晋等电影编导人员获得金鸡奖。百花奖评出《庐山恋》等最佳故事片，达式常、张瑜分获最佳男、女演员奖。

5月25日 全国中篇小说、报告文学、新诗颁奖大会在北京举行。共有89人的80篇作品获奖。

5月25日～6月5日 比利时国王博杜安一世和王后法比奥拉来华访问。

5月29日 全国人大常委会副委员长、国家名誉主席宋庆龄在北京逝世，终年88岁。追悼会于6月3日举行，追悼会由胡耀邦主持，邓小平致悼词。骨灰安葬在上海。

6月1～8日 赵紫阳总理出访巴基斯坦、尼泊尔、孟加拉三国。

6月5～10日 五届人大常委会第十九次会议在北京举行。会议通过了《中国人民解放军选举全国人民代表大会和地方各级人民代表大会代表的办法》等有关决议。

6月10～15日 联合国秘书长瓦尔德海姆访华。

6月12日 国务院批准公布《中华人民共和国学位条例暂行实施办法》。

6月14～17日 美国国务卿黑格访华。

6月15日 葛洲坝船闸首次试航成功。

6月26日 “朱德、彭德怀、贺龙、陈毅、罗荣桓光辉业绩展览”在中国人民革命军事博物馆开幕。

6月26日～7月5日 黄华副总理兼外长出访印度、斯里兰卡、马尔代夫。

6月27～29日 中共十一届六中全会在北京举行。全会一致通过了《关于建国以来党的若干历史问题的决议》。全会一致同意华国锋辞去党中央主席和中央军委主席职务的请求，选举胡耀邦为中央委员会主席，赵紫阳、华国锋为副主席，邓小平为中央军事委员会主席。

7月1日 首都各界在人民大会堂召开庆祝中国共产党成立60周年大会。

7月4日 国务院决定设立幼鱼保护区，划出37个大黄鱼幼鱼保护区和5个带鱼幼鱼保护区。

7月17～28日 欧洲议会主席韦伊夫人访华。

7月24日 国家科委发明评选委员会审批41项发明和奖励等级，其中二等奖6项，三等奖12项，四等奖26项。

7月26日～8月2日 国务院学位委员会学科评议组第一次会议在北京举行。主要任

务是审核中国首批有权授予博士学位的高等院校和科研机构及其学科、专业名单。

8月6～13日 赵紫阳总理出访菲律宾、马来西亚、新加坡。

8月8日 台湾空军第五联队少校飞行考核官黄植诚驾F—5E型飞机起义，飞到大陆。

8月20～25日 马里总统特拉奥雷访华。

8月25日 《人民日报》报道：喉癌切除硅橡胶喉成型由山东医学院附属医院耳鼻喉科研制成功。

8月28日 新华社报道：教育部决定正式执行《中学生守则》和《小学生守则》。

9月13～19日 人民解放军北京部队和空军在华北某地举行军事演习，这是人民解放军历史上规模最大的一次演习。邓小平检阅了陆海空军指战员排列成的53个方队，并向受阅部队发表讲话。

9月14～23日 瑞典国王卡尔十六世古斯塔夫和王后访华。

9月20日 中国首次成功地使用一枚运载火箭发射三颗空间物理探测卫星。这使中国成为继美国、苏联和西欧航天局之后第四个掌握火箭多次分离技术的国家。

9月25日 纪念鲁迅诞辰100周年大会在北京举行。

9月25～29日 多哥总统埃亚德马访华。

9月26日 中国羽毛球运动员在第三届国际羽毛球精英赛中取得女子单打、男子单打、女子双打三项冠军。

9月30日 叶剑英委员长对新华社记者发表谈话，进一步阐明台湾回归祖国实现和平统一的九条方针。他建议，举行中国共产党和中国国民党两党对等谈判，实行第三次合作，共同完成祖国统一大业。

10月6日 国家科委发明评选委员会审批11项发明和奖励等级。

10月9日 首都各界人士隆重集会纪念辛亥革命70周年。胡耀邦在会上向台湾当局提出：建议并邀请蒋经国等人回大陆和故乡看看。

10月16日 外贸部部长郑拓彬就如何促进大陆和台湾通商贸易进一步发展的问题提出四点建议。

10月17日 中共中央、国务院作出关于广开门路、搞活经济、解决城镇就业问题的若干规定，提出：应当着重开辟在集体经济和个体经济中的就业渠道。

10月19～29日 丹麦首相约恩森访华。

10月22日 赵紫阳总理参加亚太经济合作组织领导人非正式会谈的坎昆会议并在会上发言，代表中国政府提出了国际合作的五项原则。

10月27日～11月2日 委内瑞拉总统埃雷拉访华。

11月5～12日 南共联盟中央主席团书记丘拉菲奇率南共联盟代表团来华访问。

11月16日 中国女子排球队获第三届世界杯女子排球赛冠军。

11月28日～12月14日 中国人民政治协商会议第五届全国委员会第四次会议在北京举行。

11月30日～12月13日 五届全国人民代表大会第四次会议在北京举行。赵紫阳作题为《当前的经济形势和今后的经济建设方针》的政府工作报告。会议通过了这一报告，并通过了其他一些决议和法律。

12月3日 我国第一个生产彩色显像管的现代化大型企业——陕西显像管厂正式投产，从而结束了我国不能配套生产彩色电视机的历史。

12月12日 武汉钢铁公司“1.7米轧机工程”通过国家验收并正式交付生产。

12月16日 第四、五届全国人大常委会副委员长张鼎丞在北京逝世，终年83岁。

12月20～24日 赵紫阳总理率中国党政代表团访问朝鲜。

12月22～29日 全国台湾同胞第一次代表会议在北京举行。会议宣告中华全国台湾同胞联谊会正式成立，推举林丽韫为会长。会议还通过了给台湾父老兄弟姐妹的致敬信。

12月27日 葛洲坝两台发电机组通过验收正式投产。这两台机组的单机容量均为17万千瓦，是中国自行研制的最大型低水头转浆式电机组，在世界上也属最大型机组。

12月30日 全国第一次少数民族文艺创作颁奖大会在北京举行。

81-001

81-002

81-003

81-004

81-005

81-006

81-007

81-008

81-001. 葛洲坝水利枢纽工程正待截流的戗堤龙口。
81-002. 著名水利专家张光斗教授(左一)对葛洲坝工程的水土结构设计和施工提出了许多指导性意见。
81-003. 葛洲坝工程大江截流现场，最后一块混凝土块被推进龙口，宣告大江截流胜利完成。
81-004. 水利部部长钱正英（右三）、副部长陈赓仪（右一）在大江截流期间深入工地，和专家一起讨论技术问题。
81-005. 大江截流指挥长刘书田（中）在截流现场。
81-006. 江华（前左三）宣布对林彪、江青反革命集团10名主犯的判决。
81-007. 在特别法庭上，一边是公诉人江文义正词严的陈述，一边是被告江青的百般诡辩。
81-008. 张春桥、陈伯达、王洪文、姚文元、江青、黄永胜、吴法宪、李作鹏、邱会作、江腾蛟（自左至右）在被告席上。

81-009

81-011

81-010

81-013

81-012

81-014

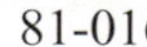
81-016

81-017

81-015

81-018

81-019

81-009. 著名作家茅盾（沈雁冰）追悼会在北京举行，邓小平主持，胡耀邦致悼词。
81-010. 第五届全国政协副主席朱蕴山追悼会会场。
81-011. 茅盾生前在北京住所院内。
81-012. 朱蕴山（左二）生前和作家陈登科（右一）在一起。
81-013. 周扬、夏衍、贺敬之等出席全国优秀短篇小说评选发奖大会，并同获奖者合影留念。
81-014. 故事片《巴山夜雨》、《天云山传奇》的部分编剧、导演、演员及摄影在文化部举行的优秀影片发奖大会上与观众见面。自左至右：石维坚、王馥荔、吴贻弓、吴永刚、叶楠、施建岚、张瑜、谢晋。
81-015. 中国第一座大型高通量原子反应堆室内全景。
81-016. 中国乒乓健儿在三十六届世乒赛中荣获全部项目冠军。图为中国女队登上领奖台。
81-017. 18 岁的女将童玲夺得女子单打冠军。
81-018. 李富荣（右三）和年轻的队员一样，掩饰不住胜利后的喜悦。
81-019. 首都少先队员向受国家体委、共青团中央表彰的中国乒乓球队运动员、教练员赠送红领巾。

81-020

81-021

81-022

81-023

81-024

81-025

81-020. 中国科学院第四次学部委员大会在北京举行。

81-021. 邓小平、彭真等会见中科院第四次学部委员大会的全体代表。

81-022. 达式常（前左）、张瑜（前右）分别获电影百花奖、金鸡奖的最佳男女演员奖。

81-023. 在获最佳故事片奖的影片《巴山夜雨》中饰民警老王的仲星火（左）。

81-024. 故事片《巴山夜雨》的编剧叶楠获中国电影首届金鸡奖的最佳编剧奖。

81-025. 方毅（右）向培育鲁棉一号的代表——山东省棉花研究所副所长庞居勤授国家发明一等奖。

81-026. 北京各界群众在吊唁大厅瞻仰中华人民共和国名誉主席，第四、五届全国人大常委会副委员长宋庆龄遗容。

81-027. 邓小平在宋庆龄追悼会上致悼词。

81-028. 中华人民共和国名誉主席宋庆龄。

81-029. 宋庆龄安葬典礼在上海万国公墓的宋氏墓地举行。

81-030. 黄华外长同来访的联合国秘书长瓦尔德海姆（左）亲切握手。

81-026

81-027

81-028

81-029

81-030

81-031

81-033

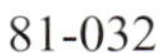

81-032

81-034

81-035

81-036

81-037

81-038

81-039

81-040

81-031. 中共十一届六中全会在北京举行，图为邓小平、陈云、叶剑英、胡耀邦、李先念等在中共十一届六中全会主席台上。

81-032. 中共十一届六中全会通过《关于建国以来党的若干历史问题的决议》。

81-033. 邓小平在中共十一届六中全会上讲话。

81-034. 葛洲坝水利枢纽工程首次试航成功。图为“东方红”5号大型客轮徐徐通过二号船闸。

81-035. 邓小平会见联合国秘书长瓦尔德海姆（右）。

81-036. “朱德、彭德怀、贺龙、陈毅、罗荣桓光辉业绩展览”在中国人民革命军事博物馆正式展出。

81-037. 展览图片之一：1948年5月，朱德和陈毅在河北濮阳前线研究作战方案。

81-038. 展览图片之一：贺龙、周士第（右二）在解放大西南的进军途中。

81-039. 展览图片之一：东北野战军政委罗荣桓（左）等在锦州前线指挥作战。

81-040. 展览图片之一：中国人民志愿军司令员彭德怀在朝鲜前线。

81-041

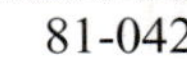

81-042

81-043

81-044

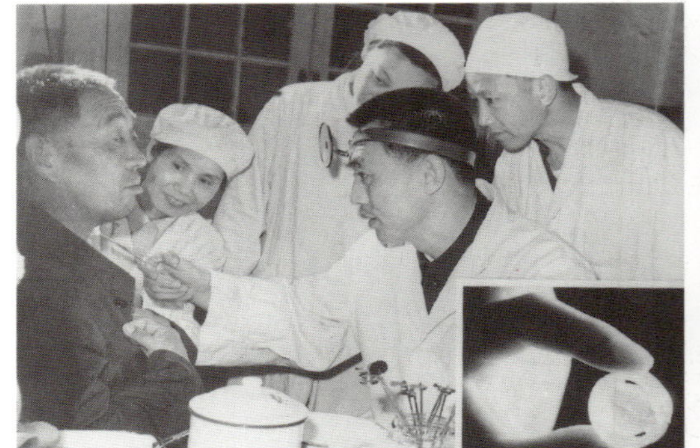

81-045

81-041. 首都各界群众在人民大会堂隆重举行庆祝中国共产党成立60周年大会。
81-042. 胡耀邦在庆祝中国共产党成立60周年大会上讲话。
81-043. 邓小平（中）、邓颖超（左）接见黄植诚（右）。
81-044. 国民党空军少校黄植诚驾机回到祖国大陆。
81-045. 硅橡胶喉成型的主要设计者、山东医学院附属医院耳鼻喉科副主任王廷础（前右）在向病人讲解使用方法。右下角为硅橡胶喉。
81-046. 邓小平检阅参加华北军事演习的部队。
81-047. 步兵部队通过检阅台。
81-048. 导弹部队通过检阅台。
81-049. 邓小平观看空中表演。
81-050. 在现代条件下的军事演习。
81-051. 神兵从天而降。

81-046

81-047

81-048

81-049

81-050

81-051

81-052

81-053

81-054

81-055

81-056

81-058

81-057

81-059

81-060

81-061

81-062

81-052. 我国首次使用一枚运载火箭发射三颗卫星。图为科学工作者对我国首次即将发射的空间物理探测卫星10号进行检测。

81-053. 空间物理探测卫星入轨后，地面测控站跟踪卫星。

81-054. 首都各界人士隆重集会，纪念鲁迅诞辰100周年。

81-055. 邓颖超会见前来参加纪念大会的鲁迅生前好友内山完造的夫人内山真野（右）和弟弟内山嘉吉（左二）等日本朋友。

81-056. 鲁迅的儿子周海婴（右）欢迎为参加鲁迅诞辰100周年纪念活动远道而来的日本朋友。

81-057. 首都各界人士在北京人民大会堂隆重举行辛亥革命70周年纪念大会。

81-058. 邓小平和应邀参加辛亥革命70周年纪念活动的来宾握手。

81-059. 胡耀邦和辛亥革命老人握手。

81-060. 李维汉（右）与冯玉祥的子女在辛亥革命老人座谈会上交谈。

81-061. 廖承志（左前）在观看日本友人献出的孙中山与生前好友宫崎滔天的两本通信手册。

81-062. 吉林省社科院院长佟冬（右）和美国芝加哥大学教授何炳棣（左）在纪念辛亥革命70周年学术讨论会上探讨史学问题。

81-063

81-064

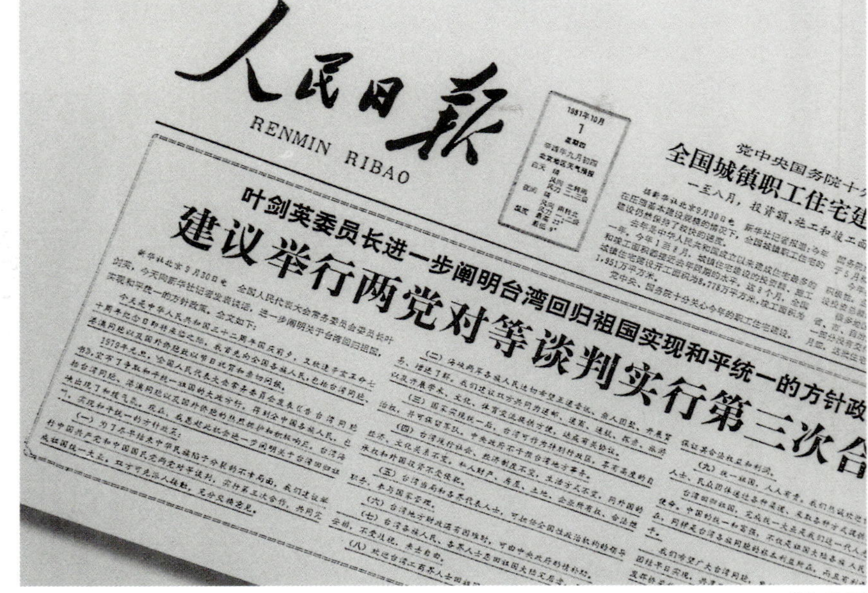

人民日报
RENMIN RIBAO

1981年10月
7

党中央国务院十分
全国城镇职工住宅建
一至八月，投资额、施工和竣工面

叶剑英委员长进一步阐明台湾回归祖国实现和平统一的方针政
建议举行两党对等谈判实行第三次合

新华社北京9月30日电 全国人民代表大会常务委员会委员长叶剑英，今天向新华社记者发表谈话，进一步阐明关于台湾回归祖国，实现和平统一的方针政策。全文如下：

81-065

81-066

81-067

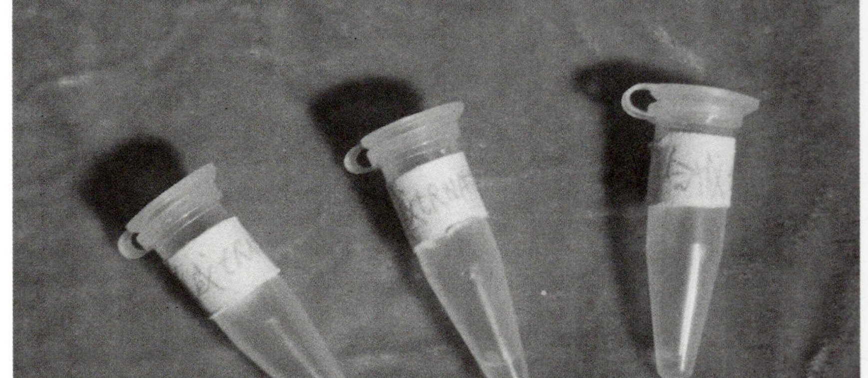

81-068

81-069

81-070

81-071

81-072

81-063. 邓小平会见来华访问的委内瑞拉总统埃雷拉。
81-064. 叶剑英会见原国民党高级将领李默庵（右三）和夫人。
81-065. 《人民日报》刊登叶剑英关于台湾问题的谈话。
81-066. 参加人工合成核糖核酸的科技人员：中科院上海分院院长王应睐（右二）、上海生物化学研究所研究员王德宝（右一）等。
81-067. 储存在离心管内的人工合成核糖核酸样本。
81-068. 中共中央书记处组织科技讲座。图为遗传育种学家徐冠仁（右）正在讲课。
81-069. 出席“坎昆会议”的22个国家的国家元首、政府首脑在海滩合影。
81-070. 由武钢一米七轧机生产的冷轧硅钢片，填补了我国冶金工业的空白。
81-071. 冷轧薄板厂的工人正在操作精轧机轧制镀锌原板。
81-072. 经过粗轧的火红带坯自动进入精轧机。

81-073

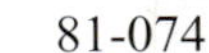

81-074

81-075

81-076

81-077

81-078

81-079

81-080

81-073. 第三届世界羽毛球精英大赛女子单打冠军张爱玲在比赛中。

81-074. 第三届世界羽毛球精英大赛男子单打冠军栾劲在决赛中。

81-075. 中国女排荣获第三届世界女子排球赛冠军。图为中国女排队员在领奖台上。

81-076. 中国女排教练袁伟民获得最佳教练奖。

81-077. 获得冠军后，女排队员们激动得泪流满面。

81-078. 郎平获优秀运动员奖。

81-079. 12月16日，第五届全国人大常委会副委员长张鼎丞逝世。图为他生前在五届人大一次会议上。

81-080. 张鼎丞生前（左二）和周恩来、邓颖超在一起。

81-081

81-082

81-083

81-081. 全国台胞第一次代表会议在北京举行。
81-082. 中华全国台湾同胞联谊会会长林丽韫在会议上。
81-083. 全国少数民族文学创作评奖揭晓并举行发奖大会，乌兰夫（前左）为蒙古族作家玛拉沁夫（前右）发奖。

1982

共　和　国　图　典

1982年

1月1日 中共中央批转《全国农村工作会议纪要》。《纪要》明确宣布，目前实行的各种责任制都是社会主义集体经济的生产责任制，都是社会主义农业经济的组成部分。

1月2日 中共中央、国务院作出关于国营工业企业进行全面整顿的决定。

同日 中共中央颁布《国营工厂厂长工作暂行条例》。

1月4日 国务院、中央军委联合发出《关于军队干部离职休养的暂行规定》。

1月10日 中央文献编辑委员会编辑的《刘少奇选集》上卷，由人民出版社出版。

1月11日 中共中央就广东省一些干部中存在走私贩私、贪污受贿等经济问题发出《紧急通知》。

1月11日、13日 中共中央政治局召开会议讨论中央机构精简问题。邓小平在会上作了题为《精简机构是一场革命》的讲话，阐明机构改革的性质、任务和方针原则。

1月13日 中共中央发出《关于加强政法工作的指示》。

同日 国务院发布《关于实行“粮食征购、销售、调拨包干一定三年”的管理办法》。

同日 新华社报道：中国科学院上海生物化学研究所等单位完成酵母丙氨酸转移核糖核酸的人工全合成。

同日 新华社报道：我国研制的电火箭最近首次进行空间飞行试验获得成功。

1月14日 胡耀邦在中共中央书记处会议上作题为《关于对外经济关系问题》的讲话。

1月15日 中共中央、国务院批转《沿海九省、市、自治区对外经济贸易工作座谈会纪要》。

同日 新华社报道：国务院最近批准我国458所高等学校首批有权授予学士学位。这些高等院校将在1982年应届毕业生中首批授予学士学位。

1月17日 1981年全国十名最佳运动员评选揭晓。孙晋芳、郎平等当选。

1月18日 国务院作出《关于对现有企业有重点、有步骤地进行技术改造的决定》。

1月20日 国家科学技术委员会发明评选委员会审查批准了27项发明，决定给予奖励。

2月1～10日 第二届中国电影金鸡奖评选活动在南京举行。

2月7日 新华社报道：国家工商管理总局有关负责人谈加强市场管理、打击投机倒把活动的问题。

2月9日 中共中央、国务院发出《关于进一步做好计划生育工作的指示》。

2月15日 新华社报道：国务院批准北京、承德、大同、南京等24个城市为我国首批历史文化名城。

2月20日 中共中央作出《关于建立老干部退休制度的决定》。

2月22日～3月8日 五届全国人大常委会第二十二次会议在北京举行，通过了关于国务院机构改革问题的决议等有关决议或决定，通过了有关的任免事项。

2月28日 赵紫阳总理和美国总统里根就中美上海公报发表10周年互致信件。双方表示愿意遵循上海公报和中美建交公报所共同确定的各项原则，共同努力克服障碍，发展关系。

3月1日 “全民文明礼貌月”活动在全国展开。

3月2日 赵紫阳在五届人大常委会第二十二次会议上作《关于国务院机构改革问题的报告》。会议通过了国务院机构改革方案。

3月8日 五届全国人大常委会第二十二次会议通过关于宽大释放全部在押的原国民党县团以下党政军特人员的决定。

3月15日 国务院科技干部局颁布《聘请科学技术人员兼职的暂行办法》和《实行科学技术人员交流的暂行办法》，并通知各省、市、自治区和国务院各部委科技干部管理部门试行。

3月16～20日 曹大元在日本东京举行的第四届世界业余围棋锦标赛上荣获冠军。

3月17日 国家体委向首批获围棋高段位的10名运动员颁布证书。这是我国首次向围棋运动员正式颁发段位证书。

3月22日 1981年全国优秀短篇小说评选揭晓，《内当家》、《卖驴》等20篇短篇小说获奖。

3月26日 中国同瓦努阿图共和国建立外交关系。

3月30日～4月1日 国际奥林匹克委员会主席胡安·安东尼·萨马兰奇访华。

4月12日 中共中央、国务院发出关于《宪法修改草案》中规定农村人民公社政社分开的通知。

4月13日 中共中央、国务院发布《关于打击经济领域中严重犯罪活动的决定》。

4月13 ～17日 罗马尼亚共产党总书记、共和国总统尼古拉·齐奥塞斯库和夫人访华。

4月14日 外交部发言人发表声明强烈抗议美国向台湾出售与军事有关的零配件。

4月17～24日 几内亚比绍国家元首若奥·贝尔纳多·维埃拉访华。

4月21日 文化部举行1981年优秀影片授奖大会。《喜盈门》、《西安事变》、《绿色钱包》等28部影片获奖。

4月22日～5月4日 五届全国人大常委会第二十三次会议在北京举行。会议决定公布《中华人民共和国宪法修改草案》，交付全国人民讨论。会议还通过了《关于国务院部委机构改革实施方案的决议》。

4月25～29日 阿尔及利亚总统、民族解放阵线党总书记沙德利·本·杰迪埃访华。

4月26日 中国民航3303次航班266号客机在广西壮族自治区恭城县上空撞山，飞机损毁，机上104名乘客和8名机组人员全部遇难。

同日 第五届全国政协副主席沙千里病逝，终年81岁。

4月29日 《人民日报》报道：我国第一所集体所有制的民办大学——中华社会大学在北京成立。

5月3～9日 利比里亚国家元首塞缪尔·卡尼翁·多伊访华。

5月4日 新华社报道：中国船舶工业总公司成立。这是我国第一个打破部门和地区界限按行业实行联合和改组的专业公司。

5月6日 国务院发布《关于抓紧做好货币回笼工作和严格控制货币投放的通知》。

5月10日 著名经济学家、教育家马寅初逝世，终年100岁。

5月13～16日 佛得角非洲独立党总书记、佛得角共和国总统阿里斯蒂德斯·马里亚·佩雷拉和夫人访华。

5月21日 中国羽毛球队荣获第十二届国际羽毛球锦标赛(汤姆斯杯)冠军。

5月28日 由济南开往佳木斯的193次旅客快车发生重大颠覆事故。3名旅客死亡，143名旅客和4名列车乘务员受伤。

5月31日～6月5日 赵紫阳总理访问日本。

6月7～10日 中国投资促进会议在广州举行。这是我国实行对外开放政策以来在利用外资方面规模最大的一次国际经济合作会议。

6月11～14日 扎伊尔共和国总统蒙博托·塞塞·塞科和夫人访华。

6月15日 中国科学院长春光学机械研究所副研究员蒋筑英因病逝世，终年43岁。蒋生前曾在国内首次研究成功光学传递函数的测量。6月16日，中国航空航天研究院研究员罗健夫病逝，终年47岁。罗生前为中

国的航天事业做出过重要贡献。由蒋筑英、罗健夫病逝引起社会对知识分子英年早逝的关注。

6月17日 国务院作出关于疏通城乡商品流通渠道扩大工业品下乡的决定。

6月22日 张建中在郑州举行的中国、联邦德国、奥地利飞机跳伞友谊比赛中以5.6秒的成绩打破男子个人特技跳伞世界记录。

7月1日 全国第三次人口普查即日零时开始。这是世界历史上一次规模最大的人口普查。

同日 邯(郸)长(治)铁路建成通车。全长220公里，连接河北、山西、河南三省，是晋煤外运的又一条重要通道。

7月11日 解放军第四军医大学学生张华为抢救掏粪落池的农民光荣牺牲，年仅24岁。11月25日中央军委授予他"富于理想勇于献身的优秀大学生"的荣誉称号。

7月14日 济南黄河公路大桥建成通车。

7月18日 自然科学奖励委员会宣布我国的自然科学奖获奖项目和等级。这是继中国科学院1956年颁发自然科学奖之后，我国第二次自然科学评奖活动。共有122个项目获奖。

7月24日 廖承志致信蒋经国，希望国共两党同捐前嫌，共商祖国统一大业。

7月25日 中国民航2505班机战胜了劫机歹徒，安全抵达上海虹桥机场。

7月26日 外交部亚洲司司长肖向前约见日本驻华公使渡边幸治，代表中国政府严正要求日方纠正文部省在中小学教科书中篡改侵华历史的错误。

7月29日 中国人民解放军国防科学技术工业委员会(同时称中华人民共和国国防科学技术工业委员会)成立，陈彬任主任，刘有光任政治委员。

7月30日 邓小平在中共中央政治局扩大会议上指出，设立顾问委员会是干部领导职务从终身制走向退休制的一种过渡。

8月6日 中共十一届七中全会在北京举行。全会决定9月1日召开中共十二大。会议审议并通过了中央委员会向十二大的报告、《中国共产党章程(修改章案)》。

8月7日 新华社报道：一座目前世界上最大的200吨级大型电渣重熔炉在上海重型机器厂建成。

8月10~19日 全国首届大学生运动会在北京举行。

8月17日 中美发表联合公报。公报指出，美国政府声明不寻求执行一项长期向台湾出售武器的政策。

同日 国务院发布《关于加强广东、福建两省进口商品管理和制止私货内流的暂行规定》。

8月19~23日 联合国秘书长佩雷斯·德奎利亚尔访华。

8月23日 中共中央发出《关于为潘汉年同志平反昭雪、恢复名誉的通知》。

9月1~12日 中国共产党第十二次全国代表大会在北京举行。胡耀邦代表第十一届中央委员会作题为《全面开创社会主义现代化建设新局面》的报告。大会通过了这一报告和新的《中国共产党章程》，选举产生了新的一届中央委员会。

9月8~11日 在英国伦敦举行的第五届世界技巧锦标赛上，林远向、陈铁、何继东、梁建坤获男子组一项冠军。

9月9日 我国成功发射了一颗科学试验卫星。14日，卫星准确返回预定的回收区。

9月12~13日 中共十二届一中全会选举胡耀邦、叶剑英、邓小平、赵紫阳、李先念、陈云为中央政治局常委；胡耀邦为中央委员会总书记。

9月13日 中共中央顾问委员会第一次全体会议在北京举行。全议选举邓小平为中顾委主任。

同日 中共中央纪律检查委员会第一次会议在北京举行。全会选举陈云为中央纪委第一书记。

9月15日~10月8日 刘适兰参加在苏联举行的女子国际象棋区际赛，获第3名，取得参加世界冠军赛的资格，同时荣获国际象棋特级大师称号，成为中国和亚洲第一位荣获国际象棋特级大师称号的棋手。

9月16日 国务院发出通知批转国家物价局、轻工业部、商业部《关于逐步放开小商品价格实行市场调节的报告》。

9月16~25日 朝鲜劳动党主席、朝鲜民主主义人民共和国主席金日成访华。

9月18日 古人类学家、古生物学家、考古学家、地质学家裴文中逝世，终年78岁。主要论著有：《关于周口店食肉类》、《中国旧石器时代的文化》等。

9月19~29日 中国声乐小组参加第二十届布达佩斯国际柯达伊—艾凯尔音乐比赛获奖。

9月24日 邓小平在会见英国首相撒切尔夫人时，阐述了中国政府关于香港问题的立场。

9月25日 中国女子排球队荣获第九届世界女子排球锦标赛冠军。

9月27日 中国和安哥拉两国政府宣布互相承认，并已指定各自的代表自即日起在巴黎就两国之间的关系正常化和建立外交关系开始接触。

9月29日 中国第一条复线电气化铁路—石太线(石家庄—太原)正式通车。

9月30日 中共中央决定杨尚昆兼任中央军委秘书长。

10月1日 皖赣铁路(安徽芜湖至江西贵溪)全线通车，全长551公里。

同日 泸州长江大桥建成通车。全长1252.5米，宽16米，是目前长江上最长的公路桥。

10月5日 中国第一次在国内进行的卫星通信和电视传播试验取得成功。

10月7~16日 中国在本国海域首次以潜艇从水下向预定海域发射运载火箭获得成功。

10月9日 郭跃华在香港举行的第三届世界杯男子乒乓球赛中夺得冠军。

10月10~17日 德意志联邦共和国总统卡斯滕斯和夫人访华。

10月16日 中共中央发出《关于为贺龙同志彻底平反的决定》。

10月17~23日 巴基斯坦总统穆罕默德·齐亚·哈克上将和夫人访华。

10月22~24日 中国运动员在第六届世界杯体操赛中夺得6项冠军，获7枚金牌。

11月12~19日 五届全国人大常委会第二十五次会议在北京举行。会议通过了五届全国人大五次会议议程草案、《中华人民共和国文物保护法》和《中华人民共和国食品卫生法(试行)》。

11月13日 在委内瑞拉加拉加斯举行的第四十三届世界射击锦标赛上，由巫兰英、邵伟萍、冯梅梅组成的中国队荣获女子双向飞碟团体冠军并打破了这个项目的世界记录。

11月14~17日 中国特使黄华赴莫斯科参加苏联最高苏维埃主席团主席勃列日涅夫的葬礼。

11月24日 胡耀邦同日本首相中曾根谈台湾问题与中美关系。

11月26日~12月10日 第五届全国人民代表大会第五次会议在北京举行。大会通过《中华人民共和国宪法》、关于本届全国人大常委会职权的决议和关于恢复《义勇军进行曲》为中华人民共和国国歌的决议，

82-001

82-002

82-003

82-001. 北京新华印刷厂工人正在精心检验新印制的《刘少奇选集》上卷。
82-002. 《刘少奇选集》上卷书影。
82-003. 运动员“十佳”评选揭晓发奖大会在北京举行。右一为孙晋芳，右二为郎平。
82-004. 我国电火箭首次飞行试验成功。图为参加研制的科技人员安世明（中）、吴汉基（左一）在分析电火箭飞行样机与试验样机的工作差异。
82-005. 科技人员在地面真空环境模拟装置上对电火箭的性能进行试验。
82-006. 《邻居》获第二届金鸡奖最佳故事片奖。图为影片中的一个镜头。
82-007. 获第五届百花奖最佳女演员奖、第二届金鸡奖最佳女主角奖的李秀明（中）和获百花奖最佳男演员奖的王心刚（右）、获金鸡奖最佳男主角奖的张雁（左）在授奖大会上。
82-008. 山西大同的云岗石窟是中国历史文化的瑰宝。
82-009. 北京被评为首批历史文化名城。故宫内金水桥与太和殿展示出北京的恢宏气势。

批准了《中华人民共和国国民经济和社会发展第六个五年计划》(1981～1985年)。

12月3日 中共中央、国务院发出关于批转《当前试办经济特区工作中若干问题的纪要》的通知。

12月15日 首届“茅盾文学奖”(长篇小说)授奖大会在北京举行。周克芹的《许茂和他的女儿们》等六部长篇小说获奖。

12月20～30日 中国共产主义青年团第十一次代表大会在北京举行。大会通过了《关于第十届中央委员会工作报告的决议》和新的《中国共产主义青年团章程》。

12月20日～1983年1月17日 赵紫阳总理出访非洲的埃及、阿尔及利亚、摩洛哥、几内亚、加蓬、扎伊尔、刚果、赞比亚、津巴布韦、坦桑尼亚和肯尼亚11国。

12月21日 中国同安提瓜和巴布达在纽约签署建交联合公报。

12月22日 新华社报道：中国第一台质子直线加速器，最近在中国科学院高能物理研究所建成，并于12月17日首次引出能量为1000万电子伏特的质子束流。

12月31日 共青团第十一届一中全会选举王兆国为团中央第一书记。

同日 中共中央、国务院批准国家物价局《关于降低化学纤维织品价格和提高棉纺织品价格的报告》，并发出通知。

82-004

82-005

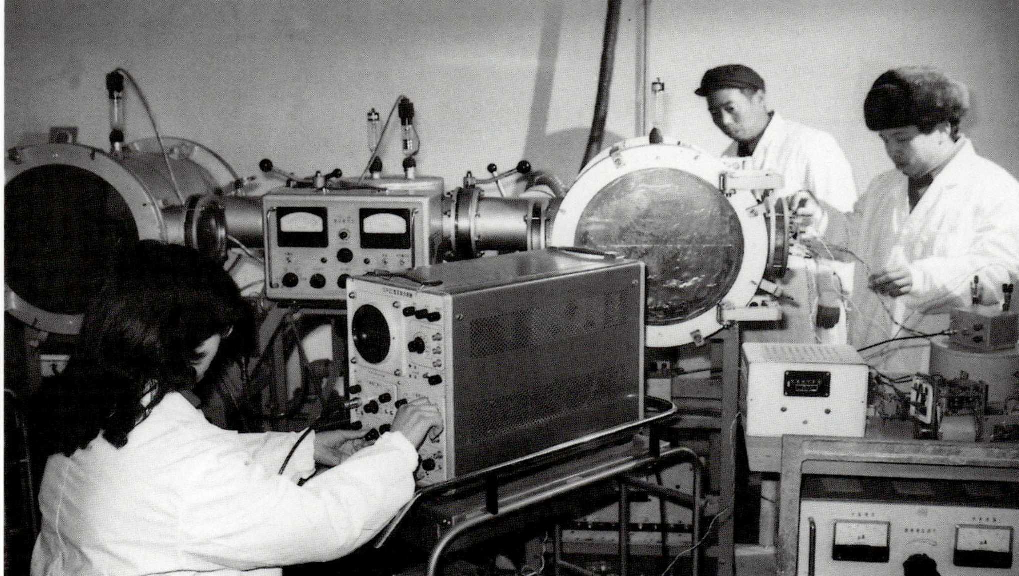

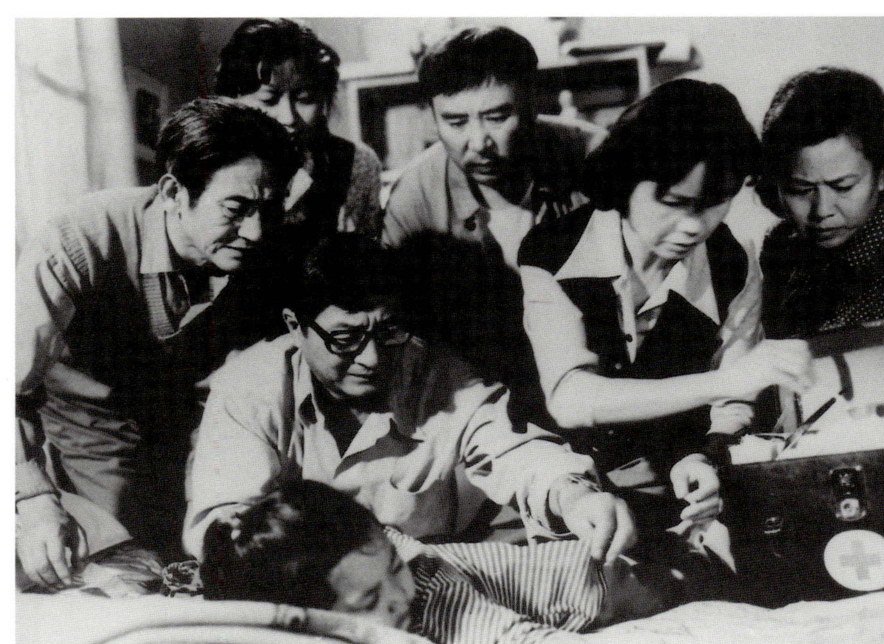

82-006

82-007

82-008

82-009

82-010

82-011

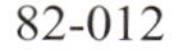
82-012

82-013

82-010. 中山陵是首批历史文化名城南京的一处著名景点。
82-011. 历史文化名城承德普宁寺的“大乘之阁”。
82-012. 胡耀邦(右二)、杨得志(右)等在北海公园同群众一起清扫路面。
82-013. 北京铁路一小的少先队员在北京站打扫街道。
82-014. 公安部长赵苍璧在人大常委会上就《关于宽大释放全部在押的原国民党人员的建议》作说明。
82-015. 五届全国人大常委会第二十二次会议审议《关于国务院机构改革问题的报告》。
82-016. 第四届世界业余围棋锦标赛冠军曹大元在日本东京接受奖杯。
82-017. 邓小平会见国际奥委会主席萨马兰奇(右)。
82-018. 胡绳(正面左三)举行记者招待会，就《中华人民共和国宪法修改草案》中的有关内容回答记者提出的问题。
82-019. 胡乔木(左)在宪法修改委员会第三次会议上就重新修改宪法草案作介绍和说明。

82-015

82-014

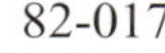

82-017

82-016

82-018

82-019

82-020

82-021

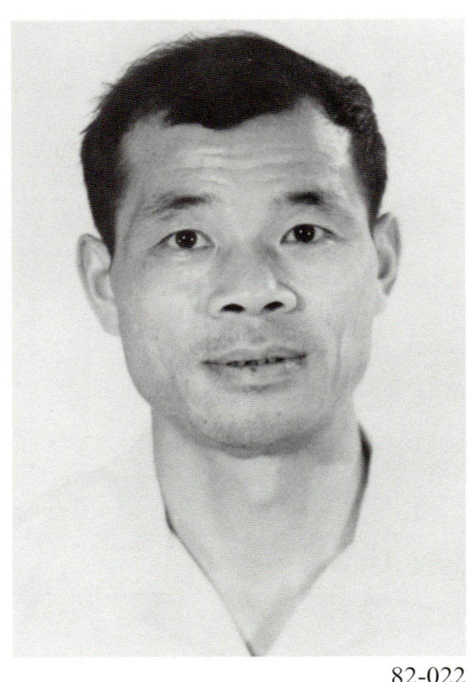

82-022

82-023

82-024

82-025

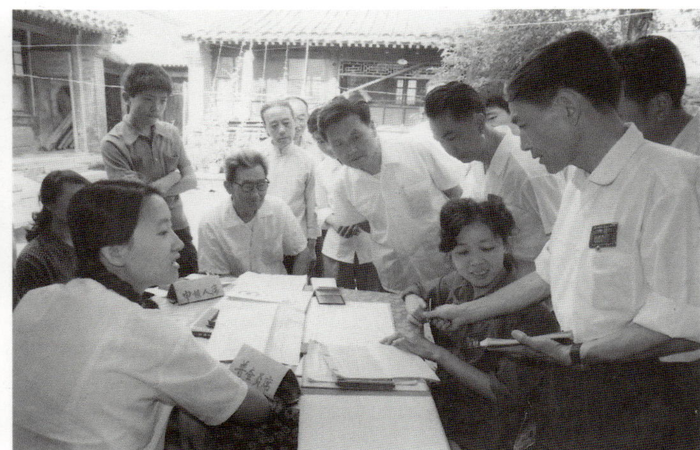

82-026

82-027

82-028

82-029

82-020. 第五届全国政协副主席沙千里追悼会在北京举行。

82-021. 著名经济学家、教育家马寅初在北京逝世。图为他1981年被推选为中国人口学会名誉会长时拍的照片。

82-022. 优秀科学家罗健夫病逝。

82-023. 献身于光学事业的优秀科学家蒋筑英。

82-024. 首次荣获汤姆斯杯的中国羽毛球队。上排左起：王文教（教练员）、侯加昌（教练员）、栾劲、韩健、陈昌杰；下排左起：陈天龙、孙志安、姚喜明、林江利、陈跃。

82-025. 刘澜涛（右）同中国羽毛球队队员亲切握手。右二为荣高棠。

82-026. 在全国人口普查正式开始之际，北京东城区育群胡同的普查员和普查指导员正在给第一个前来申报本户人口状况的居民登记。

82-027. 联合国人口活动基金执行主任拉斐尔·萨拉斯（前左二）等在北京四季青公社考察中国第三次人口普查登记情况。

82-028. 拉萨市城关区人口普查小组在红旗公社填写人口登记表。

82-029. 南京市鼓楼区向阳街道普查员在进行人口登记。

82-030

82-031

82-032

82-033

82-034

82-035

82-036

人民日报
RENMIN RIBAO

中纪委举行第四次全体会议

认真讨论和审议了《中央纪律检查委员会向党的第十二次全国代表大会的工作报告》

中美两国政府发表联合公报

美国承诺售台武器在性能和数量上不超过建交以来近几年的水平，逐步减少，并经过一段时间导致最后的解决

就分步骤直到最后彻底解决美国向台湾出售武器问题

我外交部发言人就中美联合公报发表声明

只有彻底解决美国售台武器问题，才能排除发展两国关系中的障碍。美国单方面制订的《与台湾关系法》严重违背了两国建交公报原则，任何试图把联合公报同《与台湾关系法》相联系的解释，都是不可接受的。中美协议只是解决问题的一个开端，重要的是，公报的有关规定能得到认真履行

中央军委发布命令授予范生文同志“全心全意为人民服务的好干部”称号

82-037

82-038

82-039

82-030.　济南黄河公路大桥建成通车。

82-031.　济南黄河公路大桥的两位设计师：李守善（右）、万珊珊（中）。

82-032.　中国民航总局授予2025航班杨继海机组“中国民航英雄机组”和“反劫机英雄”锦旗。

82-033.　北京体育学院学生王秀荣囊括艺术体操5块金牌。

82-034.　胡乔木、万里、习仲勋、姚依林（自左至右）等参加大学生运动会开幕式。

82-035.　全国首届大学生运动会开幕式在北京首都体育馆举行。

82-036.　邓小平会见联合国秘书长德奎利亚尔（左）。

82-037.　《人民日报》发表中美两国政府联合公报。

82-038.　黄华同联合国秘书长德奎利亚尔（右二）在北京举行会谈。

82-039.　中国又成功发射一颗科学试验卫星。

82-040

82-041

82-042

82-040. 中国共产党十一届七中全会在北京举行。
82-041. 邓颖超（左）和彭真在中共十一届七中全会上互致问候。
82-042. 中国共产党第十二次全国代表大会在北京人民大会堂开幕。
82-043. 邓小平在中国共产党第十二次全国代表大会主席台上。
82-044. 出席中国共产党第十二次全国代表大会的代表们步入会场。
82-045. 出席中共十二大的代表举手通过各项决议。
82-046. 胡耀邦主持中国共产党第十二次全国代表大会全体会议。
82-047. 宋任穷、杨尚昆、陈云、陆定一、姚依林（自左至右）在中共十二大会议休息室里。
82-048. 胡耀邦、叶剑英、陈云、陆定一等在中共十二大会议休息室里亲切交谈。
82-049. 中共十二届中央委员会第一次全体会议在北京举行。

82-043

82-044

82-045

82-046

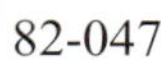

82-047

82-048

82-049

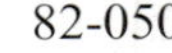

82-050

82-051

82-052

82-050. 叶剑英、 邓小平、李先念、陈云等在中共十二届一中全会上。
82-051. 陈云在中纪委第一次全体会议上作重要讲话。
82-052. 中国技巧运动员在第五届世界技巧锦标赛上获男子四人组第一套动作冠军。
82-053. 中央顾问委员会第一次全体会议在北京举行。
82-054. 在秦岭观音山车站，金日成（右）观看火车穿越秦岭大盘山道示意图。
82-055. 英国首相玛格丽特·撒切尔夫人访华。
82-056. 中国队荣获第九届世界女排锦标赛冠军。图为中国队郎平（1号）在秘鲁队员的严密封网下，轻吊奏效。
82-057. 在第九届世界女排锦标赛领奖台上，中国女排向观众招手致意。
82-058. 中国第一位国际象棋特级大师刘适兰（右）和苏联特级大师阿赫梅洛夫斯卡娅对阵。

82-053

82-054

82-055

82-056

82-057
82-058

82-059

82-060

82-061

82-062

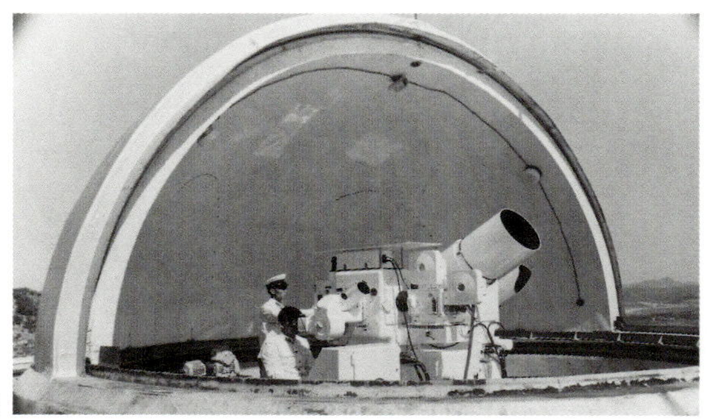
82-063

82-064

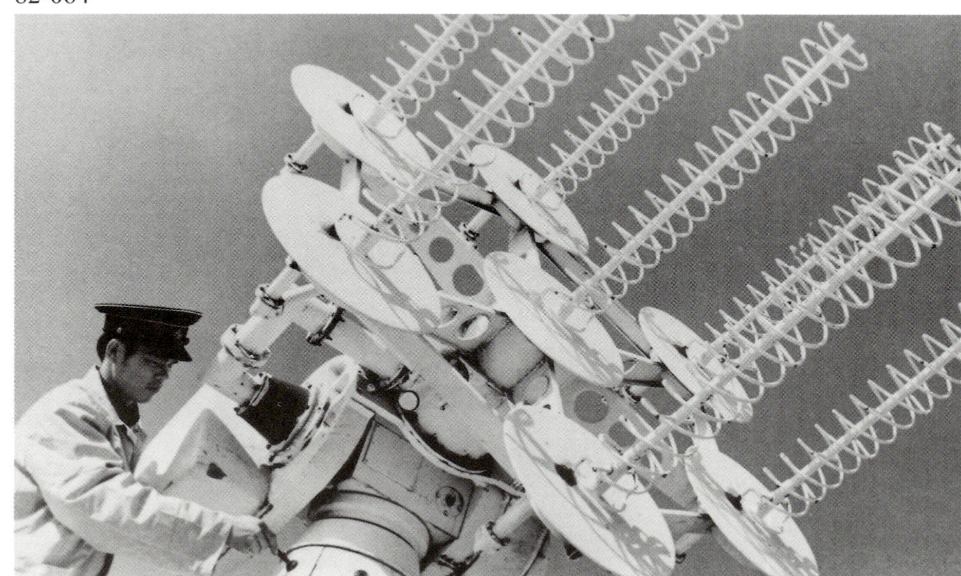

82-065

82-066

82-067

82-068

82-069

82-070

82-059. 中国第一条复线电气化铁路——石太线全线通车。
82-060. 满载晋煤的电气化列车奔驰在娘子关路段。
82-061. 满载旅客的列车奔驰在新建的皖赣铁路上。
82-062. 长江上最长的公路桥——泸州大桥通车。
82-063. 中国首次以潜艇从水下向预定海域发射运载火箭获得成功。图为光学电影经纬仪跟踪拍摄运载火箭的飞行轨迹。
82-064. 技术人员对运载火箭的测控设备作最后检查。
82-065. 运载火箭越出海面，掠过长空，飞向预定海域。
82-066. 郭跃华手捧第三届世界杯男子乒乓球单打冠军奖杯在领奖台上。
82-067. 中国运动员李宁在第六届世界杯体操赛中一人获得6块金牌。图为他在吊环上做水平支撑动作。
82-068. 在世界杯体操赛的赛场上，南斯拉夫女青年请童非（前左）签名。
82-069. 我国运动员在第四十三届世界射击锦标赛上，获女子双向飞碟团体冠军。
82-070. 在第六届世界杯体操锦标赛上获得优异成绩的中国男子体操队。自左至右：高健（教练员）、童非、李宁、李月久、张健（教练员）。

82-071

82-073

82-072

中华人民共和国国歌

（义勇军进行曲）

田　汉作词
聂　耳作曲

进行曲速度

1=G 2/4

（前奏）

起来！不愿做奴隶的人们！把我们的血肉，筑成我们新的长城！中华民族到了最危险的时候，每个人被迫着发出最后的吼声。起来！起来！起来！我们万众一心，冒着敌人的炮火前进！冒着敌人的炮火前进！前进！前进！进！

82-074

82-075

82-076

82-077

82-078

82-079

82-080

82-071. 五届全国人大常委会第二十五次会议在北京举行。
82-072. 五届全国人大五次会议会场。
82-073. 彭真在五届全国人大五次会议上作《关于宪法修改草案的报告》。
82-074. 五届全国人大五次会议通过决议，恢复《义勇军进行曲》为中华人民共和国国歌。
82-075. 五届全国人大五次会议休息时，何长工哼唱红军时代的歌曲。右二是秦基伟，左一是李德生。
82-076. 五届全国人大五次会议代表投票表决。正在投票的是全国劳模、植棉能手吴吉昌。
82-077. 叶剑英、邓小平在五届全国人大五次会议休息室里。
82-078. 茅盾文学奖首届授奖大会在北京举行。图为获奖作者（右起）周克芹、魏巍、姚雪垠、莫应丰、李国文、古华。
82-079. 中国共产主义青年团第十一次全国代表大会在北京举行。
82-080. 王兆国在共青团十一大开幕式上作题为《团结全国青年，向社会主义现代化的光辉前程进军》的报告。

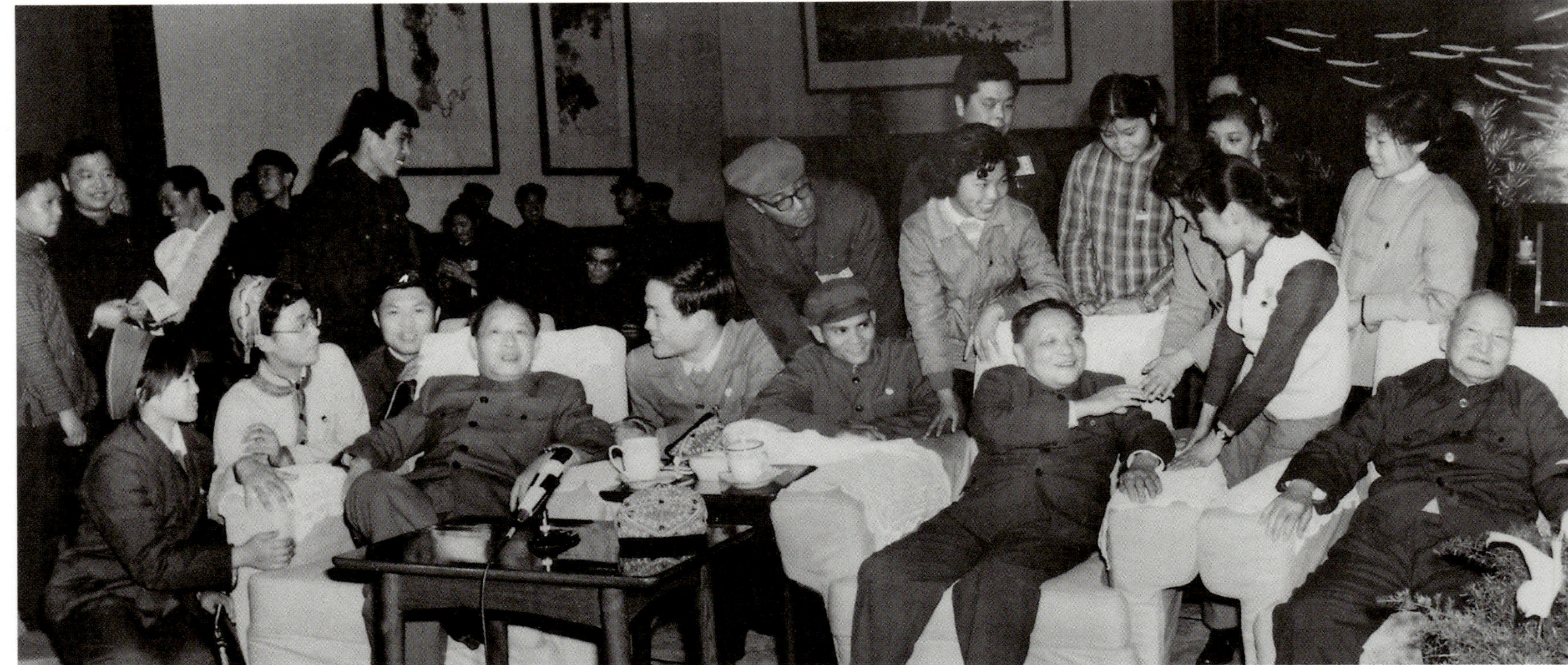
82-081

82-082

82-083

82-081. 邓小平、胡耀邦、陈云同部分团员代表在一起亲切交谈。
82-082. 邓小平、胡耀邦、陈云、徐向前、聂荣臻等接见出席共青团十一大的全体代表。
82-083. 郝建秀（前右）在首都计划生育宣传月动员大会上讲话。

共 和 国 图 典

1983年

1月2日 中共中央印发全国农村工作会议提出的《当前农村经济政策的若干问题》。

1月6日 中共中央书记处书记、中国人民解放军副总参谋长杨勇逝世，终年70岁。

1月12日 邓小平同国家计委和农业部门负责人谈话，指出，现在放得还不够。农村、城市都要允许一部分人先富起来。勤劳致富是正当的。

1月22～23日 中国运动员韩健和韩爱萍在日本横滨举行的1983年日本尤尼克斯杯羽毛球公开赛中分别获得男子单打和女子单打冠军。

1月25日 最高人民法院依法对江青、张春桥作出减刑裁定，将原判死刑缓期二年执行的刑罚，依法减为无期徒刑。

同日 人民音乐家冼星海的骨灰从苏联接回北京。冼星海于1945年10月30日在莫斯科病逝。主要作品有：《战歌》、《到敌人后方去》、《黄河大合唱》等。

1月30日 中共中央发出《关于加强农村思想政治工作的通知》。

2月1日 中国人民银行公布关于侨资外资金融机构在中国设立常驻代表机构的管理办法。

2月2～6日 美国国务卿舒尔茨访华。

2月5日 中国运动员栾菊杰获莱比锡第六届国际女子花剑个人赛冠军。

2月22日 著名经济学家孙冶方逝世，终年75岁。其主要著作有：《社会主义经济论》、《社会主义经济的若干理论问题》及其续集。并出版有《孙冶方文集》。

2月28日 国务院批转财政部《关于国营企业利改税试行办法(草案)的报告》。

3月1日 外交部发表声明，就解决柬埔寨问题提出五点重要建议。

3月2日 中国与象牙海岸共和国建立外交关系。

3月7～9日 共青团中央作出关于授予张海迪同志"优秀共青团员"称号和向张海迪学习的决定。

3月13日 中共中央在北京举行纪念马克思逝世100周年大会，胡耀邦在会上作题为《马克思主义真理的光芒照耀我们前进》的讲话。

3月16日 周扬为纪念马克思逝世100周年在《人民日报》发表《关于马克思主义的几个理论问题的探讨》的长篇署名文章。

3月23日～4月21日 国务委员兼对外经济贸易部部长陈慕华出访英国、马耳他、法国、奥地利、比利时以及联合国工业发展组织总部和欧洲经济共同体。

3月27日 新华社报道：中国选手栾劲、张爱玲分别获1983年全英羽毛球锦标赛男女单打冠军，徐蓉、吴健秋获女子双打冠军。

3月28日 第三届全国优秀电视剧(飞天金像奖)评选揭晓。《蹉跎岁月》等18部电视剧获奖。

同日 新华社报道：国际奥委会第八十六届会议决定，授予荣高棠银质奥林匹克勋章。

4月1日 中共中央、国务院批转《关于加快海南岛开发建设问题讨论纪要》。

4月1～4日 阿拉伯埃及共和国总统穆巴拉克访华。

4月5日 中国人民武装警察部队总部在北京成立。

4月12～23日 赵紫阳总理出访新西兰和澳大利亚，分别与两国总理就发展两国的双边关系及共同关心的国际问题举行会谈。

4月22日 台湾陆军航空队少校分队长李大维驾驶U—6A型飞机起义，飞到大陆。

4月27日 国务院批准、财政部制订的《关于国营企业利改税试行办法》下发全国，自1983年1月1日起实行。

4月30日 中国运动员在美国休斯敦第三届世界杯跳水赛中获得4项冠军。

5月3日 国务院批准成立全国高等教育自学考试指导委员会。

5月3～7日 法国总统弗朗索瓦·密特朗访华。

5月5～15日 中共中央总书记胡耀邦出访罗马尼亚、南斯拉夫。

5月8日 中国运动员在哥本哈根举行的第三届世界羽毛球锦标赛中获得2项冠军、1项亚军和4项第三名。

5月9日 中国运动员在东京举行的第三十七届世界乒乓球锦标赛上获6项冠军、4项亚军和9个并列第三名。

5月11～20日 国务院在北京召开全国利用外资工作会议。

5月13～17日 莱索托王国首相莱布阿·乔纳森访华，两国政府决定自4月30日起建立大使级外交关系。

5月15日 国务院决定成立电子计算机和集成电路领导小组，万里任组长。

5月23～25日 中美联合商务贸易委员会首届会议在北京举行。

5月26日 邓小平、赵紫阳分别会见世界银行行长克劳森。

同日 胡耀邦与比利时共产党主席路易·范盖特会晤，双方同意恢复中断了18年的两党关系。

5月27日 国务院学位委员会和北京市人民政府联合召开博士和硕士学位授予大会。

6月4～22日 中国人民政治协商会议第六届全国委员会第一次会议在北京举行。会议通过了《中国人民政治协商会议第六届全国委员会第一次会议决议》，选举邓颖超为全国政协主席。

6月6～21日 第六届全国人民代表大会第一次会议在北京举行。赵紫阳作《政府工作报告》。会议审查批准了这一报告及其他有关报告，并通过了相应的决议。会议选举李先念为中华人民共和国主席，乌兰夫为副主席；选举彭真为六届全国人大常委会委员长；决定赵紫阳为国务院总理；选举邓小平为中央军委主席。

6月6日 第五届全国人大常委会副委员长、国务院侨务办公室主任廖承志在北京病逝，终年75岁。

6月11日 著名画家李苦禅逝世，终年85岁。

6月16日 外交部照会美国驻华大使馆，强烈抗议美国政府坚持批准泛美航空公司经营台湾航线。

6月26日 邓小平会见美国新泽西州西东大学教授杨力宇时，谈到实现中国大陆和台湾和平统一的设想。

7月1日 《邓小平文选》(1975～1982)开始在全国发行。

同日 国家安全部在北京召开成立大会。

7月5日 外交部就台湾当局在美国等国的机构直接颁发签证一事，照会各国驻华外交代表机关，表示坚决反对任何可能导致出现"两个中国"、"一中一台"的活动。

7月8日、9日 谭立锋、苏健翔、魏毓明和王谷平在保加利亚举行的第三届世界航海模型锦标赛中分别获四项冠军，并刷新了一项世界纪录。

7月12日 中共中央向全党发出通知，要求认真学习《邓小平文选》，强调各级党委要加强对学习的领导。

同日 中国石油化工总公司在北京成立。

7月22日 中央军委发布命令，授予朱伯儒"学习雷锋的光荣标兵"荣誉称号。

8月1日 《朱德选集》出版发行。

8月2日 中共中央、国务院批准《北京城市建设总体规划方案》。

8月15日 胡耀邦会见日本《每日新闻》社代表团，就香港、台湾和中日、中苏、中美关系等问题发表谈话。

8月17～24日 全国青联六届一次会议、全国学联第二十次代表大会在北京召开。

8月19日 中国成功发射一颗科学实验卫星。24日，这颗卫星按预定计划准确地返回地面。

8月25日 中共中央发出《关于严厉打击刑事犯罪活动的决定》。

8月25日～9月2日 六届全国人大常委会第二次会议在北京举行。会议通过了《关于严惩严重危害社会治安的犯罪分子的决定》、《关于迅速审判严重危害社会治安的犯罪分子的程序的决定》及其他有关问题的决议。

9月1～10日 约旦国王侯赛因访华。

9月2～12日 中国妇女第五次全国代表大会在北京举行。邓颖超代表中共中央致词，康克清作工作报告。会议选举康克清为全国妇联第五届执行委员会主席。

9月9日 中国运动员李荣荣在意大利举行的第二届世界杯跳伞赛中获全能冠军。

9月11日 引滦入津工程全线正式通水。

9月15日 中华人民共和国审计署成立。

9月18日～10月1日 第五届全国运动会在上海举行。共打破2项世界纪录，平3项世界纪录，破1项世界青年纪录、9项亚洲纪录、60项全国纪录。

9月25～29日 美国国防部部长温伯格访华。国防部长张爱萍同温伯格举行会谈。邓小平、赵紫阳分别会见温伯格，邓小平重申，中美关系的核心问题还是个台湾问题。

9月30日 中共中央顾问委员会副主任谭震林在北京逝世，终年81岁。

10月1日 邓小平为北京市景山学校题词："教育要面向现代化，面向世界，面向未来。"

10月3日 外交部发言人就英国首相撒切尔夫人同外交和联邦事务国务大臣卢斯不久前在香港问题上发表的言论向新华社记者发表谈话，指出：香港，包括香港岛、九龙和"新界"是中国领土不可分割的一部分，中国理所当然地要收回整个香港地区。

10月6～9日 加蓬共和国哈吉·奥马儿·邦戈访华。

10月11日 外交部向越南驻华使馆递交备忘录，强烈抗议越南当局最近不断在中越边境武装挑衅，并要求立即停止。

10月11～12日 中共十二届二中全会在北京举行。全会一致通过了《中共中央关于整党的决定》，确定从1983年冬季开始全面整党，用3年时间分期分批地对党的作风和党的组织进行一次全面整顿。

10月12日 中共中央、国务院发出《关于政社分开、建立乡政府的通知》。此后，人民公社政社分开，各地开始建立乡人民政府。

10月18～29日 中国工会第十次全国代表大会在北京举行。大会通过了《中国工会章程》，选举产生了全总新的领导机构。倪志福当选为全国总工会主席。

10月26日 中国男子体操队在第22届世界体操锦标赛中首次荣获团体冠军。

11月1日 外交部新闻发言人宣布，自即日起中国与欧洲煤钢共同体和欧洲原子能共同体建立关系。

11月1～6日 欧洲共同体执委会主席托恩访华。

11月8～19日 中国民主建国会第四次全国代表大会、全国工商联第五届会员代表大会在北京举行，胡厥文当选为民建中央主席，胡子昂当选为全国工商联第五届执委会主席。

11月9～21日 中国民主促进会第五次全国代表大会在北京举行。周建人当选为主席。

11月15日 中国自行研究设计的第一个大型向量计算机系统通过国家鉴定。

11月23～30日 中共中央总书记胡耀邦出访日本。

11月24日～12月5日 台湾民主自治同盟第三次全盟代表大会在北京举行，苏子蘅当选为总部主席。

11月25日～12月4日 中国农工民主党第九次代表大会在北京举行，季方当选为中央主席。

11月28日～12月7日 中国致公党第八次全国代表大会在北京举行，黄鼎臣当选为中央主席。

11月28日～12月15日 中共中央在北京召开全国农村工作会议。会议认为，1984年的工作重点是进一步完善责任制，稳定土地承包关系。

12月1日 中共中央、国务院发出关于县级党政机关机构改革的通知。

12月2～14日 九三学社第四届全国代表大会在北京举行，许德珩当选为中央主席。

12月4日 《人民日报》报道：中国医学科学院基础医学研究所修瑞娟在微循环领域取得两项重大突破，引起国际医学界的注意。

12月13日 国务院、中央军委决定：铁道兵部队并入铁道部，集体转业。

12月14～25日 中国民盟第五次全国代表大会在北京举行，史良当选为中央主席。

12月21～30日 中国国民党革命委员会第六次全国代表大会在北京举行，王昆仑当选为中央主席。

12月22日 《人民日报》报道："银河"巨型计算机在长沙研制成功。

83-001

83-002

83-003

83-004

83-005

83-006

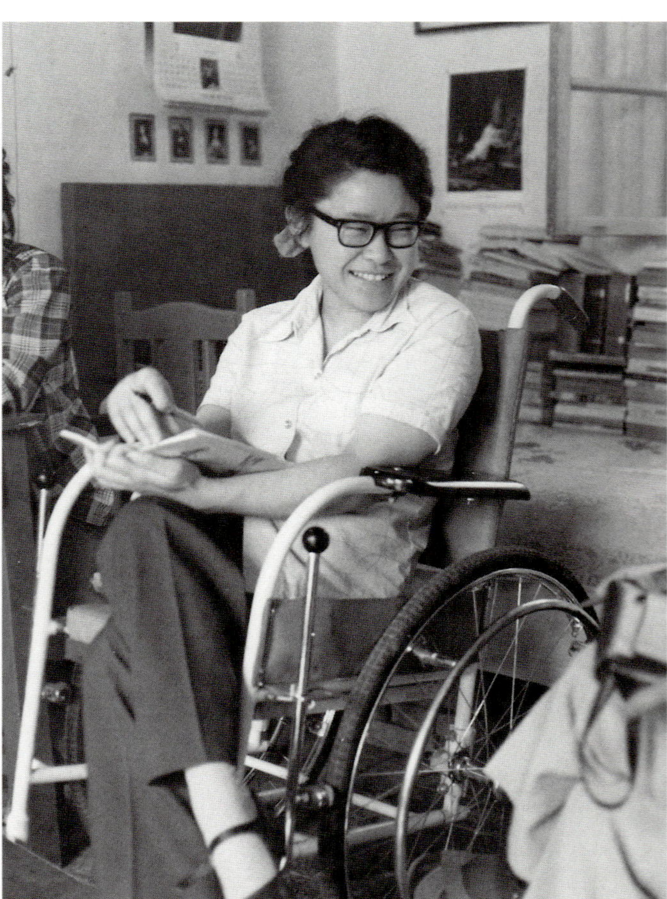
83-007

83-008

83-009

83-010

83-011

83-012

83-001. 韩健在日本尤尼克杯羽毛球赛上荣获男子单打冠军。

83-002. 韩爱萍在日本尤尼克杯羽毛球赛上荣获女子单打冠军。

83-003. 夺得全英羽毛球锦标赛男子单打冠军的中国运动员栾劲。

83-004. 夺得全英羽毛球锦标赛女子双打冠军的中国运动员徐容（右）和吴健秋。

83-005. 中国运动员栾菊杰（右）在莱比锡举办的第六届女子花剑个人赛上荣获冠军。图为她（右）在场上的英姿。

83-006. 优秀共青团员、身残志坚的张海迪同志在给首都群众作报告。

83-007. 尽管是在轮椅上，张海迪仍不忘学习。

83-008. 1月6日，中共中央书记处书记杨勇逝世。图为杨勇同志追悼会会场。

83-009. 2月4日，文学家萧三逝世。图为萧三（左）生前在中国作家协会第三次代表大会上。

83-010. 1月25日，人民音乐家冼星海的骨灰由苏联接回北京。冼星海于1945年10月30日病逝于莫斯科，图为冼星海遗照。

83-011. 莫斯科的冼星海墓碑。

83-012. 2月22日，著名经济学家孙冶方病逝。图为孙冶方生前在书房里。

83-013

83-014

83-015

83-016

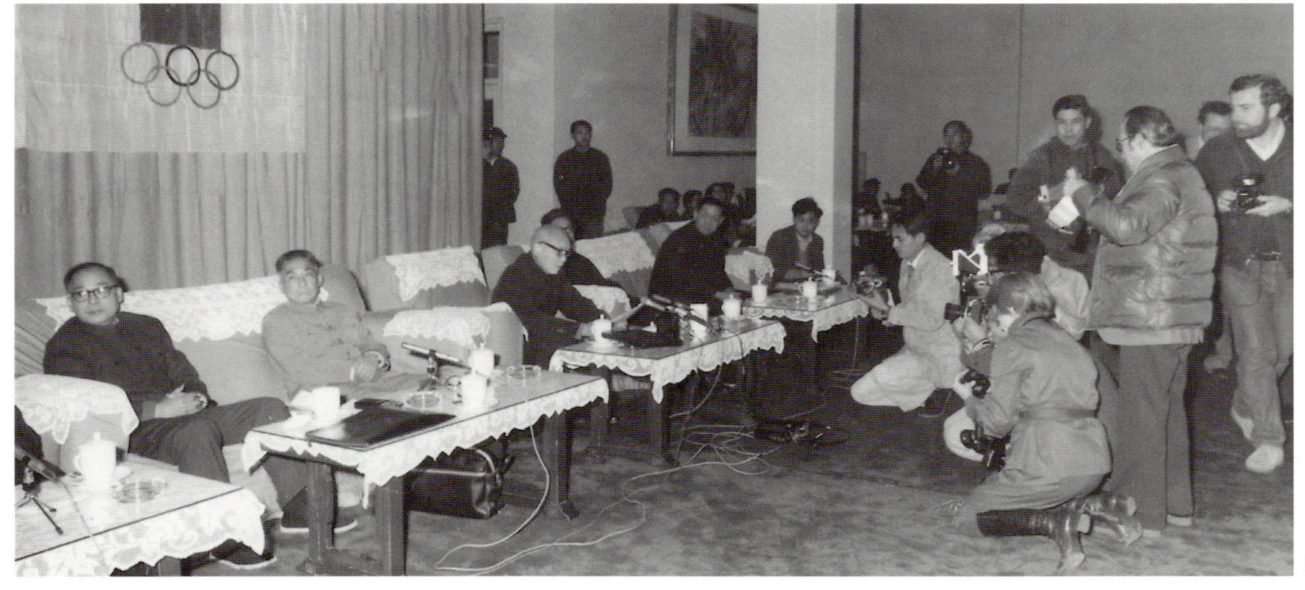

83-017

83-018

83-019

83-020

83-021

83-013. 胡耀邦在马克思逝世100周年纪念大会上作题为《马克思主义伟大真理的光芒照耀我们前进》的讲话。
83-014. 马克思逝世100周年纪念大会会场。
83-015. 王炳南为马克思、恩格斯生平事迹图片展览剪彩。
83-016. 参加马克思逝世100周年纪念大会的外国朋友。
83-017. 荣高棠（左二）在中国奥林匹克委员会、中华全国体育总会就中国在国际奥委会的权利得到恢复举行的中外记者招待会上。
83-018. 新组建的中国人民武装警察部队某部战士在天安门广场值勤。
83-019. 边防武警海巡大队在北部湾海域巡逻，随时准备打击走私、贩毒等经济领域的犯罪活动。
83-020. 在边境值勤的武警战士密切注视敌特的动向。
83-021. 担任消防任务的武警部队干部战士严格训练，培养勇猛顽强作风。

83-022

83-023

83-024

83-025

83-026

83-027

83-028

83-029

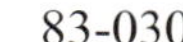

83-030

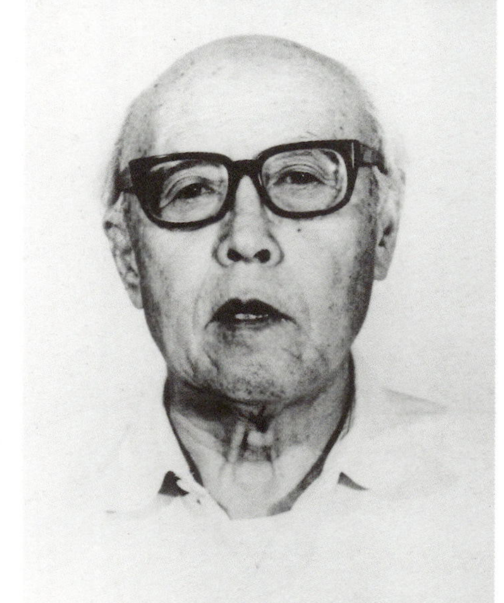

83-031

83-032

83-022. 6月6日，第五届全国人大常委会副委员长廖承志病逝。图为廖承志生前和周恩来（左）、彭真（中）在一起。
83-023. 1965年9月，廖承志（右一）和夫人经普椿（右二）陪同母亲何香凝（左二）会见李宗仁夫妇。
83-024. 北京南南会议：发展战略、谈判及合作讨论会在人民大会堂开幕。
83-025. 菲律宾国际水稻研究所所长斯瓦米纳坦在北京南南会议上讲话。
83-026. 全国第三届优秀电视剧“飞天金像奖”发奖大会在北京举行。图为优秀导演奖获得者蔡晓晴（右一）和优秀女演员奖获得者肖雄（右二）在领奖。
83-027. 8月22日，著名妇产科专家林巧稚逝世。图为林生前在北京家中。
83-028. 林巧稚生前为北京郊区农民治病，并通过医疗实践培养农村年轻医生。
83-029. 第五届全国政协副主席刘斐逝世。图为追悼会会场。
83-030. 6月11日，著名画家李苦禅在北京逝世。
83-031. 台湾陆军航空队少校分队长李大维驾机回到祖国大陆。
83-032. 中国运动员李艺花（前左二）在第三届世界杯跳水比赛中荣获女子跳板跳水冠军。

83-033

83-036

83-034

83-035

83-037

83-038

83-039

83-040

83-041
83-042

83-033. 胡耀邦（前左一）访问罗马尼亚期间参观康斯坦察造船厂。

83-034. 胡耀邦（前右）访问南斯拉夫萨格勒布市居民区时，小朋友们热情地向他伸出友谊之手。

83-035. 中国男子乒乓球队在第三十七届世界乒乓球锦标赛上荣获男子团体冠军。

83-036. 在第三十七届世乒赛中，郭跃华（右）和倪夏莲进行混合双打比赛。

83-037. 在第三十七届世乒赛中，郭跃华蝉联男子单打冠军，曹燕华获女子单打冠军。

83-038. 邓小平会见莱索托王国首相莱布阿·乔纳森。

83-039. 莱索托王国首相莱布阿·乔纳森（前右）在机场检阅仪仗队。

83-040. 在第三届中国电影金鸡奖和第六届电影百花奖授奖仪式上，宋任穷（右一）、项南（右二）给最佳女主角潘虹（左二）、斯琴高娃（左一）发奖。

83-041. 在人民大会堂举行的学位授予大会上，博士学位获得者正接受《博士学位证书》。

83-042. 胡乔木（前左）、何东昌等向为培养博士付出辛勤劳动的指导教师们赠送书法名家书写的“催笋成竹、润花著果”等条幅。

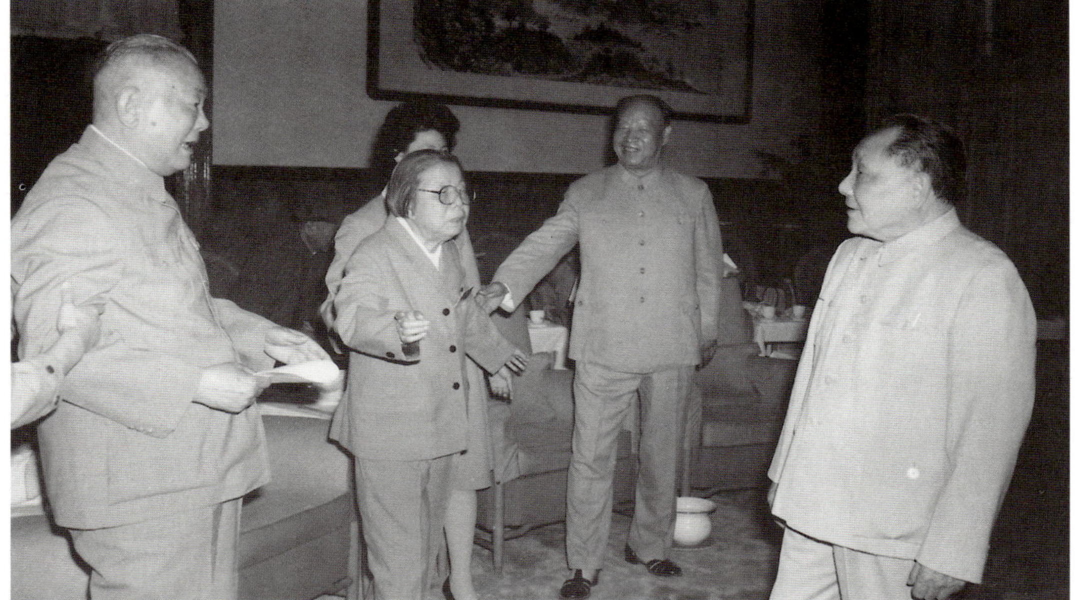

83-045

83-043
83-044

83-046

83-048

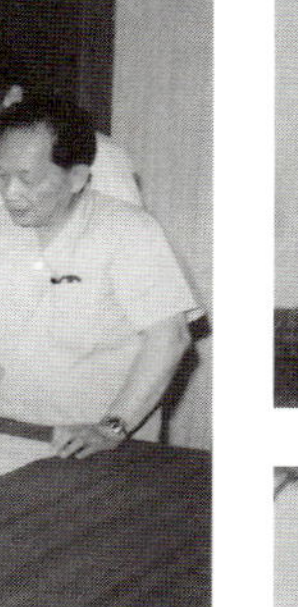

83-047

83-049

83-050

83-051

83-052

83-043. 邓小平、彭真（右二）、邓颖超（左二）、李先念（左一）在全国政协六届一次会议大会休息室里交谈。

83-044. 全国政协六届一次会议主席团常务主席（左起）胡子昂、邓颖超、杨静仁、陆定一、康克清、庄希泉在主席台上。

83-045. 刘澜涛（中）、董其武（右）、杨成武（左）在全国政协六届一次会议主席团会议上。

83-046. 全国政协六届一次会议上，马海德（前左）、陆定一（前右）在一起。

83-047. 刘海粟（左三）在全国政协六届一次会议上挥毫书写“万里春光九州生气”。

83-048. 全国政协六届一次会议上的中国籍外国血统委员（左起）：郭月芳、魏璐诗、艾波斯坦、李莎、叶华、傅莱、沙博理、陈必娣。

83-049. 出席全国政协六届一次会议的归侨委员看望95岁高龄的全国侨联主席庄希泉（左坐者）。

83-050. 六届全国人大一次会议在北京举行。

83-051. 六届全国人大一次会议期间，胡耀邦、邓小平、李先念、赵紫阳、邓颖超、彭真（自左至右）在休息室合影。

83-052. 陈云和彭真（右）在六届全国人大一次会议休息室交谈。

83-053

83-055

83-054

83-056

83-057

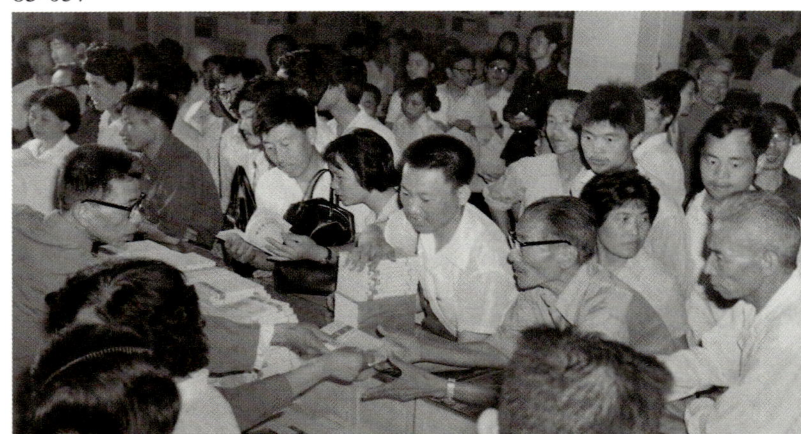

83-058

83-059

83-060

83-061

83-053. 邓小平会见美国西东大学教授杨力宇（右）。
83-054. 荣毅仁在六届全国人大上海小组参加讨论《政府工作报告》。
83-055. 著名画家吴作人在六届全国人大一次会议主席台上。
83-056. 全国人大代表胡立教（右）、曹禺（中）同全国政协委员白杨在一起。
83-057. 西安市群众争相购买《邓小平文选》。
83-058. 北京新华印刷厂工人在精心检验即将发行的《邓小平文选》。
83-059. 学习雷锋的光荣标兵朱伯儒（右一）和南京空军气象学院的学员们交谈。
83-060. 济南部队某部干部战士争购《朱德选集》。
83-061. 《朱德选集》书影。

83-062

83-063

83-064

83-062. 胡耀邦会见山内大介（左）率领的日本每日新闻社代表团。
83-063. 李先念在北京人民大会堂东门外广场欢迎来访的约旦国王侯赛因·伊本·塔拉勒和王后。
83-064. 六届全国人大常委会第二次会议在北京举行。
83-065. 邓小平、胡耀邦、李先念、邓颖超等接见中国妇女第五次全国代表大会代表。
83-066. 第五次全国妇代会期间，康克清到蔡畅住所叙谈。
83-067. 山东省交通规划设计院高级工程师万珊珊（左一）和全国“三八”红旗手白清娥（中）、老劳模申纪兰（右一）在第五次全国妇代会上亲切交谈。
83-068. 胡耀邦会见约旦国王侯赛因（左）。
83-069. 北京部队某部在引滦入津主隧洞进水口施工中，采用喷锚支护先进技术固定危石，避免塌方，保证工程的顺利进行。
83-070. 引滦入津工程全线试水。图为大黑汀水库提闸放水，水流直抵天津。
83-071. 引滦入津工程纪念碑落成。

83-065

83-066

83-067

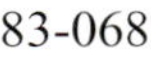

83-068

83-069

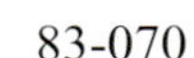

83-070

83-071

83-072

83-073

83-074

83-075
83-076

教育要面向现代化，面向世界，面向未来。

邓小平 一九八三年国庆节
书赠 景山学校

83-077

83-078

中共中央关于整党的决定

中共十二届二中全会通过

（一九八三年十月十一日）

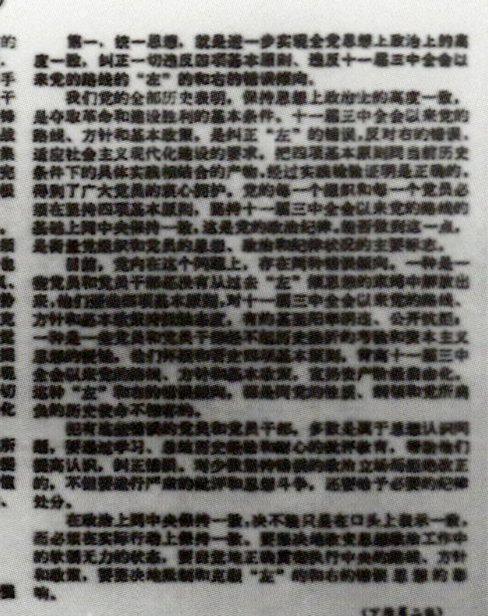

（一）整党的必要性和紧迫性

（二）整党的任务

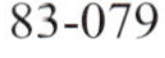

83-079

83-080

83-072. 中国工会十大通过《中国工会章程》。

83-073. 邓小平在中国工会十大上赞扬王崇伦（左二）“抓豆腐”抓得好。

83-074. 我国又成功地发射了一颗返回式科学试验卫星。图为卫星发射时的情形。

83-075. 邓小平为景山学校题词。

83-076. 9月30日，第四、五届全国人大常委会副委员长谭震林逝世。图为谭震林（前右）生前陪同毛泽东视察基层。

83-077. 胡耀邦在党外人士座谈会上讲话。

83-078. 中国共产党十二届二中全会在北京举行。图为大会主席台。

83-079. 中共十二届二中全会通过的《中共中央关于整党的决定》。

83-080. 中国女选手徐永久在世界杯竞走比赛中获个人冠军，并创造了世界女子10公里竞走的最好成绩。

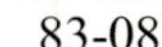

83-081

83-082

83-083

83-081. 中国健儿获第二十二届世界体操锦标赛男子团体冠军后向观众挥手致意。

83-082. 中国运动员许志强在男子团体单杠比赛中做出高难动作。

83-083. 第五届全国运动会在上海开幕。

83-084. 上海市优秀运动员朱建华（右一）、曹燕华（右二）、张爱玲手持火炬跑上火炬台，点燃第五届全运会巨型火炬。

83-085. 吴数德在全运会上打破56公斤级抓举世界纪录。

83-086. 朱建华在全运会田径预赛时打破男子跳高世界纪录。图为朱建华正在飞越2.37米的横杆。

83-087. 图为吴佳妮在高低杠上的精彩瞬间。她获得了全运会女子体操个人全能冠军。

83-088. 万里向打破世界纪录的运动员朱建华、吴数德和他们的教练发奖。

83-084

83-085

83-086

83-087

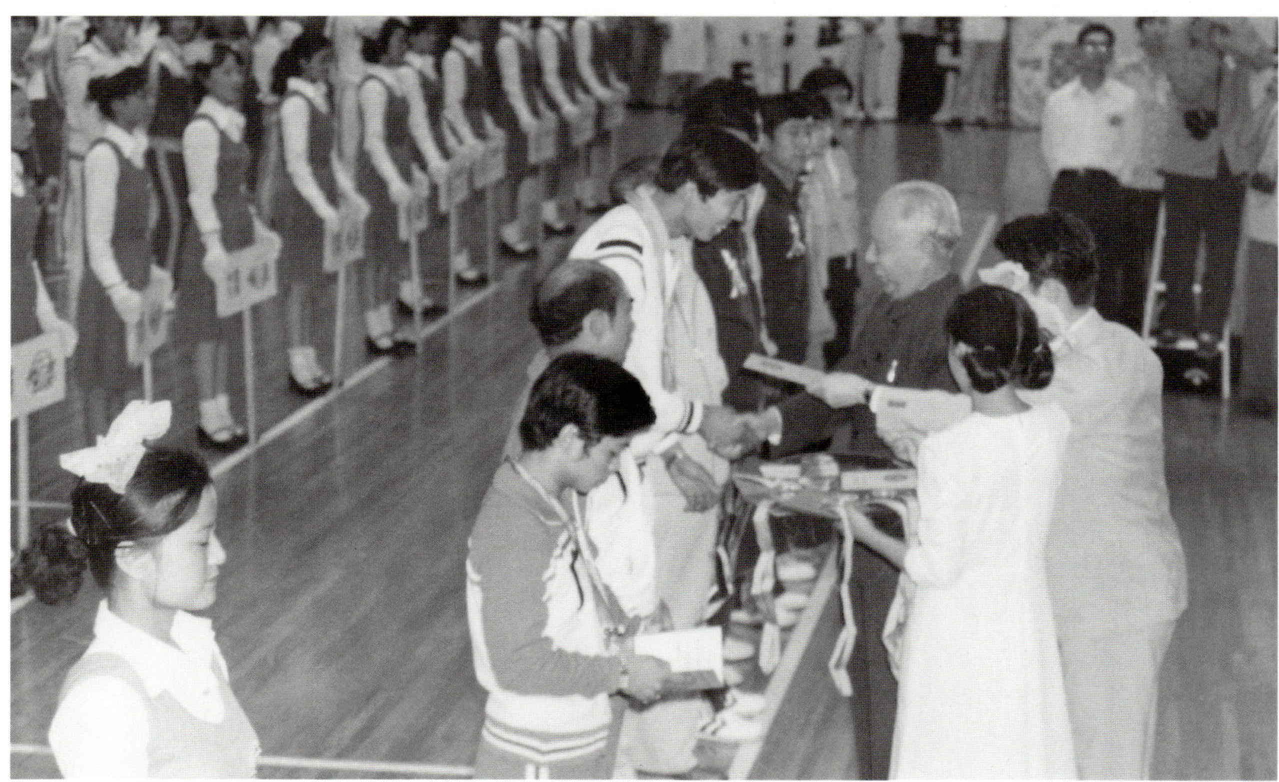

83-088

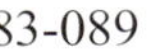
83-089

83-090

83-091

83-092

83-093

83-094

83-095

83-096

83-089. 邓小平会见欧洲共同体执委会主席加斯东·托恩（左）一行。
83-090. 胡耀邦总书记（前右二）同日本青年团体负责人亲切见面。
83-091. 日本首相中曾根（右一）为欢迎胡耀邦总书记（右二）访日举行盛大宴会。
83-092. 中国民主同盟第五次全国代表大会在北京举行。
83-093. 邓小平、胡耀邦、李先念、彭真等会见民革六大代表。
83-094. 中国国民党革命委员会第六次全国代表大会在北京举行。
83-095. 邓小平等参观毛泽东革命业绩纪念室。
83-096. 首都各族群众参观毛主席纪念堂内的毛泽东革命业绩纪念室。

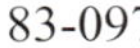
83-097

83-098

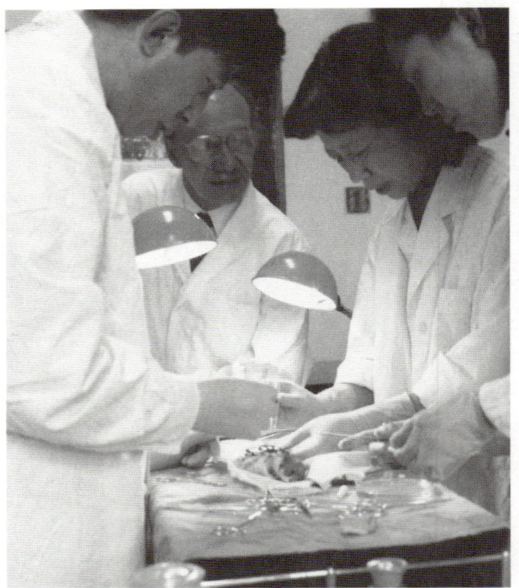

83-101

83-099
83-100

83-097. 万里（左三）在全国农村工作会议上讲话。

83-098. 在微循环研究领域中取得成就的中国专家修瑞娟(右)和美国医学专家在实验室里。

83-099. 我国第一台千万次大型向量计算机系统研制成功。

83-100. 参加千万次大型向量计算机总体设计的研究员高庆狮（中)、副研究员梅多伦（右)、张祥（左）正在检查计算机总体结构。

83-101. “银河”亿次计算机在长沙研制成功。

共 和 国 图 典

1984年

1月1日 中共中央发出《关于1984年农村工作的通知》。

1月10～23日 赵紫阳总理访问美国和加拿大。

1月17～26日 全国农业工作会议在北京召开，中心议题是研究农牧渔业部门如何适应和促进农村商品经济的更大发展。

1月24～29日 邓小平视察深圳、珠海并和广州军民共度春节。26日，邓小平为深圳特区题词："深圳的发展和经验证明我们建立经济特区的政策是正确的。"

1月27日 中共中央、全国人大常委会和国务院在上海举行宋庆龄雕像揭幕典礼。

同日 中央军委主席邓小平签发命令，将《中国人民解放军纪律条令》颁发全军。

2月1日 海关总署、财政部、对外经济贸易部联合制订《关于中外合作经营企业进口货物的监督和征免税规定》，即日起颁布实施。

2月5日 第五届全国人大常委会副委员长粟裕大将在北京逝世，终年76岁。

2月7～10日 邓小平视察厦门经济特区，并题词："把经济特区办得更快些更好些。"

2月10～23日 国务院在北京召开全国经济工作会议。

2月15日 中共中央书记处研究室编辑的《陈云文选》由人民出版社出版，即日起陆续在全国各地发行。

2月15～16日 邓小平、王震视察上海。邓小平为宝钢题词："掌握新技术，要善于学习，更要善于创新。"

2月27日 国务院发布《在我国统一实行法定计量单位的命令》，自公布之日起生效。

3月1日 中共中央、国务院发布《关于深入扎实地开展绿化祖国运动的指示》。

3月5～23日 李先念主席出访巴基斯坦、约旦、土耳其和尼泊尔。

3月15日 中国残疾人福利基金会在北京成立，彭真、王震、习仲勋等出席。

3月19～21日 中美联合经济委员会第四次会议在北京举行，草签两国政府《关于对所得收入避免双重征税和防止偷漏税的协定》。

3月23～26日 日本首相中曾根康弘访华，并同中国领导人就加强两国经济合作等问题举行会谈。双方一致同意设立"中日二十一世纪委员会"。

3月26日～4月6日 中共中央书记处和国务院在北京召开沿海部分城市座谈会。

4月2日 广西、云南边防部队炮兵对在我国边境地区加剧武装挑衅的越南军队进行炮火还击。

4月6日 国务院发布《中华人民共和国居民身份证试行条例》。

4月8～16日 我国成功发射一颗试验通信卫星，卫星成功定点于东经125度赤道上空。

4月11～16日 第三次全国归国华侨代表大会在北京召开。

4月26日～5月1日 美国总统里根访华。

5月1日 横贯柴达木盆地的高原铁路——西(宁)格(尔木)铁路正式交付运营。

5月1日 目前中国最长最重的箱梁型公路大桥——柳州市河东大桥建成通车。

5月3日 国务院批转财政部、国家经委、国家计委《关于认真抓好企业扭亏增盈工作的报告》。

5月4～11日 胡耀邦总书记对朝鲜进行正式友好访问。

5月5日 阎红、徐永久在挪威举行的国际竞走邀请赛中打破5公里竞走世界纪录。

5月10日 国务院颁布《关于进一步扩大国营工业企业自主权的暂行规定》。

5月10～13日 尼日尔共和国最高军事委员会主席、国家元首赛义尼·孔切和夫人访华。

5月12日 《人民日报》报道：中国科学院古脊椎动物与古人类研究所的科技人员，在江苏泗洪县发掘出4颗古猿的牙齿化石。经考证距今约1000万年以上。

5月12～26日 中国人民政治协商会议第六届全国委员会第二次会议在北京举行。

5月14～19日 厄瓜多尔共和国总统乌尔塔多和夫人访华。

5月15～31日 六届全国人民代表大会第二次会议在北京举行。会议审议通过了《关于政府工作报告的决议》，通过了全国人大常委会、最高人民法院、最高人民检察院的工作报告，决定设立海南行政区。

5月17日 著名教育家成仿吾逝世，终年87岁。

5月25日 邓小平同港澳出席六届人大二次会议的代表和政协六届二次会议的委员谈话，强调我国在恢复对香港的主权之后，中国政府有权在香港驻军。

5月27～30日 巴西总统菲格雷多和夫人访华。

5月28日～6月3日 德国社会民主党主席勃兰特率团访华。

5月30日～6月16日 赵紫阳总理出访法国、比利时、欧洲共同体、瑞典、丹麦、挪威和意大利。

6月1日 国家70项重点工程之一的皖赣铁路全线通车。

6月7～9日 由西班牙共产党总书记赫拉尔多·伊格莱西亚斯率领的西班牙共产党代表团访华。

6月9日 国务院最近批转教育部《关于在部分全国重点高等院校试办研究生院的请示报告》。

同日 国务院宣布深圳赤湾码头正式对外开放。

6月11～15日 圭亚那总统林登·福布斯·桑普森·伯纳姆访华。

6月22日 邓小平会见香港工商访问团时指出：香港人要有志气有信心把香港管理好。

6月22日～7月7日 全国第二步利改税工作会议在北京召开。

6月30日 邓小平在会见第二次中日民间人士会议日方委员会代表团时，阐明什么是有中国特色社会主义的问题。

7月4日 国务院宣布将广东省珠海市湾仔辟为向澳门开放的客运口岸。

同日 中国人民建设银行总行负责人宣布，从1985年起，基本建设投资一律实行贷款制。

7月11日、13日 国务院决定在沈阳、南京、大连进行经济体制综合改革试点。并赋予大连市省级经济管理权限。

7月14日 国务院批转商业部《关于当前城市商业体制改革若干问题的报告》并发出通知。

7月15日 《陈云文选》(1949～1956)出版发行。

7月28日～8月12日 中国体育代表团在第二十三届洛杉矶奥运会上取得辉煌成绩，金牌总数居第四位。

7月29日 第五届人大常委会副委员长、第六届全国政协副主席、中国民主促进会主席周建人逝世，终年96岁。

8月5～10日 朝鲜民主主义人民共和国政务院总理姜成山访华。

8月7日 南疆铁路吐鲁番至库尔勒段交付使用，全长476公里。

8月11日 中共中央顾问委员会副主任、第五届全国政协副主席李维汉在北京逝世，终年88岁。

8月20日～9月5日 李先念主席率中国党政代表团出访罗马尼亚、南斯拉夫。

8月31日 北京农林科学院作物研究所副

研究员胡道芬在我国首次采用花粉单倍体育种方法成功地培育出冬小麦高产新品种。

9月2日 江加良在吉隆坡举行的第五届世界杯乒乓球赛中夺得男子单打冠军。

9月10日 中国烟草专卖局开始正式施行《烟草专卖条例施行细则》。

同日 中日友好21世纪委员会首次会议在日本东京隆重开幕。

9月11日 国际刑警组织正式接纳中国为成员国。

9月12日 国务院发布《中华人民共和国科学技术进步奖励条例》。

同日 我国成功发射一颗科学实验卫星，并于17日收回。

9月21日 中国自行设计制造的迄今最大的一座受控热核聚变研究实验装置“中国环流器一号”，在核工业部西南物理研究所建成并顺利启动，已产生等离子体，取得预期的调试数据。

9月22日 孔子像复原揭幕仪式在山东曲阜孔庙大成殿前举行。

9月26日 《中华人民共和国政府和大不列颠及北爱尔兰联合王国政府关于香港问题的联合声明(草签文本)》在北京草签。联合声明宣布，中国政府决定在1997年7月1日对香港恢复行使主权，英国政府将在同日把香港交还给中国。中国政府还在联合声明中宣布了对香港的基本方针政策。

10月1日 首都北京举行盛大阅兵式和群众游行，隆重庆祝中华人民共和国成立35周年。党和国家领导人及各界群众50万人参加，邓小平检阅了受阅部队并发表讲话。当晚，150万人在天安门广场举行盛大联欢晚会。

10月5日 我国首家全国经济信息技术市场在秦皇岛市建成。

10月6日 中央军委向全军颁发《中国人民解放军内务条令》。

同日 邓小平会见出席北京中外经济合作问题讨论会的国内外金融界、企业界领导人和著名专家、学者，希望国际工商业界人士从发展的角度考虑同中国的合作。

10月7日 北京正负电子对撞机国家实验室奠基典礼在中国科学院高能物理研究所举行，邓小平参加典礼并祝工程如期完工。

10月7～13日 联邦德国总理科尔访华。

10月8日 中国第一支南极考察队在北京成立，考察队将进行多学科综合考察工作。

10月13日 林英、吴迪西荣获国际羽毛球赛女子双打冠军。

10月20日 中共十二届三中全会在北京举行。全会通过了《中共中央关于经济体制改革的决定》等文件，阐明了加快以城市为重点的整个经济体制改革的一系列问题，肯定中国社会主义经济是有计划的商品经济。

10月23日 中国跳伞运动队在第三届世界杯跳伞比赛中夺得冠军。

10月27日 中国艺术体操队在第四届四大洲艺术体操锦标赛中首次夺得团体冠军。

11月1日 中国与阿拉伯联合酋长国自即日起建立大使级外交关系。

11月6～14日 六届全国人大常委会第八次会议在北京举行。会议通过国务院提请审议的《中华人民共和国政府和大不列颠及北爱尔兰联合王国政府关于香港问题的联合声明》的议案的决议、《关于在沿海港口城市设立海事法院的决定》及其他决议。

11月10～23日 李先念主席出访西班牙、葡萄牙和马耳他。

11月15日 中国加入《禁止细菌(生物)及毒素武器的发展、生产及储存以及销毁这类武器的公约》。

同日 国务院发布《关于经济特区和沿海14个港口城市减征、免征企业所得税和工商统一税的暂行规定》的通知。

11月23日 据有关部门统计：自1978年至1984年6月底中国出国留学的总人数达到3.3万余人。

12月8日 国务院决定从1985年1月1日起，国营企业的厂长(经理)实行任期制度，并就此事向各地区各部门发出通知。

12月10～15日 苏丹总统尼迈里访华。

12月15日 《周恩来选集》下卷出版发行。

同日 江苏省徐州市新近发现1000多件汉代兵马俑。其规模仅次于西安秦代兵马俑。

12月18～20日 英国首相撒切尔夫人访华。19日“中英关于香港问题的联合声明”在北京正式签字。

12月25日 上海宝山钢铁总厂1号高炉综合联动试车成功。

12月26日 国家重点建设项目之一的“引滦入唐工程”提前一年竣工通水。

12月27日 中国首批南极考察队员登上南极洲乔治岛，中华人民共和国国旗首次插上南极洲。

84-001

84-002

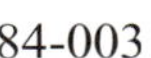
84-003

84-004

84-005

84-006

84-007

84-008

84-001. 胡耀邦总书记会见法国国民议会代表团。
84-002. 李先念举行宴会庆祝中法建交20周年。
84-003. 1月27日，宋庆龄雕像在上海揭幕。
84-004. 乌兰夫在宋庆龄雕像揭幕仪式上讲话。
84-005. 邓小平在深圳蛇口工业区视察时听取工业区领导袁庚的情况介绍。
84-006. 邓小平为深圳经济特区题词："深圳的发展和经验证明，我们建立经济特区的政策是正确的。"
84-007. 《陈云文选》出版发行。
84-008. 2月5日，第五届全国人大常委会副委员长粟裕逝世。图为粟裕生前在天安门城楼上。

84-009

84-010

84-011

84-012

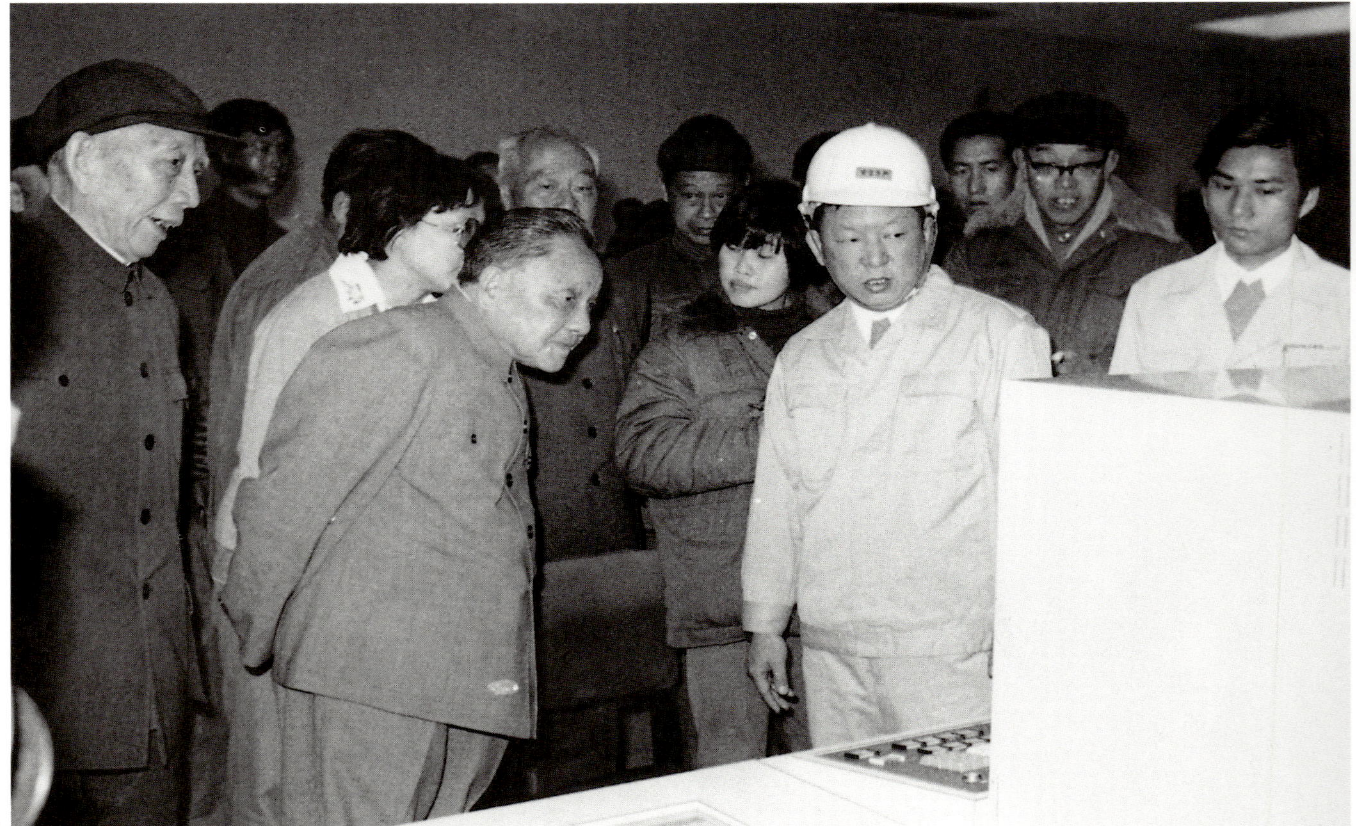

84-013

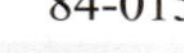

84-015

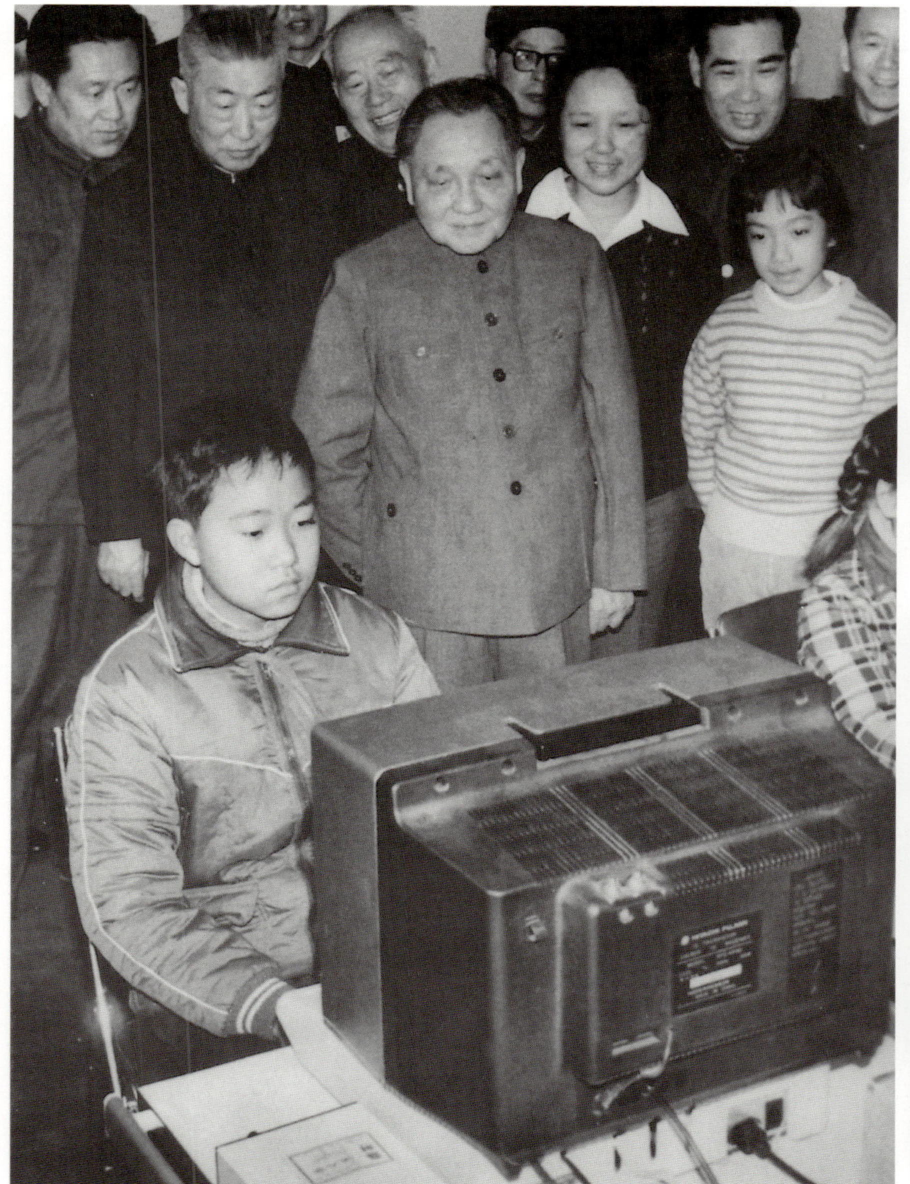

84-014

84-016

84-009. 邓小平在广州出席军民联欢会。
84-010. 邓小平视察厦门时，同福建省委第一书记项南研究厦门经济特区规划。
84-011. 邓小平视察厦门经济特区。
84-012. 邓小平为厦门特区题词："把经济特区办得更快些更好些。"
84-013. 邓小平在上海宝钢中央控制室参观。
84-014. 邓小平在上海观看少年应用电子计算机演示。
84-015. 邓小平参观上海宝钢一号高炉。
84-016. 邓小平为宝钢题词。

84-017

84-018

84-019

84-017. 李先念主席访问巴基斯坦。
84-018. 尼泊尔国王在机场欢迎李先念主席和夫人。
84-019 中国残疾人福利基金会在北京成立。
84-020. 邓小平会见日本首相中曾根。
84-021. 王震和邓朴方（左）在一起交谈。
84-022. 乌兰夫在第三次全国归侨代表大会上。
84-023. 首都举行老舍诞辰85周年座谈会。
84-024. 彭真会见日本首相中曾根。

84-020

84-021

84-022

84-023

84-024

84-025

84-026

84-027

84-028

84-029

84-030

84-031

84-032

84-025. 邓小平会见来访的美国总统里根。
84-026. 里根夫妇游览长城。
84-027. 胡耀邦在寓所设宴招待日本首相中曾根和夫人。
84-028. 我国成功发射试验通讯卫星。
84-029. 4月19日，第五届全国政协委员贺子珍逝世。图为贺子珍生前和外孙女在一起。
84-030. 廖晖在全国第三次归侨代表大会上作报告。
84-031. 中国和巴西科技和贸易协定在京签字。
84-032. 参加挪威国际竞走邀请赛的中国女子竞走队载誉归来。

84-033

84-034

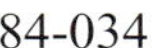

84-035

84-036

84-037

84-038

84-039

84-040

84-033. 邓小平会见出席六届全国人大二次会议和全国政协六届二次会议的港澳地区人大代表、政协委员。

84-034. 六届全国人大二次会议甘肃省代表在小组会上讨论《民族区域自治法草案》。

84-035. 杨得志在六届全国人大二次会议上作《关于兵役法修改草案的说明》。

84-036. 彭真和出席六届全国人大二次会议的北京市代表一起讨论。

84-037. 上海中医学院招收全国首批中医博士研究生。图为金舒白医师正在指导博士生。

84-038. 5月17日，著名教育家成仿吾逝世。图为成仿吾生前与中国人民大学学生交谈。

84-039. 8月11日，第五届全国政协副主席李维汉逝世。图为李维汉生前与毛泽东在一起交谈。

84-040. 深圳赤湾港首期工程建成。

84-041

84-042

84-043

84-044

84-041. 中国体育代表团在第二十三届奥运会开幕式上。
84-042. 李宁在二十三届奥运会上夺得3枚金牌、3枚银牌。
84-043. 射击运动员许海峰夺得二十三届奥运会第一枚金牌。
84-044. 中国运动员朱建华为观众签名。
84-045. 邓小平会见香港工商访问团。
84-046. 我国最大的受控核聚变研究装置建成。
84-047. 全国老龄工作会议在北京举行。
84-048. 全国“双拥”大会在北京召开。
84-049. 出席全国“双拥”大会的代表们。
84-050. 7月29日，第五届全国人大常委会副委员长周建人逝世。图为周建人生前在全国人大会议上发言。

84-045

84-046

84-047

84-049

84-048

84-050

84-051

84-052

84-051. 庆祝中华人民共和国成立35周年阅兵式。
84-052. 受检阅的女卫生兵。
84-053. 参加国庆游行的大学生队伍在通过天安门时，展开了“小平您好”的大字横幅。
84-054. 邓小平在国庆35周年大会上讲话。
84-055. 国庆35周年的游行队伍。
84-056. 国庆之夜的天安门广场。
84-057. 天安门广场国庆晚会的集体舞蹈。

84-053

84-055

84-054

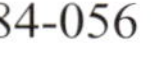

84-056

84-057

84-058

84-058. 中央军委主席邓小平检阅陆海空三军。

84-059

84-060

84-061

84-062

84-063

84-064

84-059. 中共十二届三中全会通过《中共中央关于经济体制改革的决定》。
84-060. 邓小平、胡耀邦在中共十二届三中全会休息室交谈。
84-061. 中国选手林英、吴迪西在英国国际羽毛球精英赛女子双打决赛中获冠军。
84-062. 彭真、徐向前、乌兰夫、习仲勋在中共十二届三中全会上。
84-063. 萨马兰奇在北京向中国奥委会主席钟师统（右）颁发银质奥林匹克勋章。
84-064. 李先念主席访问葡萄牙期间参观一家木塞加工厂。

84-065

84-066

84-065. 12月19日，中英《关于香港问题的联合声明》签字仪式在北京举行。

84-066. 邓小平会见英国首相撒切尔夫人。

84-067. 邓小平会见参加建设北京正负电子对撞机工程的代表。

84-068. 首次用植物花粉育成冬小麦新品种的农学家胡道芬。

84-069. 李瑞环同志参加引滦入津工程开挖明渠义务劳动。

84-070. 李瑞环在天津西青道住房改造工程检查工作时，深入居民家中品尝引滦入津的自来水。

84-071.《周恩来选集》下卷出版发行。

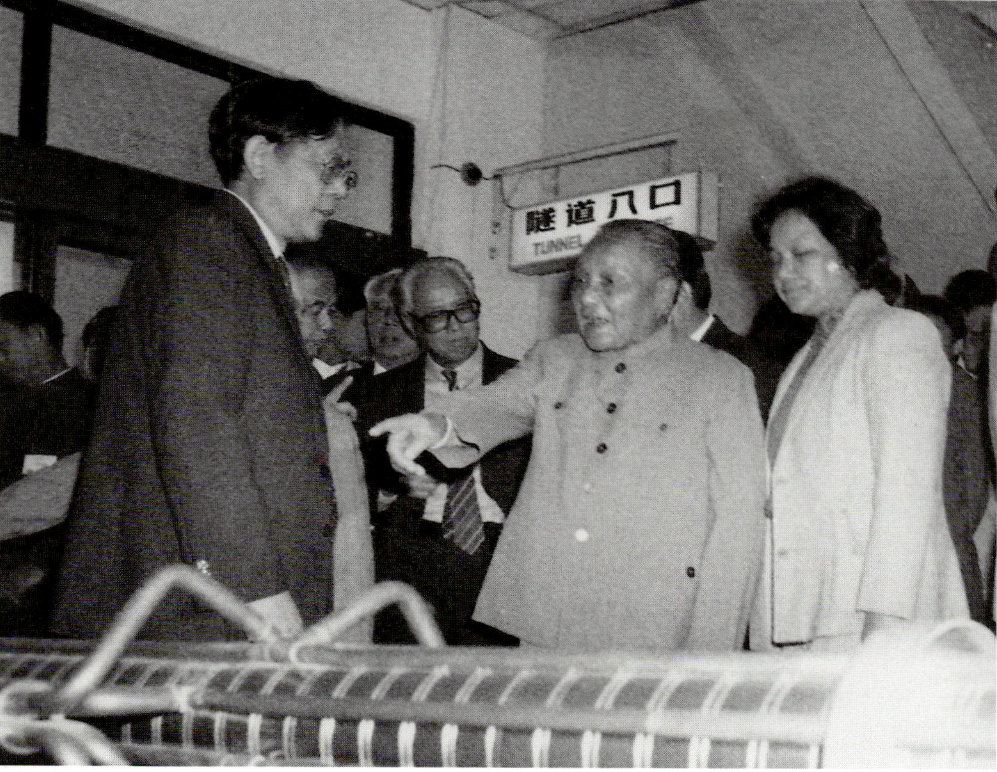

84-067

84-068

84-069

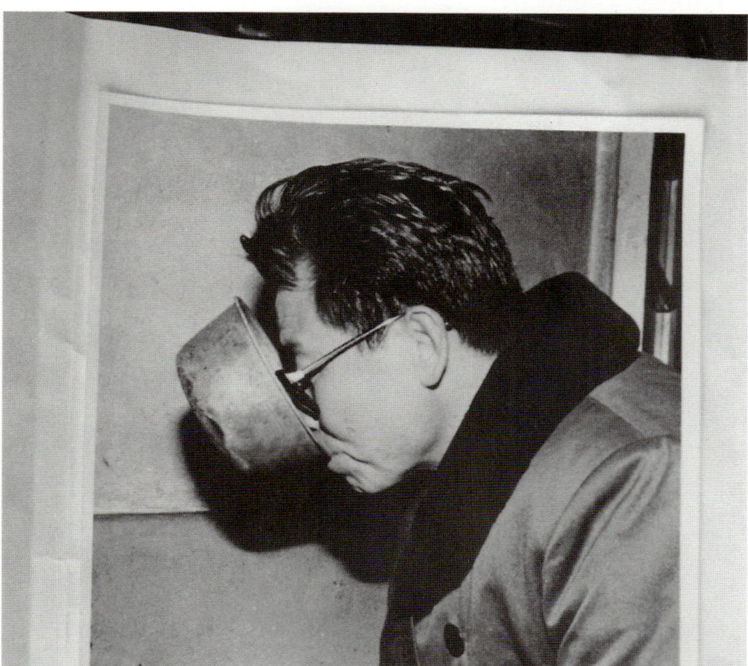

84-070

84-071

84-072

84-073

84-074

84-072. 徐州发现汉代小兵马俑群。
84-073. 采用电脑控制的宝钢一号高炉综合联动试车成功。
84-074. 中国南极考察队首次登上南极洲乔治岛。

1985

共　和　国　图　典

1985年

1月1日 中共中央、国务院发布《关于进一步活跃农村经济的十项政策》。

1月8日 《周恩来统一战线文选》、《周恩来教育文选》分别由人民出版社和人民教育出版社出版。

1月10～21日 六届全国人大常委会第九次会议在北京举行。会议通过了《中华人民共和国审计法》；同意国务院关于建立教师节的议案，决定9月10日为教师节。

1月11日 新华社报道：国务院颁发《关于自费出国留学的暂行规定》。

2月7日 国务院发出《关于严格控制社会集团购买力的紧急通知》。

2月8日 国务院批转国家经委、财政部、中国人民银行《关于推进国营企业技术进步若干政策的暂行规定》。

2月14日 公安部出入境管理局负责人宣布，我国政府决定从1985年2月15日起增加67个开放市、县。

2月15日 中国南极长城站在南极乔治岛建成。

2月16日 国务院就上海经济发展战略问题发出通知，力争在本世纪末把上海建设成为开放型、多功能、产业结构合理、科学技术先进、具有高度文明的社会主义现代化城市。

2月18日 中共中央、国务院批转《长江、珠江三角洲和闽南厦漳泉三角地区座谈会纪要》。

2月28日 国务院发布《中华人民共和国进出口关税条例》和《中华人民共和国海关进出口税则》。

3月4～15日 李先念主席对缅甸和泰国进行国事访问。

3月13日 中共中央发出《关于科学技术体制改革的决定》，实行经费的分类管理，改革研究机构的拨款制度。

3月17日 国务院作出关于加强外汇管理的决定。

3月21日 国务院发出通知：从当年起，实行“划分税种、核定收支、分级包干”的财政管理体制。

3月27日～4月10日 第六届全国人民代表大会第三次会议在北京举行，会议通过了《关于政府工作报告的决议》和《关于批准〈中华人民共和国政府和大不列颠及北爱尔兰联合王国政府关于香港问题的联合声明〉的决定》等决议。

3月28日～4月7日 中国选手在第三十八届世界乒乓球锦标赛中获6项冠军。

4月12～18日 坦桑尼亚联合共和国副总统阿里·哈桑·姆维尼访华。

4月25日 中国发明家在第十三届日内瓦国际发明展览会上获得3项大奖。

5月15～29日 中共中央、国务院在北京召开全国教育工作会议，讨论中共中央《关于教育体制改革的决定(草案)》。

5月23日～6月6日 中央军委扩大会议在北京召开。主要讨论贯彻关于军队减少100万的战略决策，并研究制定了落实这一决策的措施和步骤。

5月24日 邓小平会见来华访问的葡萄牙总统拉马略·埃亚内斯。

5月27日 中英两国政府互换关于香港问题的联合声明的批准书，《中英联合声明》正式生效。香港开始进入过渡时期。

5月31日 国家重点科研项目——高精度自动数据处理穆斯堡尔谱仪由南京大学研制成功。

6月2～19日 赵紫阳总理出访英国、联邦德国和荷兰。

6月4日 中共中央、国务院发出《关于国家机关和事业单位工作人员工资制度改革问题的通知》，实行结构工资制。

同日 新华社报道：全国农村人民公社政社分开，建立乡政府的工作已经全部结束。

6月8日 著名文艺理论家胡风在北京逝世，终年83岁。著有《文艺与生活》、《论民族形式问题》等著作。

6月9～15日 中共中央宣传部、司法部在北京召开首次全国法制宣传教育工作会议，通过了《关于向全体公民基本普及法律常识的五年规划》。

6月12日 我国著名数学家和教育家、第六届全国政协副主席华罗庚在日本逝世，终年75岁。

6月16日 中国队在第四届世界羽毛球锦标赛上获冠亚军各三项。

7月1～5日 香港特别行政区基本法起草委员会第一次全体会议在北京举行。

7月7日 第三世界科学院接纳中国科学院院长卢嘉锡，副院长周光召，学部委员黄昆、曾呈奎为该院院士。

7月11～31日 李先念主席出访加拿大、美国。

7月12日 最高人民法院、最高人民检察院、公安部、司法部联合发出《关于抓紧从严打击制造、贩卖假药、毒品和有毒食品等严重危害人民生命健康的犯罪活动的通知》。

7月19日 《人民日报》报道：一种体系结构先进、系统配置完善、软件资源丰富、程序开发能力完备的32超级小型计算机——2780型机由华北计算技术研究所研制成功。

8月11日 国家教委、中直机关党委和中直国家机关党委联合在北京召开欢送培训中小学师资讲师团大会，胡耀邦作了题为《当代年轻知识分子的成长道路》的讲话。

8月12日 第六届全国政协副主席肖华上将在北京病逝，终年69岁。

8月23日 第六届全国政协副主席、民革中央主席王昆仑逝世，终年83岁。

8月29日 国务院发布《关于审计工作的暂行规定》。

9月3日 首都隆重集会纪念抗日战争和世界反法西斯战争胜利40周年。

9月6日 第六届全国人大副委员长、民盟中央主席史良在北京病逝，终年85岁。

9月10日 中共中央宣传部、国家教委、北京市人民政府、共青团中央、全国教育工会在人民大会堂举行庆祝新中国第一个教师节大会。

9月10～12日 中共中央邀请各民主党派、全国工商联、无党派民主人士和其他知名人士举行座谈会，通报了即将召开的中共全国代表会议和中共十二届四中全会、五中全会的主要议题，征求他们的意见。

9月11日 国务院批转国家经委、国家体改委《关于增强大中型国营工业企业活力若干问题的暂行规定》，并发出通知。

9月16日 中共十二届四中全会在北京举行。全会决定召开党的全国代表会议。

9月18～23日 中国共产党全国代表会议在北京举行。会议通过了《中共中央关于制定国民经济和社会发展第七个五年计划的建议》，同意131位老同志不再担任中央委员、中顾委委员、中纪委委员的请求。

9月24日 中共十二届五中全会在北京举行。会议增选田纪云、乔石、李鹏、吴学谦、胡启立、姚依林为中央政治局委员。

10月4日 外交部发言人就台湾当局在亚行地位问题发表谈话，指出只有中华人民共和国政府才能在亚行中代表中国。

10月7～12日 罗马尼亚共产党总书记、共和国总统尼古拉·齐奥塞斯库访华。

10月16日 中国发明协会成立大会在北京举行，聂荣臻任名誉会长，武衡当选为会长。

85-001

85-002

85-001. 邓小平的著作《建设有中国特色的社会主义》在香港三联书店发行。

85-002. 中国南极长城站落成典礼。

10月22日 中共中央顾问委员会副主任、中央军委常委许世友上将在南京逝世，终年79岁。

10月24日 国务院、中央军委发布《征兵工作条例》。

10月31日 中共中央、国务院发出《关于制止向农民乱摊派、乱收费的通知》。

11月8～22日 六届全国人大常委会第十三次会议在北京举行。会议通过了《中华人民共和国外国人入境管理法》、《中华人民共和国公民出境入境管理法》和关于批准《保护世界文化和自然遗产公约》的决定。

11月10日 在第二十三届世界体操锦标赛上，中国选手童非和李宁分获自由体操、单杠和吊环金牌。

11月20日 中国女排获1985年世界杯女排赛冠军，成为世界女排史上第一支连续4次夺得世界大赛冠军的女队。

11月23日 《光明日报》报道：我国首批试办百余个博士后科研流动站。

11月26日 上海宝山钢铁总厂一期工程建成投产。

11月29～30日 共青团十一届四中全会在北京举行。会议选举宋德福为团中央第一书记。

12月2～7日 中国——欧洲经济共同体贸易周在布鲁塞尔举行。

12月4日 中共中央、国务院批转中宣部和司法部《关于向全体公民基本普及法律常识的五年规划》并发出通知。

12月6日 横贯中国西北、华北、东北的“三北”防护林系一期工程竣工。该项工程使我国1.2亿多亩农田得到林网保护。

12月11～22日 全国农业工作会议在北京召开。会议强调要继续贯彻“决不放松粮食生产，积极发展多种经营”的方针。

12月15日 国家“六五”重点建设工程京秦复线电气化铁路全线正式开通。

同日 《刘少奇选集》下卷出版发行。

12月18日 香港特别行政区基本法咨询委员会在香港举行成立大会。

12月19日 中国最高军事学府——中国人民解放军国防大学在北京成立，张震任校长，李德生任政治委员。

12月27日 横贯沂蒙山区的一级铁路干线——兖石铁路建成，于31日交付运营。

12月28日 国家专利局举行大会，为首批143项专利申请颁发中华人民共和国专利证书。

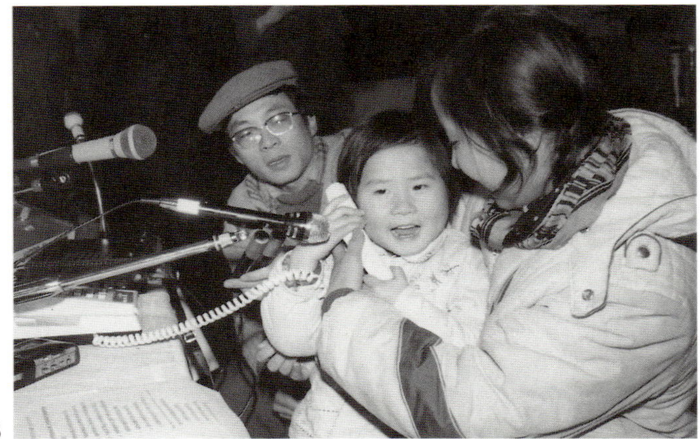
85-003

85-004

85-005

85-006

85-007

85-008

85-009

85-010

85-011

85-003. 中国南极考察队员与亲属互致问候。
85-004. 中国南极考察队员访问波兰考察站。
85-005. 六届全国人大三次会议主席台。
85-006. 彭冲（中）在六届全国人大三次会议上作《关于成立中华人民共和国香港特别行政区基本法起草委员会的决定(草案)的说明》。
85-007. 阿沛·阿旺晋美与班禅额尔德尼·确吉坚赞在六届全国人大三次会议小组会上阅读文件。
85-008. 出席六届全国人大三次会议的广东省代表团举行小组会议，审议《中华人民共和国政府和大不列颠及北爱尔兰联合王国政府关于香港问题的联合声明》的议案。
85-009. 邓小平在北京召开的中央军委扩大会议上宣布中国人民解放军3年内裁员100万。
85-010. 邓小平在北京会见来访的葡萄牙总统拉马略·埃亚雷斯（右）。
85-011. 香港特别行政区基本法起草委员会第一次会议在北京召开。

85-012

85-013

85-014

85-015

85-016

85-017

85-018

85-019

85-020

85-021

85-012. 6月8日，著名文艺评论家胡风逝世。图为胡风生前在家中。

85-013. 6月12日，著名数学家华罗庚在日本逝世。图为在东京举行的华罗庚吊唁仪式。

85-014. 8月12日，第六届全国政协副主席肖华逝世。图为北京各界人士向肖华遗体告别。

85-015. 8月23日，第六届全国政协副主席王昆仑逝世。图为王昆仑生前在政协常委会上。

85-016. 4月6日，第六届全国人大常委会副委员长史良逝世。图为史良生前在她的住所。

85-017. 10月22日，中共十二届中央顾问委员会副主任许世友逝世。图为许世友生前和部队干部战士在一起。

85-018. 7月7日，中国科学院院长卢嘉锡，副院长周光召，学部委员黄昆、曾呈奎被第三世界科学院接纳为院士。图为卢嘉锡在北京东方红炼油厂了解情况。

85-019. 理论物理学家周光召在辅导研究生。

85-020. 韩健获第四届世界羽毛球锦标赛男子单打冠军。

85-021. 中国代表队在第四届世界羽毛球锦标赛开幕式上。

85-023

85-022

85-024

85-025

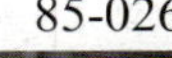
85-026

85-027

85-028

85-022. 首都举行欢送中直及国家机关讲师团大会。
85-023. 胡耀邦在欢送讲师团大会上讲话。
85-024. 首都各界集会纪念抗日战争和世界反法西斯战争胜利40周年。
85-025. 首都各界代表向人民英雄纪念碑敬献花圈，纪念在抗日战争中牺牲的烈士和死难同胞。
85-026. 首都举行庆祝第一个教师节大会。
85-027. 中国共产党全国代表会议在北京召开。图为大会会场。
85-028. 邓小平、胡耀邦等和退出中央委员会的老同志合影。

85-029

85-030

85-031

85-032

85-033

85-034

85-035

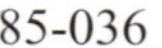

85-036

85-037

85-038

85-029. 第一届全国青少年运动会在郑州举行。
85-030. 万里在第一届全国青少年运动会开幕式上讲话。
85-031. 中国队在第四届世界杯女排赛中第四次蝉联世界冠军。
85-032. 中国女排以3：0的战绩击败日本队。
85-033. 我国选手童非在第二十三届世界体操锦标赛男子团体比赛中获单杠自选动作满分。
85-034. 女排运动员郎平等人在领奖台上。
85-035. 中国致公党成立60周年纪念大会。
85-036. 田纪云在中央农村工作会议第一次全体会议上作报告。
85-037. 甘肃省安西县的防风固沙林带为“三北”防护林的一段。
85-038. 甘肃省敦煌营造的防风固沙林带。

85-039

85-040

85-041

85-039. 上海宝钢一期工程投产。
85-040. （北）京秦（皇岛）电气化铁路通车。
85-041. 兖（州）石（臼所）铁路建成通车。

共　和　国　图　典

1986年

1月1日 中共中央、国务院作出关于1986年农村工作的部署，决定从今年起对各省、自治区、直辖市实行粮食调拨包干。

1月6日、9日 中共中央书记处在北京召开中央机关干部大会，胡耀邦在大会上作了《中央机关要做全国的表率》的讲话。

1月7日 我国外交部发言人驳斥1月4日越南外交部关于西沙群岛和南沙群岛是“越南领土”的声明。

1月10日 赵紫阳总理在中南海会见关税和贸易总协定总干事亚瑟·邓克尔，表示希望恢复中国在关税和贸易总协定中的缔约国地位。

1月11～20日、1月12日～2月3日 全国经济工作会议和全国计划工作会议在北京举行。赵紫阳在这两个会议上发表关于经济体制改革的讲话。

1月14日 中共中央、国务院、中央军委发出《关于县(市)人民武装部改归地方建制有关问题的通知》。

1月31日 中国政府决定调整对外国人开放的地区，使之达到244个。

2月1日 国家卫星发射中心发射一颗实用通讯广播卫星，20日，卫星准确定点于东经103度赤道上空。

2月4日 中共中央、国务院发出《关于进一步制止党政机关和党政干部经商、办企业的规定》。

2月16日 《人民日报》报道：中国对鼻咽癌前瞻性现场研究居世界领先地位。

2月17日 亚洲开发银行理事会通过决议，接纳中华人民共和国为亚行成员国。

2月20～26日 毛里塔尼亚救国军事委员会主席、国家元首塔亚上校访华。

2月23日 《人民日报》报道：“六五”期间我国计划生育工作取得成就，我国人口年平均自然增长率由“五五”期间的13.25‰下降到11.7‰。

2月24日～3月1日 塞拉利昂共和国总统约瑟夫·赛义杜·莫莫访华。

2月28日 《人民日报》报道：国务院决定成立国家自然科学基金委员会。

3月1日 中华人民共和国香港特别行政区基本法咨询委员会在香港举行第一次全体会议。

3月4日 著名作家和社会活动家丁玲逝世，终年82岁。

3月6日 著名美学家、文艺理论家和教育家朱光潜教授逝世，终年89岁。

3月8～27日 李先念主席出访孟加拉国、斯里兰卡、埃及、索马里和马达加斯加五国。

3月9日 国家文化建设的重点科研项目——《汉语大字典》经400多名专家、学者的10年努力，编纂完成，这是当今世界上收集汉字最多的一部字典。

3月10～16日 国务院在北京召开第一次全国城市经济体制改革工作会议，部署1986年全国城市经济体制改革的任务。

3月16～18日 中苏经济、贸易、科技合作委员会第一次会议在北京举行。

3月19日 外交部发言人在新闻发布会上发表声明指出：中国政府历来反对任何国家向台湾出售武器。

3月23～30日 丹麦王国首相保罗·施吕特访华。

3月23日～4月11日 中国人民政治协商会议第六届全国委员会第四次会议在北京举行。

3月25日～4月12日 六届全国人大四次会议在北京举行。大会原则批准国务院制定的《中华人民共和国国民经济和社会发展第七个五年计划》。

4月2日 外交部发言人在新闻发布会上答记者问时对蒋经国提出的中国必须统一的观点表示赞赏。

4月4日 中国常驻联合国副代表梁于藩在“国际裁军与发展关系会议”筹委会上强调，中国反对军备竞赛，也不参加军备竞赛。

4月12日 中共中央办公厅、国务院办公厅发出通知，规定从1986年起，每年夏季在全国范围内实行夏时制。

4月19日 邓小平会见香港知名人士包玉刚、王宽诚、霍英东、李兆基。会见中邓小平就经济体制改革和教育问题发表谈话，提出教育要从娃娃抓起。

4月26日 新华社报道：中国科学院赴澳大利亚哈雷彗星观测小组最近带着摄有30多万幅哈雷彗星的核图像磁带回到北京。

4月29日 《人民日报》报道：目前国内最大的汉字微型计算机系列——JH系列微机通过鉴定，它在汉字和图形信息处理方面达到国际水平。

4月30日 新华社报道：西安出土我国迄今最早的甲骨文。

同日 首都集会纪念“五一”国际劳动节100周年。

5月2日 《人民日报》报道：我国迄今发掘的最大古墓——陕西秦公一号大墓揭开椁木，墓主为距今2500多年的秦景公。

5月3～4日 中国男女羽毛球队在第十一届尤伯杯和第十四届汤姆斯杯赛中双双夺冠。

5月4日 周恩来全身铜像在天津南开中学落成，胡耀邦为铜像题词：“青年楷模”。

5月5日 新华社报道：《马克思恩格斯全集》中文版50卷已全部出齐，这是我国翻译出版界30年辛勤劳作的成果。

5月11日 《人民日报》报道：我国考古工作者首次在陕西省凤翔县雍城遗址内发现隋唐殉人墓葬。

5月15日 全国科学技术奖励大会在北京举行。大会奖励了荣获首次国家科技进步奖的1761个项目、荣获1985年国家发明奖的185个项目和荣获“六五”攻关成果奖的115个项目及37位个人。

5月18～25日 澳大利亚总理罗伯特·霍克访华 。邓小平会见了霍克总理，指出中国的事情虽然很多，但归根到底是两件事，一是和平问题，一是发展问题。

5月31日 国家经委、国家教委、中国科学院联合发出《关于推进大中型企业与中国科学院、高等院校合作的通知》。

6月7日 中国外交部就日本文部省教科书审议会最近审定的新编高中日本史教科书严重歪曲史实的问题向日方提出严正交涉。

6月8日 中国女子篮球队在吉隆坡举行的第十一届亚洲女篮锦标赛中获得冠军。

6月8～23日 胡耀邦总书记出访英国、联邦德国、法国和意大利4国。

6月10日 《人民日报》报道：葛洲坝水利枢纽二期工程基本峻工。大江电厂第一台机组9日正式投产发电。

6月15日 《陈云文选》(1956～1985年)出版发行。

6月30日～7月1日 中国和葡萄牙两国政府代表团关于解决澳门问题第一轮会谈在北京举行。

7月2日 外交部发言人就裁军问题发表谈话，指出，常规裁军和核裁军应同时进行。

7月2～26日 赵紫阳总理出访罗马尼亚、南斯拉夫、希腊、西班牙、土耳其和突尼斯。

7月8日 全国卫星通信网正式建成。

7月11日 中国常驻联合国代表钱嘉东向关税及贸易总协定总干事邓克尔提交了中国政府关于恢复中国在关贸总协定缔约国

地位的申请。

7月18日 《人民日报》报道：国务院新近批准长白山等20个自然保护区为国家级森林和野生动物类型自然保护区。

7月29日 杰出的核科学家邓稼先在北京病逝，终年62岁。他是新中国核武器理论研究工作的奠基者和开拓者之一。

8月3日 沈阳市人民政府宣布沈阳市防爆器材厂破产。这是新中国成立后第一家正式宣告倒闭的国营企业。

8月7日 赵紫阳会见日本、美国、联邦德国、英国的企业及金融界人士。

8月18日 新华社报道：据国家经委统计，随着横向经济联合、联系的加强，目前全国已建立跨省、市的经济协作区网络23个。

8月21日 邓小平在视察天津经济技术开发区时强调："对外开放还是要放，不放就不活，不存在收的问题。"

8月25日 中国自行建造的最大的化学品、成品油轮"奥斯科·倍龙娜"号在大连下水。

8月27日至9月5日 六届全国人大常委会第十七次会议在北京举行。会议通过《中华人民共和国治安管理处罚条例》和《中华人民共和国外交特权与豁免条例》。

9月2日 邓小平接受美国记者华莱士的电视采访。他就中苏关系、中美关系、中国统一和国内现行政策发表谈话。

9月3日 邓小平会见日本公明党委员长竹入义胜时谈政治体制改革，强调不改革政治体制，就会阻碍生产力发展，阻碍"四化"成功。

9月6～10日 以西哈努克主席为团长、宋双总理和乔森潘副主席为副团长的民柬代表团访华。

9月9日 《毛泽东著作选读》两卷本出版发行。

9月9～10日 中国和葡萄牙政府关于解决澳门问题第二轮会谈在北京举行。

9月25日 国务院发布《中华人民共和国个人收入调节税暂行条例》。

9月28日 中共十二届六中全会在北京举行。全会通过了《中共中央关于社会主义精神文明建设指导方针的决议》。

9月30日 郑州黄河公路大桥正式通车。

10月2日 亚太经济合作会议主席特里格和中国驻加拿大大使余湛在渥太华联合宣布：中国将参加第五次亚太经济合作会议。

10月3日 第六届全国人大常委会副委员长、原中国人民解放军副总参谋长韩先楚在北京病逝，终年73岁。

10月3～6日 李先念主席出访朝鲜。

10月7日 第二、三、四、五届全国人大常委会副委员长、原中共中央军委副主席、著名军事家刘伯承元帅逝世，终年94岁。

10月8日、18日 邓小平会见美国王安电脑公司董事长兼总裁、美籍华人王安、意大利物理学家齐吉基和美籍华裔物理学家李政道。

10月11日 中国第十九颗人造卫星(主要用于国土资源普查的科学探测和技术试验卫星)运行5天后按预定计划准确返回地面。

10月12～18日 英国女王伊丽莎白二世在爱丁堡公爵菲利普亲王陪同下访华。

10月13日 新华社报道：我国试制成功国家重点工程项目正负电子对撞机八大关键设备之一的70B储存环弯转电磁铁。

10月14日 新华社报道：我国运动员在第八届亚洲乒乓球锦标赛中囊括了7项冠军。

10月22日 第五届全国人大常委会委员长，第十、十一届中共中央副主席叶剑英元帅逝世，终年89岁。

11月3日 中国代表在联大就禁毒、撤军、反种族隔离、裁军等国际问题阐明我国政府的立场。

11月8～12日 中共中央、国务院在北京召开农村工作会议，确定1987年农村工作总的要求是继续坚持改革，促进农村经济持续稳定发展。

11月15日～12月2日 六届全国人大常委会第十八次会议在北京举行。会议通过了《中华人民共和国企业破产法(试行)》、《中华人民共和国国境卫生检疫法》及其它决议。

11月18日 中共中央、国务院转发《高技术研究发展计划("八六三"计划)纲 要》并发出通知。《纲要》确定生物技术、航天技术、信息技术、先进防御技术、自动化技术、能源技术和新材料等7个领域中的15个主题题目，作为国家今后发展高技术的重点。

11月22日 亚洲与西太平洋法律协会理事会会议接纳中国法学会为该会会员。

11月28日 公安部公布《中华人民共和国居民身份证条例实施细则》。

12月11日 外交部发言人发表谈话指出，印度议会非法通过法案，将其在非法占领的中国领土上建立的"阿鲁纳恰尔"区升格为"邦"，严重侵犯了中国的领土主权，中国不承认该邦。

12月26日 中国科学院物理研究所科技人员在实验时，发现一种新型超导材料，这是迄今国际上发现的温度最高的新型超导材料。

12月28日 原中共中央军委秘书长、中国人民解放军总参谋长、中央纪律检查委员会第二书记黄克诚在北京逝世，终年84岁。

12月30日 邓小平约胡耀邦、赵紫阳、万里、胡启立、李鹏、何东昌等人就学生闹事问题谈话，指出，学生闹事，大事出不了，但看问题的性质，是一件很重大的事情。他强调，要旗帜鲜明地坚持四项基本原则。

12月31日 外交部发言人就收回澳门发表谈话指出，在2000年以前收回澳门是中国政府包括澳门同胞在内的10亿中国人民不可动摇的坚定立场和强烈愿望。

86-001

86-002

86-003

86-001. 美国《时代》周刊1986年首期封面刊登了邓小平的照片。
86-002. 国家主席李先念出访孟加拉国与艾尔沙德总统交谈。
86-003. 国家主席李先念出访埃及。图为埃及总统穆巴拉克到开罗机场迎接李先念主席。
86-004. 国家主席李先念出访索马里。图为索马里总统西亚德向来访的李先念授勋。
86-005. 胡耀邦（前右四）、方毅（前左二）、李鹏（右一）、杨尚昆（前右三）等在中南海会见为我国核工业发展作出贡献的10位专家。
86-006. 全国城市经济体制改革工作会议会场。
86-007. 3月6日，著名美学家朱光潜教授逝世。图为朱光潜生前在工作。
86-008. 万里主持全国城市经济体制改革会议。

86-004

86-005

86-006

86-007

86-008

86-009

86-010

86-011

86-012

86-013

86-014

86-015

86-016

86-009. 六届全国人大四次会议表决通过《国民经济和社会发展的第七个五年计划》和关于第七个五年计划的报告。

86-010. 李鹏在六届全国人大四次会议上作关于《义务教育法（草案）》的说明。

86-011. 邓颖超、万里、习仲勋（自右至左）在六届全国人大四次会议上。

86-012. 张友渔（右）在六届全国人大四次会议北京市代表团审议《民法通则（草案）》时发言。

86-013. 天津市市长李瑞环（左一）在六届全国人大四次会议小组会上发言。

86-014. 邓小平会见香港环球航运集团主席包玉刚。

86-015. 7月29日，著名核科学家邓稼先逝世。图为邓稼先生前和同行探讨学术问题。

86-016. 3月4日，著名作家丁玲逝世。图为丁玲生前在家中。

86-017

86-018

86-019

86-020

86-021

86-022

86-023

86-024

86-017. 全国科学技术奖励大会在北京召开。
86-018. 陕西省凤翔秦公一号大墓发掘情况。
86-019. 党和国家领导人在全国科学技术奖励大会上向获奖代表发奖。
86-020. 秦公一号大墓出土的陶器。
86-021. 澳大利亚总理罗伯特·霍克访华期间参观北京动物园熊猫馆。
86-022. 中国女子羽毛球队蝉联尤伯杯冠军。
86-023. 中国男子羽毛球队员杨阳在汤姆斯杯决赛中。
86-024. 中国女子羽毛球队员吴迪西、吴健秋在比赛中。

86-025

86-026

86-027

86-028

86-025. 6月8日至12日，胡耀邦总书记出访英国。图为他在英国唐宁街首相府出席关于设立中英友好奖学金谅解备忘录签字仪式。
86-026. 胡耀邦总书记在英国莎士比亚故乡街头公园与当地青年席地交谈。
86-027. 胡耀邦总书记访问联邦德国圣·哥阿斯豪森市。
86-028. 胡耀邦总书记参观巴黎凡尔赛宫。
86-029. 胡耀邦总书记乘船参观意大利威尼斯。
86-030. 邓小平会见香港长江实业集团董事局主席李嘉诚。
86-031. 中葡关于解决澳门问题的首轮谈判在北京举行。
86-032. 葛洲坝大江电厂第一台水轮发电机组投产发电。
86-033. 我国国内卫星通信网开通。
86-034. 大亚湾核电厂建设工地夜景。

86-030

86-029

86-031

86-032
86-033

86-034

86-035

86-036

86-037

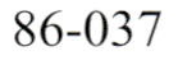

86-038

86-039

86-040

86-041

86-035. 邓小平在北京接受美国哥伦比亚广播公司记者迈克·华莱士（左）采访。

86-036. 邓小平在李瑞环陪同下视察天津。

86-037. 邓小平在北京会见美国哥伦比亚大学教授吴健雄（中）和布鲁克海文国家试验室高级研究员袁家骝。

86-038. 大亚湾核电厂一号反应堆。

86-039. 中共十二届六中全会通过《中共中央关于社会主义精神文明建设指导方针的决议》。

86-040. 邓小平在中共十二届六中全会上讲话。

86-041. 李先念主席会见来访的英国女王伊丽莎白二世。

86-042

86-043

86-044

86-045

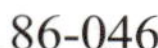

86-046

86-048

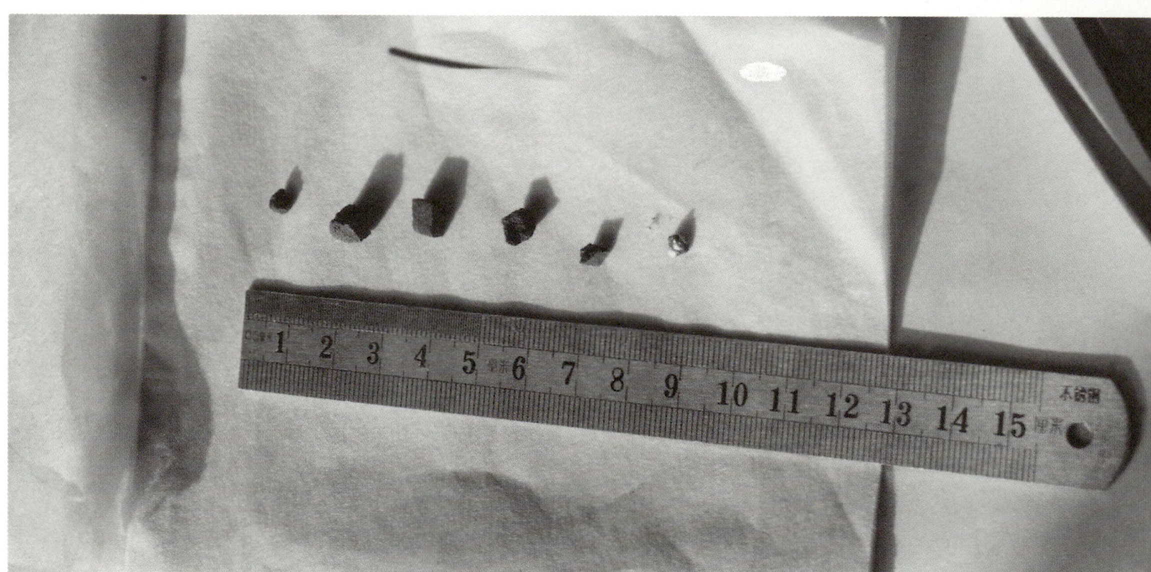
86-047

86-042. 江泽民陪同英国女王伊丽莎白二世参观上海豫园。
86-043. 中国男子乒乓球队在亚洲乒乓球锦标赛决赛中夺得团体冠军。
86-044. 中国选手江加良获亚洲乒乓球锦标赛男子单打冠军。
86-045. 中国女子乒乓球队获亚洲乒乓球锦标赛团体冠军。
86-046. 科学家王淦昌、王大珩、杨嘉墀、陈芳允（右起）荣获“863（高技术研究发展纲要）计划”荣誉证书。
86-047. 中国科学家合成的超导材料。
86-048. 中国科学院物理研究所科研人员在超导体上焊接导线。

86-049

86-050

86-051

86-049. 10月7日，第二、三、四、五届全国人大常委会副委员长刘伯承逝世。图为邓小平率家人向刘伯承遗体告别。

86-050. 刘伯承追悼会在人民大会堂举行。

86-051. 10月3日，第六届全国人大常委会副委员长韩先楚逝世。图为韩先楚生前在农村调查。

86-052. 10月22日，第五届全国人大常委会委员长叶剑英逝世。叶剑英追悼会在人民大会堂举行。

86-053. 叶剑英追悼会会场。

86-054. 叶剑英同志的骨灰由专机从北京运到广州。

86-055. 首都各界在人民大会堂集会纪念朱德诞辰100周年。

86-052

86-053

86-054

86-055

86-056

86-057

86-058

86-056. 12月28日，中共中央纪律检查委员会第二书记黄克诚逝世。图为黄克诚（左二）生前在授衔仪式上（1955年）。

86-057. 黄克诚生前同朱德在一起。

86-058. 李瑞环在天津外环线建设工地参加义务劳动。

1987

共　和　国　图　典

1987年

1月2~8日 中国民主同盟全国代表会议在北京举行。会议选举费孝通为民盟中央主席。

1月3日 农工民主党九届三中全会在北京举行。会议选举周谷城为主席。

1月12日 新华社报道：具有国际先进水平的宝钢二期工程2030冷连轧机制造任务提前完成。

1月16日 胡耀邦在中共中央政治局扩大会议上辞去中共中央总书记职务，由赵紫阳代理总书记职务。

同日 国家体委举行授奖大会，给1986年在重大国际比赛中取得优异成绩的60名运动员、30名教练员颁发了体育运动荣誉奖章。

1月21日 国务院决定：成立中华人民共和国新闻出版署，撤销原国家出版局，保留国家版权局。

1月23日 全国十佳运动员评选揭晓，李宁、阎明、李玲蔚、许海峰、关平、杨锡兰、梁艳、何英强、陈翠婷、高凤莲当选。

1月24日 新华社报道：我国研制的新型心脏急救起搏装置在第35届尤里卡世界发明博览会上获金奖。

1月28日 中共中央发出《关于当前反对资产阶级自由化若干问题的通知》。

同日 中国用"长征三号"运载火箭为美国特雷卫星公司发射卫星的合同在北京签字。

2月6日 中国与伯利兹建立外交关系。

2月7日 新华社报道：国家重点攻关项目——8060中型计算机系统研制成功，已通过国家鉴定。

2月9~23日 中苏边界谈判在莫斯科恢复举行。

2月13日 中国驻联合国代表钱嘉东代表中国政府向关贸总协定提交中国对外贸易制度备忘录，并附有一信，信中要求尽快尽早恢复中国的缔约国地位。

2月14日 《人民日报》报道：中国男女乒乓球队在第三十九届世界乒乓球锦标赛中再次获得男女团体冠军。

同日 陕西临潼发现最完整的龙山文化遗址。

2月26日 外交部就日本大阪高等法院对中国国有财产京都光华寮问题的错误判决进行严正交涉，并提交了中国外交部照会。

3月1~6日 美国国务卿舒尔茨访华。

3月18~23日 中葡澳门问题第四轮会谈在北京举行。26日，两国政府草签了关于澳门问题的联合声明，宣布中华人民共和国政府将于1999年12月20日对澳门恢复行使主权。

3月24日~4月8日 中国人民政治协商会议第六届全国委员会第五次会议在北京举行。

3月25日~4月11日 第六届全国人民代表大会第五次会议在北京举行。会议通过了《关于政府工作报告的决议》、《关于1987年国民经济和社会发展计划的决议》等决议，补选了六届全国人大常委会委员，通过了有关任免事项。

4月7日 新华社报道：中科院化学研究所在我国首次研制成功液氮温区的超导线材。

4月13~17日 香港特别行政区基本法起草委员会第四次全体会议在北京举行。会议通过了《关于中华人民共和国香港特别行政区区旗、区徽图案的征集和审定办法》。16日，邓小平会见出席会议的全体委员，深入阐明了"一国两制"的方针。

4月15日 外交部发言人强烈谴责越南当局非法侵占中国南沙群岛的部分岛屿。

4月24日 《人民日报》报道：中国科学院西安光学机械研究所留英学者陈国夫及其所在的研究组，在英国创造了超短激光脉冲世界纪录。

4月25日 国务院发布关于发行新版人民币的命令。新版人民币面额，主币有1元、2元、5元、10元、50元、100元6种；辅币有1角、2角、5角3种。

5月4日 中国驻美大使韩叙致函美参众两院和政府有关部门，指出，美国国会最近通过和正在酝酿的贸易保护主义法案将损害中美两国贸易，美方应尽快采取行动予以撤销。

5月5~10日 保加利亚共产党中央总书记、国务委员会主席日夫科夫访华。

5月6日~6月2日 黑龙江省大兴安岭林区发生特大火灾。据统计，这场大火过火面积达101万公顷，直接经济损失约5亿元。

5月8~14日 联合国秘书长德奎利亚尔访华。

5月16日 邓小平在会见美国加州大学教授李远哲、哥伦比亚大学教授李政道和夫人时说，关于祖国统一问题，我们寄希望于台湾当局，寄希望于台湾人民。他还说，按照"一国两制"方针解决统一问题后，香港、澳门、台湾的制度50年不变。

5月19日 《人民日报》报道：我国优秀护理工作者陈路得、张云清、史美黎3人荣获第三十一届南丁格尔奖章。

5月28日 新华社报道：中共中央纪委近日作出关于开除原江西省委副书记、江西省省长倪献策党籍的决定，并向全党发出《党员领导干部更要做遵纪守法的模范》的通报。

6月1~12日 联合国和平利用外层空间委员会举行第三十届会议。中国代表在会上发言，敦促苏美尽早达成制止外层空间军备竞赛的协议，呼吁就外层空间立法达成协议。

6月4日 中国三北防护林带获联合国环保奖，《中国环境报》和大兴县留民营生态村村长张占林同时获奖。

6月4~24日 中共中央代理总书记、国务院总理赵紫阳出访波兰、德意志民主共和国、捷克斯洛伐克、匈牙利、保加利亚和巴基斯坦。

6月6日 国务院召开全体会议，作出关于大兴安岭特大森林火灾事故的处理决定。

6月11~23日 六届全国人大常委会第二十一次会议在北京举行。会议通过了《中华人民共和国技术合同法》、人大常委会《关于批准中国和葡萄牙两国政府关于澳门问题的联合声明的决定》等决议。

6月25日 外交部发言人驳斥美国众议院18日通过的所谓《关于中国人权问题的修正案》和《关于中国在西藏侵犯人权的修正案》。

6月29日 中国女演员辛丽丽在第二届纽约国际芭蕾舞赛中获第一名。

7月6日 中国人民抗日战争纪念馆在北京卢沟桥畔揭幕。

7月12~19日 联邦德国总理科尔访华。

7月15日 新华社报道：中国6名学生在第二十届国际中学生奥林匹克数学竞赛中全部获奖。

7月17日 首届"中国图书奖"授奖大会在北京举行，人民出版社出版的《元朝史》等10种书获奖。

8月5日 中国在酒泉卫星发射中心用"长征2号"运载火箭发射一颗科学探测和技术试验卫星，10日，在预定地区收回。卫星装有法国公司的两个微重力装置，这是我国首次为外国公司提供卫星搭载服务。在国际上，也是首次将超导材料送上外层空间进行试验。

8月7~21日 第二轮中苏边界谈判在北京举行。双方讨论了中苏东段边界问题 。

8月21日 国务院发言人袁木就物价问题发表谈话。

8月27～30日 第六届亚洲射击锦标赛在北京举行。中国运动员共获得24枚金牌。

8月28日 《人民日报》报道：中科院物理所副研究员赵忠贤在高临界温度超导体研究中成绩显著，被第三世界科学院授予1986年第三世界科学物理奖。

9月5～24日 首届中国艺术节在北京举行。北京主会场专场剧(节)目44台，演出达180场，观众逾20万人。

9月14日 著名历史学家侯外庐教授逝世，终年84岁。著有《中国古典社会史论》、《中国古代思想学说史》，主编《中国思想通史》等。

同日 台湾《自立晚报》记者李永得、徐璐来大陆采访。这是台湾报界记者38年来第一次到大陆采访，此事在台湾岛内和海内外引起了强烈的反响。

9月17日 新华社报道：陕西考古工作者最近在临潼县骊山首次发掘出保存基本完整的历史上著名的唐代华清宫宫殿遗址。

9月26日 中共中央、国务院发出《关于建立海南省及其筹备工作的通知》。

10月1日 西藏少数分裂主义分子为呼应和配合达赖喇嘛分裂祖国的活动，在西藏拉萨市蓄意制造一起骚乱。同日，西藏一些上层爱国人士发表谈话，谴责少数分裂主义分子。

10月6日 北京图书馆新馆建成开馆。该馆占地7.42公顷，建筑面积14万平方米，其规模居世界第二位。

10月9日 中国银行同30家国际银行正式签署在伦敦发行2亿美元欧洲债券的协议，这是中国金融机构首次进入伦敦证券市场。

10月14～21日 国务院有关部门制订接待台胞回大陆探亲的措施。16日，经国务院批准，国务院办公厅公布《关于台湾同胞来大陆探亲旅游接待办法的通知》，对其回大陆时应申办的证件、携带物品、购买车票、外汇兑换以及应遵守的事项作了规定。

10月20日 中共十二届七中全会在北京举行。全会确认1月16日中央政治局扩大会议关于接受胡耀邦辞职的决定和推选赵紫阳代理中央总书记的决定。

10月25日～11月1日 中国共产党第十三次全国代表大会在北京召开。邓小平主持大会开幕式，赵紫阳作题为《沿着有中国特色的社会主义道路前进》的报告。大会通过了这一报告及其他有关决议，并选举了新的中央委员会。

11月2日 中共十三届一中全会在北京举行。全会选举赵紫阳、李鹏、乔石、胡启立、姚依林5人为中央政治局常委；赵紫阳为中共中央总书记。

11月7～23日 李先念主席出访法国、意大利、卢森堡、比利时。

11月12日～24日 第六届全国人大常委会第二十三次会议在北京召开。会议同意赵紫阳辞去国务院总理职务，由国务院副总理李鹏任国务院代总理，行使总理职权。

11月20日～12月5日 第六届全国运动会在广州举行。本次运动会共打破和超过了17项世界纪录，平了3项世界纪录。

11月21日 新华社报道：中国科学院物理研究所和半导体研究所联合筹建的表面物理国家重点实验室通过国家级验收，并宣布对外开放。

11月24日 《人民日报》报道：上海第二医科大学人工心脏研究室讲师钱坤喜研制成功完全植入体内的电动心脏，在国际人工器脏学术界引起震动。

12月1日 经国务院同意和中国人民银行批准，烟台成立我国第一家住房储蓄银行。

12月5日 新华社报道：我国铁路全国“七五”重点工程大(冶)沙(河街)铁路全线129公里钢轨铺通，为华中、华东地区客货运输提供了一条“钢铁捷径”。

12月13日 江苏省和南京市集会悼念50年前南京大屠杀中遇难的同胞。

12月14日 中国小提琴制作家郑荃在索非亚第二届国际小提琴和中提琴制作比赛中，获得制作大奖。

12月21～24日 苏丹总理萨迪克访华。

87-002

87-001

87-004

87-003

87-001. 中葡关于解决澳门问题的第四轮会谈在北京举行。
87-002. 周南和梅迪纳分别代表中葡两国政府在关于澳门问题的联合声明上签字后互致祝贺。
87-003. 建设中的上海宝钢二期工程。
87-004. 新当选的民盟主席费孝通（左）、楚图南在民盟中央五届四中全会上。
87-005. 1986年全国十名最佳运动员评出。上排左起：李宁（体操）、阎明（游泳）、李玲蔚（羽毛球）、许海峰（射击）、关平（竞走）；下排左起：杨锡兰（排球）、梁艳（排球）、何英强（举重）、陈翠婷（体操）、高凤莲（柔道）。
87-006. 中国男子乒乓球队在第三十九届世界乒乓球锦标赛上获团体冠军。
87-007. 上海研制成功中型8060通用数字计算机系统。
87-008. 国务委员兼外交部长吴学谦在六届全国人大五次会议上作《中葡两国关于澳门问题的联合声明草签文本的报告》。

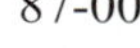

87-005

87-006

87-007

87-008

87-009

87-009. 邓小平等党和国家领导人在人民大会堂接见出席六届全国人大五次会议的全体代表。
87-010. 六届全国人大五次会议通过《关于中华人民共和国村民委员会组织法草案的的决定》等一系列决定。
87-011. 香港特别行政区基本法起草委员会第四次全体会议在人民大会堂举行。
87-012. 邓小平在人民大会堂会见出席香港特别行政区基本法起草委员会第四次全体会议的委员。
87-013. 横贯我国东北、华北、西北13个省、市、自治区的三北防护林工程第一期工程完成，被誉为“世界生态工程之最”。图为内蒙古默特左旗的农田防护林网。
87-014. 地处三北防护林带上的北京延庆康庄林带。
87-015. 内蒙古巴彦淖尔盟在“三北防护林工程”建设中建起一条长达300多华里的防护林带。

87-010

87-011

87-013

87-012

87-014

87-015

87-016

87-017

87-018

87-019

87-020

87-021

87-022

87-023

87-016. 李先念主席在人民大会堂东门外广场主持仪式欢迎保加利亚共产党中央委员会总书记、国务委员会主席日夫科夫访华。
87-017. 彭真委员长在南京会见来访的日夫科夫。
87-018. 中国人民银行发行的新版人民币。图为100元、50元、10元、5元、2元、1元、5角、2角、1角的正面和背面。
87-019. 黑龙江大兴安岭地区发生森林大火。
87-020. 被森林大火烧毁的黑龙江省图强镇。
87-021. 解放军官兵和森林警察正在奋力灭火。
87-022. 邓小平在人民大会堂会见联合国秘书长德奎利亚尔。
87-023. 邓小平在人民大会堂会见美籍物理学家、诺贝尔奖获得者李远哲（左）和李政道。

87-024

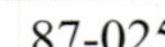

87-025

87-026

87-027

87-024. 由邓小平题写馆名的中国人民抗日战争纪念馆在北京卢沟桥畔建成。

87-025. 我国芭蕾舞女演员辛丽丽(右)在第二届纽约国际芭蕾舞比赛中获第一名。

87-026. 德意志联邦共和国总理赫尔穆特·科尔在北京向中国专利局赠送德国100多年前的专利说明书复制品。

87-027. 山东省烟台市兴建的一批商品房。

87-028. 中国选手巫兰英在北京举行的第六届亚洲射击锦标赛中打破世界纪录。

87-029. 由吴小旋(左)、李丹(中)、张秋苹组成的中国女队在北京举行的第六届亚洲射击锦标赛女子气步枪团体赛中刷新世界纪录。

87-030. 首届中国艺术节在北京开幕。

87-031. 中国科学院物理研究所研究员赵忠贤主持的研究小组在高临界温度氧化物超导体研究中取得世界领先成果。

87-032. 73岁的曲艺家骆玉笙在中国艺术节上表演京韵大鼓。

87-033. 舞剧《铜雀伎》在中国艺术节上演出。

87-029

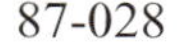

87-028

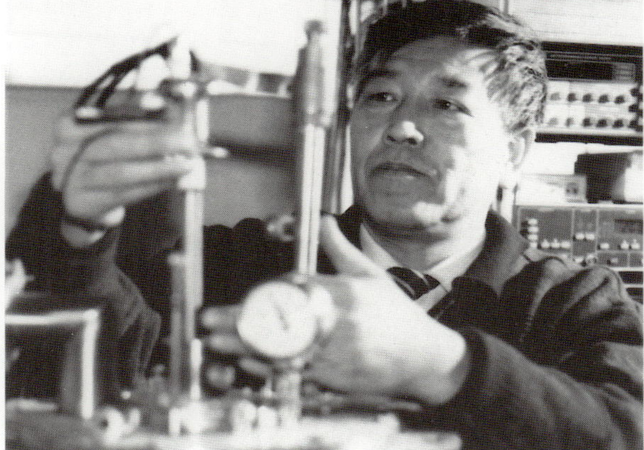

87-031

87-030

87-032

87-033

87-034

87-035

87-036

87-037

87-034. 台湾《自立晚报》记者李永得、徐璐到达首都机场后接受记者采访。
87-035. 台湾《自立晚报》记者徐璐在深圳特区采访拍摄。
87-036. 矗立在北京市百货大楼前的张秉贵塑像。
87-037. 9月18日，著名劳动模范、北京市百货大楼售货员张秉贵逝世。图为他生前正热情为顾客服务。
87-038. 全国人大常委会副委员长班禅额尔德尼·确吉坚赞在青海发表谈话，痛斥少数分裂分子在拉萨制造混乱。
87-039. 烟台成立第一家住房储蓄银行。图为该银行为购买商品房的居民服务。
87-040. 建筑规模居世界第二位的北京图书馆新馆建成。
87-041. 李瑞环深入基层，在天津第一钢丝绳厂平房改造工地参加义务劳动。
87-042. 海外华侨、港澳台同胞在福建崇武县与当地居民一起庆祝崇武古城建成600周年。

87-038

87-039

87-040

87-041

87-042

87-043

87-044

87-045

87-046

87-047

87-048

87-049

87-043. 中国共产党第十三次全国代表大会在北京开幕。

87-044. 邓小平主持中共第十三次全国代表大会。

87-045. 徐向前、聂荣臻在中共十三大上投票选举。

87-046. 邓小平等会见出席中共十三大的全体代表。

87-047. 出席中共十三大的代表听取大会报告。

87-048. 中共十三届一中全会产生的中央政治局常务委员会全体成员。从左至右：姚依林、乔石、赵紫阳、李鹏、胡启立。

87-049. 李先念主席出访比利时，与比利时首相马尔滕斯在布鲁塞尔王宫举行会谈。

87-050

87-050. 中华人民共和国第六届全运会在广州开幕。
87-051. 辽宁选手陈跃玲（右一）在全运会女子1万米竞走决赛中打破世界纪录。
87-052. 山东选手马湘君在第六届全运会上成为中国第一个射箭世界冠军。
87-053. 广东选手何灼强在第六届全运会举重比赛中打破由他保持的世界纪录。
87-054. 上海选手朱建华夺得第六届全运会男子跳高金牌。
87-055. 北京国际电信局正式营业，技术人员正在调试设备。
87-056. 国家重点建设项目——北京国际电信大楼通过验收。

87-052

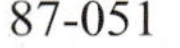

87-051

87-053

87-054

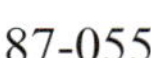

87-055

87-056

87-057

87-058

87-059

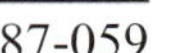

87-060

87-057. 国家气象局卫星中心大楼落成。
87-058. 国家气象局卫星地面站接收的台风卫星图片。
87-059. 南京大屠杀遇难幸存者李秀英在集会上控诉侵华日军的罪行。
87-060. 南京各界在江东门侵华日军南京大屠杀遇难同胞纪念馆前集会，悼念50年前被日本侵略军杀害的30万南京同胞。

1988
共 和 国 图 典

1988年

1月11～21日 六届全国人大常委会第二十四次会议在北京召开。会议决定公布《中华人民共和国全民所有制工业企业法(草案)》,广泛征求各界人士的意见,最后提请七届人大一次会议审议。

1月14日 中共中央负责人发表谈话悼念蒋经国逝世,并重申和平统一祖国的方针不变。

1月15日 中国和葡萄牙两国政府在北京互换关于澳门问题的联合声明的批准书,宣布联合声明即日起生效。澳门进入过渡期。

1月18日 中国民航西南航空公司222号伊尔18型客机在重庆机场附近坠毁,98名乘客及10名机组人员全部遇难。

同日 挪威首相布伦特兰夫人访华。

1月19日 上海部分居民食用不洁毛蚶引起甲型肝炎流行,上海市政府多方采取措施控制疫情。

1月24日 由昆明开往上海的80次特快旅客列车,发生颠覆事故,造成88人死亡,62人重伤。

1月29日 1987年全国十佳体育运动员评选揭晓,何灼强、楼云、黄晓敏、聂卫平、杨阳、高凤莲、江嘉良、李玲蔚、何英强、柳海光等10人当选。

2月2日 赵紫阳在北京通过国际通讯卫星向在瑞士达沃斯召开的1988年度世界经济讨论会发表电视演说,强调中国的开放是面向全世界的,包括发达国家和发展中国家。

2月3日 中国与乌拉圭建立大使级外交关系。

2月6日 中共中央政治局在北京召开第四次全会,讨论经济形势和经济工作。

2月9～16日 澳大利亚联邦总督斯蒂芬访华。

2月16日 著名教育家叶圣陶逝世,终年94岁。

2月23日 张艺谋执导的电影《红高粱》在西柏林国际电影节获最高奖"金熊奖"。

2月27日 国务院批转国家经济体制改革委员会提出的《1988年深化经济体制改革的总体方案》。

2月28日～3月4日 赞比亚总统卡翁达访华。

3月1日 中国和欧共体签署《中华人民共和国和欧洲经济共同体援款协议》。

3月4～8日 国务院召开沿海地区对外开放工作会议。会议的中心议题是讨论实施发展外向型经济战略。

3月5日 西藏拉萨发生骚乱,这是少数分裂主义分子策划和煽动的、旨在破坏祖国统一的严重的政治事件。

3月8～10日 国务院召开全国科技工作会议。主要议题是:要深化科技体制改革,进一步建立科技与经济紧密结合的机制。

3月14日 中共中央举行民主协商会,磋商七届全国人大和七届全国政协的人事安排。

同日 越南武装舰船侵入南沙群岛海域袭击中国船只。外交部向越南驻中国大使馆提出强烈抗议。

3月15～19日 中共十三届二中全会在北京举行。

3月24日 上海郊区发生两列客车相撞事故,旅客死亡28人,其中日本旅客27人。经调查,确认这是一起重大责任事故,直接责任者被逮捕收审。

3月24日～4月10日 中国人民政治协商会议第七届全国委员会第一次会议在北京举行。会议选举李先念为全国政协主席。

3月24日～4月13日 第七届全国人民代表大会第一次会议在北京举行。李鹏代总理作《政府工作报告》。会议选举杨尚昆为中华人民共和国主席,万里为全国人大常委会委员长,邓小平为中央军委主席;决定李鹏任国务院总理。

4月1日 经国务院批准,国家有关部门即日起调高粮、油、糖等部分农产品的收购价格。

4月8日 新华社报道:国务院决定进一步扩大中国沿海经济区的范围,新划入沿海经济开放区的共140个市、县。

4月11日 由中国、意大利和英国合拍,意大利导演执导的故事片《末代皇帝》获9项奥斯卡奖。

4月14～16日 菲律宾总统科拉松·阿基诺访华。

4月26日 中共海南省委员会和海南省人民政府正式挂牌。

4月27日 中央军委主席邓小平签署命令,颁发《中国人民解放军文职干部暂行条例》。

5月4～8日 共青团第十二次全国代表大会在北京召开。大会通过了关于实行团员证制度的决议。10～11日,共青团十二届一中全会选举宋德福为中央书记处第一书记。

5月5日 中国、日本、尼泊尔联合登山队攀登世界第一高峰珠穆朗玛峰获得成功。

5月8～15日 爱尔兰总统帕特里克·希勒里访华。

5月10日 著名文学家沈从文在北京逝世,终年86岁。主要作品有《边城》、《湘西》、《鸭子》等,编有《中国古代服饰研究》等。

5月12日 外交部发表关于西沙群岛、南沙群岛问题的备忘录,严正要求越南当局停止一切侵占中国领土和制造紧张局势的活动,赶快从非法侵占的中国南沙群岛岛礁撤走,以恢复该地区的和平与稳定。

同日 中国民航厦门航空公司2510波音737/200型客机在厦门飞往广州途中被劫持到台湾。13日,被劫持飞机和乘客安全返回厦门。

5月13～16日 阿根廷总统劳尔·里卡多·阿方辛访华。

5月14日 第五、第六届全国政协副主席庄希泉在北京逝世,终年100岁。

5月16～20日 莫桑比克总统若阿金·阿尔贝托·希萨诺访华。

6月3日 邓小平会见参加"90年代的中国与世界"国际会议的中外代表。他说,中国的改革没有万无一失的方案,问题是要搞得稳妥一些,选择的方案和时机要恰当。

6月15日 新的国家计划委员会正式成立,其职能主要是进行宏观调控、平衡、协调、服务。

6月16～28日 中国民主建国会第五次代表大会在北京举行。会议通过了民建新章程,选举孙起孟为民建中央主席。

6月20～26日 埃塞俄比亚工人党总书记、总统、武装部队总司令门格斯图·海尔·马利亚姆访华。

6月23日 著名哲学家、教育家梁漱溟在北京逝世,终年95岁。

6月25日～7月1日 七届全国人大常委会二次会议在北京召开。会议审议通过了关于批准中央军事委员会《关于授予军队离休干部中国人民解放军功勋荣誉章的规定》的决定,以及《中国人民解放军军官军衔条例》,《关于海南省人民代表会议代行海南省人民代表大会职权的决定》等有关决定。

7月3～8日 巴西总统若泽·萨尔内应邀访华。

7月9日 中国与卡塔尔国建立外交关系。

7月13日 第十届、第十一届中央政治局委员、原国务院副总理纪登奎在北京逝世,终年65岁。

7月15日 邓小平、赵紫阳、李鹏分别会见来访的美国国务卿舒尔茨。

7月27日 国务院在北戴河召开农业专家座谈会。

8月5日 中国在酒泉卫星发射中心发射一颗科学探测与技术试验卫星。卫星上搭载有联邦德国3家用户的试验装置，13日，卫星成功收回。

8月15～17日 中共中央政治局在北戴河召开会议，原则通过《关于价格、工资改革的初步方案》。

8月16日 赵紫阳会见日本共同社社长，谈到1989～1993年改革设想和1989年改革方案。

8月19日 《人民日报》报道即将进行价格改革消息，引发部分地区的抢购风潮。

8月25日 海南省人民政府成立。梁湘为海南省省长。

8月25～30日 日本首相竹下登访问中国。竹下登宣布，日本政府将从1990年开始的6年间向中国提供8100亿日元的新的政府贷款。

8月30日 国务院通过关于做好当前物价工作和稳定市场的若干重要决定。

9月1～6日 第六次全国妇女代表大会在北京召开。陈慕华当选为全国妇联主席，康克清为名誉主席。

9月3～8日 捷克斯洛伐克总统古斯塔夫·胡萨克访华。5日，邓小平在会见胡萨克时提出“科学技术是第一生产力”的观点。

9月7日 中国在太原卫星发射中心用“长征四号”运载火箭成功发射一颗名为“风云一号”的试验性气象卫星。这是中国自行研制和发射的第一颗极地轨道气象卫星。

9月14日 中央军委为洪学智、刘华清、秦基伟等17位高级军官授予上将军衔，授衔仪式在中南海怀仁堂举行。

9月14～27日 中国自行研制的核潜艇从水下向预定海域发射运载火箭的试验成功。

9月15～21日 中共中央工作会议在北京举行，会议讨论了治理经济环境、整顿经济秩序、全面深化改革的问题。

9月17日～10月2日 第二十四届奥林匹克运动会在韩国汉城举行。中国有400名运动员参赛，共夺得5枚金牌、11枚银牌和12枚铜牌。

9月26～30日 中共十三届三中全会在北京举行。全会原则通过了《关于价格、工资改革的初步方案》和《中共中央关于加强和改进企业思想政治工作的通知》。

9月27日 中国自行研制的核潜艇水下发射运载火箭成功。

10月3日 中共中央、国务院作出《关于清理整顿公司的决定》。

10月4～7日 肯尼亚共和国总统丹尼尔·阿拉普·莫伊访华。

10月8～16日 中国民主同盟第六次全国代表大会在北京举行。会议推举楚图南为民盟中央名誉主席。17日，第六届民盟中央一次会议选举费孝通为民盟中央主席。

10月14～18日 罗马尼亚共产党总书记、共和国总统尼古拉·齐奥塞斯库访华。

10月16日 中国第一座高能加速器——北京正负电子对撞机首次对撞成功。

10月24日 国务院发出《关于加强物价管理、严格控制物价上涨的决定》。

10月25～26日 中华人民共和国澳门特别行政区基本法起草委员会第一次全体会议在北京召开。

11月2～7日 中共中央、国务院在北京召开全国农村工作会议，中心议题是着重研究深化农村改革、大力发展农业的措施。

11月6日 云南省西南边界澜沧、耿马地区连续发生7.6级和7.2级两次强地震。到12日为止，死亡722人，伤3364人。

11月8～12日 中国文联第五次代表大会在北京举行，曹禺当选为中国文联执行主席。

11月9～13日 中国农工民主党第十次全国代表大会在北京召开。会议推举周谷城为农工民主党中央名誉主席，选举卢嘉锡为农工民主党中央主席。

11月10～24日 李鹏总理出访泰国、澳大利亚、新西兰。

11月12～20日 中国国民党革命委员会第七次代表大会在北京召开，会议推举屈武为民革中央名誉主席，选举朱学范为民革中央主席。

11月19～28日 中国民主促进会第六次全国代表大会在北京召开，会议推举谢冰心为民进中央名誉主席，选举雷洁琼为民进中央主席。

11月27日～12月3日 中华全国工商联合会第六届会员代表大会在北京召开，会议推举胡子昂为名誉主席，选举荣毅仁为执委会主席。

12月1～3日 沿海地区对外开放工作座谈会在北京召开。

12月1～3日 外交部长钱其琛出访苏联。

12月2日 邓小平会见1988年度日本国际贸易促进协会访华团。

12月8日 七届全国人大常委会副委员长、原国家副主席乌兰夫在北京逝世，终年83岁。

12月12日 中国最大的重离子加速器在兰州建成并引出碳离子束。

12月12～18日 中国致公党第九次全国代表大会在北京召开，会议选举董寅初为致公党中央主席。

12月19～23日 印度共和国总理拉吉夫·甘地访华。

12月22日 西昌卫星发射中心又成功发射一颗实用通信卫星。

12月31日～1989年1月8日 九三学社第五次全国代表大会在北京召开，会议选举周培源为九三学社中央委员会主席。

88-001

88-002

88-001. 外交部副部长周南与葡萄牙驻华大使瓦莱恩奥在北京互换中葡关于澳门问题的联合声明的批准书。

88-002. 2月3日，中国与乌拉圭建交。图为两国代表在纽约签署建交联合公报。乌拉圭是第135个同中国建立正式外交关系的国家。

88-003. 国家主席李先念主持仪式欢迎澳大利亚总督斯蒂芬访华。

88-004. 邓小平在人民大会堂会见挪威首相布伦特兰夫人。

88-005. 国务院代总理李鹏主持仪式欢迎来访的挪威首相布伦特兰夫人。

88-006. 李瑞环视察大港油田时与干部、工人一起在职工食堂就餐。

88-007. 1月29日，1987年全国十名最佳运动员评出。上排左起：何灼强（举重）、娄云（体操）、黄晓敏（游泳）、聂卫平（围棋）、杨阳（羽毛球）；下排左起：高凤莲（柔道）、江加良（乒乓球）、李玲蔚（羽毛球）、何英强（举重）、柳海光（足球）。

88-003

88-004

88-005

88-006

88-007

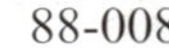
88-008

88-009

88-010

88-011

88-012

88-013

88-014

88-008. 摄影家杨绍明拍摄的《退下来的邓小平》照片系列在第三十一届世界新闻摄影比赛中获奖。图为这组照片中的一张。邓小平阅读报纸，卓琳在一旁为孙子讲故事。

88-009. 《退下来的邓小平》照片系列之一：1987年除夕，84岁的邓小平在“运筹与健康”桥牌赛中获冠军。右为围棋国手聂卫平。

88-010. 《退下来的邓小平》照片系列之一：严冬的清晨，邓小平在庭中散步，小孙子正扑向他的怀里。

88-011. 影片《红高粱》在西柏林国际电影节获金熊奖。图为影片中颠轿一场戏的剧照。

88-012. 国务委员兼国家科委主任宋健在全国科技工作会议上作报告。

88-013. 叶圣陶（左）与著名作家俞平伯在一起。

88-014. 2月16日，著名教育学家叶圣陶逝世。图为他生前同少先队员在一起。

88-015

88-016

88-017

88-018

88-019

88-020

88-021

88-015. 全国政协七届一次会议会场。
88-016. 八个民主党派负责人在全国政协七届一次会议上同中外记者见面并回答问题。
88-017. 出席全国政协七届一次会议的文艺界委员新凤霞、曹禺、吴祖光（从左至右）在小组会议上。
88-018. 全国政协主席李先念在政协七届一次会议上致闭幕词。
88-019. 由中、意、英三国合拍的大型历史故事片《末代皇帝》获九项奥斯卡奖。图为末代皇帝的胞弟溥杰（右）和扮演溥仪的演员、美籍华人尊龙在拍摄外景地。
88-020. 为电影《末代皇帝》执导的意大利著名导演贝尔多鲁齐（中）正给演员说戏。
88-021. 万里委员长主持七届全国人大一次会议。

88-022

88-023

88-024

88-025

88-026

88-027

88-028

88-029

88-030

88-022. 邓小平出席七届全国人大一次全体会议。
88-023. 李鹏代总理在七届全国人大一次会议上作《政府工作报告》。
88-024. 出席七届全国人大一次会议的内蒙古自治区代表、自治区主席布赫在小组会上发言。
88-025. 国务委员宋平在七届全国人大一次会议上作《国务院机构改革方案的报告》。
88-026. 全国劳动模范登上天安门城楼观光。
88-027. 全国劳动模范、石家庄第一塑料厂厂长张兴让（左）总结创造出大幅度提高劳动生产率的“满负荷工作法”。
88-028. 全国劳动模范、河南省计算中心副总工程师王永民（前中）研制成功“电脑通用汉字输入法——五笔字型”。
88-029. 发明101毛发再生精的温州乐清县乡村医生赵章光在做试验。
88-030. 全国劳动模范、黑龙江省牡丹江木工机械厂工人李守堂在1977～1987的10年间完成了42年的工作量。

88-031

88-032

88-033

88-034

88-035

88-036

88-037

88-038

88-039

88-040

88-041

88-042

88-031. 中、日、尼三国珠穆朗玛峰联合登山队中方登顶队员（从左至右）次仁多吉、次青平措、大次仁、李致新受到首都各界的欢迎。
88-032. 中国、日本、尼泊尔三国联合登山队从南、北两坡成功地登上珠穆朗玛峰。
88-033. 被西沙渔民称为“导航鸟”的鲣鸟。
88-034. 我国西沙、南沙、中沙群岛党政机关所在地永兴岛俯瞰。
88-035. 南沙海洋观察站工作人员在岛上种植椰树。
88-036. 5月14日，第六届全国政协副主席、著名爱国华侨领袖庄希泉逝世。图为庄希泉（左）生前与廖承志（右）等在一起。
88-037. 5月10日，著名作家沈从文逝世。图为沈从文生前在寓所。
88-038. 民建中央主席孙起孟(右二)在中国民主建国会第五次代表大会上。
88-039. 巴西联邦共和国总统萨尔内访问上海宝山钢铁总公司。
88-040. 我国成功发射一颗科学探测和技术试验卫星。
88-041. 我国在预定地区收回一颗科学探测和技术试验卫星。
88-042. 6月23日，著名哲学家、教育家梁漱溟逝世。图为梁漱溟生前在政协小组会上发言。

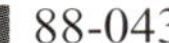

88-043

88-044

88-045

88-046

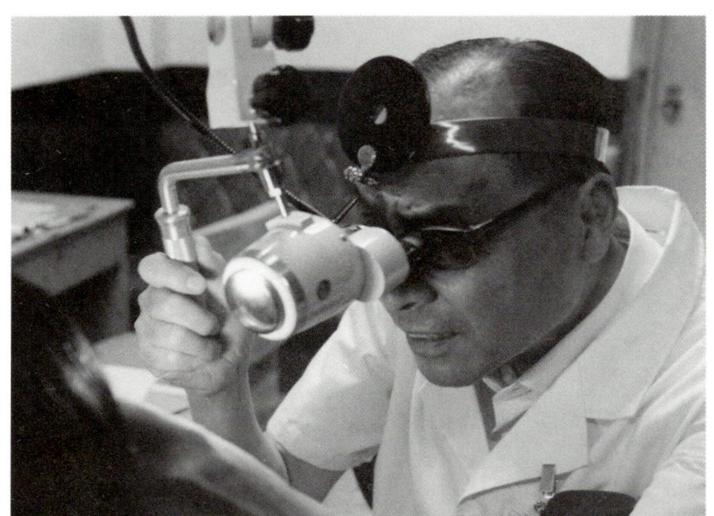

88-047

88-048

88-049

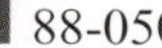

88-050

88-051

88-052

88-043. 七届全国人大常委会第二次会议通过《关于授予军队离休干部中国人民解放军功勋荣誉章的规定》和《中国人民解放军军官军衔条例》等法规。

88-044. 中华人民共和国中央军事委员会授予军队离休干部功勋荣誉章仪式在人民大会堂举行。国家主席杨尚昆向离休干部授功勋荣誉章。

88-045. 中央军委授予军队离休干部的功勋荣誉勋章。左：中国人民解放军一级红星功勋荣誉章；右：中国人民解放军二级红星功勋荣誉章。

88-046. 左：中国人民解放军独立功勋荣誉章；右：中国人民解放军胜利功勋荣誉章。

88-047. 改为文职的人民解放军著名耳鼻喉科专家、一级教授姜泗长在工作。

88-048. 国务院总理李鹏主持仪式欢迎日本内阁总理大臣竹下登访华。

88-049. 中、日两国关于鼓励和相互保护投资协定签字仪式在北京举行。

88-050. 中国妇女第六次全国代表大会开幕式会场。

88-051. 新当选的中国妇女六届执委会名誉主席康克清（左）和主席陈慕华（右）在大会主席台上。

88-052. 8月25日，海南省宣布成立。图为美丽的海南景色：晖映椰岛。

88-053

88-054

88-053. 邓小平等党和国家领导人与被授予上将军衔的17名高级将领合影。

88-054. 中央军委举行上将军官授衔仪式。军委副主席杨尚昆向被授予上将军衔的将领颁发命令状。

88-055. 中国体育代表团在汉城举行的第二十四届奥运会开幕式上。

88-056. 获得第二十四届奥运会乒乓球单打前三名的中国选手陈静(中)、李惠芬（左）和焦志敏在领奖台上。

88-057. 跳台跳水运动员许艳梅在第二十四届奥运会上为中国赢得第一枚金牌。

88-058. 我国气象卫星首次发回的云图照片。

88-059. 9月3日，第七届全国政协副主席缪云台逝世。图为缪云台生前在家中挥毫作诗。

88-055

88-056

88-057

88-058

88-059

88-060

88-061

88-062

88-063

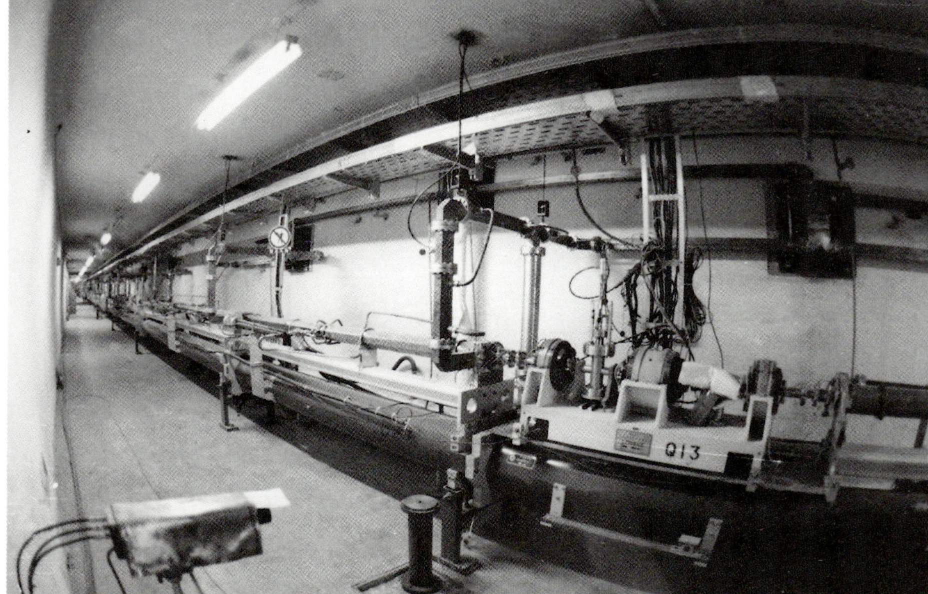

88-064

88-065

88-066

88-067

88-068

88-069

88-060. 中共十三届三中全会在北京召开。

88-061. 我国核潜艇水下发射运载火箭成功。

88-062. 运载火箭装上核潜艇。

88-063. 导弹核潜艇艇长杜永国在发射前下达各项口令。

88-064. 我国第一座高能加速器——北京正负电子对撞机启动。图为对撞机的电子束流输送线。

88-065. 中国科学院高能物理所鸟瞰。

88-066. 美籍华裔物理学家李政道(前左二)在北京正负电子对撞机中央控制室分析对撞机束流性能。

88-067. 费孝通（左）在中国民主同盟六届一中全会上当选为民盟中央主席。

88-068. 全国人大常委会委员长万里在人民大会堂向澳门特别行政区基本法起草委员会副主任马万祺颁发任命书。

88-069. 澳门基本法起草委员会第一次全会在北京举行。

88-070

88-071

88-072

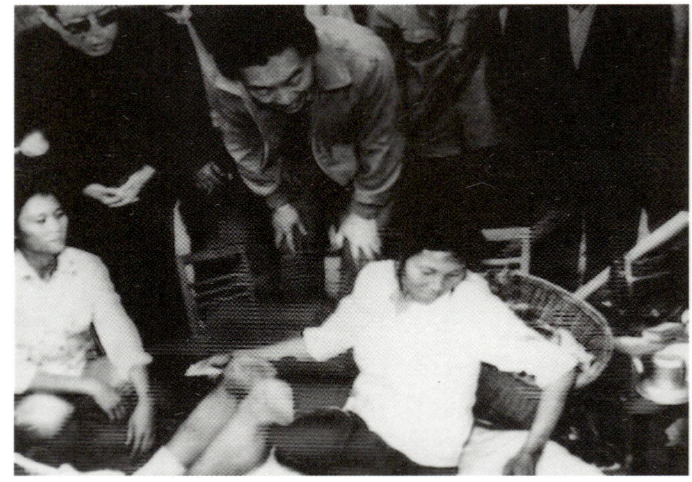

88-073

88-070. 李鹏总理访问泰国期间在曼谷种植友谊树。
88-071. 李鹏总理在澳大利亚墨尔本参观747客机场地车间。
88-072. 云南省西南边界发生强烈地震。图为孟省镇医院三层楼被震倒的情景。
88-073. 由国务委员宋健率领的中央慰问团到云南灾区看望伤员。
88-074. 卢嘉锡（右）在农工民主党十届一中全会上当选为主席。图为他和前任主席周谷城在主席台上。
88-075. 朱学范（中）在民革七届一次会议上当选为民革中央主席。李沛瑶（右）、何鲁丽（左）当选为副主席。
88-076. 民革名誉主席屈武（右一）在中国国民党革命委员会第七次全国代表大会上致开幕词。
88-077. 中国民主促进会第六次全国代表大会在北京召开，雷洁琼当选为主席。
88-078. 在中华全国工商业联合会第六届执委会第一次会议上荣毅仁当选为执委会主席。
88-079. 董寅初（右）在中国致公党第九次全国代表大会上当选为致公党主席。
88-080. 周培源（左二）在九三学社第五次全国代表大会上当选为九三学社第八届中央委员会主席。

88-074

88-075
88-077

88-076

88-078

88-079
88-080

88-081

88-082

88-083

88-084

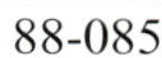

88-085

88-086

88-081. 中国外交部长钱其琛（左）访问苏联，在莫斯科机场受到苏联外交部长谢瓦尔德纳泽的欢迎。

88-082. 印度总理拉·甘地首次访华，在北京机场受到欢迎。

88-083. 12 月 8 日，国家副主席乌兰夫逝世。图为乌兰夫遗像。

88-084. 乌兰夫生前与内蒙古人大代表在一起。

88-085. 我国自行设计、制造的第一个大型重离子加速器在兰州联调成功。

88-086. 国防科工委指挥所指挥人员正在组织实用通信卫星的发射。

共　和　国　图　典

1989年

1月3日 长江葛洲坝水利枢纽工程最后一座船闸试航成功，最后一台机组投入运行，工期提前一年宣告建成。

1月17日 第五世至九世班禅遗体合葬灵塔祀殿——班禅东陵札什南捷开光典礼在西藏日喀则举行。班禅额尔德尼·确吉坚赞主持典礼。

1月21日 国务院、中央军委在人民大会堂举行中国人民武装警察部队将官授衔仪式，授予武警部队司令员李连秀中将警衔，授予张秀夫、范志伦等29人少将警衔。

1月25～28日 马里共和国总统、非洲统一组织执行主席穆萨·特拉奥雷访华 。

1月28日 第二、五、六、七届全国人大常委会副委员长，第二、五届全国政协副主席，第十世班禅额尔德尼·确吉坚赞在西藏日喀则市逝世，终年51岁。

2月2～4日 苏联外交部长爱·阿·谢瓦尔德纳泽访华，为中苏高级会晤作准备。

2月25～26日 美国总统乔治·布什应邀来华进行工作访问。

2月26日 中国第二个南级科学考察站中山站举行落成典礼。

3月5～7日 西藏拉萨发生严重骚乱事件。

3月8日 拉萨开始实行戒严。7日，国务院发布命令，由西藏自治区人民政府组织实施并根据实际需要采取具体戒严措施。

3月14～17日 泰国总理差猜访华。

3月19～27日 中国人民政治协商会议第七届委员会第二次会议在北京举行。

3月20日～4月4日 第七届全国人民代表大会第二次会议在北京召开。会议通过了《中华人民共和国行政诉讼法》，决定自1990年10月1日起施行。

3月21～25日 乌干达总统约韦里·卡古塔·穆塞韦尼访华。

3月29日 第五届全国人大常委会副委员长、原中国人民解放军海军司令员萧劲光在北京逝世，终年86岁。

4月6～9日 多哥共和国总统纳辛贝·埃亚德马访华。

4月12～16日 李鹏总理对日本进行正式友好访问。

4月15日 中共中央政治局委员胡耀邦在北京病逝，终年74岁。

4月16日 第四、五、六届全国人大常委会副委员长胡厥文在北京病逝，终年94岁。

4月18日 中国与巴林国建立外交关系。

4月20日 新华社发表题为《维护社会稳定是当前大局》的评论。

4月22日 胡耀邦追悼大会在人民大会堂隆重举行。杨尚昆主持，赵紫阳致悼词。邓小平、李鹏等党和国家领导人同各界人士4000多人参加。

4月22～23日 西安市和长沙市相继发生严重打砸抢事件。

4月24日 第三、四、五届全国人大常委会副委员长李井泉在北京逝世，终年80岁。

4月24～29日 赵紫阳总书记对朝鲜进行正式友好访问。

4月26日 《人民日报》发表社论：《必须旗帜鲜明地反对动乱》。社论是根据中共中央政治局常委会决定和邓小平讲话精神撰写的。

5月3日 首都青年隆重集会纪念五四运动70周年。

5月4日 亚洲开发银行理事会第二十二届年会在北京开幕。47个成员国家和地区3000余名代表出席。

5月12～23日 万里委员长对加拿大和美国进行正式友好访问。

5月13日 下午，北京高校数百名学生在天安门广场开始绝食请愿。

5月15～18日 苏联最高苏维埃主席、苏共中央总书记米哈伊尔·谢尔盖耶维奇·戈尔巴乔夫访华。

5月19日 当晚，中共中央、国务院召开中央和北京市党政军干部大会，李鹏发表讲话，指出当前北京形势严峻，无政府状态越来越严重，事态还在发展，并已波及到全国许多城市。为了坚决制止动乱，迅速恢复秩序，党中央和国务院紧急呼吁：绝食的学生立即停止绝食；希望广大同学和社会各界立即停止一切游行活动。

5月20日 李鹏签署国务院关于在北京市部分地区实行戒严的命令，决定自1989年5月20日10时起在北京市部分地区实行戒严。

6月3日 凌晨，部分解放军奉命按计划进入警戒目标。戒严部队指挥部发出通告，指出：任何人不得以任何借口非法拦截军车，阻拦围攻解放军，妨碍执行勤务。

6月5日 中共中央、国务院发表《告全体共产党员和全国人民书》。

6月9日 中央军委主席邓小平在中南海怀仁堂接见首都戒严部队军以上干部，并发表重要讲话。

6月14日 第七届全国人大常委会副委员长韦国清在北京逝世，终年76岁。

6月23～24日 中共十三届四中全会在北京召开。全会审议通过了李鹏代表中央作的《关于赵紫阳同志在反党、反社会主义的动乱中所犯错误的报告》；决定撤销赵紫阳的中央委员会总书记、政治局常委和委员、中央军委第一副主席职务；选举江泽民为中央委员会总书记、政治局常委。

6月29日 钱学森在美国纽约召开的1989年国际技术与技术交流大会上，获得国际现代理工界最高荣誉奖章“小罗克韦尔奖章”和“世界级科技与工程名人”、“国际理工研究所名誉成员”的称号。

7月1日 中共中央组织部在中南海怀仁堂举行大力加强党的建设座谈会，江泽民在会上提出中央政治局常委从现在起，要切实改变“一手硬、一手软”的状况。

7月5日 李鹏总理在北京会见民柬主席西哈努克亲王，强调中国支持民柬三方抵抗越南侵略的立场不变。

7月6日 江泽民总书记在中南海会见出席中国第七次驻外使节会议的代表，强调中国对外政策不变，对外开放不变，但对国际间复杂的政治斗争要保持应有的警惕，要加强对外宣传。

7月17～21日 全国宣传部长会议在北京召开，江泽民、李鹏、李瑞环在会上讲话。

7月27～28日 中共中央政治局在北京召开全体会议，决定进一步清理整顿公司；制止高干子女经商。

7月31日 原中共中央宣传部副部长、文化部副部长、中国文联副主席周扬在北京逝世，终年81岁。

8月17日 中共中央、国务院作出《关于进一步清理整顿公司的决定》。

8月18～22日 全国组织部长会议在北京召开。主题是贯彻落实中共十三届四中全会精神，讨论加强党的建设。

8月20日 中共中央文献编辑委员会编辑的《邓小平文选》(1938～1965)，由人民出版社出版发行。

8月27日 第二、三、五、六届全国政协副主席包尔汉在北京逝世，终年92岁 。

8月28日 中共中央政治局举行全体会议，讨论通过《中共中央关于加强党的建设的通知》。

9月4日 邓小平致信中共中央政治局请求辞去中央军委主席职务。

9月7日 中共中央转发《中央组织部关于

89-001

89-002

89-001. 杨尚昆主席主持仪式欢迎马里总统特拉奥雷访华。
89-002. 李鹏总理与特拉奥雷在北京会谈。

在部分单位进行党员重新登记工作的意见》。

9月7～12日 布基纳法索人民阵线主席、国家元首、政府首脑布莱斯·孔波雷访华。

9月8日 庆祝教师节表彰大会在人民大会堂举行，江泽民、李鹏等向获奖代表颁奖。

同日 据新华社报道：中国公安部决定从1989年9月15日起，在全国范围内实施居民身份证的使用和查验制度。

9月29日 庆祝中华人民共和国成立40周年大会在人民大会堂召开，江泽民发表长篇重要讲话。

10月1日 首都100多万人举行盛大联欢晚会，庆祝建国40周年。

10月2日 李鹏总理在人民大会堂会见参加中外经济合作研讨会的代表。

10月4～6日 巴勒斯坦国总统亚西尔·阿拉法特访华。

10月10日 鉴于10月2日利比里亚政府宣布与台湾重新建立“外交关系”，中国外交部发表声明，宣布从即日起中止两国的外交关系。

10月23日 外交部发言人宣布中国中止同伯利兹的外交关系。

10月28日～11月2日 美国前总统理查德·尼克松访华。

11月6～9日 中共十三届五中全会在北京召开。全会审议通过《中共中央关于进一步治理整顿和深化改革的决定》；同意邓小平辞去中共中央军委主席职务；决定江泽民为中共中央军委主席。

11月10日 邓小平在人民大会堂会见美国前国务卿亨利·基辛格。

11月12日 著名的桥梁专家、第六届全国政协副主席茅以升教授在北京逝世，终年93岁。

11月14～21日 李鹏总理出访巴基斯坦、孟加拉国和尼泊尔。

11月19日 中国政府强烈抗议美国国会通过制裁中国的国务院授权法修正案。

12月5日 著名画家、艺术教育家李可染在北京逝世，终年82岁。

12月9～10日 美国总统特使、总统国家安全事务助理布伦特·斯考克罗夫特访华。

12月11日 外交部奉命约见挪威驻华大使霍尔维克，就挪威诺贝尔委员会10日授予达赖喇嘛诺贝尔和平奖以及挪威领导人参与授奖活动一事向挪威政府提出严正交涉。

12月28日 外交部发言人谈东欧局势说，中国认为，东欧一些国家当前发生的事情是它们内部的事务，中国不干涉别国的内政。中国衷心希望这些国家社会稳定，经济发展。

12月30日 中共中央发出《关于坚持与完善中国共产党领导的多党合作和政治协商制度的意见》。

12月31日 江泽民接受中央电视台记者采访，他说，90年代我们将继续沿着建设有中国特色的社会主义道路坚定不移地走下去。

89-003

89-004

89-005

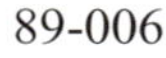
89-006

89-007

89-008

89-011

89-009

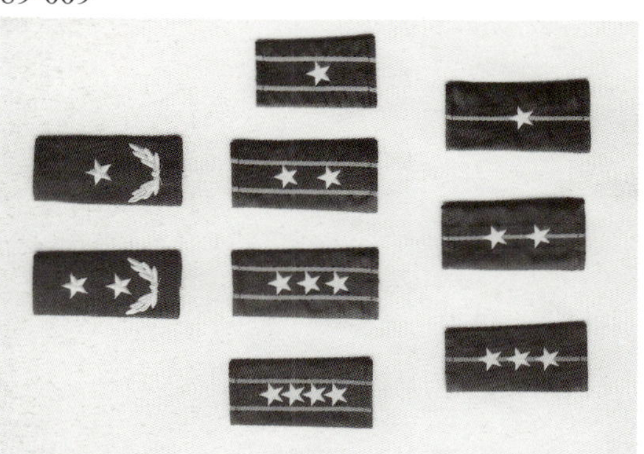

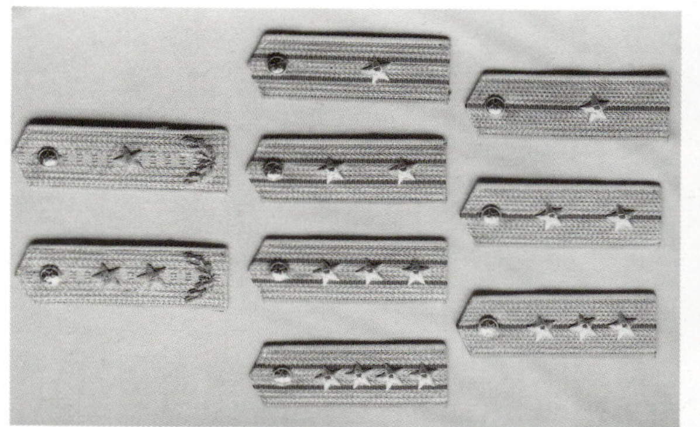

89-010

89-012

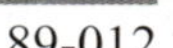

89-013

89-003. 长江葛洲坝水利枢纽工程大江一号船闸试航成功。

89-004. 班禅额尔德尼·确吉坚赞逝世，图为他生前在日喀则班禅东陵扎什南捷开光大典上讲话。

89-005. 十世班禅追悼会在北京人民大会堂举行。

89-006. 西藏自治区在拉萨举行十世班禅追悼大会，自治区党委书记胡锦涛向班禅大师父母表示慰问。

89-007. 少数分裂主义分子在拉萨制造混乱，人民解放军在拉萨重要路口戒严。

89-008. 2月26日，我国第二个南极科学考察站中山站建成。

89-009. 武警警官常服肩章。左：武警少将、中将肩章；中：武警少校、中校、上校、大校肩章；右：武警少尉、中尉、上尉肩章。

89-010. 武警警官套式肩章。左：武警少将、中将肩章；中：武警少校、中校、上校、大校肩章；右：武警少尉、中尉、上尉肩章。

89-011. 国务院副总理兼国家计委主任姚依林在七届全国人大二次会议上作《1989年国民经济和社会发展计划草案》的报告。

89-012. 海南省代表团出席七届全国人大二次会议。这是该省第一次组团参加全国人民代表大会。

89-013. 出席七届全国人大二次会议的人大代表、天津市市长李瑞环（中）和人大代表、上海市市长朱镕基（右）在大会休息室交谈。

89-014

89-015

89-017

89-016

89-019

89-018

89-020

89-021

89-022

89-014. 亚洲开发银行理事会第二十二届年会开幕式会场。

89-015. 出席亚行年会的中国台北代表团团长郭婉容（右）在北京人民大会堂前接受记者采访。

89-016. 4月24日，第三、四、五届全国人大常委会副委员长李井泉逝世。图为李井泉同志生前在昆明。

89-017. 3月25日，第五届全国人大常委会副委员长、中国人民解放军原海军司令员萧劲光逝世。图为1957年8月萧劲光陪同周恩来检阅海军驻青岛部队。

89-018. 4月16日，第四、五、六届全国人大常委会副委员长胡厥文病逝。图为胡厥文生前在福建农村视察。

89-019. 4月15日，中共中央政治局委员胡耀邦病逝。图为胡耀邦同志生前在寓所。

89-020. 胡耀邦追悼大会在北京人民大会堂举行，邓小平等党和国家领导人出席。

89-021. 胡耀邦的亲属向胡耀邦同志的遗体作最后告别。

89-022. 杨尚昆主持胡耀邦追悼大会。

89-023

89-024

89-023. 邓小平、李先念在北京宴请美国总统乔治·布什。
89-024. 国家主席杨尚昆在北京主持仪式欢迎苏联最高苏维埃主席团主席、苏共总书记戈尔巴乔夫访华。
89-025. 邓小平在人民大会堂会见戈尔巴乔夫，双方宣布中苏关系恢复正常化。
89-026. 春夏之交，北京发生政治风波。中共中央政治局常委李鹏在5月19日晚召开的首都党政军机关干部大会上讲话。
89-027. 戒严部队战士在北京街头值勤。
89-028. 邓小平在中南海怀仁堂接见北京戒严部队军以上干部。

89-025

89-026

89-027

89-028

89-029

89-030

89-031

89-032

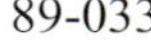

89-033

89-034

89-029. 中共十三届四中全会会场。

89-030. 江泽民在中共十三届四中全会上当选为中央委员会总书记、政治局常委。

89-031. 七届全国人大常委会第八次会议在北京召开。

89-032. 江泽民同荣获“小罗克韦尔奖章”的我国著名科学家钱学森亲切交谈。

89-033. 江泽民在中南海同参加全国高校工作会议的部分代表座谈。

89-034. 李鹏在北京钓鱼台国宾馆会见柬埔寨西哈努克亲王和夫人。

89-035

89-036

89-037

89-038

89-035. 6月14日，第七届全国人大常委会副委员长韦国清逝世。
89-036. 7月31日，中国作协副主席周扬逝世。图为周扬（右）生前与巴金（中）同机赴日本访问前在上海机场。
89-037. 第二、三、五、六届全国政协副主席，中国伊斯兰教协会名誉主席包尔汉逝世。图为在乌鲁木齐洋行寺为其举行丧礼。
89-038. 8月12日，青岛市黄岛油库因雷击爆炸起火。图为消防干警在黄岛油库火灾现场灭火。
89-039. 江泽民在上海农村考察。
89-040. 《邓小平文选》（1938～1965）出版发行。
89-041. 江泽民等同出席全国组织部长会议的代表座谈。
89-042. 江泽民等在北京人民大会堂举行的教师节表彰大会上向全国优秀教师代表授奖。
89-043. 江泽民在全国少数民族地区扶贫工作会议上讲话。

89-039

89-040

89-041

89-042

89-043

89-044

89-045

89-046

89-047

89-044. 中共中央总书记江泽民和中央政治局常委在人民大会堂举行中外记者招待会。

89-045. 美国前总统尼克松在北京西单商业区参观。

89-046. 国家主席杨尚昆主持仪式欢迎来访的巴勒斯坦总统阿拉法特。

89-047. 邓颖超在中南海会见美国前总统尼克松。

89-048. 江泽民在中国科学院高能物理所同有贡献的青年科学家座谈。

89-049. 11月6日至9日，中共十三届五中全会在北京召开。图为大会主席台。

89-050. 中共十三届五中全会同意邓小平辞去中央军委主席职务。邓小平即席讲话，向大会和出席会议的同志表示感谢。

89-051. 江泽民等党和国家领导人在人民大会堂会见获得国家科技奖的科技工作者代表。

89-048

89-049

89-050

89-051

89-052

89-053

89-054

89-052. 外交部长钱其琛同来访的美国总统特使、总统国家安全事务助理斯考史罗夫特在钓鱼台国宾馆会谈。

89-053. 11月12日，著名桥梁专家茅以升逝世。图为他生前同数学家陈景润在一起。

89-054. 著名画家李可染逝世。图为万里委员长向其亲属表示慰问。

共 和 国 图 典

1990年

1月4～8日 国务院召开全国经济体制改革工作会议，李鹏在讲话中说：治理整顿和深化改革不是互相对立的，而是相辅相成的。

1月10日 李鹏总理宣布从1月11日起，解除在北京市部分地区实行的戒严。

2月1日 国务院、中央军委决定：任命周玉书为武警部队司令员，徐寿增为政委。

2月8日 第四、五、六届全国人大常委会副委员长，第四、五届全国政协副主席、九三学社的创始人许德珩在北京逝世，终年100岁。

2月13～17日 香港特别行政区基本法起草委员会第九次会议在北京举行，通过《中华人民共和国香港特别行政区基本法(草案)》。

2月22日 外交部就美国国务院“人权报告”发表声明，强烈抗议美国政府严重侵犯中国主权。

3月5日 著名儿童教育家孙敬修在北京逝世，终年89岁。

3月9～12日 中共十三届六中全会在北京召开，审议通过了《中共中央关于加强党同人民群众联系的决定》。

3月11日 新中国第一位女将军、原最高人民检察院军事检察院副检察长李真在北京逝世，终年83岁。

3月14～16日 江泽民总书记对朝鲜进行友好访问。

3月14日 江苏南京扬子石化公司年产量居世界首位的45万吨芳烃联合装置投料试车成功。

3月18～29日 中国人民政治协商会议第七届全国委员会第三次会议在北京举行。

3月20日～4月4日 第七届全国人民代表大会第三次会议在北京举行。会议审议和通过了《中华人民共和国香港特别行政区基本法》，包括三个附件和香港特别行政区区旗、区徽图案；通过了关于设立香港特别行政区的决定及其它有关决定；通过了《关于接受邓小平辞去中华人民共和国中央军事委员会主席职务的请求的决定》。

3月22日 中国与纳米比亚共和国在温得和克宣布建交。

4月7日 中国用自行研制的“长征三号”运载火箭在西昌卫星发射中心成功发射“亚洲一号”卫星。这是中国首次成功地运用自己的运载火箭完成为国外用户发射商用卫星的服务。

4月18日 李鹏总理在上海大众汽车有限公司成立5周年大会上宣布：中共中央、国务院同意上海市加快浦东地区的开发。

4月23～26日 李鹏总理访问苏联。同苏联部长会议主席雷日科夫举行了会谈，并会见了苏联总统戈尔巴乔夫等苏联领导人。中苏双方签署了《关于经济、科学长期合作发展纲要》、《关于和平利用与研究宇宙空间方面进行合作的协定》等6项协议。

4月24日 中国外经贸部长郑拓彬在联合国召开的经济问题特别联大上，呼吁建立国际经济新秩序。

4月30日 李鹏总理签署国务院令，决定从5月1日起，解除在西藏拉萨市的戒严。

5月2日 著名作曲家施光南在北京逝世，终年49岁。主要作品有：歌剧《伤逝》、《屈原》；歌曲《祝酒歌》、《周总理，你在哪里》等。

5月4～7日 蒙古大呼拉尔主席团主席彭·奥其尔巴特访华。

5月7～10日 中国、苏联和美国联合登山队共20名队员登上珠穆朗玛峰。

5月14～30日 杨尚昆主席出访墨西哥、巴西、乌拉圭、阿根廷和智利。

6月2～3日 中国羽毛球队先后战胜南朝鲜女队和马来西亚男队，分别第四次获得尤伯杯和汤姆斯杯“三连冠”。

6月11日 江泽民总书记就最近李登辉谈到两岸关系问题发表讲话，谈关于台湾问题。

6月16～22日 中央政策研究室在北京召开农村工作座谈会，江泽民、李鹏、姚依林等出席，同与会者分析讨论了当前农村工作中带有共性的问题。

6月22日 中科院化学所青年科学家白春礼等人研制出中国第一台原子力显微镜，并通过专家鉴定。

6月28日 七届全国人大常委会第十四次会议通过《中华人民共和国国旗法》。

7月1～4日 印度尼西亚外长阿拉塔斯访华，这是中国和印尼两国关系中断23年后印尼政府高级官员第一次正式访华。双方签署联合公报，决定自1990年8月8日起恢复两国外交关系。

7月6～14日 国务院召开三峡工程论证汇报会，决定将可行性报告提请国务院三峡工程审查委员会审查。

7月12日 中国科学院宣布中科院上海冶金所最近在高临界温度超导体的研究中取得突破性进展。

7月16日 中国新研制的大推力火箭——长征二号捆绑式运载火箭在西昌卫星发射中心发射成功。这表明中国已具有发射重型卫星能力。

同日 新华社报道：中国、加拿大联合恐龙考察队在新疆准噶尔盆地发现迄今世界最大的恐龙头骨化石。

8月6～14日 李鹏总理出访印度尼西亚、新加坡和泰国。

8月19～23日 全国青联七届一次会议和全国学联二十一大在北京举行。会议选举刘延东为全国青联主席。

8月22日 第十一届亚运会火炬点火仪式在北京举行，江泽民点燃了第十一届亚运会的第一支火炬。

8月28日～9月7日 七届全国人大常委会第十五次会议在北京举行。会议通过了《中华人民共和国著作权法》、《中华人民共和国铁路法》、《中华人民共和国归侨侨眷权益保护法》及其他任免事项。

9月1日 沈阳至大连高速公路建成通车，全长375公里。

同日 乌鲁木齐西—阿拉山口铁路通车，江泽民出席通车典礼。12日，中国兰新铁路与苏联土西铁路完成接轨，举世瞩目的第二座欧亚大陆桥全线贯通。

9月3～15日 中国代表团出席在巴黎举行的第二次联合国最不发达国家问题会议，中国代表团团长王文东在会上发言，就本次会议将审议和通过的《90年代纲领》问题阐述中国政府的立场。

9月7～9日 美国前国务卿基辛格博士访问中国。中国领导人希望通过中美双方的共同努力，尽快恢复中美之间的正常关系。

9月11日 第四、第五届全国人大常委会副委员长、中华全国妇女联合会第一、二、三届主席、第四届名誉主席蔡畅在北京逝世，终年90岁。

9月17日 清华大学5兆瓦低温核供热堆通过国家验收。这是世界上第一座投入运行的具有安全性的压力壳式低温核供热堆。

9月21日 原中央军委副主席、国务院副总理兼国防部长徐向前元帅在北京逝世，终年88岁。

9月22日～10月7日 第十一届亚洲运动会在北京举行。这是中国举办的第一次综合性的国际体育大赛。来自37个国家和地区的6578人参加了这届亚运会。中国获得金牌183枚，居金牌总数第一。

9月28日 钱其琛外长在第四十五届联合国大会上阐述中国对重大国际事务的原则

90-001

90-002

90-001. 全国经济体制改革工作会议在北京召开，李鹏到会并讲话。

90-002. 安子介在香港特别行政区基本法委员会第九次会议上作工作总结报告。

立场和主张，呼吁在和平共处五项原则的基础上建立国际政治新秩序。

10月2日 厦门航空公司一客机在从厦门飞往广州途中被歹徒劫持，在广州白云机场着陆时失控起火烧毁，死亡120人，伤53人。当天下午，李鹏飞抵广州指导善后处理。

10月3日 钱其琛外长和新加坡外长黄根成在联合国分别代表两国政府签署联合公报，宣布从即日起建立外交关系。

10月13~17日 中国少年先锋队全国代表大会在北京举行。李源潮当选为全国少工委主任。

10月15日 著名文学家俞平伯教授在北京逝世，终年91岁。

10月16日 新华社报道：中国第一座核反应堆最近在该工程研究设计院建成并达到临界。这是世界上继美国之后第二个掌握这项技术的国家。

10月22~30日 中国政府代表团赴平壤参加中国人民志愿军赴朝参战40周年纪念活动。

11月6~12日 钱其琛副总理兼外长访问埃及、沙特阿拉伯、约旦和伊拉克。

11月15~18日 马绍尔群岛共和国外长基吉纳访华。16日，两国外长签署了两国建交联合公报，从即日起建立大使级外交关系。

11月26日 深圳隆重庆祝特区建立10周年，江泽民出席招待会并讲话。

同日 著名哲学家、教育家冯友兰在北京病逝，终年95岁。

同日 经国务院授权、由中国人民银行批准建立的上海证券交易所正式宣布成立，这是建国以来大陆出现的第一家证券交易所。

12月6~12日 中共中央召开对台工作会议。会议重申，实现国家统一，寄希望于台湾当局，更寄希望于台湾人民。

12月10~19日 李鹏总理访问马来西亚、菲律宾、老挝和斯里兰卡。

12月21日 新华社报道：中共中央最近批转中纪委《关于加强党风和廉政建设的意见》并发出通知，要求各级党委和政府，充分认识党风和廉政建设的重要性和紧迫性。

12月25~30日 中共十三届七中全会在北京召开。全会审议并通过了《中共中央关于制定国民经济和社会发展十年规划和“八五”计划的建议》。

90-003

90-004

90-005

90-006

90-007

90-008

90-009

90-010

90-003. 江泽民、杨尚昆、李鹏、万里、乔石、姚依林、李瑞环等一起步入中共十三届六中全会会场。

90-004. 中共十三届六中全会审议通过了《中共中央关于加强党同人民群众联系的决定》。

90-005. 香港特别行政区基本法起草委员会第九次会议一致通过了关于提请七届全国人大审议《中华人民共和国香港特别行政区基本法（草案）》的决定。

90-006. 香港基本法起草委员会全体会议通过区旗区徽。图为姬鹏飞主任委员正在投票。

90-007. 李鹏在七届全国人大三次会议上作《政府工作报告》。

90-008. 江泽民在七届全国人大三次会议上。

90-009. 全国人大代表史来贺在人民大会堂就人大代表如何参政议政回答了中外记者的问题。

90-010. 香港大律师廖瑶珠对香港特别行政区基本法草案的审议程序和表决方法投下赞成票。

90-012

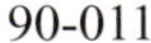

90-011

90-014

90-013

90-016

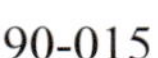

90-015

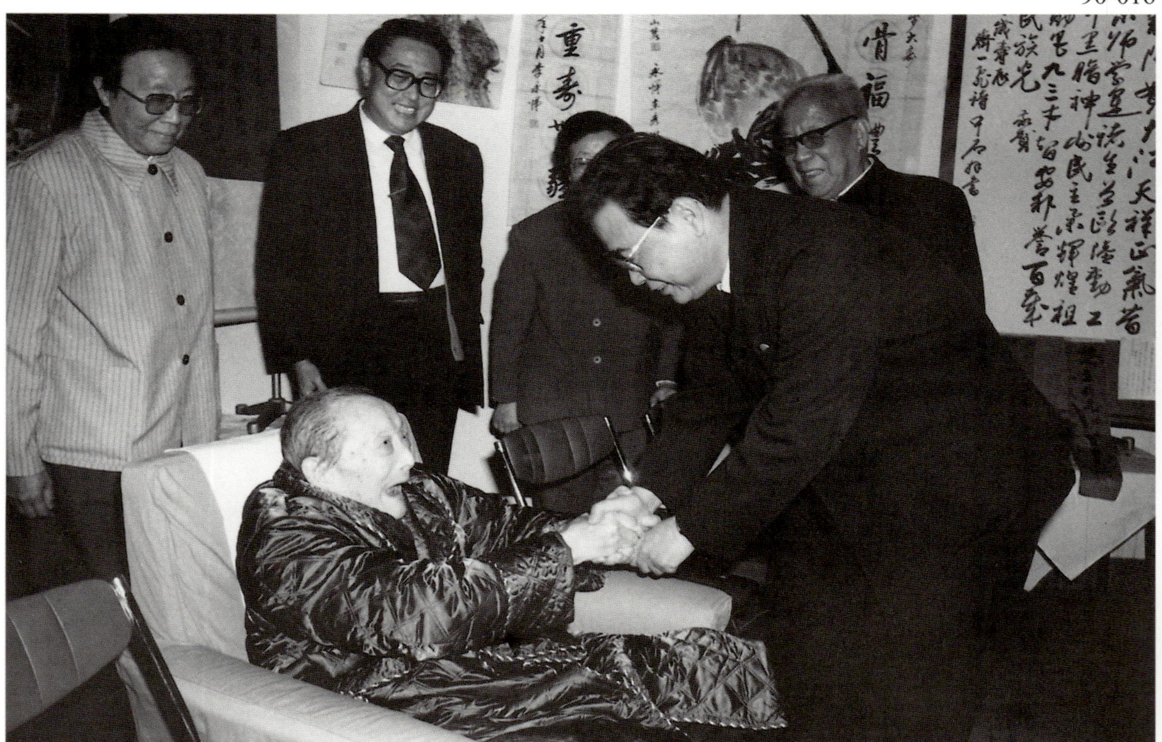

90-017

90-018

90-019

90-020

90-011. 第一个横穿南极的中国科学家秦大河在完成徒步横穿南极风雪大陆探险考察后凯旋归来。

90-012. 江泽民在中南海怀仁堂邀请北大学生座谈。

90-013. 江苏扬子石化公司45万吨芳烃联合装置外景。

90-014. 扬子乙烯工程建成投产。图为乙烯工程芳烃联合装置的中心控制室。

90-015. 3月5日，深受孩子们爱戴的“故事爷爷”孙敬修逝世。

90-016. 2月8日，第四、五、六届全国人大常委会副委员长许德珩逝世。图为许德珩百岁寿辰时李鹏代表中共中央向老人表示祝贺。

90-017. 西昌卫星发射中心夜景。

90-018. “长征三号”运载火箭第二子级运抵发射现场准备吊装。

90-019. 3月11日，中华人民共和国第一位女将军李真逝世。图为李真生前在中南海怀仁堂接受毛泽东主席亲手授予的一级解放勋章。

90-020. 亚洲一号通讯卫星外貌。图为技术人员在为它作星箭对接前的最后检测。

90-021

90-022

90-023

90-024

90-025

90-027

90-026

90-021. 李鹏视察上海大众汽车公司并为这个公司的车身、发电机生产线正式投产剪彩。

90-022. 李鹏总理出访苏联期间向苏联无名烈士墓献花圈。

90-023. 连接浦东新区与上海市区的南浦大桥主桥正在由两岸向江心延伸。

90-024. 浦东新区主要交通干道浦东南路。

90-025. 李鹏总理在莫斯科参观克里姆林宫内的列宁办公室。

90-026. 拉萨八角街的藏族群众向刚从大昭寺广场撤岗的解放军官兵敬献哈达和青稞酒。

90-027. 藏族群众在市场上挑选酥油茶桶。

90-028

90-029

90-030

90-031

90-028. 杨尚昆主席在阿根廷布宜诺斯艾利斯和梅内姆总统参加“中阿文化交流计划”签字仪式。

90-029. 杨尚昆主席访问拉美五国。图为他与参加欢迎仪式的墨西哥民间艺术家在一起。

90-030. 5月2日，著名作曲家施光南逝世。图为他生前同著名歌唱家李谷一（左）和罗天蝉（右）在一起。

90-031. 对外贸易部部长郑拓彬（左）出席联合国召开的经济问题特别联大会议，在纽约联合国总部拜会联合国秘书长佩雷斯·德奎利亚尔。

90-032. 江泽民总书记在中南海会见蒙古大呼拉尔主席团主席奥其尔巴特（左一）。

90-033. 杨尚昆主席举行仪式欢迎蒙古人民共和国大呼拉尔主席团主席奥其尔巴特访华。

90-034. 经中苏美和平登山队艰苦奋战，共有20名队员登上珠穆朗玛峰。图为第一批登上顶峰的三国运动员。

90-035. 成功登上珠峰的运动员：（从左到右）中国队员加布和大其米。美国队员林克和高尔、苏联队员阿尔先季耶夫和伦贾科夫。

90-032

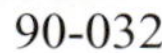

90-033

90-034
90-035

90-036

90-037

90-038

90-039

90-036. 江泽民、李鹏等会见参加科学家座谈会的科学家代表。

90-037. 6月22日，白春礼博士等人研制成功我国第一台具有世界先进水平的扫描隧道显微镜和原子力显微镜。图为全国劳动模范白春礼博士在工作。

90-038. 江泽民总书记会见印度尼西亚外交部长阿里·阿拉塔斯(前右)。

90-039. 三峡工程水文论证专家组在湖北宜昌举行第二次论证会。图为北京气象学院教授章淹（二排右二）在作论证发言。

90-040. 载有一颗中国模拟卫星和一颗巴基斯坦卫星的我国新研制的大推力“长征二号”捆绑式运载火箭发射成功。图为发射前的“长征二号”。

90-041. 巴基斯坦的一颗小型科学试验卫星即将由“长征二号”火箭送上太空。

90-042. 万里（左一）主持七届全国人大常委会第十五次会议闭幕式。

90-043. 秦基伟、邹家华等为沈（阳）大（连）高速公路通车典礼剪彩。

90-044. 沈大高速公路张士互通式立交桥。

90-045. 中国和加拿大两国古生物学家在新疆准噶尔盆地的侏罗纪地层发现了一具中生代的巨型恐龙化石。

90-040

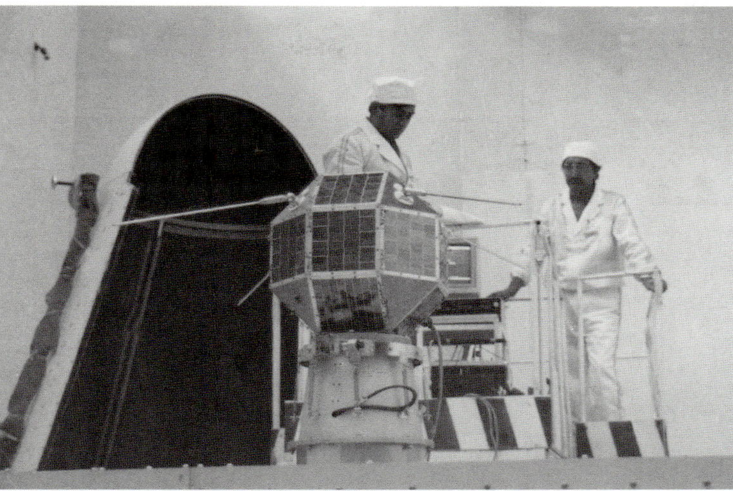

90-041

90-042

90-043

90-044

90-045

90-046

90-047

90-048

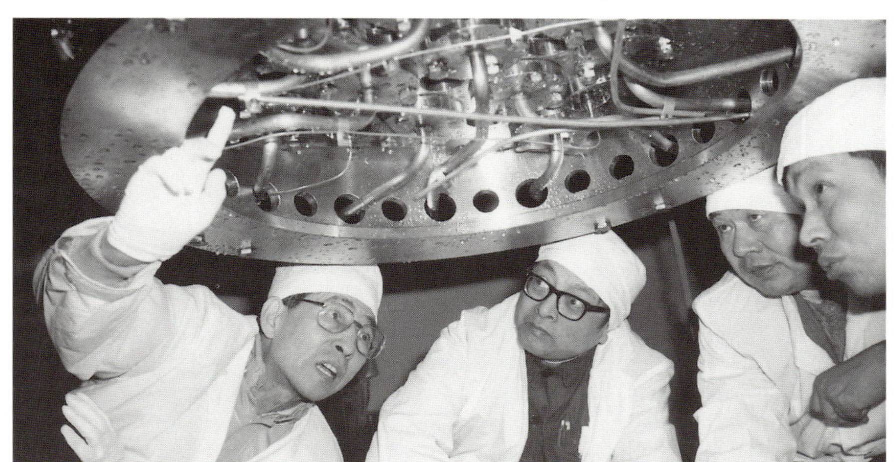

90-049

90-050

90-051

90-052

90-053

90-046. 江泽民在乌鲁木齐为北疆铁路通车典礼剪彩。

90-047. 北疆铁路建在茫茫的大漠之中。为了确保"亚欧大陆桥"铁路畅通无阻，筑路工人在戈壁沙漠营建起铁路防风固沙设施。

90-048. 中国兰新铁路和苏联土西铁路接轨仪式。

90-049. 我国第一座低温核供热堆工程建成。图为国家高技术能源领域专家委员会首席专家、清华大学核能技术研究所所长王大中（左）等在组装前认真检查涡轮流量计和控制棒水力驱动装置。

90-050. 技术人员正在检查低温核供热堆中低压汽轮发电机的运行情况。

90-051. 9月21日，原中央军委副主席、国务院副总理兼国防部长徐向前逝世。图为江泽民、杨尚昆等在徐向前追悼会上亲切慰问徐帅的家属。

90-052. 9月11日，中国妇女解放运动卓越领导者蔡畅逝世。图为蔡畅生前同美国著名女作家斯特朗在一起。

90-053. 蔡畅同志80寿辰时（1980年5月14日），邓小平、邓颖超（右一）等前往祝贺。

90-054

90-055
90-056

90-057

90-059

90-058

90-061

90-060

90-062

90-063

90-054. 15岁的藏族少女达娃央宗双手高举用木柴从太阳灶上为亚运会取得的圣火火种。
90-055. 江泽民（左二）和国际奥委会主席萨马兰奇（左三）等在第十一届亚运会开幕式主席台上。
90-056. 亚洲37个国家和地区的体育代表团共6500余人参加了第十一届亚运会。图为北京亚运会主会场。
90-057. 在亚运会开幕式上，中国优秀运动员许海峰（前）、高敏（左一）及张蓉芳（左二）一起跑向火炬台。
90-058. 亚运会开幕式“明星”是本届亚运会吉祥物熊猫“盼盼”。
90-059. 女子举重选手邢芬获亚运会第一块金牌。
90-060. 亚运会帆板比赛中，我国运动员张小冬（前）在女子国际L·A——390级帆板赛中夺得冠军。
90-061. 空中鸟瞰亚运会闭幕式的壮观场面。
90-062. 亚运会闭幕式上的《孔雀舞》。
90-063. 运动员周玲美打破自行车公里计时赛世界纪录，夺得亚运会该项目金牌。

90-064

90-065

90-066

90-068

90-067

90-069

90-070

90-071

90-064. 江泽民在庆祝深圳经济特区建立10周年招待会上发表讲话。

90-065. 国家奥林匹克体育中心的游泳馆和训练馆。

90-066. 亚运村一角。

90-067. 我国首座核反应堆在中国核动力设计院建成并投入运行。图为核反应堆淹没在水下的堆蕊。

90-068. 广东深圳经济特区鸟瞰。

90-069. 江泽民、杨尚昆、李鹏、万里、乔石、姚依林、宋平、李瑞环等步入中共十三届七中全会会场。

90-070. 杨尚昆会见来访的马绍尔群岛共和国外长汤姆·基吉纳（左）。

90-071. 11月26日，中国大陆第一家证券交易所——上海证券交易所开业。

90-072

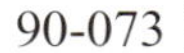

90-073

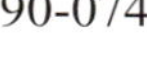

90-074

90-075

90-072. 朱镕基（左）在上海证券交易所开业庆典上讲话。
90-073. 证券交易在大厅内进行。
90-074. 10月15日，现代著名文学家俞平伯逝世。图为他生前在北京寓所。
90-075. 11月26日，著名哲学家、教育家冯友兰先生逝世。

1991
共　和　国　图　典

1991年

1月3～13日 在第六届世界游泳锦标赛上，中国队分别获得4枚游泳金牌、4枚跳水金牌，金牌总数名列第二。

1月6～13日 钱其琛副总理兼外长出访埃塞俄比亚、乌干达、肯尼亚、坦桑尼亚。

1月12日 纪念徽班进京200周年活动落下帷幕。来自大陆和海外的4000多名艺术家，先后演出166场戏，首都17万以上人次的观众观看了演出。

1月14～16日 罗马尼亚总统伊利埃斯库访华。

1月22日 《人民日报》报道：中国第一枚120公里高空低纬度探空运载火箭——“织女三号”首发试验成功。

1月28日～2月18日 邓小平视察上海。他提出，改革开放要思想更解放一点，胆子更大一点，步子更快一点。

1月30日 江泽民总书记就如何保持宗教政策的稳定性和连续性问题同各宗教团体领导人谈心。

2月2日 《人民日报》报道：新疆东部的吐鲁番——哈密盆地发现大型油田，近期内可望建成相当规模的原油生产基地。

2月11日 《人民日报》报道：中国计量科学研究院研制的铯原子基准钟其准确度为10万年差一秒。

2月21日～3月10日 钱其琛副总理兼外长访问葡萄牙、西班牙、波兰、保加利亚、匈牙利、希腊和马耳他。

2月25日～3月1日 全国经济体制改革工作会议在北京举行。

3月7日 1990年全国十佳运动员评选揭晓，他们是：周玲美、邓亚萍、高敏、沈坚强、林莉、李敬、邢芬、谢军、庄泳、刘华金。

3月23日～4月4日 中国人民政治协商会议第七届全国委员会第四次会议在北京举行。

3月25日～4月9日 第七届全国人民代表大会第四次会议在北京举行。会议通过了1990年国民经济和社会发展执行情况与1991年国民经济和社会发展计划的决议，通过了《中华人民共和国民事诉讼法》等有关决议和法律，会议还通过了有关的任免事项。

3月30日 第六届全国政协副主席程子华逝世，终年86岁。

4月3日～8日 英国外交大臣赫德访华。钱其琛同赫德举行两轮会谈，双方就双边关系、香港问题、国际问题等交换了意见。

4月7日 中共中央、国务院召开计划生育工作座谈会。

4月9～11日 秘鲁总统藤森访华。

4月28日 国务院决定从1991年5月1日起调整粮油统销价格。

5月7日 能源部通报，4月21日山西三交河煤矿发生一起特大瓦斯煤尘爆炸事故，当时在井下的147名职工全部遇难，这是近30年来发生在煤矿的最大一起恶性、重大责任事故。

5月12日 中共中央、国务院作出《关于加强计划生育工作严格控制人口增长的决定》。

5月15～19日 江泽民总书记访问苏联，并分别会见了苏联最高苏维埃主席卢基扬诺夫、总理帕夫洛夫。5月19日《中苏联合公报》在莫斯科发表。

5月22日 中共中央、全国人大常委会、国务院、中央军委发出庆祝西藏和平解放40周年贺电。

5月23日 1989～1990年度中国电影“政府奖”在江苏常州揭晓，《开国大典》、《焦裕禄》等16部影片获故事片奖。

5月23～27日 中国科协第四次全国代表大会在北京举行。会议选举朱光亚为中国科协第四届全国委员会主席。

5月28日 第十一届全国电视剧“飞天奖”在广州揭晓，《渴望》、《焦裕禄》等5部电视剧获一等奖。

6月4日 《人民日报》报道：塔里木盆地吉拉克地区又发现一个大油田。

6月14日 云南鲁布革水电站竣工。这是中国第一个利用世界银行贷款、率先实行国际招标竞争的国家重点工程。

6月23日 《人民日报》报道：陕甘宁盆地发现大气田。

7月1日 中共中央隆重举行庆祝建党70周年大会，中央领导和首都各界1万多人出席。江泽民发表长篇重要讲话。

同日 《毛泽东选集》第一至四卷第二版由人民出版社出版，从7月1日起在全国新华书店发行。邓小平为《毛选》第二版题写了书名。

7月2～14日 李鹏总理出访埃及、约旦、伊朗、沙特阿拉伯、叙利亚和科威特。

7月12日 《人民日报》报道：中国第一台载人式“水下机器人”——“QSZ型单人常压潜水装置系统”研制成功。

7月16日 中共中央政治局召开会议，研究部署抗洪救灾工作。

8月3日 农业部发言人就7月21日发生在台湾海峡福建两艘渔船同台湾渔轮的渔事纠纷发表谈话，希望台湾有关方面保证大陆渔民人身安全并促请妥善解决纠纷。

8月10～13日 日本首相海部俊树访华。李鹏与海部首相举行会谈，宣布中国政府原则决定参加不扩散核武器条约。

8月21日 “七五”科技攻关成果展览在北京开幕。

8月27日～9月4日 七届全国人大常委会第二十一次会议召开。会议通过了《中华人民共和国未成年人保护法》、《全国人大常委会关于严禁卖淫嫖娼的决定》以及《关于严惩拐卖、绑架妇女、儿童的犯罪分子的决定》及其他有关决议。

8月31日 李鹏总理接受香港无线电视台记者采访，就中英关系、香港问题、苏联形势、中美关系、中越关系等问题回答了记者的提问。

9月2日 “七五”科技攻关总结表彰大会在北京举行。453项重大成果和206名科技人员获奖。

同日 《人民日报》报道：“八五”国家重点建设项目黄河小浪底水利枢纽前期工程开工。

9月2～4日 英国首相梅杰访华。中英双方签署了《关于香港新机场建设及有关问题的谅解备忘录》。

9月5日 北京至九龙铁路全面开始建设。

9月7日 中国政府承认爱沙尼亚、拉脱维亚和立陶宛独立，并先后同三国正式建立外交关系。

9月17～20日 国务院召开会议部署进一步治理淮河、太湖。“八五”期间国家总计筹集90亿元用于淮河、太湖的治理。

9月28日 中国国际减灾十年委员会举行新闻发布会。该会负责人说，1991年中国部分地区先后发生了水、旱、冰雹、台风、地震等多种自然灾害，直接经济损失800亿元以上。

9月30日 中国与文莱建交。

10月3～13日 朝鲜劳动党中央委员会书记、朝鲜国家主席金日成访华。

10月7日 第二届“中国十大杰出青年”评选揭晓，乌力吉、朱重庆、李志军、杨露、杨建秋、张奇、张喜武、林莉、周林、贺学禹当选。

10月9日 首都各界隆重集会纪念辛亥革

91-001

91-002

91-003

91-001. 我国运动员高敏一人获得第六届世界游泳锦标赛女子1米跳板、3米跳板两枚金牌。

91-002. 伏明霞获第六届世界游泳锦标赛女子跳台跳水冠军。

91-003. 游泳运动员林莉在第六届世界游泳锦标赛女子400米混合泳决赛中夺得金牌。

命80周年。江泽民、杨尚昆、李鹏等5000多人出席。

10月14日 国务院台湾事务办公室发言人就台湾省民进党将建立"台湾共和国"列入该党党纲一事发表谈话，指出对于少数"台独"分子的分裂国土的活动，中国政府不会不重视。

10月16日 国务院、中央军委授予钱学森"国家杰出贡献科学家"荣誉称号和一级英雄模范奖章。江泽民、杨尚昆等国家领导人出席了授奖仪式。

10月29日 中国女棋手谢军在马尼拉举行的女子国际象棋世界冠军争夺战中获得冠军，结束了苏联棋手垄断这项桂冠达41年的历史。

11月1日 国务院新闻办公室发表题为《中国的人权状况》的白皮书。这份长约4.5万字的文件阐述了中国关于人权问题的基本立场和基本政策。

11月2日 江泽民接见《华盛顿时报》原主编，就社会主义前途、民主、自由和人权，建立国际新秩序，台湾问题及中美关系等问题，阐明了看法。

11月5～9日 越南共产党中央总书记杜梅、部长会议主席武文杰率越南高级代表团访华。

11月12～14日 在第40届布鲁塞尔尤里卡世界发明博览会上，中国展团获2项特别奖、16项金奖和16项银奖，并获得1枚"军官勋章"和9枚"骑士勋章"。

11月14日 大(同)秦(皇岛)铁路二期工程全线铺通。全长653公里，是中国第一条开行重载单元列车的铁路，是中国铁路设计标准和现代化水平最高的电气化铁路。

11月16日 首届全国优秀外国文学图书奖评选揭晓，《外国文学名著丛书》等96种图书获奖。

11月19日 上海市区第一座跨越黄浦江的南浦大桥建成通车。大桥全长8346米，是中国最大、世界第二大斜拉索桥。

同日 第六届全国政协副主席胡子昂逝世，终年95岁。

11月25～29日 中共十三届八中全会在北京举行。全会审议并通过了《中共中央关于进一步加强农业和农村工作的决定》。

11月27日 长江葛洲坝水利枢纽工程竣工。

12月4日 中国正式申办2000年奥运会。

12月4～6日 全国沿海开放城市经济技术开发区工作座谈会在上海召开。

12月6日 国务院举行94次常务会议，审议并原则通过了国家科委组织制定的《国家中长期 科学技术发展纲要》以及《中华人民共和国科学技术发展十年规划和"八五"计划纲要》。

12月11～16日 李鹏总理访问印度。

12月15日 秦山核电站并网发电，标志着中国自己建造的第一座核电站投入试运行。

12月17日、18日 汕头、厦门分别举行经济特区建立10周年庆祝大会。江泽民总书记出席了两个特区庆祝大会。

12月27日 中国政府宣布，承认俄罗斯联邦政府，并决定中国原驻苏大使改任为驻俄罗斯大使。中国承认乌克兰等11个国家独立，并准备分别进行建交谈判。

91-004

91-005

91-006

91-007

91-008

91-009

91-010

91-011

91-004. 为纪念徽班进京200周年，文化部举行纪念演出。图为正宗徽班——安徽省徽剧团在北京演出的徽派传统折子戏《水淹七军》。

91-005. 香港著名京昆剧演员邓宛霞参加了振兴京剧会演，并在京剧《大英杰》中扮演陈秀英。

91-006. 著名京剧表演艺术家谭元寿在谭派名剧《黑水国》中扮演邓伯道。

91-007. 著名京剧演员马长礼在振兴京剧观摩研讨会开幕式上演出传统剧目《龙凤呈祥》。

91-008. 杨尚昆主席举行仪式欢迎罗马尼亚总统扬·伊利埃斯库。

91-009. 3月30日，第六届全国政协副主席程子华逝世。

91-010. 中国第一枚低纬度高空探空火箭发射成功。图为探空火箭“织女三号”总设计师、火箭专家杨俊文教授在发射现场。

91-011. “织女三号”发射瞬间。

91-012

91-013

91-014

91-015

91-016

91-018

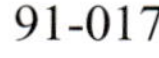

91-017

91-019

91-012. 江泽民同宗教界人士就宗教政策的稳定性和连续性进行座谈。
91-013. 李鹏在北京举行的全国经济体制改革工作会议上讲话。
91-014. 全国政协七届四次会议开幕式。
91-015. 新当选的全国政协副主席叶选平走上主席台。
91-016. 钱伟长副主席作政协第七届全国委员会常务委员会工作报告。
91-017. 吴邦国(左一)在七届全国人大四次会议上海市代表团小组会上发言。
91-018. 薄一波在七届全国人大四次会议山西省代表团审议政府工作报告时发言。
91-019. 李鹏总理同秘鲁总统阿尔韦托·藤森举行会谈。

91-020

91-021

91-020. 江泽民在国务院召开的计划生育座谈会上讲话，指出必须严格控制人口过快增长。

91-021. 新疆吐哈盆地经过石油勘探证实，这一地区是个多层系的油气富集带。

91-022. 中国和苏联关于中苏国界东段的协定签字仪式在莫斯科克里姆林宫举行。两国领导人江泽民、戈尔巴乔夫出席签字仪式。

91-023. 江泽民主席在莫斯科参观利哈乔夫汽车厂时，高兴地见到他于50年代在该厂工作期间的老同事赛金娜（左）。

91-024. 江泽民主席同列宁格勒第五寄宿学校的师生一起观看孩子们表演节目。

91-025. 江泽民主席在列宁格勒参观“阿芙乐尔”号巡洋舰。

91-026. 5月，西藏举行和平解放40周年庆祝活动。中央代表团团长李铁映、全国人大常委会副委员长阿沛·阿旺晋美和全国政协副主席帕巴拉·格列朗杰等步入庆祝大会会场时，受到西藏各族群众的欢迎。

91-022

91-023

91-024

91-025

91-026

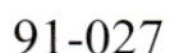
91-027

91-028

91-029

91-030

91-027. 庆祝西藏和平解放40周年大会在西藏体育馆举行。

91-028. 中央代表团参加拉萨举行的丰富多彩的游园活动。图为李铁映（右二）、王忍之（左一）和藏族青年手拉手跳起藏族舞蹈。

91-029. 全国优秀影片发奖大会在常州举行。图为获奖影片的导演、演员在领奖台上。

91-030. 李瑞环会见电视剧《渴望》制作组全体演职员，并为剧组演员签名留念。

91-031. 5月23日，在中国科协第四次全国代表大会开幕式上，首都少先队员代表向江泽民、李鹏赠送他们精心制作的“帆船”模型。

91-032. 中央电视台举行电视连续剧《焦裕禄》研讨会。图为该剧导演康征（右一）、焦裕禄扮演者刘汉（右五）和当年写长篇通讯《县委书记的榜样——焦裕禄》的作者之一冯健（右三）等在研讨会上。

91-033. 新当选的科协主席朱光亚（右）和上届主席、新当选的科协名誉主席钱学森（左）在中国科协第四次代表大会上。

91-034. 塔里木盆地的石油勘探开发使这位多年在荒漠中放牧的维吾尔族牧民感到无比兴奋。

91-035. 塔里木盆地的石油勘探开发唤醒了沉睡的塔里木。

91-031

91-032

91-033

91-034

91-035

91-036

91-037

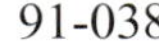
91-038

91-039

91-040

91-041

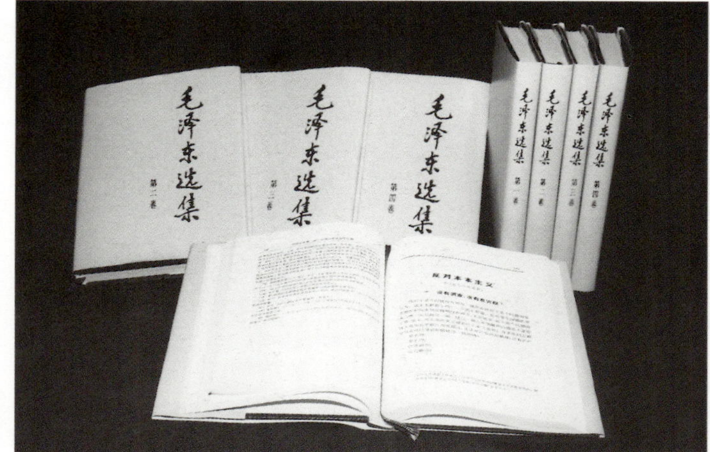

91-042

91-043

91-044

91-045
91-046

91-036. 江泽民会见由会长罗康瑞率领的香港总商会访京团。
91-037. 江泽民在庆祝中国共产党成立70周年大会上讲话。
91-038. 从国外引进的沙漠震源车在陕甘宁盆地沙漠地带进行地震勘探。
91-039. 我国首台载人式“水下机器人”研制成功。
91-040. 矗立在陕西北部榆林地区的五号天然气井架。
91-041. 云南鲁布革水电站四号机组提前建成并网发电。
91-042. 《毛泽东选集》一至四卷第二版出版发行。
91-043. 朱镕基（左二）主持全国清理“三角债”工作会议代表座谈会。
91-044. “七五”科技攻关成果展览会在京揭幕。
91-045. 首都钢铁公司利用自有资金新建起第二炼钢厂。
91-046. 大庆油田是全国500家最佳经济效益工业企业之一。图为油田新开发的丛式调正井。

91-047

91-049

91-048

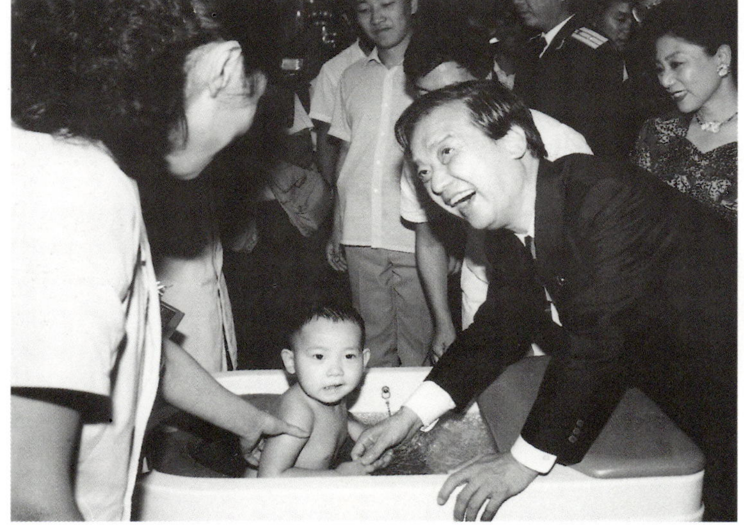

91-051

91-050

91-053

91-052

91-054

91-055

91-056

91-047. 李鹏总理同来访的日本首相海部俊树（右三）在北京人民大会堂举行会谈。

91-048. 日本首相海部俊树(前右)和夫人在北京参观中国康复研究中心。

91-049. 七届全国人大常委会第二十一次会议在京举行。水利部长杨振怀、民政部长崔乃夫受国务院委托分别向常委会汇报工作。

91-050. 江泽民、李鹏等出席国家“七五”科技攻关总结表彰大会并为获奖单位及科技人员颁奖。

91-051. 中英正式签署香港新机场备忘录。图为李鹏和英国首相梅杰（前左）分别代表本国政府在文件上签字后交换文本。

91-052. 李鹏等在中南海同参加治理淮河、太湖的代表座谈。

91-053. 京九铁路黄河特大桥是黄河上最长的双线铁路桥。图为职工冒雨施工的情形。

91-054. 黄河小浪底工程开工。图为在黄河北岸太行山边炸山修建施工支洞。

91-055. 淮河流域风景如画的梅山水库。

91-056. 中国“国际减灾十年”委员会秘书长陈虹（前左二）在安徽省副省长吴昌期（左一）陪同下来到寿县淮河大堤上向灾民了解受灾情况。

91-057

91-058

91-059

91-060

91-061

91-062

91-064

91-063

91-065

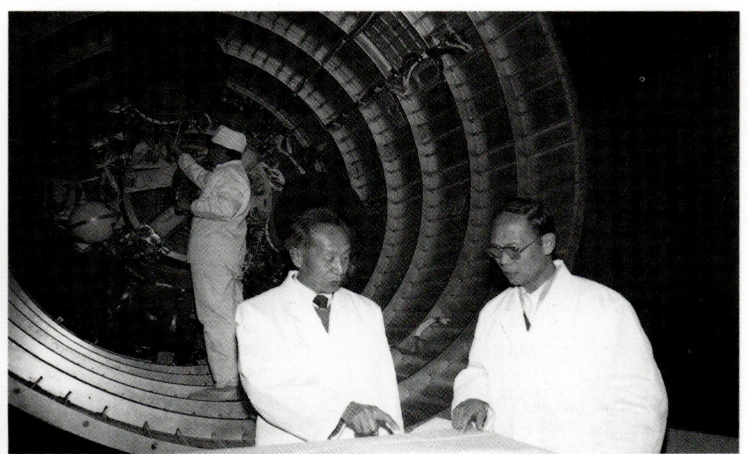

91-066

91-057. 江泽民在新华社视察工作，祝贺新华社成立60周年。

91-058. 中国外交部长钱其琛和文莱外交大臣穆罕默德·博尔基亚亲王在联合国总部签署建交联合公报。

91-059. 万里、李瑞环等出席新华社建社60周年纪念座谈会。

91-060. 在中国南方水灾中，江苏省兴化市正被洪水围困。

91-061. 台风袭击汕头市，飓风将汽车掀翻，大树横倒于公路上。

91-062. 甘肃舟曲县发生山体大滑坡。图为山体滑坡现场。

91-063. 国务院、中央军委授予钱学森“国家杰出贡献科学家”荣誉称号。图为杨尚昆（右）向钱学森颁发证书。

91-064. 江泽民总书记向正在江苏参观访问的金日成主席赠送花篮，对朝鲜劳动党建党46周年表示祝贺

91-065. 11月19日，上海南浦大桥建成，把上海浦东新区和浦西市区联成一体。

91-066. 上海航天局研制的“长征四号”火箭获得1991年度国家科技进步奖特等奖。图为总工程师孙敬良（左）正在检查“长征四号”总装工作。

91-067

91-068

91-069
91-070

91-071

91-067. 越南共产党中央总书记杜梅、部长会议主席武文杰率团访华，两国关系实现正常化。图为中越贸易和边境事务协定的签字仪式。

91-068. 越共中央总书记杜梅（前左二）游览北京颐和园。

91-069 北京广安门医院肛肠分院院长安阿月（左）与山西省汾西矿务局职工医院口腔科主任李武德获第40届尤里卡世界发明特别奖后合影。

91-070. 21岁的中国女棋手谢军在女子国际象棋世界冠军争夺战中战胜苏联棋手玛雅·齐布尔达尼泽（左），成为新的世界冠军。

91-071. 谢军（中）和父母合影。

91-072. 长江葛洲坝水利枢纽工程鸟瞰。

91-073. 11月27日，号称“长江第一坝”的葛洲坝水利枢纽工程竣工。

91-074. 北京2000年奥运会申办委员会举行新闻发布会。

91-075. 文体明星们在展示签有自己姓名的“支持申办2000年北京奥运会”的横幅。

91-076. 昆明召开禁毒宣判大会。图为禁毒宣判大会会场。

91-077. 11月19日，第六届全国政协副主席胡子昂逝世。图为胡子昂生前在北戴河。

91-078. 11月14日，大（同）秦（皇岛）铁路二期工程全线贯通。图为河北省迁西县举行的贯通接轨仪式。

91-073

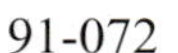

91-072

91-074

91-075

91-076

91-078

91-077

91-079
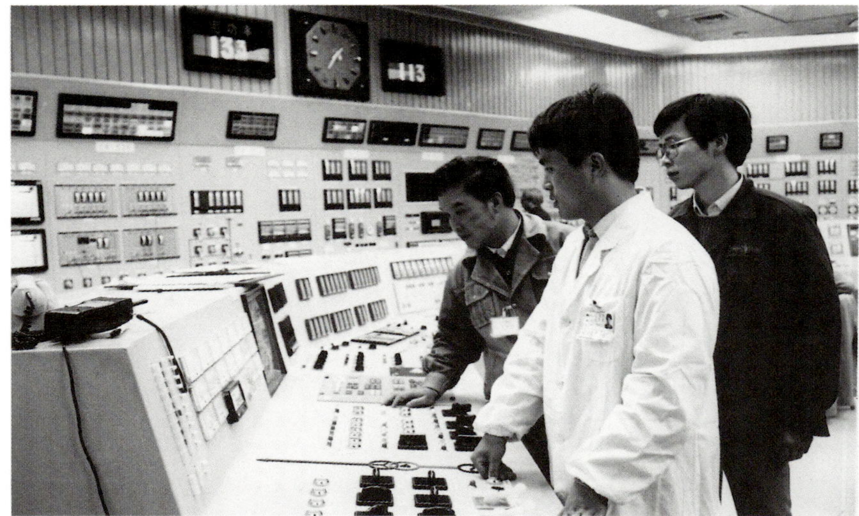

91-080

91-081

91-082

91-079. 我国自行设计建造的第一座核电站——秦山核电站并网发电。
91-080. 秦山核电站反应堆主厂房高62.5米，直径38米。它的设计、建造、整体结构性能和密封性能均达到国际先进水平。
91-081. 江泽民为厦门跨海大桥通车剪彩。
91-082. 厦门经济特区新貌。

共　和　国　图　典

1992 年

1 月 3 日　经国务院审查批准，210 名科学技术专家新增选为中国科学院学部委员。至此，中科院学部委员已有 515 人。

1 月 6～10 日　国务院召开全国经济体制改革工作会议。李鹏总理宣布：治理整顿的任务基本完成。

1 月 7～14 日　杨尚昆主席访问新加坡和马来西亚。

1 月 10～17 日　中美两国知识产权谈判代表团在华盛顿举行磋商并达成一致意见。中美签署保护知识产权谅解备忘录。

1 月 14～18 日　中共中央、国务院共同召开中央民族工作会议。会议强调要进一步加强各族人民大团结，为实现现代化建设的第二步战略目标共同奋斗。

1 月 18 日～2 月 21 日　邓小平视察武昌、深圳、珠海、上海等地，并对中国的改革开放和社会主义现代化建设等问题发表了一系列重要谈话。2 月 28 日，中共中央将邓小平南方谈话作为中央文件下发。

1 月 24 日　中国与以色列建立正式外交关系。

1 月 30 日　中国与摩尔多瓦共和国建立正式外交关系。

2 月 7 日　新华社报道：我国油气普查连获突破，在塔里木、东海、鄂尔多斯和松辽盆地相继发现一批重要油气田。

2 月 9 日　新华社报道：我国自行设计的第一个大型远程无线电导航系统——“长征 2 号”工程南海台组建成。

2 月 10 日　北京大学在世界上首次研制成功了掺锡碳 /60 超导体。

2 月 20～25 日　七届全国人大常委会第二十四次会议通过了《中华人民共和国领海及毗连区法》，还通过了批准《中苏国界东段协定》的决定。

2 月 23 日　我国在第十六届冬奥会上获 3 枚银牌，这是我国首次在国际冬奥会获得奖牌。

2 月 26 日　著名法学家、中国法学会名誉会长张友渔在北京逝世，终年 94 岁。

3 月 1 日　我国选手林莉在西班牙举行的世界杯短池游泳系列赛中获女子100米个人混合泳冠军。

同日　中国选手叶乔波在奥斯陆举行的1992 年世界短距离速滑锦标赛上获女子全能冠军。

3 月 9 日　1991 年全国十佳运动员评选揭晓，谢军等 10 名选手当选。

3 月 9～10 日　中共中央政治局在北京召开全体会议，讨论改革和发展的若干重大问题。会议完全赞同邓小平的南方谈话，认为谈话对当前的改革和建设，对开放搞活等，都具有重要指导作用。

3 月 11 日　首批香港事务顾问颁发聘书仪式在北京举行。李鹏总理出席并讲话。次日，江泽民总书记会见首批顾问。

同日　新华社报道：国务院决定进一步开放黑龙江省黑河市、绥芬河市、吉林省珲春市和内蒙古满洲里市。内蒙古自治区决定把满洲里建成一个国际贸易城。

同日　外交部在北京公布中国参加《不扩散核武器条约》的加入书。

3 月 16 日　全国政协副主席王任重在北京逝世，终年 75 岁。

3 月 18～23 日　第三届全国残疾人运动会在广州举行。这是建国以来规模最大的一次残疾人体育盛会。

3 月 20 日～4 月 3 日　七届全国人大五次会议在北京举行，会议通过了兴建长江三峡的决议，及《中华人民共和国工会法》等一些重要的法律和决定。

3 月 30 日　中国女篮获第十四届亚洲女子篮球锦标赛冠军。

4 月 4 日　中国选手李琰在美国举行的世界短道速滑锦标赛中获女子 500 米冠军。

4 月 6～10 日　江泽民总书记访问日本。

4 月 8 日　世界第一例完全靠人工合成营养液孕育的婴儿在上海中山医院诞生。

4 月 9 日　中国参加第二十届日内瓦国际发明展的 30 项发明，荣获 28 块金牌。

4 月 15 日　团中央中国青少年发展基金会宣布，即日起在全国实施“希望工程——百万爱心行动”计划。

4 月 21 日　新华社报道：我国最大的受控核聚变实验装置——“中国环流器一号”成功地进行了一系列重大实验，使这一装置的物理实验水平进入世界先进行列。

4 月 22 日　全国妇联名誉主席、全国政协副主席康克清在北京逝世，终年 81 岁。

4 月 24 日　中国长城工业公司在华盛顿首次同国际通信卫星组织签订一项卫星发射合同。

4 月 25～28 日　中国科协首届青年学术年会在北京举行。

4 月 27 日　我国第一套年产 20 万吨合成氨国产化装置在四川化工总厂建成，并通过国家验收。

4 月 30 日　我国国际象棋女选手谢军被国际体育记者协会评选为 1991 年世界最佳运动员。

5 月 7～11 日　蒙古总理宾巴苏伦访华。这是 30 年来蒙古总理首次访华。

5 月 8 日　李鹏签署国务院令：由中国人民银行自 1992 年 6 月 1 日起发行 1 元、5 角和 1 角 3 种金属人民币。

5 月 10 日　第八届四大洲艺术体操比赛在北京结束，中国队居奖牌总数第一。

5 月 13 日　中国与克罗地亚建立正式外交关系。

5 月 14 日　原中央军委副主席、国务院副总理聂荣臻元帅在北京逝世，终年 93 岁。

5 月 15 日　中国女子羽毛球队以 3∶2 战胜南朝鲜队，实现“尤伯杯”赛五连冠。

同日　世界首例宫腔配子移植婴儿在山东省立医院诞生。

5 月 16 日　中共中央政治局会议通过《中共中央关于加快改革，扩大开放，力争经济更好更快地上新台阶的意见》。

5 月 28 日　我国第一家国家级金属交易所在上海开业。

5 月 31 日　《人民日报》报道：我国进行世界首例小麦远缘杂交育种获得成功，标志着我国在小麦育种研究上居世界领先地位。

6 月 8 日　首批赴台访问的 6 位大陆学者谈家桢、吴阶平、邹承鲁、张存浩、卢良恕、华中一抵台，揭开了两岸双向交流的序幕。

6 月 9 日　江泽民总书记在中共中央党校省部级干部进修班作题为《深刻领会和全面落实邓小平同志的重要谈话精神，把经济建设和改革开放搞得更快更好》的重要讲话。

6 月 13 日　第七届全国政协副主席、民革中央名誉主席屈武在北京逝世，终年94岁。

6 月 16 日　中共中央、国务院发布《关于加快发展第三产业的决定》。

6 月 18 日　新华社报道：国务院最近决定开放长江沿岸芜湖、九江、岳阳、武汉、重庆等 5 个城市。

6 月 21 日　原中华人民共和国主席、第七届全国政协主席、第十一届中共中央副主席李先念在北京逝世，终年 83 岁。

6 月 23 日　首趟乌鲁木齐至阿拉木图国际旅客列车正式开行。

6 月 27 日　西藏著名的噶玛噶举教派十七世活佛在距拉萨 70 公里的楚布寺被正式认定。这是自西藏 1959 年民主改革以来首次由中央政府正式批准认定的转世大活佛。

6 月 28 日　我国原子能科学事业创始人、著名核物理学家钱三强因病逝世，终年 79 岁。

7月4日 《人民日报》报道：我国眼科专家赵文清经过10年攻关，研制成色盲镜。这项发明为世界首创。

7月10日 中国正式加入《伯尔尼保护文学和艺术作品公约》。

7月11日 第五届全国人大常委会副委员长，第六届全国政协主席邓颖超在北京逝世，终年88岁。

7月12日 我国大陆首例赠卵试管婴儿在北京医科大学第三临床医学院诞生。

7月13～21日 我国中学生在国际物理、数学、信息科学、化学奥林匹克竞赛中均获团体总分第一。

7月14日 由上海航空工业公司组装的首架MD-83大型客机返销美国。

7月15日 西藏自治区边境口岸普兰正式对印度开放。

8月4～6日 第二届海峡两岸关系学术研讨会在北京召开。

8月5日 中科院上海原子核研究所首次发现新核素铂-202。

8月9日 第二十五届奥运会在西班牙巴塞罗那闭幕，中国体育代表团金牌数和奖牌数均居第4位。

同日 我国研制的新型科学探测和技术试验卫星，在酒泉卫星发射中心用"长征二号J"运载火箭首次发射升空。

8月11日 国务院新闻办在北京发表《中国改造罪犯的状况》白皮书。

8月14日 我国自行研制的"长征二号E"捆绑式运载火箭，成功地将美制澳大利亚"澳塞特B1"通信卫星送入预定轨道。

8月17日 新华社报道：全国清理三角债工作基本完成，两年来国家共注入510亿元资金，共解开企业债务链2000多亿元。

8月24日 中国与韩国建立正式外交关系。

8月25日 原中央党校副校长、哲学家、教育家杨献珍在北京逝世，终年97岁。

8月30日 全国侨联名誉主席、华侨教育家张国基逝世，终年99岁。

9月4日 全国政协委员会发表关于美向台出售F-16战斗机的严正声明，谴责美方违背国际关系原则的作法。

9月5～12日 大陆18名记者首次正式组团赴台湾采访。

9月12日 故事片《秋菊打官司》在第四十九届威尼斯电影节上获金狮奖。

9月16日 新华社报道：中科院物理研究所最近在世界上首次人工合成并鉴别了汞-208、铪-185两种新核素。

9月22日 国务院新闻办公室在北京发表《西藏的主权归属和人权状况》的白皮书。

9月28日 原中共中央书记处书记、中国社会科学院名誉院长胡乔木在北京逝世，终年81岁。

10月4日 参加第四十届国际军事5项锦标赛的中国男女选手获得本届赛事的全部4块金牌。

10月5～9日 中共十三届九中全会在北京举行。全会决定同月12日召开党的十四大，同意维持党的十三届四中全会对赵紫阳所犯错误的结论，并结束审查。

10月6日 第三届"中国十大杰出青年"评选揭晓，叶乔波、陈章良等当选。

同日 我国在酒泉卫星发射中心用一枚运载火箭，成功地发射了我国第14颗返回式科学探测与技术试验卫星和瑞典"弗利亚"科学试验卫星。

10月10日 《中华人民共和国和美利坚合众国政府关于市场准入的谅解备忘录》在华盛顿签署。

10月12～18日 中国共产党第十四次全国代表大会在北京举行。江泽民代表中央作政治报告。大会强调要用邓小平同志建设有中国特色的社会主义理论武装全党，并高度评价这一理论的历史地位。大会选举产生了新一届中央委员会。

10月14日 我国第二座大陆桥——北疆铁路正式开通。

10月19日 中共十四届一中全会选举江泽民为中共中央总书记及中央军委主席，江泽民、李鹏、乔石、李瑞环、朱镕基、刘华清、胡锦涛为政治局常委。全会批准尉健行为中央纪律检查委员会书记。

同日 邓小平同新当选的党中央领导人及出席党的十四大的代表见面。

10月20～23日 香港总督彭定康访问北京。

10月24～29日 香港各界人士先后发表谈话，批评彭定康不守信用，要求英方恪守诺言，重新回到同中方进行磋商合作的轨道上来。

10月30日 中日联合登山队11名队员成功登上了人类从未征服过的山峰——南迦巴瓦峰。

11月1～7日 首届中国金鸡、百花电影节在桂林举行。

11月19日 银河-Ⅱ10亿次巨型计算机通过国家鉴定。

11月28日 我国在法国举行的第10届世界技巧锦标赛上金牌总数和团体总分名列第二。

12月1日 东起江苏连云港、西至荷兰鹿特丹的新亚欧大陆桥开通运营。

12月3～8日 中国农工民主党第十一次全国代表大会在北京举行。卢嘉锡当选为中央主席。

12月8日 第六届全国优秀科技图书奖评选揭晓，93种图书获奖。

12月11～17日 中国民主促进会第七次全国代表大会在北京举行。雷洁琼再次当选为中央主席。

12月12日 我国影片《留守女士》获第十六届开罗国际电影节最高奖。

12月14～22日 中国国民党革命委员会第八次全国代表大会在北京举行。李沛瑶当选为中央主席。

12月15～20日 中国致公党第十次全国代表大会在北京举行，董寅初再次当选为中央主席。

12月18日 第5届中日围棋名人战举行，马晓春战胜了日方的小林光一，实现了零的突破。

12月22～28日 中国民主同盟第七次全国代表大会在北京举行，费孝通再次当选为民盟中央主席。

12月26～30日 九三学社第六次全国代表大会在北京举行，吴阶平当选为中央主席。

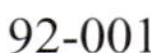

92-001

92-002

92-003

92-004

92-001. 江泽民、李鹏、万里、乔石、宋平、李瑞环等在人民大会堂会见出席中央民族工作会议的代表。

92-002. 美国驻广州总领事馆商务处领事班明峰(右二)在交易会上了解中美合资广州美特容器有限公司成交情况。

92-003. 首届中国外商投资企业出口商品交易会在厦门开幕。

92-004. 杨尚昆主席接受以色列首任驻华大使递交的国书。

92-005. 邓小平、杨尚昆在深圳接见当地党政军负责人。

92-006. 邓小平在武昌视察时与湖北省委书记关广富、省长郭树言等交谈。

92-007. 邓小平在广东考察时参观深圳先科公司。

92-008. 邓小平参观广东珠海生物化学制药厂时,同总工程师迟斌元握手。

92-009. 邓小平在902艇上听取广东珠海拱北海关关长刘浩(右一)汇报工作。

92-010. 邓小平在珠海江海电子有限公司参观时,会见该公司的科技人员。

92-005

92-006

92-007

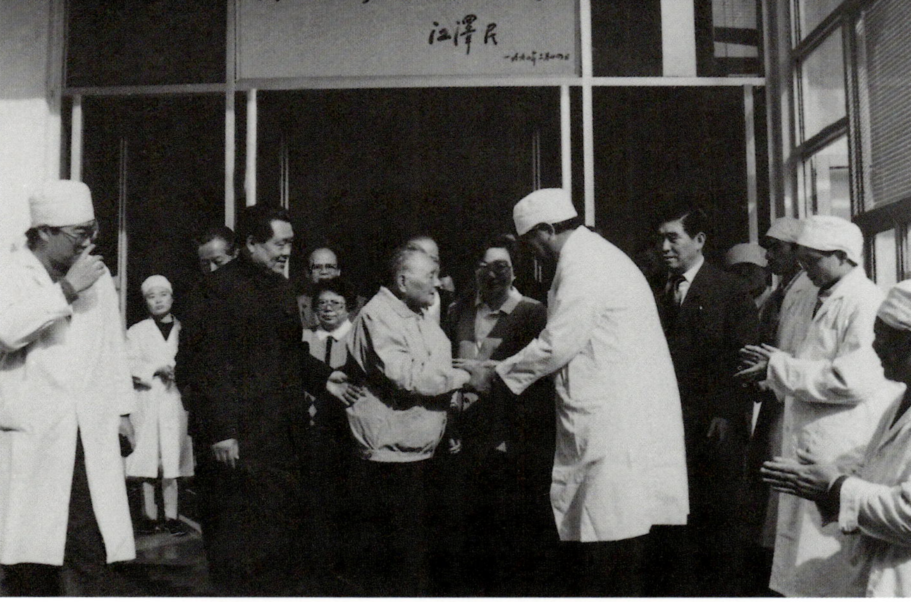

92-008

92-009

92-010

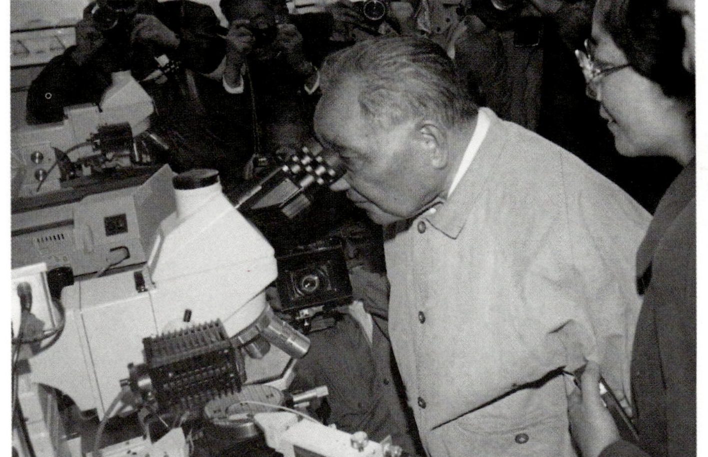

92-011

92-012

92-013

92-014

92-011. 邓小平参观上海贝岭微电子制造有限公司。
92-012. 邓小平、杨尚昆在上海闵行经济开发区参观。
92-013. “质量万里行”活动在贵州。图为消费者向计量部门人员咨询假茅台酒的鉴别。
92-014. “质量万里行”活动在山西。图为太原五一广场投诉现场。
92-015. 山东省邹县工商局将查获的假劣烟酒等当众焚毁。
92-016. 外交部副部长田增佩在七届全国人大常委会第二十四次会议上作关于建议批准《中华人民共和国和苏维埃社会主义共和国联盟关于中苏国界东段的协定》的说明。
92-017. 成都打击售注水猪肉的商贩。图为工商人员在市场上宣传。
92-018. 叶乔波夺得冬奥会女子500米速滑银牌。
92-019. 2月26日，著名法学家张友渔逝世。图为张友渔生前在家中。
92-020. 1991年度全国十佳运动员：（从左到右）谢军、黄志红、邓亚萍、林莉、李敬、赵剑华、徐德妹、高敏、周玲美、叶乔波。

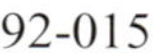

92-015

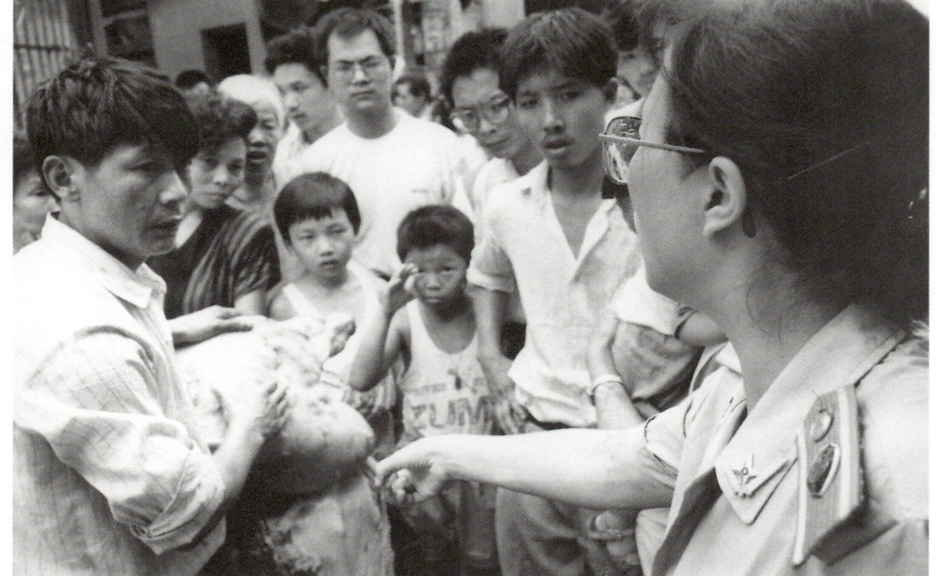

92-017

92-016

92-018

92-019

92-020

92-021

92-022

92-023

92-024

92-021. 塔里木盆地油田每天有 80 多辆油罐车外运原油。
92-022. 辽河油田在稠油开采中大量采用丛式井钻采先进工艺。
92-023. 参加塔里木开发的石油工人战天斗地。
92-024. 3 月 16 日，第七届全国政协副主席王任重逝世。图为王任重（左）生前在全国政协七届二次会议上与港澳政协委员安子介（右三）、马万祺（右二）、霍英东（右一）在一起。
92-025. 江泽民会见首批香港事务顾问。左排前起：胡法光、邵逸夫、吴康民、李嘉诚、李福善。
92-026. 首批香港事务顾问颁发聘书仪式在北京举行。图为新华社香港分社社长周南正在颁发聘书。
92-027. 绥芬河市新建的国门。
92-028. 中国最大的内陆口岸满洲里“北方市场”，中俄商贩都在这里进行交易。
92-029. 中国东北的“金三角”——珲春的开放使老城面貌焕然一新。图为经改造建设后的珲春一条街。
92-030. 黑龙江边贸活跃。图为黑龙江边境城市黑河市中兴仓储基地里存放的进口车。

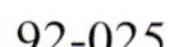

92-025

92-027
92-028

92-026

92-029

92-030

92-031

92-032

92-033

92-034

92-031. 李瑞环、李铁映、陈俊生等出席第三届全国残疾人运动会开幕式。

92-032. 国际残疾人奥委会主席斯特德沃德（左一）为夺得第一枚金牌的盲人运动员赵继红颁奖。

92-033. 山东残疾人运动员战竹萍获女子A2A9级跳远金牌。

92-034. 七届全国人大五次会议会场。

92-035. 日本明仁天皇在皇宫会见江泽民总书记。

92-036. 江泽民总书记参观日本濑户大桥。

92-037. 全国人大代表就兴建长江三峡工程表决。

92-038. 全国总工会主席倪志福与陕西省人大代表一起审议《中华人民共和国工会法（修改草案）》。

92-039. 1991年世界最佳运动员谢军。

92-040. 全国妇联主席陈慕华与江西省人大代表一起审议《中华人民共和国妇女权益保障法（草案）》。

92-035

92-036

92-037

92-038

92-040

92-039

92-042

92-041

92-043

92-044

92-045

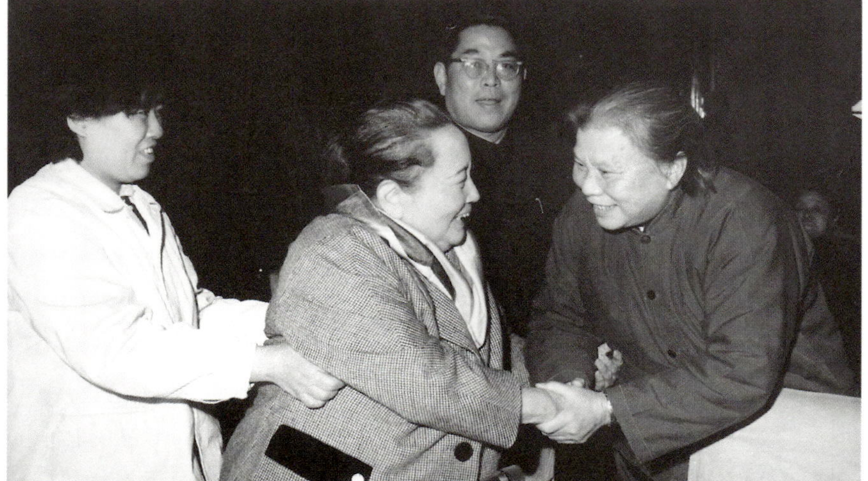

92-047

92-046

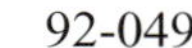

92-048

92-049

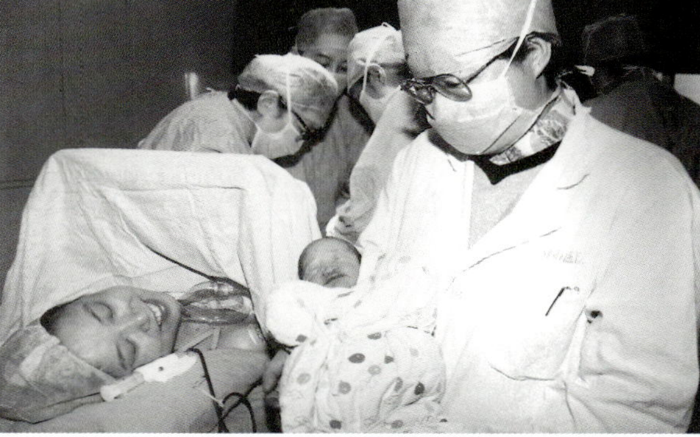

92-050

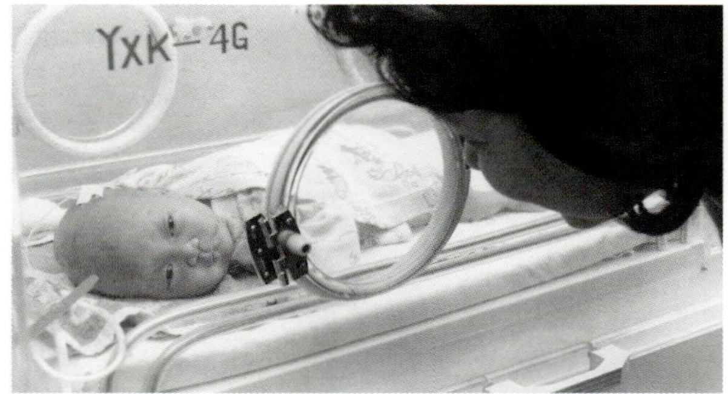

92-051

92-052

92-041. 中国第一所希望小学——安徽金寨希望小学的大门。

92-042. 在“希望工程”的帮助下，部分失学少年重返校园。图为大别山地区天柱山镇茶庄村皖山小学复学的学生们。

92-043. 南泥湾有了“希望小学”。

92-044. 曾因相继失去父母的郑美华（右）、郑美桃一度失学，在“希望工程”的资助下，她们又重返课堂。图为下课后姐妹俩在家中一边做饭、一边温习功课。

92-045. 4月22日，第七届全国政协副主席康克清逝世。图为康克清生前和宋庆龄在全国政协举行的1980年新年茶话会上。

92-046. 中国科协首届青年学术年会执行主席、青年热爆专家冯长根（右二）会后同来自港澳的代表交谈。

92-047. 中国科协首届青年学术年会在北京举行。

92-048. 中国羽毛球女队夺得尤伯杯赛“五连冠”。

92-049. 国家环保局局长曲格平在联合国环境与发展大会上获“1992年度联合国环境奖”。

92-050. 中国首例完全靠人工合成营养液孕育的女婴在上海中山医院安全分娩。

92-051. 图为靠人工营养液维持正常生活的母亲看望满月的女儿蔡惟。

92-052. 小蔡惟出院。图为蔡惟的母亲（左二）到上海中山医院向创造这一奇迹的吴肇光（右二）、吴肇汉（右一）教授道别。

92-053

92-056

92-054
92-055

92-057

92-058

92-059

92-060

92-053. 应台湾著名科学家吴大猷的邀请，大陆6位著名科学家吴阶平（前左一，医学家）、张存浩（前左二，物理化学家）、谈家桢（后左一，遗传学家）、邹承鲁（后右一，生物化学与生物物理学家）、卢良恕（后右二，农学家）、华中一（后左四，物理学家）前往台湾访问。

92-054. 6位大陆科学家拜会台湾著名物理学家吴大猷先生。

92-055. 台湾“总统府秘书长”蒋彦士（左）首次公开与大陆著名农学家卢良恕会晤，双方就两岸农业交流问题交换了意见。

92-056. 大陆科学家谈家桢夫妇在台北看望蒋纬国（右），并互赠礼物。

92-057. 中国——哈萨克斯坦国际旅客列车开通。吴学谦副总理和哈萨克斯坦共和国副总理交尔达斯·别科夫为通车剪彩。

92-058. 6月21日，第七届全国政协主席李先念逝世。李先念的遗体在北京火化。江泽民等为李先念送行。

92-059. 江泽民、杨尚昆等亲切慰问李先念的亲属。

92-060. 李先念的夫人林佳楣和子女在大别山上空撒放李先念的骨灰。

92-061

92-062

92-063

92-065

92-064

92-066

92-067

92-069

92-068

92-061. 7月11日，第六届全国政协主席邓颖超逝世。图为邓颖超生前在中南海西花厅和来看望她的首都各界妇女代表在一起。

92-062. 邓颖超遗像。

92-063. 6月13日，第七届全国政协副主席屈武逝世。图为屈武生前在北京举行的纪念辛亥革命80周年大会上讲话。

92-064. 我国第一套国产化年产20万吨合成氨大化肥装置在四川建成，并通过国家验收。

92-065. 6月28日，著名科学家钱三强逝世。图为1948年夏，钱三强和法国物理学家居里夫妇在一起。

92-066. 位于拉萨市以西70公里的藏传佛教噶玛噶举派主寺楚布寺。

92-067. 由4名中学生组成的中国代表队获国际化学奥林匹克竞赛第一名。北京四中的郑页（右二）居金牌榜首，上海华东师大二附中的沈珺（右一）、合肥六中的汤志浩（左一）获得金牌，山东试验中学的林熹晨（左二）获得银牌。

92-068. 西藏楚布寺认定第十六世噶玛巴转世灵童伍金赤列。

92-069. 中国人民银行发行的新版硬币——金属人民币。

92-070

92-071

92-072
92-073

92-074
92-075

92-076

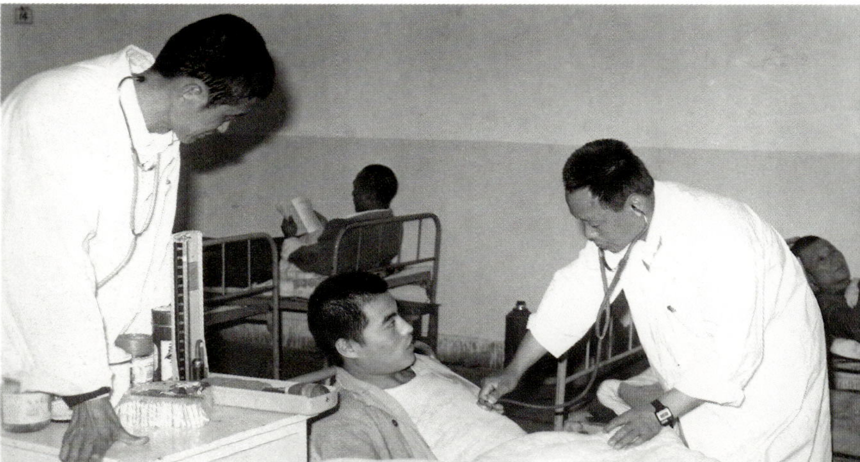

92-077

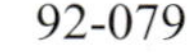

92-079

92-078

92-080

92-081

92-070. 中国代表团在第二十五届奥运会开幕式上。

92-071. 国际奥委会主席萨马兰奇为奥运会乒乓球女子单打冠军邓亚萍颁奖。

92-072. 中国射击运动员张山在双向飞碟项目比赛中夺得金牌。

92-073. 中国小将陆莉以满分的成绩夺得女子高低杠金牌。图为陆莉的高低杠动作。

92-074. 中国选手林莉获奥运会女子200米混合泳冠军，并打破该项目的世界纪录。

92-075. 中国选手伏明霞获奥运会女子10米跳台跳水冠军。

92-076. 中国选手杨文意（左）获奥运会女子50米自由泳金牌，庄泳（右）获这个项目的银牌。

92-077. 安徽省第一监狱的医生在为住院治疗的罪犯检查身体。

92-078. 山东省第三监狱与山东省私立孔子函授大学联合创办“监狱大学”。图为孔子函授大学蔡万江教授在为犯人学员上课。

92-079. 我国首次为澳大利亚发射了一颗通讯卫星。图为科研人员在对“长征二号E”运载火箭的大脑——仪器舱进行技术测试。

92-080. 我国成功发射了一颗新型科学探测和技术试验卫星。图为“长征二号J”运载火箭在酒泉卫星发射场待命起飞的静态图像。

92-081. 图为我国科技人员正将“澳赛特B1”通信卫星吊上卫星发射塔，与“长征二号E”运载火箭对接。

92-082

92-083

92-084

92-085

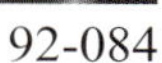

92-086

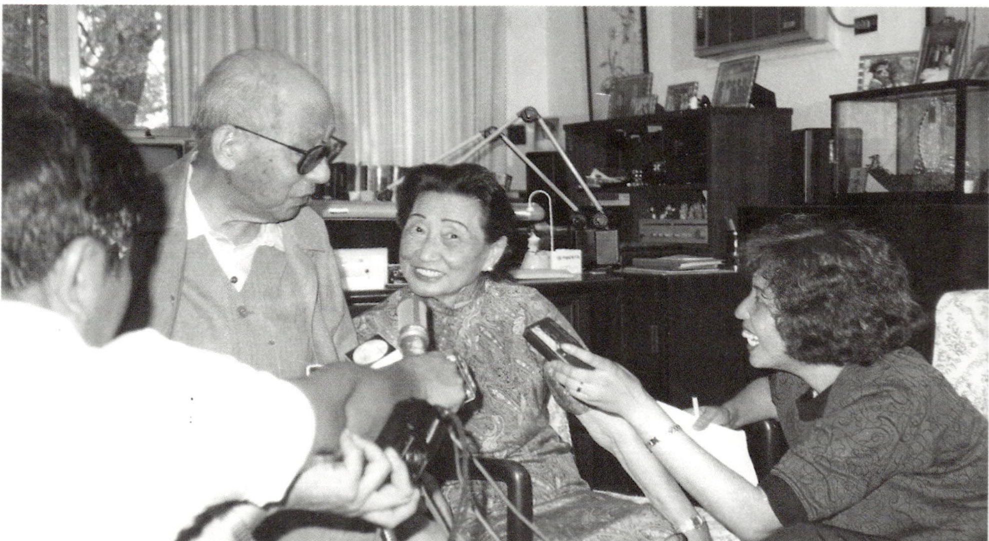

92-087

92-088

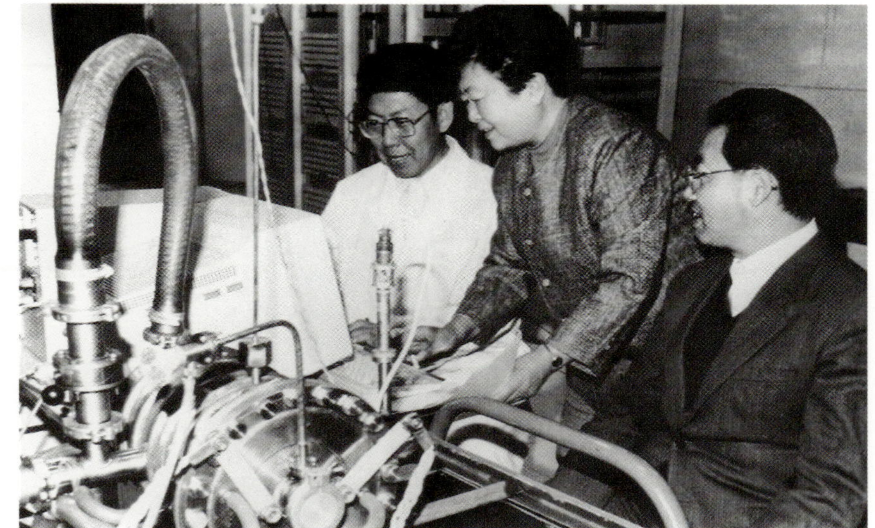
92-089

92-090

92-091

92-092

92-082. 9月28日，中共中央书记处原书记胡乔木逝世。图为胡乔木生前和江泽民在一起亲切交谈。

92-083. 中国驻韩国大使馆在汉城举行开馆升旗仪式。

92-084. 8月30日，著名华侨领袖张国基逝世。图为张国基生前在家中。

92-085. 8月25日，著名哲学家杨献珍逝世。图为杨献珍（右）生前在家中。

92-086. 电影《秋菊打官司》在威尼斯国际电影节上获“金狮奖”。图为影片导演张艺谋和女主角巩俐。

92-087. 在台北寓所，张学良先生和夫人半个世纪以来首次接受大陆记者采访。

92-088. 西藏各界人士就“西藏人权问题”举行座谈会。图为自治区政协副主席拉鲁·才旺多吉（左）在发言。

92-089. 中国科学院物理研究所首次人工合成两种新核素——汞—208、铪—185。

92-090. 北京大学生物系30岁的教授陈章良因在基因调控研究方面做出突出贡献，获1991年度“国际杰出青年科学家奖”。

92-091. 我国在酒泉卫星发射中心用一枚运载火箭成功地发射了两颗卫星——中国的第十四颗返回式科学探测与技术试验卫星和瑞典的“弗利亚”科学试验卫星。

92-092. “中国十大杰出青年”之一叶乔波（中）与父母一起包饺子。

92-093

92-094

92-095

92-096

92-097

92-098

92-093. 中国共产党第十四次全国代表大会在北京开幕。江泽民代表中共十三届委员会向大会作报告。

92-094. 邓小平由江泽民陪同，向十四大代表亲切致意。

92-095. 中国共产党第十四次全国代表大会会场。

92-096. 出席中共十四大的解放军代表徐信上将（右）与韩怀智中将（左）在小组会上讨论大会文件。

92-097. 江泽民、杨尚昆、李鹏、万里、乔石等在中共十四大闭幕式主席台上。

92-098. 新当选的中共中央政治局常委江泽民、李鹏、乔石、李瑞环、朱镕基、刘华清、胡锦涛（从左到右）与中外记者见面。

92-099

92-100

92-101

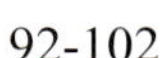
92-102

92-103

92-104

92-105

92-106

92-099. 李鹏在全国加快第三产业发展工作会议上讲话。

92-100. 中日联合登山队 11 名队员成功地登上人类还未征服过的山峰——海拔 7782 米的南迦巴瓦峰。

92-101. 胜利登上南迦巴瓦峰的中日联合登山队 A 组队员在顶峰上合影。

92-102. 著名科学家卢嘉锡（前左二）在中国农工民主党第十一届一中全会上再次当选为中央主席。图为他和新当选的副主席一起交谈。

92-103. 九三学社第六次全国代表大会在北京开幕。大会主席团常务主席周培源致开幕词。

92-104. 中国国民党革命委员会第八次全国代表大会在北京开幕。尉健行（前左二）出席会议。

92-105. 中国已成为世界第一养蜂大国。图为江西高安县文家村养蜂专业户赵兆祥（左）在春季盛花期放蜂采蜜。

92-106. 北京联想集团公司生产的各种计算机已销往世界 40 多个国家和地区。

92-107

92-108

92-109

92-110

92-107. 我国自主研制的每秒运行10亿次巨型计算机“银河—II”通过国家鉴定。图为科研人员在对计算机主机进行调测。

92-108. 中国首届金鸡、百花电影节在桂林举行。长春电影制片厂演员宋晓英（右四）因在影片《烛光里的微笑》中的出色表演获金鸡奖最佳女主角奖。

92-109. 在影片《周恩来》中扮演周恩来的王铁成获得金鸡奖最佳男主角奖、百花奖最佳男演员奖。

92-110. 中国影片《留守女士》在第十六届开罗国际电影节上获“金字塔最佳影片金奖”。图为该片导演胡雪扬（右）和中国演员修晶双在领奖台上。

共　和　国　图　典

1993年

1月5～10日 全国经济体制改革工作会议在北京召开。李鹏总理在会上强调要紧紧围绕建立社会主义市场经济体制的目标，着重从体制机制上加大改革力度。

1月11日 北京2000年奥运会申办委代表团向国际奥委会呈交申办报告，成为世界上第一个正式呈交申办2000年奥运会报告的城市。

1月13日 《人民日报》报道：我国新疆塔里木盆地发现大油田，储量超过1亿吨。

1月14日 外交部发言人对港督彭定康将其“政改方案”交香港立法局审议一事发表评论重申，彭定康必须收回所谓的“政改方案”。

1月20日 首都各界及海外来宾在北京隆重集会，纪念已故国家名誉主席宋庆龄诞辰100周年。

1月27日 云南省思茅地区普洱附近发生6.3级地震。

2月3日 新华社报道：渤海西部勘探发现我国海上最大油田，其储量达1.9亿吨。

2月4日 著名相声艺术大师侯宝林在北京逝世，终年75岁。

2月13日 中共中央、国务院印发《中国教育改革和发展纲要》。

2月15～22日 七届全国人大常委会第三十次会议在北京举行。会议将《中华人民共和国宪法修正案(草案)》提请八届全国人大一次会议审议，还通过了中国第一部《国家安全法》和《产品质量法》及其他一些重要决定。

2月22日 我国大陆影片《香魂女》和台湾影片《喜宴》在第四十三届柏林国际电影节上荣获金熊奖。

2月28日 联合国教科文组织在北京举行证书颁发仪式，为我国武陵源、九寨沟、黄龙3个风景区进入世界遗产名录颁发证书。

3月5～7日 中共十四届二中全会在北京举行。全会审议通过了《关于调整“八五”计划若干指标的建议》、《关于党政机构改革的方案》，通过了向八届人大一次会议和政协八届一次会议推荐的领导人员人选名单。

3月10日 1992年全国十佳运动员评选揭晓，邓亚萍等10人当选。

3月12日 原国务院副总理、中华人民共和国副主席王震在广州逝世，终年85岁。

3月14～27日 中国人民政治协商会议第八届全国委员会第一次会议在北京举行，李瑞环当选为全国政协主席。

3月15～31日 第八届全国人民代表大会第一次会议在北京举行。会议选举江泽民为国家主席、中央军委主席，荣毅仁为国家副主席，乔石为全国人大常委会委员长；决定李鹏为国务院总理。会议还通过了《关于政府工作报告的决议》和《关于设立澳门特别行政区的决定》等一些重要的决议和决定。

3月24日 国家教委发布指示，要求减轻义务教育阶段学生过重课业负担，全面提高教育质量。

4月1日 上海、天津本月起全面放开粮油购销价格。

4月2日 第二批香港事务顾问聘书颁发仪式在北京举行。

4月6日 中国南方航空公司3157班机在深圳飞往北京途中被劫持到台湾台北桃源机场。飞机和机上人员于当日安全返回广州。

4月8～10日 海峡两岸关系协会常务副会长唐树备与台湾海峡交流基金会副董事长兼秘书长邱进益就“汪辜会谈”在北京进行预备性磋商并达成八点共识。

4月10日 《人民日报》报道：我国科学家首次在南京汤山溶洞中发掘出早期人类头骨化石。

4月11日 国务院发出《关于坚决制止乱集资和加强债券发行管理的通知》。

4月13日 海南省召开庆祝建省办特区五周年大会，江泽民出席并发表重要讲话。

4月19日 国务院作出有关机构改革的决定，决定国务院的直属机构由19个减为13个，办事机构由9个减为5个。

4月22日 新华社报道：解放军第二炮兵工程学院工程师王贵海攻克了世界性科技难题——非圆齿轮计算机辅助设计与制造技术，此项发明在国际科技界引起轰动。

4月24日 国务院常务会议通过《国家公务员暂行条例》，自当年10月1日起实行。

4月27～29日 海协会会长汪道涵与台湾海基会董事长辜振甫在新加坡举行会谈。

5月2日 我国“向阳红16号”科学考察船在前往太平洋执行调查任务时被塞浦路斯籍“银角”号货船撞击后沉没。

5月3～10日 中国共产主义青年团第十三次全国代表大会在北京举行。李克强当选为团中央第一书记。

5月5日 海峡两岸珠峰联合登山队6名队员分两批登上珠穆朗玛峰顶峰。

5月9～18日 首届东亚运动会在上海举行。中国运动员夺得105枚金牌，名列第一。

5月11～23日 第四十二届世界乒乓球锦标赛在哥德堡举行。中国队获4项冠军。

5月24日 中国与厄立特里亚正式建立外交关系。

同日 我国导演陈凯歌执导的影片《霸王别姬》获第四十六届戛纳国际电影节最高奖——金棕榈奖。

6月5日 在美国举行的第十四届世界头脑奥林匹克比赛中，中国队获得金牌。

6月7日 中央军委在北京举行晋升上将军官军衔仪式。张万年等被晋升为上将军衔。

同日 著名文学家阳翰笙在北京逝世，终年91岁。

6月13日 我国研制的世界第一台超灵敏小型回旋加速器质谱仪通过国家鉴定。

6月14日 新华社报道：我国目前探明的最大煤田——神府东胜煤田开发建设全面铺开。

6月20日 国务院召开全国减轻农民负担工作电话会议，宣布第一批取消中央国家机关各有关部门涉及农民负担的37个集资、基金、收费项目。

6月22日 标志我国高科技领域又一重大突破的“银河全数字仿真－Ⅱ”计算机通过国家鉴定。

6月24日 中共中央、国务院下发《关于当前经济情况和加强宏观调控的意见》，提出了一系列加强和改善宏观调控的措施。

6月25日 著名雕塑艺术大师、美术教育家刘开渠逝世，终年89岁。

7月2日 八届全国人大常委会第二次会议在北京闭幕。会议通过了《中华人民共和国科学技术进步法》等法规和决定。

7月5～7日 全国金融工作会议在北京举行，国务院副总理、新任中国人民银行行长朱镕基主持会议并作重要讲话，提出加强宏观调控、整顿金融秩序的有关措施。

7月10日 新华社报道：国务院决定今年起对第三产业进行普查，为制定发展规划和政策提供基础资料。

7月16～17日 香港特别行政区筹备委员会预备工作委员会第一次全会在北京举行。

7月17日 著名京昆表演艺术家俞振飞在上海逝世，终年92岁。

7月19日 新华社报道：国家教委将实施高等教育“211工程”，用10年或更长一点的时间重点建设100所大学和一批重点学科点。

7月30日 亚洲规模最大的、总水平属世

界一流的北京仿真中心通过国家验收。

8月14～22日 在德国斯图加特举行的第四届世界田径锦标赛上，中国体育代表团奖牌数居第二位。

8月31日 国务院台湾事务办公室、国务院新闻办公室发表《台湾问题与中国的统一》白皮书。

9月1～6日 中国妇女第七次全国代表大会在北京举行。会议通过了《中华全国妇女联合会章程》(修正案)等决议，选举陈慕华为全国妇联主席。

9月2～15日 第七届全运会"中华行"火炬传递终交仪式在天安门前举行。4日，七届全运会在北京工人体育馆开幕。

9月10～14日 由中共中央、国务院召开的全国推行国家公务员制度和工资制度改革会议在北京举行。

9月11日 首届"中华人口奖"颁奖大会在北京举行。赵志浩、严仁英等获奖。

9月15日 《人民日报》报道：上海杨浦大桥全面建成。这是目前世界上已建成的斜拉桥中跨径最大的桥梁。

9月18～21日 由国务院召开的第一次全国乡镇企业工作会议在北京举行。

9月25日 京津塘高速公路全线建成通车。

10月3日 中国技巧队在索非亚举行的第十届世界杯技巧赛中，夺得13枚金牌，名列榜首。

10月5日 中国政府发表《关于核试验问题的声明》。当天，我国进行了一次地下核试验。

10月6～9日 中国残疾人联合会第二次全国代表大会在北京举行，邓朴方当选为主席。

10月8日 《中国大百科全书》出齐。这是中国当代篇幅最大、内容最权威的一套百科全书。

10月8～14日 第一届上海国际电影节在上海举行。台湾影片《无言的山丘》获最佳影片奖。

10月10～14日 以色列总理拉宾来华访问，这是以色列总理首次访华。

10月12日 中国与马其顿正式建立大使级外交关系。

10月14日 我国首台"银河－Ⅱ"巨型计算机正式投入中期数值天气预报新业务系统。

10月15日 世界上最长的光缆干线京汉广暨广邕、广琼光缆通信干线正式开通。

10月16日 第十一届大众电视金鹰奖在天津揭晓，《唐明皇》等9部电视剧获优秀奖。

10月17日 中国选手胡刚军、黎叶梅分获第十三届北京国际马拉松赛男女冠军。

10月18～21日 中共中央在北京召开农村工作会议。江泽民发表重要讲话，阐述全党要始终高度重视农业、农村和农民问题，打好国民经济发展的基础。

10月23日 江泽民、刘华清祝贺欧美同学会成立80周年，并重申"支持留学，鼓励回国，来去自由"的方针。

10月22～31日 八届全国人大常委会第四次会议在北京举行。会议通过了《中华人民共和国消费者权益保护法》等法律。

10月24～30日 中国工会第十二次全国代表大会在北京举行。尉健行当选为全国总工会主席。

10月25日 北京世界公园正式开放。

11月1～5日 全国田径工作会议在北京举行。马俊仁及辽宁女子中长跑队受到表彰。

11月2日 《邓小平文选》第三卷出版发行。

11月2～7日 海协会与海基会就落实"汪辜会谈"有关协议的第二次工作性商谈在厦门举行。

11月11～14日 中共十四届三中全会在北京举行。全会审议并通过了《中共中央关于建立社会主义市场经济体制若干问题的决定》。

11月15～20日 德国总理科尔对中国进行正式友好访问。

11月16日 谢军在蒙特卡洛举行的国际象棋女子世界冠军赛中卫冕成功。

11月19日 国家主席江泽民与美国总统克林顿在美国西雅图市举行正式会晤。

11月20～29日 江泽民主席出席在西雅图举行的亚太经济合作组织领导人非正式会议后，应邀访问古巴和巴西，在回国时途经里斯本并对葡萄牙进行访问。

11月21～25日 第二届金鸡、百花电影节在广州举行。

11月24日 著名科学家、教育家、全国政协副主席、九三学社名誉主席周培源在北京逝世，终年91岁。

12月1～4日 全国经济工作会议在北京召开。

12月10日 我国最大的在建水电建设工程，位于四川省攀枝花市境内的二滩水电站截流成功。

12月11日 大秦铁路二期工程正式通过国家验收。

12月12日 中国女子足球队在马来西亚第九届亚洲杯女子足球锦标赛上夺得冠军，实现了亚洲杯赛"四连冠"。

12月15日 国务院作出关于实行分税制财政管理体制的决定。

同日 我国第一条连接国际光缆网的重要线路——中日海底光缆通信系统正式投入运营。

12月18日 济南——青岛高速公路全线正式通车。

12月18～23日 海协会和海基会首次在台北重点商谈遣返劫机犯和海上渔事纠纷处理等问题，取得了积极成果。

12月25日 国务院作出关于金融体制改革的决定。

12月26日 中共中央、全国人大常委会、国务院、中央军委、全国政协在北京人民大会堂举行纪念毛泽东诞辰100周年大会，江泽民主席发表重要讲话。

93-001

93-002

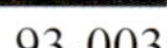

93-003

93-004

93-001. 中国奥委会副主席吴重远（左）在瑞士洛桑向国际奥委会主席萨马兰奇正式递交北京申办第二十七届奥运会的报告。

93-002. 李岚清（右）在蒙特卡洛出席新闻发布会，表示中国政府全力支持北京主办2000年奥运会。

93-003. 位于塔克拉玛干沙漠腹地的一口石油探井正在喷出高产油气流。

93-004. 中国少年合唱队在蒙特卡洛为北京申办2000年奥运会演唱。

93-005. 纪念宋庆龄诞辰100周年大会会场。

93-006. 首都各界集会纪念宋庆龄诞辰100周年，在纪念大会开始前，江泽民同孙中山的孙子孙治强（前右）亲切握手。

93-007. 胡锦涛在中南海怀仁堂会见首届“中国青年科学家”获奖者。

93-008. 云南震区灾民住进抗震棚。图为普洱县城一中的几户教师家庭合住在操场上临时搭起的抗震棚里。

93-009. 2月4日，著名相声艺术大师侯宝林逝世。

93-010. 1980年6月17日，侯宝林接受北京大学中文系的聘书，任兼职教授。

93-011. 《大红灯笼高高挂》在布鲁塞尔获该年度比利时电影评论家协会大奖。图为该片导演张艺谋在颁奖大会上。

93-005

93-006

93-008

93-007

93-009

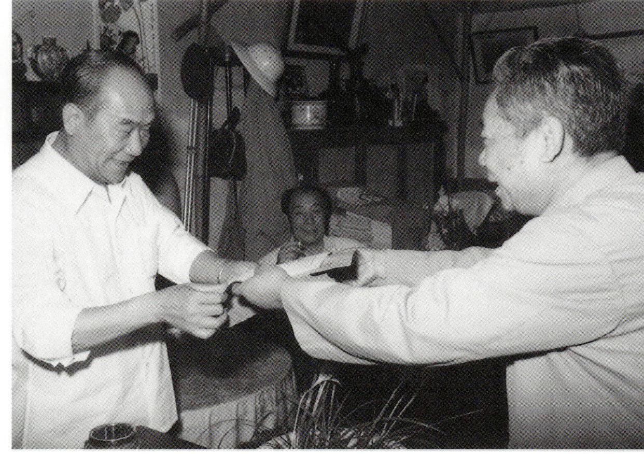

93-010

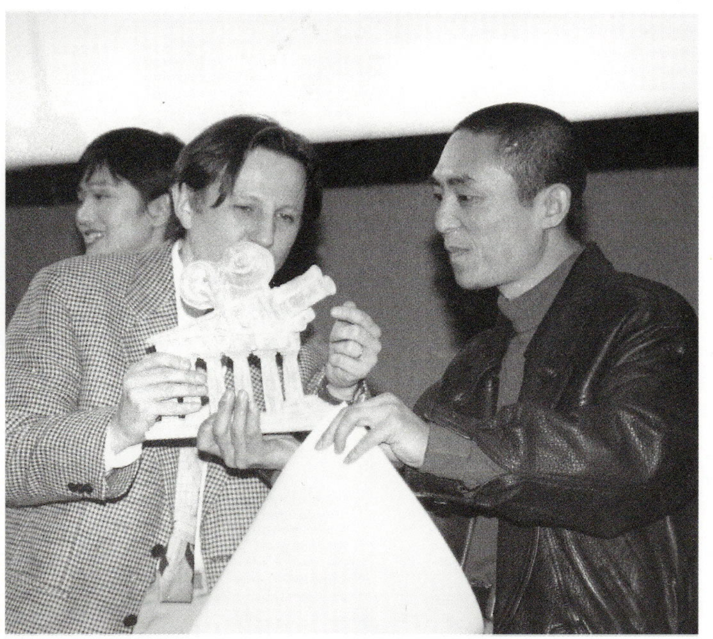

93-011

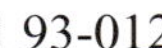

93-012

93-013

93-014

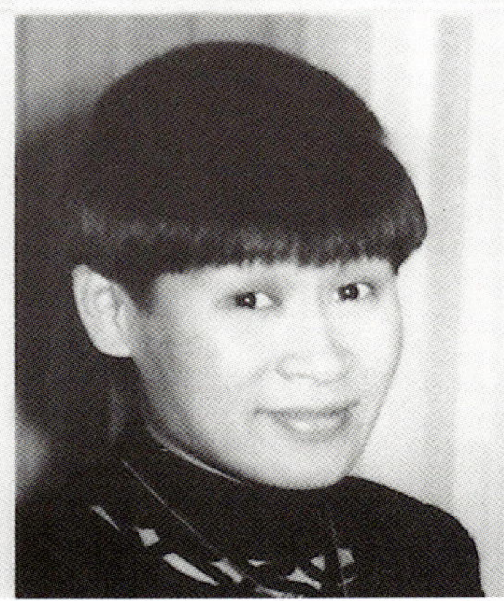

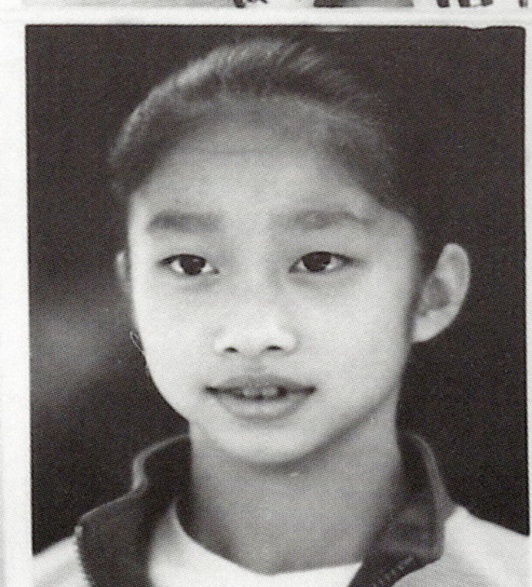

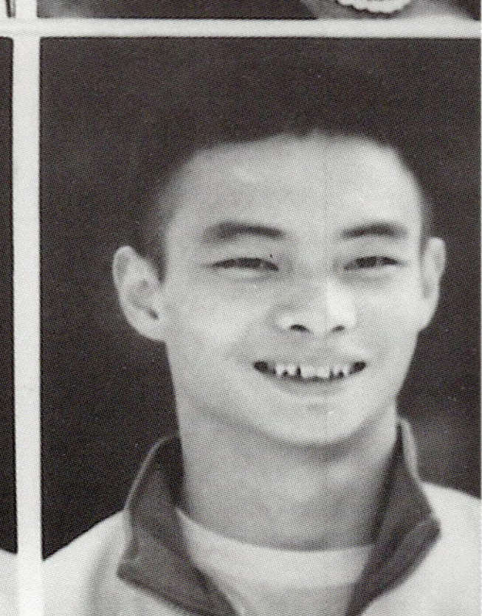

93-015

93-016

93-017

93-018

93-012. 中国自然保护区之一的九寨沟风光。
93-013. 像梯田一样的彩池，形成中国自然保护区之一的黄龙独特景观。
93-014. 1992年全国十佳运动员：（上排左起）邓亚萍、林莉、高敏、张山、陈跃玲；（下排左起）庄泳、王义夫、叶乔波、陆莉、李小双。
93-015. 3月12日，国家副主席王震逝世。王震骨灰在其亲属的护送下运抵乌鲁木齐，将撒在新疆天山。
93-016. 王震遗像。
93-017. 出席全国政协八届一次会议开幕式的政协委员步入人民大会堂。
93-018. 李瑞环和叶选平在全国政协八届一次会议开幕式主席台上。

93-019

93-020

93-021

93-022

93-023

93-019. 八届全国人大一次会议主席台。
93-020. 李鹏在八届全国人大一次会议上作政府工作报告。
93-021. 全国政协经济界委员（左起）王德衍、高尚全、马仪在两会新闻中心答记者问。
93-022. 在八届全国人大一次会议上代表们投票选举。
93-023. 江泽民看望全国政协文艺界委员。图为才旦卓玛（右）即兴演唱歌曲《北京的金山上》。

93-024

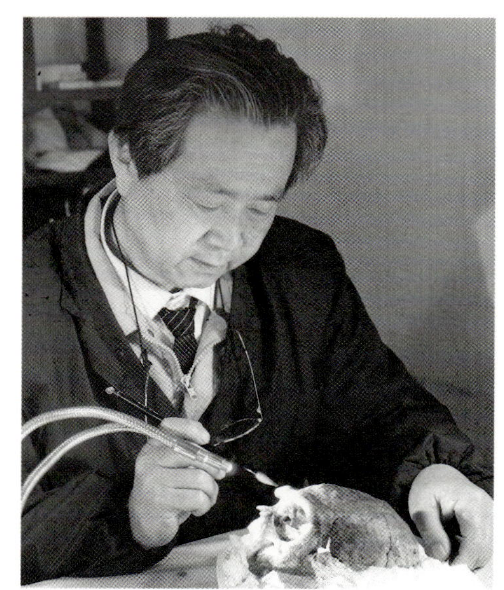

93-025

93-026

93-027

93-028

93-029

93-030

93-024. 江泽民等出席海南建省办经济特区5周年庆典。

93-025. 中国著名头骨化石修复专家张宏正修复在南京东郊发现的距今10万余年的早期人类头骨化石。

93-026. 荣毅仁（前右六）、李铁映（前左五）等接见参加减灾扶贫义演的香港和大陆演员。

93-027. 香港“减灾扶贫之星”的艺人们在北京天安门广场合影留念。

93-028. 海峡两岸开始磋商“汪辜会谈”。图为大陆海协会唐树备（左）与台湾海基会邱进益在进行工作性磋商时握手。

93-029. 大陆海协会与台湾海基会在新加坡签署《汪辜会谈共同协议》等四个协议。图为海协会会长汪道涵（左）和海基会董事长辜振甫在协议上签字。

93-030. 中国共产主义青年团第十三次全国代表大会开幕式。

93-031

93-032

93-033

93-034

93-035

93-036

93-037

93-038

93-039

93-040

93-031. 国家重点建设项目、亚洲第一座具有世界先进水平的速熔炼炉在兰州金川有色金属公司投产试车。

93-032. 从北坡登上珠穆朗玛峰的海峡两岸登山队员（从左到右）王勇峰、小齐米、吴锦雄（台湾）、加措、普布、开尊载誉回京。

93-033. 东亚运动会的圣火在东海海上油气勘探平台“勘探三号”上点燃。

93-034. 东亚运动会在上海虹口体育场开幕。图为开幕式入场式。

93-035. 中国台北体育代表团参加东亚会。图为代表团副总领队齐剑洪接受组委会赠送的礼品后，向人们致意。

93-036. 中国队员在东亚会田径项目男子4 × 100米接力决赛中夺魁。图为中国队在接受亚军队日本选手的祝贺。

93-037. 获东亚会体操男子团体第一名的中国选手在领奖台上。

93-038. 中国选手涂军（左）在东亚会上获得拳击51公斤级金牌。

93-039. 在电影《霸王别姬》中，张丰毅和巩俐分别扮演男女主角段晓楼和菊仙。

93-040. 由陈凯歌执导的《霸王别姬》在第四十六届戛纳电影节上获电影节最高奖金棕榈奖。图为陈凯歌（右）和其他获奖者在领奖台上。

93-041

93-043

93-042

93-044

93-045

93-046

93-047

93-048

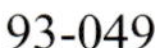

93-049

93-050

93-051

93-052

93-041. 中央军委在北京举行晋升上将军官授衔仪式。江泽民分别向张万年（握手者）、于永波（右 二）、傅全有（右一）等颁发命令状。

93-042. 朱镕基（右）在全国金融工作会议上讲话。

93-043. 由国防科技大学研制成功的我国重点科研工程——银河仿真II型计算机通过鉴定。

93-044. 由上海7名初中生组成的中国队在美国举行的第十四届世界头脑奥林匹克比赛中获得金杯。左起：倪珏、陈俊、何俊灵、朱金春（教练）、李孙新、王朝勇、顾轶俊、徐雷。

93-045. 乔石（右一）主持八届全国人大常委会二次会议。

93-046. 7月12日，中央军委顾问李达逝世。图为1955年毛泽东为李达将军授功勋章。

93-047. 6月7日，著名文学家、艺术家阳翰笙逝世。

93-048. 6月25日，著名雕塑家、艺术教育家刘开渠逝世。

93-049. 香港特别行政区筹委会预委会在北京举行第一次会议。钱其琛致开幕词。

93-050. 香港特别行政区筹委会预委会副主任鲁平在北京人民大会堂答记者问。

93-051. 雷洁琼与出席香港特别行政区筹委会预委会会议的女委员合影（左起：谭惠珠、万绍芬、雷洁琼、范徐丽泰、李国华、方黄吉雯）。

93-052. 7月17日，著名昆剧表演艺术家俞振飞逝世。图为俞振飞（左二）生前指导青年演员排练昆剧《十五贯》。

93-053

93-054

93-055

93-056

93-057

93-058

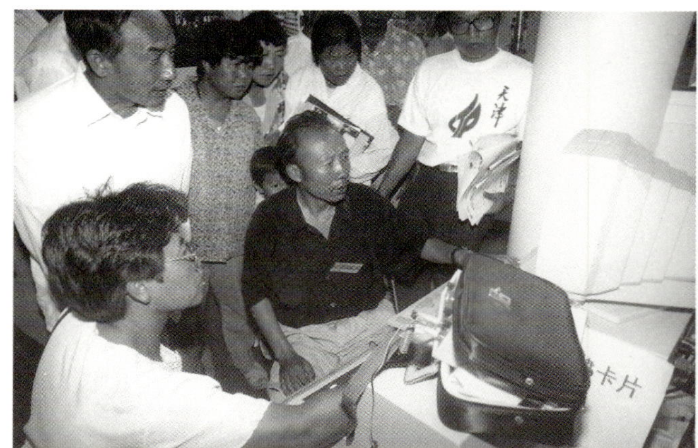

93-059

93-060

93-061

93-062

93-053. 江泽民参观全国首届地图展览会。
93-054. 朱镕基在全国财政工作会议上讲话。
93-055. 邹家华参观刚刚投入使用的国家重点实验室——北京仿真中心。
93-056. 北京仿真中心的科研人员在红外寻的制导实验室进行航天器专项课题研究。
93-057. 中国成功发射一颗科学探测与技术实验卫星。图为载着卫星的运载火箭点火升空。
93-058. 山东大学教授张颖清在中国火炬计划成果及高新技术产品展示交易会开幕式上现场应用生物全息电图诊断仪为患者测试。
93-059. 中国妇女第七次全国代表大会在人民大会堂举行。
93-060. 中国选手刘冬在第四届世界田径锦标赛女子1500米决赛中获金牌。
93-061. 吴阶平（右）、赵志浩（左）在首届“中华人口奖”领奖台上。
93-062. 李鹏、胡锦涛等会见出席推行国家公务员制度会议的代表。

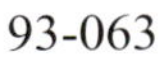

93-063

93-064

93-065

93-066

93-067

93-068

93-069

93-070

93-071

93-072

93-073

93-063. 第七届全国运动会圣火在北京周口店点燃。图为曾参与北京猿人遗址发掘工作的中科院学部委员贾兰坡（中）正在龙骨山猿人洞里燃起的篝火中采集火种。右为第三十四届国际奥林匹克数学竞赛金牌获得者周宏。

93-064. 首都少年儿童在天安门广场欢迎七运会“中华行”火炬。

93-065. 七运会主会场北京工人体育场正门外地面上绘制的七运会会徽图案。

93-066. 七运会开幕式上举行的运动员宣誓仪式。

93-067. 海峡两岸长跑活动大陆段在上海开始。图为台湾代表团团长纪政（右三）与两岸队员并肩跑在南浦大桥上。

93-068. 投资1.5亿元人民币兴建的北京“世界公园”建成。

93-069. 彭珮云在中国2000年实现消除碘缺乏病目标动员大会上讲话。

93-070. 首届全国人才技术交流大会和全国人才流动工作会议在北京召开。图为应聘者争先填写应聘表。

93-071. 全国残联第二次大会会场。

93-072. 第一届上海国际电影节开幕。谢晋（左一）在开幕式上介绍来自世界各地的著名导演。右二为美国导演斯通、右三为日本导演大岛渚。

93-073. 在上海国际电影节上获“金爵奖”的台湾影片《无言的山丘》的导演王童（左）和女主角杨贵媚（右）向群众致意。

93-076

93-074

93-075

93-077

93-079

93-078

93-080

93-081

93-082

93-083

93-074. 中以民航运输协定在北京签署。李鹏和以色列总理拉宾（左）互换文本。

93-075. 朱镕基在上海杨浦大桥通车典礼上讲话。

93-076. 世界跨度最大的斜拉桥——上海杨浦大桥建成。

93-077. 工会十二大执委会主席尉健行和副主席合影：（左起）薛昭均、方嘉德、张国祥、刘珩、杨兴富、尉健行、张丁华、李奇生、江家福、腾一龙。

93-078. 辽宁长跑队马俊仁教练在指导王军霞训练。

93-079. 马克斯·欧文协会董事长代表亨曼斯先生向再次夺冠的谢军颁发冠军杯。

93-080. 江泽民主席（左一）出席在美国西雅图举行的亚太经济合作组织领导人非正式会议。

93-081. 江泽民主席和克林顿总统(右)在西雅图举行正式会晤。

93-082. 中共十四届三中全会在北京闭幕。全会审议并通过了《中共中央关于建立社会主义市场经济体制若干问题的决定》。

93-083. 11月24日，第七届全国政协副主席周培源逝世。图为周培源生前在全国青少年科技发明展览会上和“小科技迷”在一起。

93-085

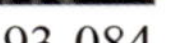
93-084

93-086

93-087

93-088

93-089

93-090

93-091

93-084. 江泽民在巴西参观伊瓜苏大瀑布。

93-085. 江泽民在葡萄牙首都里斯本会见葡总统苏亚雷斯（右）。

93-086. 江泽民在哈瓦那同古巴国务委员会主席卡斯特罗（前右二）举行会谈。

93-087. 江泽民在北京某幼儿园为小朋友喂服脊髓灰质炎疫苗后，小朋友亲吻江爷爷。

93-088. 位于四川省攀枝花市境内的二滩电站截流工程工地。

93-089. 担负二滩电站左导流洞施工的铁道部第二工程局的工人们在紧张作业。

93-090. 大秦铁路贯通后，每年将有近亿吨煤炭从秦皇岛南运。

93-091. 济南至青岛高速公路邹平县路段。

93-092

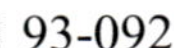

93-093

93-094

93-095

93-096

93-092. 毛泽东铜像。
93-093. 江泽民为坐落在韶山的毛泽东铜像揭幕。
93-094. 纪念毛泽东诞辰100周年大会会场。
93-095. 拉萨市老阿妈斯珍（右二）在纪念毛泽东诞辰100周年座谈会上向毛泽东像敬献哈达。
93-096. 12月26日，毛泽东亲属来到毛主席纪念堂，瞻仰毛泽东遗容。

共 和 国 图 典

1994年

1月1日 中国外汇管理实现汇率并轨，实行以市场供求为基础，单一的、有管理的浮动汇率制。

1月5~8日 全国农业工作会议在北京召开。会议提出今年的目标是增加农民收入，稳定农产品供给。

1月11日 国务院作出关于进一步深化对外贸易体制改革的决定。

1月14日 中国政府第一次在美国发行10亿美元全球债券。

1月16~30日 全国人大常委会委员长乔石出访德国、瑞士、奥地利三国。

1月17日 中美两国政府代表关于第四个双边纺织贸易协议谈判在北京结束，双方签署了《中美纺织品贸易协议谅解备忘录》文本。

1月24~29日 中共中央在北京召开全国宣传思想工作会议。

2月1~5日 海协会常务副会长唐树备与台湾海基会副董事长兼秘书长焦仁和在北京进行两会工作性商谈。

2月3日 国务院发布《关于职工工作时间的规定》，自1994年3月1日起，国家规定实行职工每日工作8小时，平均每周工作44小时的工作制度。

2月6日 通过引进外国资金、先进技术和设备建设的第一座大型核电站——广东大亚湾核电站一号机组正式投入商业运行，这标志着中国核电事业迈出了新的步伐。

2月8日 中国新型运载火箭“长征三号甲”在西昌卫星发射中心发射成功。

2月15~24日 国务院总理李鹏主持国务院全体(扩大)会议。邀请各民主党派中央、全国工商联的负责人和无党派人士以及科技、教育界人士、基层代表到中南海座谈，讨论《政府工作报告》。

2月28日 外交部发言人公布了中英关于香港1994/1995年选举安排会谈中几个主要问题的真相。

2月28日~3月3日 国务院在北京召开全国扶贫开发工作会议，会议强调要确保完成“八七扶贫攻坚计划”。

3月1日 国家文物局长张德勤宣布：秦始皇兵马俑2号从葬坑正式开始考古发掘。

3月8~19日 中国人民政治协商会议第八届全国委员会第二次会议在北京举行。

3月10~22日 第八届全国人民代表大会第二次会议在北京举行。乔石委员长主持大会，李鹏总理代表国务院作《政府工作报告》。

3月18日 1993年全国体育十佳评选在北京揭晓，王军霞名列榜首。

3月20~22日 全国计划生育工作会议在北京举行。江泽民总书记在会上强调要坚持不懈地抓紧抓好计划生育工作。

3月23日 中共中央召开农村工作会议，全面部署农业和农村工作。

3月26日 韩国总统金泳三抵达上海，对中国进行为期5天的正式访问。

4月7日 新华社报道：经国务院批准，从1994年起国家对食盐实行专营，生产、批发实行许可证制度。

4月13日 新华社报道：国务院决定组建国家开发银行。

4月15日 国务院对台经济工作会议在北京闭幕。江泽民主席在会上强调要不断加强两岸经济交流合作，推动两岸关系发展和国家统一。

4月18~29日 李鹏总理出访乌兹别克斯坦、土库曼斯坦、吉尔吉斯斯坦、哈萨克斯坦和蒙古。

4月19日 新华社报道：中宣部、海关总署、国家版权局等7部委最近联合发出通知，要求加强对激光唱盘、激光视盘的管理，严肃查处盗版行为。

4月26日~5月6日 江泽民在上海视察工作，广泛听取了各方面就改革开放等工作的意见。

4月28日 中国证监会与美国证券与交易管理委员会在北京签订《中美合作监管谅解备忘录》。当年将有5家企业的股票在美国直接上市。

同日 国务院决定组建政策性金融机构——中国进出口银行。

同日 1993年度中国电影“政府奖”在北京揭晓，《凤凰琴》获最佳故事片奖。

5月2日 中国银行发行港币庆祝典礼和剪彩仪式在香港中银大厦隆重举行。中国银行发行的港币即日起在香港正式流通。

5月2~21日 全国政协主席李瑞环出访芬兰、瑞典、挪威、丹麦和比利时。

5月3日 新华社报道：世界首例转基因水稻最近在安徽合肥市问世。

5月18日 穿越大西北腹地的宝中铁路全线铺通。

5月25日 国家计委、国家经贸委和电力工业部在北京联合召开全国农村电气化工作会议。会议提出本世纪内在全国消灭无电县。

5月27日 龙华烈士陵园在上海举行奠基仪式，同日，上海人民英雄纪念塔揭幕。

同日 由上海工业大学、上海科技大学、上海大学、上海科技高等专科学校合并组建的新的上海大学正式成立。

6月2日 国务院新闻办公室在北京发表《中国妇女的状况》白皮书。

6月6日 中国西北航空公司一架客机在西安附近坠毁，机上160人全部遇难。

6月8日 中央军委在北京举行晋升上将军官军衔仪式。江泽民总书记向19位晋升上将军衔的军官颁发命令状。

6月14~17日 中共中央、国务院主持召开全国教育工作会议，会议强调了要进一步落实教育优先发展的战略，动员全党全社会认真实施《中国教育改革和发展纲要》。

6月16日 黄埔军校建校70周年暨黄埔同学会成立10周年纪念大会在北京举行。

同日 国务院新闻办公室发表《中国知识产权保护状况》白皮书。

6月29日 中国与安道尔公国建立正式外交关系。

6月29日~7月12日 李鹏总理出访奥地利、德国、罗马尼亚。

7月6日 中国核物理科学家周书华等首次合成新核素钌-90。

7月14日 中共锦州市委书记张鸣岐在抗洪抢险中以身殉职。

7月18日 国务院作出关于深化城镇住房制度改革的决定。

7月20日 经国务院批准，经营基本电信业务为主的大型股份制企业——中国联通有限公司在北京成立。

7月21日 中国“长征三号”运载火箭成功地将“亚太一号”通信卫星送入预定轨道。

8月1日 中国科学探险协会欧德力探险队成功登上了长江之源——各拉丹冬雪山顶峰。

8月7日 著名美术教育家、艺术大师刘海粟在上海逝世，终年98岁。

8月23~28日 第二届中国长春电影节举行。《重庆谈判》等4部影片获奖。

8月28日 中国“长征二号E”捆绑式运载火箭在西昌卫星发射中心成功地把“澳普图斯3”通信卫星送上预定轨道。

9月2~12日 江泽民主席应邀对俄罗斯、乌克兰进行正式访问，对法国进行国事访问。

9月4~10日 第六届远东及南太平洋地区残疾人运动会在北京隆重举行。中国代表

队名列奖牌榜首。

9月10日 国家“八五”重点建设项目西安—兰州—乌鲁木齐光缆干线正式开通。

9月11日 中国选手在罗马举行的第七届世界游泳锦标赛上取得优异成绩，金牌数与奖牌数均名列榜首。

9月16日 中国科学家赵玉芬、曹培生最近首次在世界上发现并证明了磷酰化氨基酸是生命起源的种子。

9月25～28日 中共十四届四中全会在北京举行。全会集中讨论了党的建设问题，通过了《中共中央关于加强党的建设几个重大问题的决定》。

9月27日 中国队在第十二届亚洲乒乓球锦标赛中包揽全部7项冠军。

10月1日 北京举行盛大游园活动，庆祝建国45周年。晚上，天安门广场举行大型国庆焰火晚会。

10月2～12日 第十二届亚运会在日本广岛举行，中国队名列奖牌榜第一。

10月7日 中国成功地进行了一次地下核试验。

10月8日 国务院和中央军委发布命令，决定武警部队张对田等15人晋升为武警中将、少将警衔。

10月21～27日 八届全国人大常委会第十次会议在北京举行。会议审议并通过了新中国历史上第一部《母婴保健法》和《广告法》。

10月25日 中国内湖第一长桥——太湖大桥正式通车。

10月26日 《人民日报》报道：国务院和中央军委最近发出《关于1994年冬季士兵退出现役工作的通知》，对退伍军人安置政策做出重大调整。

10月31日～11月4日 李鹏总理访问韩国。这是中韩建交以来中国总理首次对韩国进行正式访问。

11月2日 《邓小平文选》第一卷、第二卷从即日起在全国新华书店发行。

11月2～4日 国务院在北京召开全国建立现代企业制度试点工作会议。

11月5～11日 第三届中国金鸡、百花电影节在长沙举行。

11月8～22日 江泽民主席访问新加坡、马来西亚、印尼和越南，并于15日参加在印尼举行的第二届亚太经济合作组织领导人非正式会议。

11月14日 厦门市郊遭台湾当局小金门驻军炮击。15日，国务院台办发言人强烈谴责台湾当局这一恶劣行径。当日，台湾当局表示对该事件承担责任。

11月19日 经国务院批准组建的又一家政策性银行——中国农业发展银行正式成立。

11月24日 总投资逾15亿元的南京汽车制造厂引进意大利菲亚特集团依维柯轻型汽车项目建成。

11月25日 燃烧了378天的新疆塔里木盆地北部的油田大火被扑灭。

11月28日～12月1日 中共中央和国务院在北京召开中央经济工作会议。

11月30日 新研制的“东方红三号”通信卫星由“长征三号甲”运载火箭送入太空轨道。

12月7日 目前国内规模最大、设施齐全、功能完善的城市高架快速干道——上海内环线工程全线通车。

12月8日 新疆克拉玛依市友谊宾馆发生重大火灾，造成325人死亡。

12月9日 中共中央举办法律知识讲座。江泽民等中央领导听取了第一讲。

12月11日 原中共中央政治局常委、国务院副总理姚依林因病在北京逝世，终年77岁。

12月14日 长江三峡工程正式开工。

12月20日 梅兰芳、周信芳先生诞辰100周年纪念活动在北京正式拉开帷幕。

12月22日 广深准高速铁路建成通车。

12月31日 新华社报道：国家公用900兆模拟蜂窝移动电话1995年1月1日将实现全国联网运作。这是目前世界上规模和联网区域最大的无线移动通信网。

94-002

94-001

94-003

94-004

94-001. 乔石委员长访问奥地利，克莱斯蒂尔总统（右）在维也纳奥联邦总统府会见乔石委员长。
94-002. 乔石委员长出访德国，在慕尼黑参观宝马公司。
94-003. 乔石委员长在伯尔尼议会大厦同瑞士联邦议会国民院议长格雷特·哈勒（左）会谈。
94-004. 乔石委员长在著名物理学家丁肇中（右）陪同下参观欧洲核子研究中心。
94-005. 女子万米世界冠军王军霞在纽约接受第十四届杰西·欧文斯奖，成为亚洲第一位获此项奖励的运动员。
94-006. 江泽民到北京海淀区科学城商场、农贸市场等地了解春节市场供应情况。
94-007. 李鹏听取党外人士对《政府工作报告》（征求意见稿）的意见。
94-008. 江泽民、李鹏在春节团拜会上与邵华（中）和她的母亲张文秋（坐者）在一起。
94-009. 建设中的广东大亚湾核电站。
94-010. 大亚湾核电站采用计算机管理。图为该核电站电脑中心机房一角。
94-011. 秦俑二号坑大厅是中国目前建筑面积最大、功能最完善、现代化水平最高的遗址保护陈列大厅。

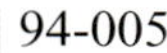

94-005

94-006

94-007

94-008

94-009

94-010

94-011

94-012

94-013

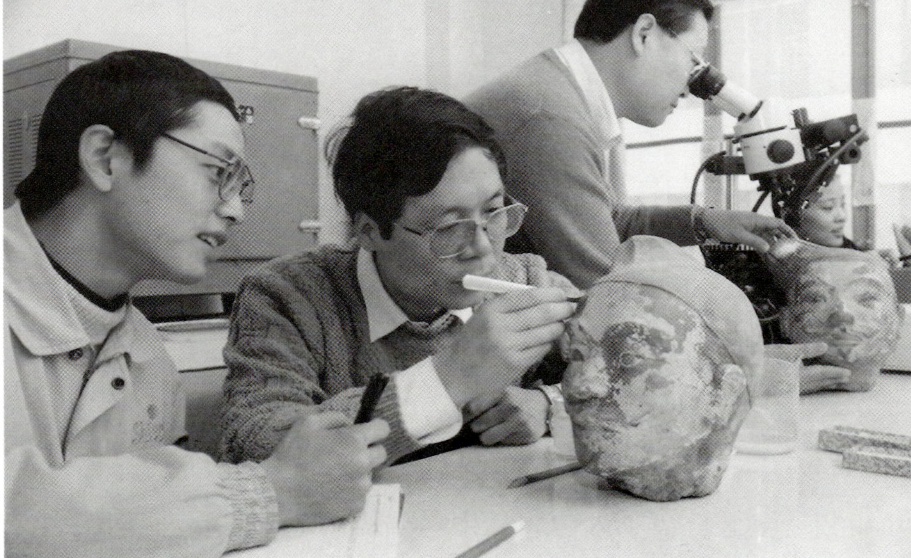
94-014

94-015

94-012. 江泽民、李鹏出席全国扶贫工作会议。
94-013. 首都中外妇女隆重集会，庆祝“三八”国际劳动妇女节，迎接1995年第四次世界妇女大会。诺罗敦·莫尼克王后、胡锦涛、李鹏、荣毅仁及芬兰议会议长丽塔·沃苏凯宁（从左到右）等出席大会。
94-014. 秦始皇兵马俑二号从葬坑开始考古发掘。图为考古工作者为出土文物的彩绘层加固。
94-015. 考古人员清理出土的陶俑。
94-016. 江泽民会见来访的美国微软公司总裁比尔·盖兹（右）。
94-017. 来自香港地区的政协委员张永珍被增选为全国政协第八届委员会常务委员。
94-018. 李鹏、朱镕基、邹家华、钱其琛、李岚清与采访“两会”的中外记者见面。
94-019. 参加八届全国人大二次会议的代表投票补选第八届全国人大常委会委员。
94-020. 江泽民、李鹏、乔石、李瑞环、朱镕基、刘华清、胡锦涛出席全国计划生育工作座谈会。

94-016

94-017

94-018

94-019

94-020

94-021

94-022

94-023

94-024

94-025

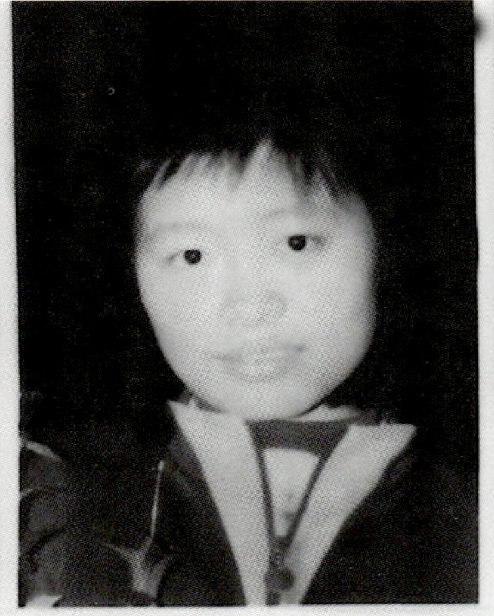

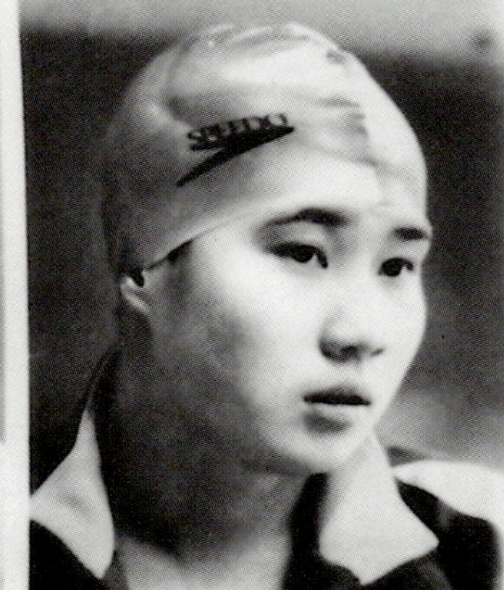

94-026

94-027

94-028

94-021. 江泽民主持仪式欢迎来访的大韩民国总统金泳三。
94-022. 金泳三和夫人在北京天安门城楼上。
94-023. 北京首次发行股票。图为股民在查看北京四家公司股票发行的有关情况介绍。
94-024. 在华夏证券有限公司北京营业部，第一位办理了认购业务的股民走出股票代销点。
94-025 1993 年全国十佳运动员：（上排左起）王军霞、谢军、曲云霞、叶乔波、邓亚萍、（下排左起）黄志红、戴国宏、王涛、杨文意、李小双。
94-026. 江泽民在国务院召开的对台经济工作会议上作重要讲话。
94-027. 中国甘肃选手卜令棠（130 号）在北京举办的全国田径竞走锦标赛男子 20000 米比赛中打破世界记录。
94-028. 李瑞环会见世界著名建筑设计师贝聿铭（中）。

94-029

94-030

94-031

94-032
94-033

94-029. 江泽民、李瑞环、朱镕基等出席纪念任弼时诞辰90周年座谈会。

94-030. 江泽民出任中国红十字会名誉会长并会见中国红十字会六大代表。

94-031. 钱正英为获得“白求恩奖章”的山西省长治市人民医院妇产科主任赵雪芳佩戴奖章。

94-032. 影片《凤凰琴》获得1993年电影政府奖“最佳故事片”奖，在该片中饰男主角的李保田获“最佳男演员”奖。图为李保田在领奖台上。

94-033. 内蒙古呼伦贝尔盟红花尔基林场发生特大火灾。图为森林警察官兵手持风力灭火机扑救大火。

94-034. 李瑞环访问挪威。图为他在议会大厦会见挪威议长格伦达尔女士。

94-035. 李瑞环主席在斯德哥尔摩与瑞典外交大臣乌格拉斯举行会谈。

94-036. 李瑞环在哥德堡参观沃尔沃汽车公司。

94-037. 李瑞环主席在芬兰议长沃苏凯宁（左）的陪同下参观芬兰议会大厦。

94-038. 李瑞环来到丹麦哥本哈根农户莫顿·阿尔法斯森（左二）家访问，将一只玩具熊猫赠送给主人的儿子。

94-039. 中国银行将在香港发行港币。图为中国银行香港分行副总经理柯文雅向记者介绍新钞票。

94-034

94-035

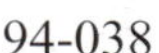

94-038

94-036
94-037

94-039

94-040

94-041

94-042

94-043

94-040. 江泽民在上海日立电器有限公司视察，向技术人员了解产品质量情况。

94-041. 江泽民会见前来出席'94 中国北京国际高级经济论坛会议的美国波音公司总裁伍达德（左）。

94-042. 乔石在中国青年志愿者授旗仪式上讲话。

94-043. 8 支青年志愿者服务队接受了队旗。仪式之后，他们将分赴重点贫困地区开展志愿服务活动。

94-044. 中国工程院成立大会和中国科学院第七次院士大会在北京中南海怀仁堂举行。江泽民、李鹏、乔石、李瑞环、朱镕基、刘华清、胡锦涛等会见参加大会的全体科学家。

94-045. 中国工程院新当选的院长朱光亚（中）与 4 位副院长卢良恕（左）、朱高峰（左二）、师昌绪（右二）、潘家铮（右）合影。

94-046. 中国科学院院长周光召（左）向美国密苏里植物园雷文教授（中）颁发外籍院士证书。

94-047. 宝（鸡）中（卫）铁路全线铺通。图为货车通过南川河大桥时的情景。

94-048. 上海人民英雄纪念塔揭幕。

94-044

94-045

94-046

94-047

94-048

94-049

94-050

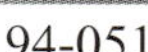
94-051

94-052

94-049. 江泽民等军委领导同志同新晋升上将军衔的军官合影。

94-050. 第二十五届国际物理奥林匹克竞赛6位金牌获得者是中国的杨亮（左一）、韩岩（左二）、田涛（左四）、饶京翔（右一），英国的克利斯托弗·约丁森（左三），德国的卡斯顿·盖克勒（右二）。

94-051. 李岚清在全国教育工作会议上作总结讲话。

94-052. 李瑞环在黄埔军校建校70周年和黄埔同学会成立10周年纪念大会上讲话。

94-053. 甘肃省引大通河水灌溉秦川的“引大入秦”工程总干渠贯通。图为流经总干渠的大通河水。

94-054. “亚太一号”卫星在西昌发射升空。

94-055. 6月，广西柳州遭受严重洪灾，驻地部队官兵正从洪水中救出老人和儿童。

94-056. 辽宁锦州发生重大水灾，辽宁锦州市委书记张鸣岐（右二）、凌海市委秘书张秀和(左二)在检查大凌河险堤灾情时不幸以身殉职。

94-057. 中国研制的“长征二号E”捆绑式运载火箭在西昌卫星发射中心点火升空，将“澳普图斯3”送入太空预定轨道。

94-058. 8月7日，著名画家、艺术教育家刘海粟逝世。图为刘海粟93岁高龄时在黄山始信峰写生。

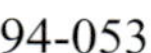

94-053

94-054

94-055

94-057

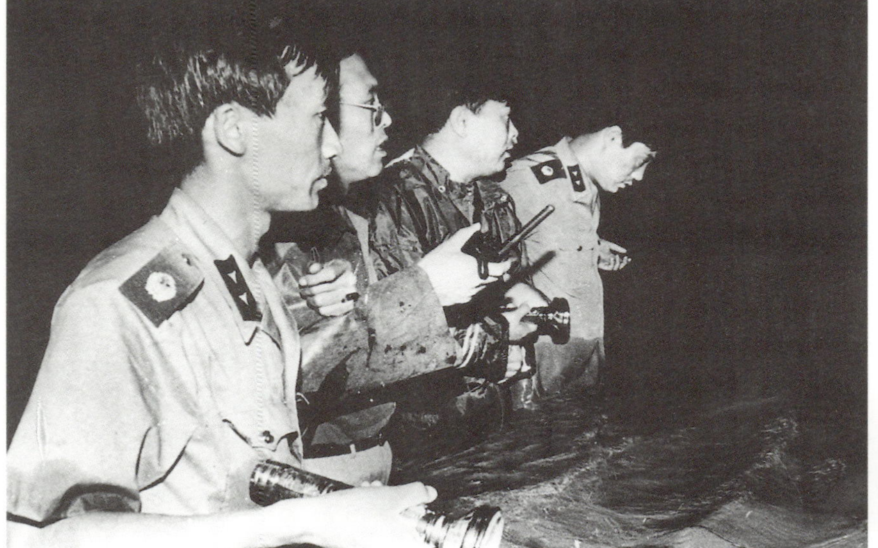

94-056

94-058

94-059

94-060

94-061

94-062

94-059. 江泽民主席出访乌克兰，与乌克兰总统列·库奇马（右三）共同签署《中乌联合声明》。

94-060. 江泽民主席访问俄罗斯。俄罗斯总理切尔诺梅尔金到机场欢迎。

94-061. 拉萨市庆祝布达拉宫维修工程竣工。

94-062. 藏族画师多布吉在补绘布达拉宫内的壁画。

94-063. 中国选手伏明霞(右)和池彬在罗马举行的第七届世界游泳锦标赛中，包揽了女子10米跳台的金银牌。

94-064. 中国队获第七届世界游泳锦标赛女子4×100米自由泳接力赛冠军。图为由乐滢、杨爱华、周官彬和吕彬（从左到右）组成的中国队。

94-065. 纪念全国人民代表大会成立40周年大会在北京举行。

94-066. “远南”火炬熊熊燃烧，体育场上空礼花飞舞。

94-067. 第六届“远南”伤残人运动会在北京开幕。图为台北队入场。

94-068. 中国选手雷丽萍（中）、李滨艳（左）和赵晓云（右）在“远南”运动会女子盲人柔道比赛中获一金两银。图为她们手捧鲜花步出赛场。

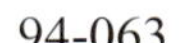

94-063

94-064

94-065

94-067

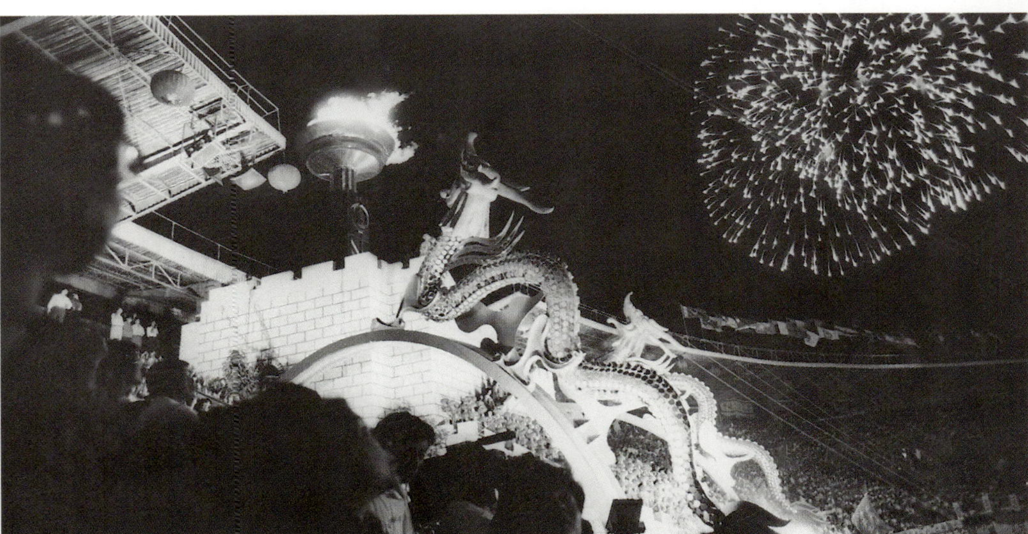

94-066

94-068

94-069

94-070

94-072

94-071

94-074

94-073

94-075

94-076

94-077

94-069. 为纪念建国45周年，北京劳动人民文化宫展出巨幅电脑喷画《邓小平视察南方》。该画是由广东省参展团制作布置的。

94-070. 庆祝中华人民共和国成立45周年招待会在北京举行。江泽民、李鹏等陪同西哈努克国王和夫人等外宾步入宴会厅。

94-071. 江泽民会见出席孔子诞辰2545周年纪念大会与国际学术研讨会暨国际儒联成立大会的部分代表。

94-072. 北京大学学生在国庆焰火晚会上表演腰鼓。

94-073. 天安门广场节日之夜。

94-074. 10月1日晚，天安门广场举行庄严的庆典仪式，国旗在礼炮与10万人齐唱国歌声中徐徐升起。

94-075. 朱镕基在马德里第四十九届国际货币基金组织会议上发言。

94-076. 八届全国人大常委会第十次会议在北京举行。乔石主持会议。

94-077. 在第十二届亚运会上夺得两枚金牌的中国女选手欧绍燕（前右）载誉回国。

94-078

94-079

94-080

94-081

94-082

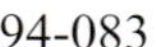

94-083

94-084

94-085

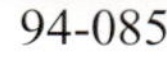

94-086

94-078. 李鹏总理访问韩国时在韩国总统金泳三举行的欢迎宴会上讲话。
94-079. 李鹏总理参观韩国大宇重工业株式会社飞机机体生产线。
94-080. 北京群众在王府井新华书店门前等待购买《邓小平文选》。
94-081. “东方红三号”通信卫星发射升空。
94-082. 江泽民、李鹏、乔石、李瑞环、朱镕基、刘华清、胡锦涛等出席中央经济工作会议。
94-083. 江泽民、乔石、李瑞环、刘华清、胡锦涛等听取法律知识讲座。
94-084. 新加坡内阁资政李光耀（左）在新加坡香格里拉酒店拜会来访的江泽民主席。
94-085. 江泽民在三峡水利枢纽工程工地考察，同工人们亲切交谈。
94-086. 上海内环线高架路工程建成通车。

94-087

94-088

94-089

94-090

94-091

94-093

94-092

94-095

94-094

94-087. 江泽民主席在印度尼西亚巴厘岛观看传统舞蹈后和演员握手。

94-088. 江泽民主席在越南胡志明市举行的欢迎宴会上讲话。

94-089. 江泽民主席(左五)与出席亚太经济合作组织领导人非正式会议的各国领导人合影。

94-090. 江泽民主席同马来西亚最高元首加法尔夫妇和马哈蒂尔总理夫妇合影。

94-091. 江泽民总书记视察广东珠海大桥,向承建该工程的交通部第二公路工程局的领导询问建设情况。

94-092. 李鹏在长江三峡工程开工典礼上宣布,当今世界上最大的水利枢纽工程——长江三峡工程正式开工。

94-093. 长江三峡工程开工典礼会场。

94-094. 李岚清、孙起孟(右二)、雷洁琼(右)、王兆国(左)出席纪念叶圣陶诞辰100周年座谈会。

94-095. 李瑞环同参加纪念梅兰芳、周信芳诞辰100周年演唱会的演员合影留念。

94-096

94-097

94-098

94-096. 平均时速高达160公里的我国第一条广深高速铁路正式开通。

94-097. 全国城镇企业职工养老保险会议在北京举行，邹家华（右）在会上讲话。

94-098. 12月11日，国务院原副总理姚依林逝世。

共　和　国　图　典

1995年

1月7日 著名社会活动家，中国致公党原中央主席黄鼎臣在北京病逝，终年94岁。

1月12日 何梁何利基金首届颁奖大会在北京举行，李鹏总理等为钱学森、黄汲清等24位科学家颁奖。

1月16日 最高人民法院通报贵州省两起重大贪污受贿案审理结果，原贵州省计委副主任、省国际信托投资公司董事长阎健宏和原省公安厅厅长郭政民分别被判处死刑和死缓。

1月18～28日 中美知识产权谈判在北京举行，谈判未获结果。中国外经贸部发言人指出责任在美方。

1月30日 中共中央总书记、国家主席江泽民在中央台办和国务院台办举行的迎新春茶话会上，就现阶段发展两岸关系，推进祖国和平统一进程提出八项重要主张。

2月6日 著名文学家、电影艺术家夏衍在北京逝世，终年95岁。

2月14日 中宣部、国家计生委、国家计委等部门和北京市政府在北京联合举行了“中国12亿人口日大会”。会议强调要高度重视人口和计划生育问题。

2月16日 国家安居工程正式启动，争取5年新增居民住宅1.5亿平方米，以成本价向城镇中低收入者出售。

2月21～28日 八届全国人大常委会第十二次会议在北京举行。会议通过了《法官法》、《检察官法》、《人民警察法》。

2月25日 中国代表团在第十七届世界大学生冬运会上夺得了3枚金牌、4枚银牌和3枚铜牌，列奖牌榜第五名。

2月26日 中美两国在北京就知识产权问题达成协议。3月11日，对外贸易经济合作部部长吴仪和来访的美国贸易代表坎特大使在北京分别代表本国政府正式签署了中美关于知识产权的协议。

3月3～14日 中国人民政治协商会议第八届全国委员会第三次会议在北京举行。

3月5～18日 第八届全国人民代表大会第三次会议在北京举行。会议通过了“关于1994年国民经济和社会发展计划执行情况”与“1995年国民经济和社会发展计划”等一系列决议。

3月10日 首次“五个一工程”征文入选作品在北京举行颁奖大会。

3月11日 中国选手陈露在伯明翰举行的世界花样滑冰锦标赛上，夺得女子单人滑冠军。

3月16日 《人民日报》报道：北京大学生命科学学院一批青年科学家成功地从一枚“特殊的恐龙蛋化石”中获得了恐龙基因片段。

3月20日 乌鲁木齐至霍尔果斯的通信光缆线路已打通。至此，亚欧光缆国内段全线贯通。

3月25日 李鹏总理签署国务院令，今年5月1日起实行职工每天工作8小时、每周工作5天的工作制。

3月28日 西班牙国王卡洛斯和索菲娅王后访华。

4月3～4日 中国与东盟国家外交部高级官员磋商在杭州举行，这是中国与东盟首次就安全问题进行的磋商。

4月8日 中共中央组织部、中共中央宣传部在北京人民大会堂共同组织孔繁森事迹报告会，孔繁森生前任中共西藏自治区阿里地委书记，1994年11月因公殉职。

4月10日 中国目前现代化程度最高的城市快速有轨干道系统、上海地铁一号线全线投入试运营。

4月11日 原中共中央副主席、国务院副总理、中共中央纪律检查委员会书记、中央顾问委员会主任陈云因病在北京逝世，终年90岁。

4月17日 首都各界人士100余人在人民大会堂举行《马关条约》签订100周年暨台湾回归祖国50周年座谈会。

4月19日 劳动部在全国劳动计划与工资工作会议上，要求各省、自治区、直辖市必须在今年6月30日前实施最低工资标准。

4月21日 国务院原副总理康世恩因病在北京逝世，终年80岁。

4月27日 胡锦涛代表中共中央宣布：批准陈希同引咎辞去北京市委书记等职务，任命尉健行为中共北京市委书记。

5月1～14日 第四十三届世界乒乓球锦标赛在天津举行。中国又一次囊括7项冠军。

5月6日 中共中央、国务院作出关于加速科学技术进步的决定，正式提出科教兴国战略。

同日 中国北极科学考察队的7名队员经过13天徒步跋涉到达北极点，把五星红旗插到北极点上。

5月7～9日 江泽民主席访问莫斯科并参加纪念反法西斯战争胜利50周年庆典活动。

5月9日 中国自己设计、研制的国内最大的无导体壳托卡马克受控核聚变装置——中国环流器新一号通过鉴定。

5月10日 八届人大常委会十三次会议闭幕。会议通过了《商业银行法》、《预备役军官法》、《票据法》。

5月17日 国务院宗教事务局发言人就达赖喇嘛14日在印度突然宣布西藏的一名儿童为“班禅转世灵童”一事指出，达赖这样做完全是非法的、无效的。

5月22日 中国羽毛球队获得第四届苏迪曼杯世界羽毛球混合团体赛冠军。

5月23日 中国外交部发表声明，就美国政府22日宣布允许李登辉赴美进行“私人访问”一事向美提出强烈抗议。

5月24日 新华社报道：中共中央办公厅和国务院办公厅印发《关于党政机关县处级以上领导干部收入申报的规定》。

5月26～30日 全国科技大会在北京举行。大会号召在全国形成实施科教兴国战略的热潮。

6月1日 外交部发言人指出：加拿大政府批准台湾“行政院副院长”徐立德赴加活动是制造“两个中国”或“一中一台”的严重事件。对此，我国政府已向加方进行严正交涉并提出抗议。

6月6～9日 国务院召开全国扶贫工作会议。国务院提出今后要以每年解决1000万以上贫困人口温饱问题的速度推进扶贫开发工作，力争到本世纪末使现有7000万贫困人口脱贫。

6月13日 中共中央在北京人民大会堂举行《陈云文选》(1～3卷)和《陈云》画册出版发行暨纪念陈云诞辰90周年座谈会。

6月14日 新华社报道：中国依靠科学技术开展荒漠化防治工作取得丰硕成果，已有多项固沙造林防治荒漠化技术在国际上处于领先地位。全国已有10%的荒漠化土地得到初步治理。

6月21～28日 李鹏总理出访白俄罗斯、乌克兰和俄罗斯。

6月22日 钱其琛副总理宣布中央人民政府确定的处理“九七”后香港涉台问题的七条基本原则和政策。

6月26日 新华社报道：为实现到本世纪末中国基本普及九年义务教育的目标，中央决定在原来每年2亿元的基础上，今年再增拨2亿元义务教育专款，并逐年增加，计划3年内增加到每年10亿元。

6月28日 经国务院批准的《全民健身计划纲要》正式颁布实施。

7月4日 中共中央决定由中央纪律检查

委员会对原北京市委书记陈希同的问题进行审查。同时，中纪委决定开除原北京市委常委王宝森的党籍；北京市人大决定撤销王宝森北京市副市长职务。

7月5～15日 江泽民主席出访芬兰、匈牙利和德国。

7月7日 北京各界代表2000多人在卢沟桥集会，纪念中国人民抗日战争胜利50周年，并为抗战纪念群雕奠基。

7月11日 世界贸易组织决定接纳中国为该组织的观察员。

7月12～14日 全国推行公务员辞职辞退制度工作会议在青岛召开。

7月20日 辽宁大连港大窑湾港区新建铁路——金窑铁路正式通车。这是北方第一条跨海铁路。

7月21～26日 中国人民解放军在东海海域进行导弹发射训练并获得圆满成功。

7月23日 新华社报道：中国科学院近代物理研究所成功地合成了重丰中子新核素镤—239，这在世界上尚属首次。

8月5日 在东京举行的第八届世界围棋锦标赛(富士通杯)决赛中，中国棋手马晓春首次获得了该项赛事的冠军。

8月15～25日 中国人民解放军在东海海域和海域上空进行导弹、火炮实弹射击演习。

8月17日 外交部发言人宣布，中国当日进行了一次地下核试验。中国积极参加全面禁止核试验条约的谈判，争取不晚于1996年达成该协议。条约一旦生效，中国将停止核试验。

8月23日 国务院新闻办公室发表《中国的计划生育》白皮书。

同日 原中共中央书记处书记、六届全国人大常委会副委员长陈丕显在北京逝世，终年80岁。

8月24日 第一部《中国农业》白皮书发表。

9月1日 西藏隆重集会庆祝自治区成立30周年。

9月2日 首都隆重举办纪念抗日战争暨世界反法西斯战争胜利50周年大型文艺晚会《光明赞》。

9月3日 西藏历史上最大的水电工程——羊湖电站首台机组调试成功。

9月4～15日 联合国第四次世界妇女大会在北京举行。会议通过《北京宣言》等文件。

9月8～11日 美国前总统布什和夫人访华。

9月14日 国家“八五”建设重点工程——全长1622公里的兰新铁路复线正式投入运营。

9月19日 外交部发言人在答记者问时指出，香港立法局将随着英国对香港的管制结束而终止。

9月24日 中央统战部、全国人大民委等在北京举行庆祝新疆维吾尔自治区成立40周年座谈会。

9月25～28日 中共十四届五中全会在北京举行。全会审议并通过《中共中央关于制定国民经济和社会发展“九五”计划和2010年远景目标的建议》。

9月28日 《人民日报》报道：中国运12IV型飞机获准在世界各地销售。

10月1日 乌鲁木齐隆重集会庆祝新疆维吾尔自治区成立40周年。

10月2日 中国队获得第十届亚洲女子足球锦标赛冠军，荣获该赛事“五连冠 ”称号。

10月4日 我国在流动沙漠中修筑的第一条等级公路——塔里木沙漠公路全线正式通车。

10月6～10日 第七届国际反贪污大会在北京举行。

10月21～25日 江泽民主席赴纽约出席联合国成立50周年特别纪念会议。

10月22日 第四届中国金鸡、百花电影节及颁奖典礼在北京举行。

10月24日 首都各界在北京举行大会，纪念台湾光复50周年 。

11月3日 1995年中科院院士增选新闻发布会在北京举行。会议宣布增选马志明等59名新院士。

11月9日 最高人民检察院反贪污贿赂总局在北京成立。

11月13～17日 江泽民主席对韩国进行国事访问。

11月16日 京九铁路全线铺通，国务院在九江市举行庆典。

11月17～24日 首届中国京剧艺术节在天津举行。

11月18日 全国首家海洋气象电台——舟山海洋气象台正式开播。

11月19日 江泽民主席出席在日本大阪举行的亚太经济合作组织第三次领导人非正式会议并发表讲话。

11月29日 认定第十世班禅转世灵童的金瓶掣签仪式，严格按照藏传佛教仪轨和历史定制，在拉萨大昭寺举行。当天下午，国务院批复特准中签的6岁男童坚赞诺布继任第十一世班禅额尔德尼。

12月1日 我国最长的一条由中央和地方合资建成的集通铁路全线正式开通运营。

12月5日 国家“八五”交通重点工程——西(安)、宝(鸡)高速公路正式建成通车。

12月8日 我国最大的彩管荫罩项目在烟台建成投产。

12月13日 江苏省和南京市各界人士在南京大屠杀纪念馆举行隆重的悼念30万遇害同胞的仪式。

12月27日 连接海口、三亚的国家重点工程——海南东线高速公路(右幅)竣工通车。

12月28日 由铁道部和广东省共同投资的广梅汕铁路全线建成通车。

12月30日 四川省高级人民法院终审判决一起我国最大的计算机知识产权案，判决北京泰勒电子科技公司赔偿成都迈普电器有限公司经济损失1300万元人民币。

95-001

95-002

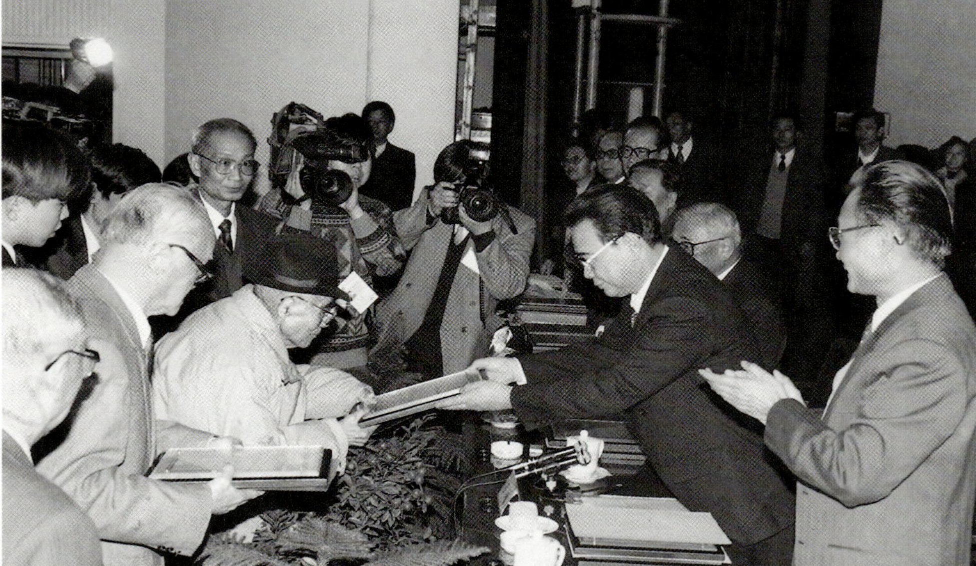

95-003

95-004

95-005

95-006

95-007

95-008

95-009

95-001. 陈慕华（右）会见“好军嫂”韩素云，她代表全国妇联授予韩素云“三八”红旗手称号并颁发了荣誉奖章。

95-002. 在世界花样滑冰锦标赛女子单人滑决赛中，中国选手陈露（中）夺得冠军。

95-003. 何梁何利基金首次颁奖大会在京举行。李鹏向地质学家黄汲清颁发优秀奖。

95-004. 2月6日，著名电影艺术家夏衍逝世，他的骨灰被撒入钱塘江中。图为夏衍的女儿沈宁将父母的骨灰盒安放在船头的菊花丛中。

95-005. 长沙首个“安居工程”——广厦新村开村。60多岁的住房困难户张春发（左）从长沙市市长袁汉坤（右）手中接过房屋产权证。

95-006. 武汉“安居工程”首批住户喜迁新居。图为红光经济适用住房小区一角。

95-007. 中国“十大女杰”：（上排左起）岳喜翠、牛玉琴、叶叔华、刘志华、罗玲；（下排左起）韩玉玲、桂桑、赵雪芳、朱莲香、游景玉。

95-008. 八届全国人大三次会议上，代表们按动表决器对《中华人民共和国教育法》进行表决。

95-009. 清华大学教授梅祖彦（左）和88岁的浦洁修老人在八届全国人大三次会议上逐条审议《中华人民共和国教育法（草案）》。

95-010

95-011

95-012

95-010. 八届全国人大常委会十二次会议会场。

95-011. 中美知识产权谈判在京进行。中美双方代表步入谈判厅后握手。

95-012. 吴仪和美国贸易代表米基·坎特分别代表两国政府在中美知识产权协议上签字。

95-013. 西藏阿里地委纪委副书记明久在北京孔繁森事迹报告会上介绍党的好干部孔繁森的事迹。

95-014. 孔繁森可歌可泣的事迹感动了与会者。

95-015. 孔繁森任拉萨市副市长时，为收养的藏族孤儿洗手洗脸。

95-016. 拉萨群众沉痛哀悼援藏好干部孔繁森。

95-017. 从来自河南西峡县的晚白垩世的C型恐龙蛋化石的絮状物中分离出含基因片段的DNA序列。

95-018. 西班牙国王卡洛斯和王后索菲娅在北京雍和宫参观。

95-013

95-014

95-015

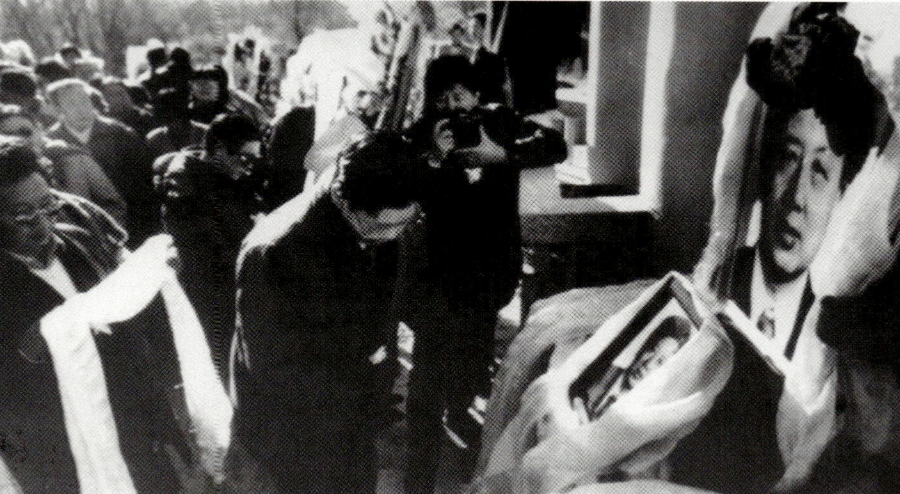

95-016

95-017

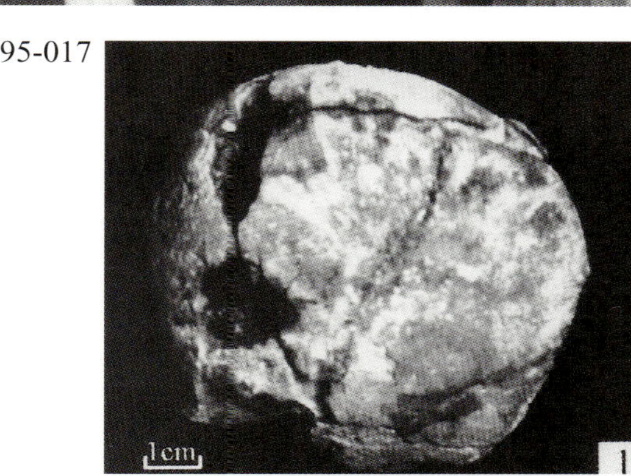

95-018

95-019

95-019. 5月11日，上海东方明珠广播电视塔落成并投入使用。
95-020. 日本关西经济界为乔石委员长访日举行欢迎宴会。图为乔石（左）与日本经济界人士在一起。
95-021. 乔石委员长访问韩国期间参观韩国三星电子株式会社。
95-022. 4月21日，国务院原副总理康世恩逝世。
95-023. 李岚清在北京举行的’95中国国际经济论坛年会上发言。
95-024. 被誉为“亚洲第一大站”的上海徐家汇地铁站。

95-021

95-020

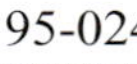

95-023

95-022

95-024

95-025

95-026

95-027

95-025. 4月11日，中共中央顾问委员会主任陈云逝世。江泽民、李鹏、朱镕基、刘华清、胡锦涛、荣毅仁和陈云夫人于若木等来到北京医院，送别陈云。

95-026. 陈云同志遗像。

95-027. 为悼念陈云，首都天安门、新华门等地降半旗致哀。

95-028. 李瑞环在天津体育馆观看第四十三届世界乒乓球锦标赛。

95-029. 中国男队在第四十三届世乒赛上重捧斯韦思林杯。图为胜利后队员们把教练蔡振华高高抛起。

95-030. 中国乒乓球女队蝉联第四十三届世乒赛女子团体冠军。图为中国女队在领奖台上。

95-031. 王涛获得男子双打冠军后，一位女球迷向王涛赠送帽子和仙客来吉祥物。

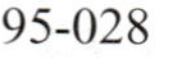

95-028

95-029

95-030

95-031

95-032

95-033

95-034

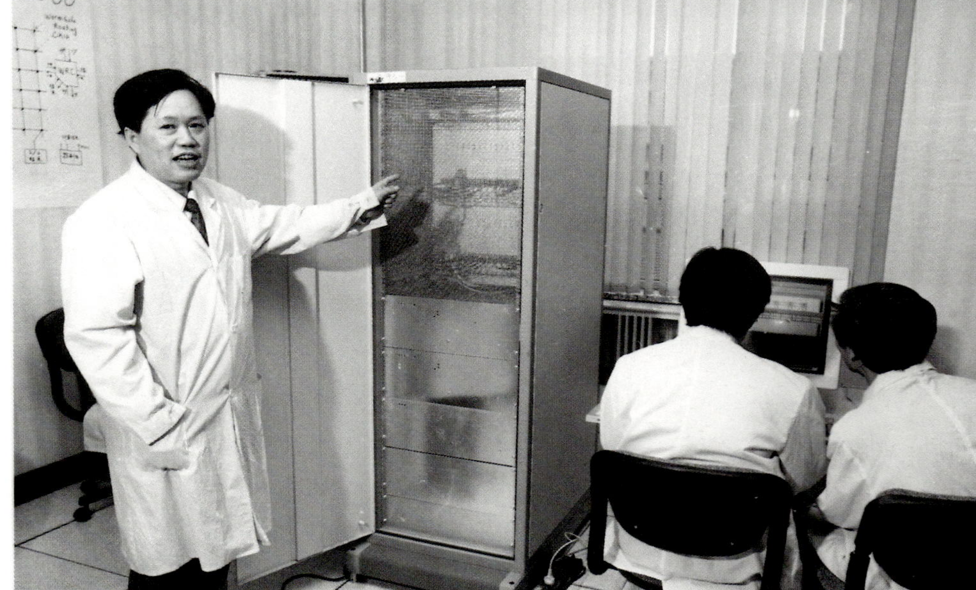

95-035

95-032. 中国北极科学考察队经过了13天徒步跋涉，胜利到达北极点，把五星红旗插到了北极点的冰面上。他们是（右起）毕福剑、赵建平、效存德、位梦华（领队）、李拴科、刘少创、郑鸣。

95-033. 行进途中的中国考察队员和极地狗队。

95-034. 5月8日，著名画家叶浅予逝世。图为叶浅予生前在寓所内。

95-035. 国家智能计算机研究开发中心主任李国杰博士在介绍“曙光1000”大规模并行计算机。

95-036. 江泽民主席在莫斯科卫国战争纪念馆揭幕仪式上讲话。

95-037. 八届全国人大常委会第十三次会议在北京召开。

95-038. 在第四届苏迪曼杯世界羽毛球混合团体赛中，中国队首次获得冠军。图为中国运动员在领奖台上欢呼胜利。

95-039. 江泽民、李鹏、乔石、朱镕基、刘华清、胡锦涛、荣毅仁等出席陈云诞辰90周年纪念座谈会。

95-040. 我国首台国产600MW优化机组在哈尔滨第三发电厂并网发电。左图为中央控制室。右图为主机机房

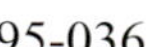

95-036

95-037

95-039

95-038

95-040

95-041

95-042

95-043

95-041. 全国科学技术大会在北京举行。

95-042. 在全国科技大会上，著名科学家林兰英（右）向中科院发育生物研究所所长孙方臻（左）询问科研工作情况。

95-043. 陕西榆林治理沙化成绩斐然。图为榆林地区芹河乡水掌村的沙区吨粮田。

95-044. 李鹏总理出访白俄罗斯，抵达明斯克时，白俄罗斯女青年依照民族传统向他献上面包和盐，以表示热烈欢迎。

95-045. 李鹏总理在乌克兰的基辅向无名烈士纪念碑献花圈。

95-046. 李鹏总理访问俄罗斯时，在克里姆林宫同俄罗斯总统叶利钦（右二）会谈。

95-047. 山西省翼城县北关村的体育活动室，吸引了一批参加体育活动的老年人。

95-048. 北京海淀区羊坊店四小五年级的学生在学校自筹资金建起的语音教室里上英语课。

95-049. 呼和浩特市早起参加晨练的市民。

95-044

95-045

95-046

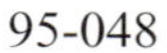

95-048

95-047

95-049

95-050

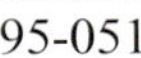

95-051

95-052

95-050. 江泽民主席在芬兰总统赫蒂萨里（前左二）陪同下参观哈亚瓦塔市的闪烁炼铜厂。

95-051. 江泽民主席访问匈牙利。图为江泽民在布达佩斯国宾馆会见匈牙利总理。

95-052. 江泽民主席抵达德国，在机场抱起献花的儿童。

95-053. 尉健行出席在卢沟桥畔举行的纪念抗战胜利50周年大会并讲话。

95-054. 在第五届世界田径锦标赛上，黄志红为中国队夺得首枚奖牌。

95-055. 中国海军进行海上合成演习。图为反潜直升机投放鱼雷。

95-056. 在演习中，新型导弹护卫舰正在发射导弹。

95-057. 在第三十六届国际数学奥林匹克竞赛中，由6名同学组成的中国队获4金2银和团体总分第一的优异成绩。图为获奖队员：（左起）林逸舟、王海栋、常成、姚一隽、朱辰畅和柳耸。

95-053

95-054

95-055

95-056

95-057

95-058

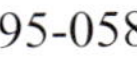

95-059

95-060

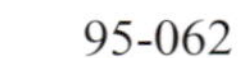

95-061

95-062

95-063

95-064

95-065

95-066

95-058. 中央代表团到达拉萨参加庆祝活动时，受到藏族文艺工作者的欢迎。

95-059. 西藏僧侣代表向中央代表团团长吴邦国敬献哈达。

95-060. 拉萨的节日之夜。

95-061. 8月23日，第七届全国人大常委会副委员长陈丕显逝世。

95-062. 西藏羊卓雍湖电站正在安装调试，它是目前世界上海拔最高的电站。

95-063. 在北京举行的大型文艺晚会《光明颂》。图为演出结束后，江泽民等党和国家领导人走上舞台祝贺演出成功。

95-064. 《光明颂》中优美的《和平鸽舞》。

95-065. 第四次世界妇女大会秘书长蒙盖拉夫人在北京国际会议中心举行中外记者招待会。

95-066. 江泽民主席、联合国秘书长加利的私人代表基塔尼、大会秘书长蒙盖拉夫人及国务委员彭珮云在中国政府为第四次世界妇女大会举行的欢迎仪式的主席台上。

95-067

95-068

95-069

95-070

95-071

95-072

95-073

95-075

95-074

95-067. 联合国秘书长加利的私人代表基塔尼在第四次世界妇女大会开幕式上讲话。
95-068. 第四次世界妇女大会开幕式会场。
95-069. '95 北京非政府组织妇女论坛开幕式盛况。
95-070. 联合国人员准备升起第四次世界妇女大会主办国——中华人民共和国国旗。
95-071. 甘肃“引大入秦”主体工程竣工典礼。
95-072. 在 '95 北京非政府组织妇女论坛开幕式上，青年表演者组成“北京 NGO”图案。
95-073. 江泽民在北京钓鱼台国宾馆会见来访的美国前总统布什和夫人。
95-074. 江泽民在北京国贸中心参观中国居住环境建设成就展。
95-075. 江西余江县举行邹韬奋诞辰100周年纪念大会，并向韬奋塑像敬献花篮。

95-076

95-077

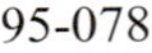

95-078

95-079

95-080

95-081

95-082

95-076. 著名科学家黄昆、唐敖庆、叶笃正、彭桓武（从右到左）获得1995年度“何梁何利基金科学与技术成就奖”。

95-077. 江泽民主席在联合国特别纪念会议上讲话。

95-078. 江泽民主席和出席联合国成立50周年特别纪念会议的各国元首和政府首脑在联合国经社理事会会议厅合影留念。

95-079. 第六届中国十大杰出青年:（上排左起）吕有珍、吕树文、许永楠、孙广信、孙玉胜;（下排左起）张思民、陈肇雄、秋云、曹建明、葛健。

95-080. 中国向联合国赠送“世纪宝鼎”。江泽民主席和联合国秘书长加利在纽约联合国总部为“世纪宝鼎”模型揭幕。

95-081. 纪念台湾光复50周年大会会场。

95-082. 海峡两岸首次间接直航。图为首次间接直航班机上的乘客走出北京机场行李大厅。

95-083

95-084

95-085

95-086

95-087

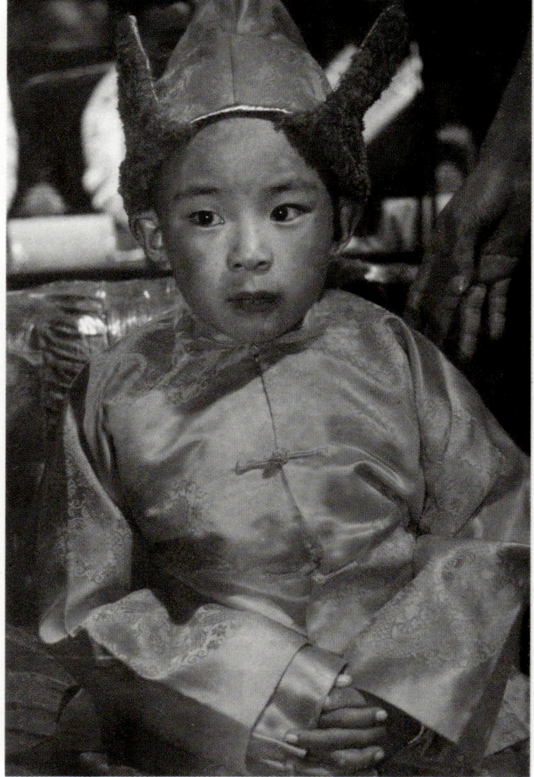

95-088

95-089

95-090

95-091

95-083. 李鹏、邹家华等出席在九江市举行的京九铁路全线铺通庆祝大会。
95-084. 位于京九线上雄伟的九江长江大桥。
95-085. 京九线上赣州段工地首次采用“框架现浇防护挡墙”新技术。
95-086. 参加京九铁路全线铺通庆祝大会的劳模代表。
95-087. 在拉萨大昭寺释迦牟尼像前举行金瓶掣签，由此认定第十世班禅转世灵童。
95-088. 十一世班禅坚赞诺布。
95-089. 在册立典礼上，国务院代表罗干与第十一世班禅额尔德尼握手。
95-090. 在纪念电影诞生100周年音乐会上，陶玉玲、田华、谢添、凌子风（从左到右）等电影艺术家与观众见面。
95-091. 首届“中国京剧艺术节”期间，一位儿童在天津街头的大型京剧脸谱旁拍照留念。

95-092

95-093

95-094

95-095

95-092. 广梅汕铁路开通客运列车，图为乘务组准备上岗。

95-093. 广梅汕铁路龙川站信号楼的值班员在调度列车进出站。

95-094. 由铁道部电气化工程局承建的京郑电气化铁路枢纽、亚洲最大的编组站——郑州北站。

95-095. 汉字激光排版系统创始人、中国科学院院士、中国北大方正技术研究院院长、北大教授王选。

共　和　国　图　典

1996年

1月3日 《人民日报》报道：1995年全国黄金产量首次超过百吨。

1月12日 江泽民主席在中南海接受首次进京的第十一世班禅和扎什伦布寺致谢团的拜见。

1月21日 北京铁路西客站开通运营，李鹏总理出席通车庆典。

1月23日 中央军委在北京隆重举行晋升上将军官军衔仪式，中央军委主席江泽民向晋升上将军衔的军官周子玉等颁发命令状。

1月26日 香港特别行政区筹委会成立大会在北京举行，江泽民主席发表重要讲话，乔石委员长向全体委员颁发任命书。

1月27日 澳门繁荣促进会在澳门正式成立。

1月28日 国务院、中央军委宣布：中国人民解放军驻香港特别行政区部队组建完成。

2月2日 全国人大常委会副委员长、国民党革命委员会中央主席李沛瑶不幸遇害，终年63岁。

2月4～11日 第三届亚洲冬季运动会在哈尔滨举行。中国队名列金牌总数第一。

2月9日 中韩海底电缆开通仪式分别在北京和汉城举行。

2月16日 我国首列空调双层列车通过铁道部鉴定，开始批量生产。

2月17日 中共中央、国务院作出关于加强社会治安综合治理的决定。

2月26日 国家教委公布全国第二批“普九”(普及九年制义务教育)和扫盲达标单位名单，共有471个县、市、区完成达标任务。

2月28日 中国奥委会深圳新闻中心揭牌仪式暨首次港澳地区记者招待会在深圳举行。

3月1日 李鹏总理在泰国曼谷参加首届亚欧会议并发表讲话。

3月3～13日 中国人民政治协商会议第八届全国委员会第四次会议在北京举行。

3月5～17日 第八届全国人民代表大会第四次会议在北京举行。会议通过《关于国民经济和社会发展“九五”计划和2010年远景目标纲要及关于〈纲要〉报告的决议》。

3月9日 第十一世班禅首次在北京进行佛事活动，接受部分高僧、活佛和信徒的朝拜。

3月12日 1995年度亚洲十佳运动员评选揭晓。李小双、陈露、叶钊颖、马晓春名列其中。

3月18日 中国科技会堂落成仪式暨“百名院士百场科技系列报告”首场报告会在北京举行。

同日 著名数学家陈景润在北京逝世，终年63岁。

3月28日 乔石委员长启程出访乌克兰、俄罗斯、古巴、加拿大，并顺访希腊。

4月4日 海内外人士近5万人聚会在陕西省黄陵县桥山，公祭中华民族人文始祖轩辕黄帝。

4月9～13日 李鹏总理访问法国。

4月12～15日 亚洲游泳锦标赛在泰国举行。中国选手共获13枚金牌。

4月24～26日 俄罗斯总统叶利钦访华。25日，中俄双方签署联合声明和十几项合作文件。

4月27～30日 全国希望工程工作会议在北京举行。

5月1日 由境外蔓延至我国内蒙古呼伦贝尔盟、兴安盟等地的多处草原森林火灾被扑灭。

5月3日 西藏登山队成功地登上了世界第八高峰——玛纳斯鲁峰。

5月3～11日 世界青年男子和女子成年、青年举重锦标赛在华沙举行。中国队共获44枚金牌。

5月5日 著名诗人艾青在北京逝世，终年86岁。

5月7日 我国自主研制的生产放射性同位素的回旋加速器在北京通过国家鉴定。

5月8～22日 江泽民主席访问肯尼亚、埃塞俄比亚、埃及、马里、纳米比亚和津巴布韦。

5月19日 我国地质工作者在塔克拉玛干沙漠腹地打出第一口淡水井。

6月3～7日 中国科学院第八次院士大会和中国工程院第三次院士大会在北京举行。

6月13～17日 中美关于知识产权的正式磋商在北京举行，并就有关问题达成一致。

6月21日 中共中央纪念中国共产党成立75周年座谈会在北京举行。江泽民总书记发表重要讲话。

6月23日～7月6日 江泽民主席访问西班牙、挪威、罗马尼亚、乌兹别克斯坦、吉尔吉斯斯坦和哈萨克斯坦。

6月24日 中、蒙、俄3国在北京签署3国国界东、西端交界点叙述议定书及其附图。

6月27～28日 李鹏总理率中共代表团赴河内出席越南共产党第八次全国代表大会。

7月1日 公安部在全国启用新的常驻人口登记表和居民户口簿。

同日 为治理淮河流域的严重污染，河南、安徽、江苏、山东4省沿淮河流域的999家小造纸厂被强令关闭。

同日 我国西煤东运的第二通道神(木)黄(骅)铁路一期工程——陕西神木到山西朔州段开通运煤。

7月3日 中国用“长征三号”运载火箭发射“亚太1A”通信卫星成功。

7月12日 山东省泰安市6名市级领导因巨额受贿索贿被依法严惩。

7月14日 中华全国体育总会首次颁发“世界太极科技贡献奖”和“世界太极文化进步奖”。

7月18日 第二十二届万国邮政联盟大会中国组委会和中国1999年世界集邮展览组委会在北京正式成立。

同日 外交部发言人在答记者问时重申钓鱼岛及其附近岛屿自古以来就是中国固有领土。

7月19日～8月4日 第二十六届奥运会在美国亚特兰大举行。中国队金牌和奖牌总数均列第四。

7月24日 《邓小平文选》和《陈云文选》中文繁体字版本在香港出版发行。

7月25日 我军预备役军官首次授衔仪式在北京举行。

7月29日 中国政府发表声明，宣布从1996年7月30日起中国暂停核试验。

8月4～14日 第三十届国际地质大会在北京举行。

8月15～25日 第十届残疾人奥运会在亚特兰大举行，中国队名列奖牌榜第9位。

8月19日 敦煌艺术展在中国历史博物馆举行，中国敦煌石窟保护基金会同时成立。

8月23日 青海塔尔寺维修工程竣工并举行开光大典。

9月1日 京九铁路全线开通，正式运营。

9月2～7日 第十三届国际档案大会在北京举行。

9月5～26日 全国政协主席李瑞环访问波兰、荷兰、奥地利、瑞士和俄罗斯。

9月13日 第五届全国政协副主席王首道在北京逝世，终年90岁。

9月15日 中国故事片《大辫子的诱惑》荣获葡萄牙第25届费格拉达福兹国际电影节特别奖。

9月25日 中国作曲家谭盾在加拿大获第四届“格兰·郭德国际音乐大奖”。

10月4～5日 香港特别行政区筹委会第五次全体会议在北京举行。会议通过第一任行政长官人选和临时立法会的产生办法等文件。

10月7～10日 中共十四届六中全会在北京举行。全会审议并通过了《中共中央关于

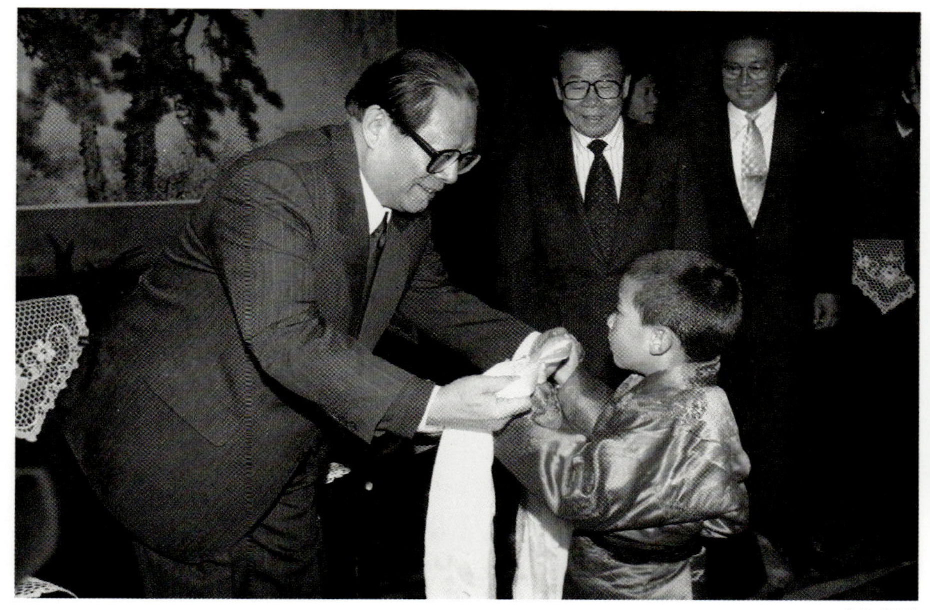

96-001

96-002

96-001. 第十一世班禅到北京中南海拜见国家主席江泽民并敬献哈达。
96-002. 横跨于贵州省乌江上的大跨径混凝土桁式组合拱桥——江界大桥。

加强社会主义精神文明建设若干重要问题的决议》。

10月7～11日 第四十七届国际宇航联合会大会在北京举行。

10月9～12日 第五届中国金鸡、百花电影节及颁奖典礼在昆明举行。

10月22日 中共中央、中央军委隆重举行纪念红军长征胜利60周年大会。

10月27日 中国选手刘国梁获1996年世界杯乒乓球赛男子单打冠军。

10月28日 我国第一所培养高级公务员的国家行政学院落成并举行开学典礼。

11月1～13日 李岚清副总理率团访问英国、白俄罗斯和保加利亚。

11月2日 著名科学家、教育家，第七届全国人大常委会副委员长，九三学社中央名誉主席严济慈在北京逝世，终年96岁。

11月5日 香港各界庆祝回归委员会在香港大会堂举行成立典礼。

11月6～18日 李鹏总理访问智利、巴西、委内瑞拉和意大利，并出席在罗马举行的世界粮食首脑会议。

11月10日 著名历史学家、第七届全国人大常委会副委员长、中国农工民主党中央名誉主席周谷城在上海逝世，终年96岁。

11月25日 江泽民主席出席在菲律宾举行的亚太经济合作组织领导人第四次非正式会议并发表讲话。

12月5～18日 中央军委副主席、国务委员兼国防部长迟浩田访问美国。

12月11日 香港特别行政区第一届政府推选委员会第三次全体会议在香港举行，董建华当选为香港特别行政区第一任行政长官人选。

12月13日 著名戏剧大师、中国文联执行主席曹禺在北京逝世，终年86岁。

12月16～20日 中国文联第六次全国代表大会和中国作协第五次全国代表大会在北京 举行。周巍峙当选为新一届文联主席，巴金再次当选为中国作协主席。

12月17日 广东大亚湾核电站工程通过国家验收。

12月26～28日 李鹏总理访问俄罗斯。

12月31日 冶金部宣布，1996年我国钢产量突破1亿吨，跃居世界第一位。

96-003

96-004

96-005

96-006

96-007

96-008

96-009

96-010

96-011

96-012

96-003. 山东省黄金产量居全国之首。图为山东招远市河东金矿一角。
96-004. 北京西站开通运营典礼主席台。
96-005. “毛泽东号”机车驶出北京西客站。
96-006. 在通车典礼上，李鹏总理代表党中央、国务院到会向十大参建单位表示祝贺。图为李鹏总理将纪念匾授予中国铁道部电气化工程局局长侯唯一。
96-007. 北京西站高架候车厅通道。
96-008. 2月2日，第八届全国人大常委会副委员长李沛瑶不幸遇害。图为李沛瑶遗像。
96-009. 乔石委员长向香港特别行政区筹备委员会主任钱其琛颁发任命书。
96-010. 乔石委员长向香港特别行政区筹备委员会副主任霍英东颁发任命书。
96-011. 乔石委员长向香港特别行政区筹备委员会副主任董建华颁发任命书。
96-012. 十一世班禅在北京西黄寺接受部分高僧、活佛的朝拜。

96-013

96-014

96-015

96-016

96-017

96-018

96-019

96-020

96-021

96-022

96-013. 第三届亚洲冬季运动会运动员村开村仪式在哈尔滨举行。

96-014. 中国女运动员在第三届亚冬会女子短道速滑3000米接力赛中打破世界纪录。

96-015. 中国女队夺得'98北京国际女子公路接力赛冠军，图为教练马俊仁（右四）和队员们在颁奖台上。

96-016. 天津杂技团12岁的演员张婷在巴黎举行的第二十九届世界杂技节上获第一金奖——法兰西共和国总统奖。

96-017. 关虹在东京举行的亚洲举重女子锦标赛中打破由她本人保持的两项挺举世界纪录。

96-018. 孙彩云在天津举行的国际室内田径邀请赛中打破由她本人保持的世界室内女子撑杆跳高纪录。

96-019. 江泽民等会见出席全国科普工作会议的代表。

96-020. 国家科委主任宋健（右二）在全国科普工作会议上讲话。

96-021. 刘华清（左六）等会见李国安（左七）事迹报告团。

96-022. 3月18日，著名数学家陈景润逝世。图为陈景润（左）生前与著名数学家王元、杨乐、张广厚（右起）一起研究数论问题。

96-023

96-024

96-025

96-027

96-026

96-028

96-029

96-030

96-023. 国家科技领导小组成立暨第一次会议在北京中南海举行。图为李鹏总理主持会议。

96-024. 乔石委员长在基辅同乌克兰最高苏维埃主席莫罗兹举行会谈。

96-025. 加拿大里贾纳大学授予中国全国人大常委会委员长乔石(中)法学博士学位。

96-026. 乔石委员长在雅典议会大厦会见希腊议长卡拉克马尼斯。

96-027. 古巴国务委员会主席兼部长会议主席卡斯特罗在哈瓦那革命宫会见来访的乔石委员长。

96-028. 江泽民主席同来访的俄罗斯总统叶利钦在北京人民大会堂共同会见中外记者。

96-029. 江泽民主席与叶利钦总统举行会谈。

96-030. 江泽民主席和叶利钦总统在北京人民大会堂共同签署《中俄联合声明》。

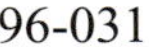

96-031

96-032

96-033

96-034
96-035

96-036

96-037

96-038

96-031. 中国、俄罗斯、哈萨克斯坦、吉尔吉斯斯坦、塔吉克斯坦五国《关于在边境地区加强军事领域信任的协定》在上海签署。图为五国元首在协定签署后互相握手祝贺。

96-032. 江泽民主席参观联合国环境署和人口居住中心总部。

96-033. 中国同仁堂集团公司伦敦分店正式开张营业。

96-034. 江泽民主席和埃塞俄比亚总统内加索(右)在签署中埃两国经济技术合作协定之后一起切蛋糕庆贺。

96-035. 马里首都巴马科数十万居民夹道欢迎来访的中国国家主席江泽民。

96-036. 江泽民主席在纳米比亚首都温得和克参观儿童活动中心。

96-037. 江泽民主席抵达津巴布韦首都哈拉雷受到当地群众的欢迎。

96-038. 埃及总统穆巴拉克在库巴宫总统府举行仪式欢迎来访的中国国家主席江泽民。

96-039

96-040

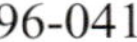

96-041

96-042

96-043

96-044

96-045

96-046

96-047

96-039. 1995 年度全国十大科技成就表彰大会在北京人民大会堂举行。

96-040. 中华人民共和国首届国际科技合作奖授奖仪式在北京举行。图为获奖的美籍数学家陈省身从国务委员宋健手中接过奖牌和证书。

96-041. 中国科学院第八次院士大会和中国工程院第三次院士大会在北京举行。师昌绪院士（右）、蒋锡夔院士（左）和高鸿院士在会间交谈。

96-042. 首批中国科学院外籍院士陈省身、杨振宁、丁肇中、田长霖、张立纲（从左至右）在中科院两院院士大会开幕式上。

96-043. 陈嘉庚奖及首届中国工程科技奖在北京颁奖，黄昆、梁树权、汤佩松、张福绥、姜泗长（从左至右）等 8 名中科院院士获奖。

96-044. 5 月 5 日，著名诗人艾青逝世。

96-045. 江泽民总书记在纪念中国共产党成立75周年座谈会上发表题为《努力建设高素质干部队伍》的讲话。

96-046. 中国、蒙古、俄罗斯三国在北京签署中蒙俄三国国界东、西端交界点议定书及其附图。

96-047. 江泽民主席和夫人在西班牙帕尔玛参观王宫时接受儿童献花。

96-048

96-049

96-050

96-051

96-052

96-053

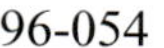

96-055

96-054

96-056

96-057

96-048. 江泽民主席在挪威卑尔根参观作曲家格里格故居时弹奏《黄河谣》。

96-049. 江泽民主席重访他70年代初到过的罗马尼亚布加勒斯特重型机械厂。

96-050. 江泽民主席在下榻的国宾馆穿上乌兹别克总统赠送的民族服装。

96-051. 江泽民主席由吉尔吉斯斯坦总统阿卡耶夫陪同参观玛纳斯村。

96-052. 江泽民主席在哈萨克斯坦向烈士公园光荣碑献花圈。

96-053. 我国西昌火箭发射中心用"长征3号"运载火箭成功地发射"亚太1A"卫星。

96-054. 江泽民等党和国家领导人在北戴河接见在第二十六届奥运会上赢得优异成绩的我国体育代表团部分成员。

96-055. 江泽民等与运动员交谈。

96-056. 李瑞环参观北京中国国际展览中心举办的全国城市规划成就展。

96-057. 我国第一家中外合资银行——中国工商银行与韩国第一银行合资组建的青岛国际银行开业典礼在青岛举行。

96-058

96-059

96-060

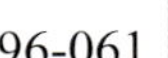

96-061

96-062

96-063

96-064

96-065

96-066

96-067

96-058. 纪念唐山抗震20周年大会在河北唐山举行。

96-059. 第三十届国际地质大会在北京人民大会堂开幕。

96-060. 江泽民主席在北戴河会见出席第三十届国际地质大会的中外地质学界知名人士。

96-061. 第十届残疾人奥运会火炬接力活动在美国亚特兰大奥运会主会场举行。

96-062. 中国残疾人跳高选手侯滨在第十届残奥会上获跳高冠军，为中国队夺得首枚金牌。

96-063. 国家级文物保护单位、藏传佛教的著名寺院青海塔尔寺维修工程竣工。

96-064. 瑞雪覆盖下的塔尔寺圣洁庄严。

96-065. 北京“1996敦煌艺术展”在中国历史博物馆开幕。

96-066. 第六十二届国际图书馆联合会大会在北京开幕。

96-067. 李鹏总理会见参加第六十二届国际图联大会的国际图联主席威治沃斯（右二）等人。

96-068

96-069

96-070

96-071

96-068. “杰出科学家、杰出青年学者、杰出科技成果颁奖会”在北京中国科技会堂举行。上海第二医科大学血液学家王振义教授（右）获“杰出科学家奖”。
96-069. 京九铁路全线开通运营。图为首列列车驶出北京西站。
96-070. 第十三届国际档案大会在北京举行。
96-071. “展望 21 世纪论坛”会议在北京全国政协礼堂举行。
96-072. 全国政协主席李瑞环在荷兰一农场主家访问。
96-073. 全国政协主席李瑞环在波兰总统府会见波兰总统克瓦希涅夫斯基。
96-074. 奥地利联邦议会议长普法伊费尔到维也纳机场迎接来访的中国政协主席李瑞环。
96-075. 全国政协主席李瑞环在瑞士伯尔尼联邦大厦拜会瑞士联邦主席德拉姆拉。
96-076. 俄罗斯杜马主席奇林加罗夫到莫斯科机场迎接来访的中国政协主席李瑞环。
96-077. 国家重点工程新疆乌鲁木齐石化总厂 30 万吨合成氨主体工程建成。
96-078. 第五届世界历史都市会议在西安举行。

96-072

96-073

96-074

96-075

96-076

96-077

96-078

96-079

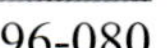

96-080

96-081
96-082

96-079. 第三届“中国青年科学家奖”评奖揭晓。图为获奖的中国科学院研究员袁亚湘（右）接受奖杯和证书。

96-080. 由吴天明执导的故事片《变脸》在第九届东京国际电影节上获最佳导演和最佳男主角奖。图为该片主演朱旭(右四)在领奖台上。

96-081. 山西省电力女子锣鼓队在第三届全国工人运动会闭幕式上表演。

96-082. 首届世界珠算大会在山东潍坊举行。

96-083. 第四十七届国际宇航联大会在北京人民大会堂举行。

96-084. 江泽民主席在第四十七届国际宇航联大会开幕式上讲话。

96-085. 刘华清在北京军事博物馆观看纪念中国工农红军长征胜利60周年大型展览《长征 · 丰碑永存》。

96-086. 第三十一届国际军事医学大会在北京开幕。

96-087. 纪念红军长征胜利60周年文艺晚会上演出大型音乐舞蹈史诗《伟大的长征》。

96-088. 10月22日，江泽民等党和国家领导人出席在北京人民大会堂举行的纪念红军长征胜利60周年大会。

96-083

96-084

96-086

96-085

96-087

96-088

96-089

96-090

96-091

96-089. 大型音乐舞蹈史诗《伟大的长征》最后一幕场景。
96-090. 陕北至北京的天然气输气工程首期工程正在施工。
96-091. 李铁映在陈翰笙百年华诞座谈会上亲执话筒请陈老讲话。
96-092. 香港各界庆祝回归委员会成立典礼在香港大会堂举行。
96-093. 第八届国际科学与和平周在北京人民大会堂开幕。图为陈慕华副委员长为香港方方乐趣英文小学校长边陈之娟(右)颁发特别奖。
96-094. 中共十四届六中全会在北京召开。图为大会主席台。
96-095. 王光英(后排左四)与参加第八届国际科学与和平周闭幕式演出的中外小朋友合影。
96-096. 李鹏出席国家行政学院落成暨开学典礼。
96-097. 9 月 13 日，第八届全国政协副主席王首道逝世。
96-098. 11 月 2 日，第七届全国人大常委会副委员长、著名科学家严济慈逝世。
96-099. 李鹏总理在联合国粮农组织总部会见总干事迪乌夫。

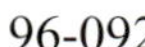

96-092

96-093

96-094

96-095

96-096

96-097

96-098

96-099

96-101

96-100

96-102

96-103

96-100. 第一届亚太地区特殊奥运会在上海举行。
96-101. 在首届亚太特奥会上，13岁的四川运动员孙超在定点投篮比赛中夺冠。
96-102. 美国国防部长佩里在华盛顿五角大楼外举行仪式欢迎来访的中国国防部长迟浩田。
96-103. 中国国防部长迟浩田在美国国防大学发表演讲。
96-104. 香港特别行政区首任行政长官选举在香港会议展览中心举行。
96-105. 董建华以320票当选为香港特别行政区第一任行政长官，图为唱票现场。
96-106. 董建华当选后会见记者。
96-107. 国务院任命董建华为香港特别行政区首任行政长官。图为李鹏总理向他颁发任命书。
96-108. 包钢连铸车间引进国外先进技术生产出首批质量居国内领先水平的重型钢轨。
96-109. 11月10日，第七届全国人大常委会副委员长、著名历史学家周谷城逝世。
96-110. 12月13日，著名戏剧家曹禺逝世。

96-104

96-105

96-106

96-107
96-108

96-109

96-110

96-111

96-112

96-113

96-114

96-111. 国家重点工程西安至安康铁路到西安豁口特大桥工地破土动工。

96-112. 江泽民在中国文联、中国作协举行的联欢晚会上与演员们一起合唱。

96-113. 中国科学院、中国工程院两院院士科技系列报告会在北京科学会堂举行首场专题讲座。

96-114. 俄罗斯总统叶利钦在克林姆林宫会见国务院总理李鹏。

1997

共　和　国　图　典

1997年

1月3日 李鹏总理签署国务院令，发布《中华人民共和国海关稽查条例》。

1月6日 国家科委、中国科学院、上海市人民政府在上海举行联合新闻发布会，宣布我国科学家洪国藩等在世界上首次成功构建了水稻基因组物理全图。

1月6～9日 国务院在北京召开国有企业职工再就业会议。

1月11～12日 中国选手夺得新西兰国际跳水大奖赛5枚金牌。15～18日，中国选手在悉尼举行的国际跳水大奖赛中又夺得5枚金牌。

1月25日 香港特别行政区临时立法会首次会议在深圳迎宾馆举行，范徐丽泰当选临时立法会主席。

1月29日 1996年世界十佳运动员评选活动在北京揭晓，我国运动员邓亚萍、占旭刚当选。

1月31日～2月1日 香港特别行政区筹委会第八次全体会议在北京举行，会议通过了《关于香港特别行政区第一任行政长官、临时立法会在1997年6月30日前开展工作的决定》。

2月2日 第八届全国人大常委会副委员长、原国务委员、国防部部长秦基伟在北京逝世，终年82岁。

2月4日 新华社报道：中国科学院北京天文台1月20日在狮子座内发现一颗近地小行星，现已被国际小行星中心证实，编号为1997BR。这是我国迄今发现的第一颗近地小行星。

2月13日 国家"八五"重点工程，黄河上最大的水电站——李家峡水电站一号机组正式发电。

同日 新华社报道：我国首次南极内陆冰盖考察获得成功，标志着我国南极科学研究迈上新台阶。

2月19日 我国社会主义改革开放和现代化建设的总设计师、建设有中国特色社会主义理论的创立者、原中共中央军委主席、中共中央顾问委员会主任邓小平在北京逝世，终年93岁。24日，邓小平遗体送到八宝山火化。25日，邓小平追悼大会在人民大会堂隆重举行，江泽民致悼词。

同日 整体出水的历史名舰"中山舰"被运到湖北船厂进行修复，该舰于1月28日从长江中打捞出水。

2月27日 中共中央发布《中国共产党纪律处分条例(试行)》。

2月27日～3月12日 中国人民政治协商会议第八届全国委员会第五次会议在北京举行。

3月1～14日 第八届全国人民代表大会第五次会议在北京举行。会议审议、批准了李鹏总理的《政府工作报告》，审查批准了1997年国民经济和社会发展计划及中央预算，并通过了修订的《中华人民共和国刑法》、《中华人民共和国国防法》和批准设立重庆直辖市的决定。

3月9日 黑龙江漠河县发生日全食天象，海尔——波普彗星也同时出现。

3月15日 全英羽毛球公开赛在伯明翰结束，中国运动员共夺4枚金牌2枚银牌。23日，瑞士羽毛球公开赛在巴塞尔结束，中国选手夺得5个项目中的3项冠军。

3月15～22日 以伍绍祖为团长的祖国大陆奥运会金牌代表团一行24人访问台湾。

3月16～19日 全国普通高校招生工作会议在山西太原举行，决定普通高校1997年全部实行并轨招生。

3月18日 南(宁)昆(明)铁路全线铺通庆祝大会在广西百色市举行。

3月24日 中日科学考察探险队成功穿越塔克拉玛干大沙漠，获得大量一手资料。

3月28～31日 迎回归香港博览会在北京举行，李鹏总理出席开幕式并讲话。

3月28日 中共中央印发《中国共产党党员领导干部廉洁从政若干准则(试行)》。

4月1日 全国铁路即日起实行新的列车运行图。新运行图对列车开行结构做了重大调整，将开行快速列车、夕发朝至列车。

4月6日 新疆伽师先后发生6.3级和6.4级地震。

4月9日 著名美术教育家、第四届全国文联副主席、中国美术家协会主席吴作人在北京逝世，终年89岁。

4月9～10日 国际商会第三十二届大会在上海举行。

4月13日 首届亚洲青少年羽毛球锦标赛在马尼拉落幕，中国队夺得全部5项冠军。

4月17日 国际排联在瑞士洛桑宣布，中国女排教练郎平获得1996年女排最佳教练称号。

4月20日 1997年日内瓦国际发明展闭幕，中国有14项发明在展览会上获奖。

4月21日 根据中英联合联络小组达成的协议，中国人民解放军驻香港部队首批40名先遣人员进入香港。

4月22～26日 江泽民主席访问俄罗斯。双方签署了《中俄关于世界多极化和建立国际新秩序的联合声明》。24日，中、俄、哈、吉、塔五国元首共同签署《关于在边境地区相互裁减军事力量的协定》。

4月26日 第六届全国人大常委会委员长彭真在北京逝世，终年95岁。

4月28～30日 国务院副总理兼外长钱其琛访美。29日，钱其琛在华盛顿发表题为《建立面向21世纪的中美关系》的讲话。

4月30日 新华社报道：为促进两岸直航，祖国大陆的福州、厦门港与台湾高雄港之间的试点直航开始启动。

5月5日 第四十四届世乒赛在英国曼彻斯特结束，中国队获男女团体、女单、男女双打和混合双打6项冠军。

5月5～14日 李鹏总理对赞比亚、莫桑比克、加蓬、喀麦隆、尼日利亚和坦桑尼亚进行访问。

5月6日 外交部发言人就日本国会议员西村真悟等人非法登上钓鱼岛、严重侵犯中国主权一事发表谈话，表明中国的严正立场。

5月12日 中国用"长征三号甲"运载火箭发射"东方红三号"卫星。20日，卫星定点成功。

5月18日 北京至九龙直通客车开行。

5月19～24日 第五届苏迪曼杯世界羽毛球赛在英国格拉斯哥举行，中国队蝉联冠军。

5月23日 中国与巴哈马国正式建立外交关系。

同日 新一套年产30万吨合成氨、52万吨尿素的化肥生产装置在乌鲁木齐石油化工总厂建成投产。这项工程使新疆成为我国最大的氮肥生产基地。

5月26日 中央精神文明建设指导委员会在北京成立。

5月29日 江泽民总书记在中央党校省部级干部进修班毕业典礼上讲话，强调要高举邓小平同志建设有中国特色的社会主义理论伟大旗帜，用它来指导我们整个的事业和各项工作。

6月1日 第十届世界羽毛球锦标赛在英国格拉斯哥闭幕。中国夺得女单、女双、混双三项冠军。

同日 来自台湾的柯受良成功地驾车飞越黄河壶口瀑布，创下世界新纪录。

同日 著名书画大师、书画鉴定家、美学理论家谢稚柳先生在上海逝世，终年87岁。

6月4日 第三届世界青年女子和第23届

世界青年男子举重锦标赛在南非开普敦闭幕，中国队名列金牌榜首。

6月9日 我国目前主跨度最大的悬索桥——虎门大桥正式通车。

6月18日 重庆直辖市隆重举行领导机构挂牌揭幕仪式。李鹏总理及国务院有关部委领导出席仪式。

6月19日 国防科技大学研制的“银河—Ⅲ”百亿次巨型计算机系统在北京通过鉴定。

6月30日 江泽民主席率领中国政府代表团抵达香港，参加香港政权交接仪式。这是中国最高领导人首次踏上香港的土地。

7月1日 6月30日午夜至7月1日凌晨，中英两国政府香港政权交接仪式在香港隆重举行。江泽民主席庄严宣告：中国开始对香港恢复行使主权。当日，中华人民共和国香港特别行政区政府成立暨特区政府宣誓就职仪式隆重举行。当晚，中共中央、全国人大常委会、国务院、全国政协、中央军委举行首都各界隆重庆祝香港回归祖国大会，江泽民主席发表讲话。

同日 国家重点工程秦皇岛煤码头四期工程交付试生产，它使秦皇岛成为年吞吐能力达1亿吨的世界能源港口。

7月2日 香港特别行政区政府行政长官董建华向安子介等12位对香港回归作出卓越贡献的香港知名人士颁授最高荣誉奖章。

7月7日 首都各界和全国各地隆重纪念“七七事变”60周年。

7月8～14日 第十届女子、第二十九届男子亚洲举重锦标赛在扬州举行，中国队获男女团体冠军。

7月10～20日 东海舰队举行自1964年全军大比武以来规模最大的海上军事技术大比武。

7月16日 国务院《关于建立统一的企业职工基本养老保险制度的决定》颁布实施。

7月20日 内蒙古举行庆祝大会庆祝自治区成立50周年。

同日 国家“九五”重点建设工程西(安)——(安)康铁路电力工程全面竣工。

7月25日 中国与库克群岛正式建立外交关系。

7月27日 著名经济学家陈岱孙在北京逝世，终年97岁。

7月31日 中共中央、国务院、中央军委在北京隆重举行庆祝中国人民解放军建军70周年大会。江泽民主席发表重要讲话。

8月3日 李鹏总理签署国务院令，发布《国务院行政机构设置和编制管理条例》。

8月7～17日 第五届世界运动会在芬兰举行。中国名列奖牌数第二名。

8月11日 目前我国运量最大的海(运)铁(路)集装箱联运——青岛铁路港站正式投产。

8月20～24日 中国选手孙俊在世界杯羽坛史上最后一届世界杯羽毛球赛男子单打中获得冠军，叶钊颖获女单亚军。

8月21日 我国著名水稻杂交育种专家袁隆平在墨西哥城举行的农作物杂交问题国际研讨会上获得“国际杂交先驱科学家奖”。

8月29日 中共中央纪委作出决定，开除原中共中央政治局委员、中共北京市委书记陈希同党籍。鉴于其行为已触犯刑律，检察机关已对其依法立案侦查。

9月1日 中国与圣卢西亚正式建立外交关系。至此，世界上已有160个国家同我国建立了外交关系。

9月3日 国务院召开电视电话会议，部署建立城市居民最低生活保障制度工作。

9月6日 为期30天的“辉煌的五年——十四大以来经济建设和精神文明建设成就展”在北京隆重开幕。

9月10日 国家“九五”重点工程——陕京天然气管道工程竣工、点火。这是我国目前陆上第一条大口径、长距离、全自动的输气管线。

9月12～18日 中国共产党第十五次全国代表大会在北京举行。江泽民作题为《高举邓小平理论伟大旗帜，把建设有中国特色社会主义事业全面推向二十一世纪》的报告。大会号召全党同志高举邓小平理论的伟大旗帜，在党中央的领导下，团结和带领全国各族人民，满怀信心地把建设有中国特色的社会主义伟大事业全面推向二十一世纪。大会选举产生了新的一届中央委员会。

9月13日 新华社报道：中国和英国近日正式签订工程师资格考试互认协议。这是我国首次与外国签署职业资格互认协议。

9月18日 中共十五届一中全会选举江泽民为中共中央总书记、中央军委主席，江泽民、李鹏、朱镕基、李瑞环、胡锦涛、尉健行、李岚清为中央政治局常委。

9月22日 “邓小平纪念碑”在法国巴黎揭幕。

9月24日 国家电力部向华北电力集团颁发第一张《供电营业许可证》，这标志着我国在实施供电营业许可法律制度上迈出了新的一步。

10月1日 全国各地举行各种庆祝国庆活动。香港特区在会议展览中心新翼前的广场隆重举行国庆日升旗仪式。

10月9日 新华社报道：全长2100多公里的兰州—西宁—拉萨通信光缆工程提前25天全线铺通。

10月12～24日 第八届全国运动会在上海举行。江泽民主席出席开幕式。

10月14日 上海浦东国际机场建设现场举行全面开工仪式，江泽民主席出席仪式并为机场奠基。

10月17日 国务院新闻办发表《中国的宗教信仰自由状况》白皮书。

同日 中国“长征三号乙”运载火箭成功地将“亚太二号R”通信卫星送入预定轨道。

10月17～23日 中国民主同盟第八次全国代表大会及八届一中全会在北京举行，丁石孙当选为主席。

10月22日 中国人民银行发布公告，宣布从23日起降低金融机构存贷款利率。

10月26日～11月2日 江泽民主席成功地访问了美国。访问期间，江泽民主席同克林顿总统举行了会谈，并同美国政界、商界、学界等各界领导人会晤。中美双方发表了联合声明。

10月27日～11月1日 中国农工民主党第十二次全国代表大会及十二届一中全会在北京举行，蒋正华当选为中央主席。

10月28日 黄河小浪底工程截流成功，李鹏总理出席截流仪式并讲话。

11月1～6日 中国致公党第十一次全国代表大会及十一届一中全会在北京举行，罗豪才当选为中央主席。

11月3日 人民日报报道：第20届大众电影百花奖评奖揭晓，《红河谷》等影片获奖。

11月5日 第五届中国艺术节在成都落幕。第七届“文华奖”同时颁奖。

11月8日 三峡工程实现大江截流，江泽民主席发表重要讲话。

11月8～13日 九三学社第七次全国代表大会及十届一中全会在北京举行。吴阶平当选为中央主席。

11月9～11日 俄罗斯总统叶利钦访华。

11月10～12日 香港特别行政区第九届全国人民代表大会代表选举会议第一次会议在香港会展中心新翼展览厅举行。

11月11～16日 李鹏总理对日本进行访问。

11月12～17日 台湾民主自治同盟成立50

97-001

97-002

97-001. 江泽民在北京市考察国有企业时同下岗纺织女工亲切交谈。
97-002. 沉睡在长江江底59年之久的一代名舰“中山舰”，在其沉没地湖北金口镇被打捞出江面。
97-003. 2月19日，原中共中央军委主席、中顾委主任邓小平逝世。邓小平追悼大会在北京人民大会堂举行。
97-004. 江泽民在邓小平追悼大会上致悼词。
97-005. 江泽民等党和国家领导人及邓小平亲属护送邓小平遗体上灵车。
97-006. 路途两旁各界群众肃立目送邓小平灵车驶向八宝山。
97-007. 拉萨藏族老阿妈索朗央宗在邓小平像前祈祷。

周年纪念会暨台盟第六次全盟代表大会及六届一中全会在北京举行。张克辉当选为主席。

11月13～18日 中国民主建国会第七次全国代表大会及七届一中全会在北京举行。成思危当选为中央主席。

11月17～19日 中共中央、国务院在北京召开全国金融工作会议。

11月24日 南昆铁路电气化工程竣工。

11月24～30日 中国国民党革命委员会成立50周年纪念暨民革第九次全国代表大会在北京举行。何鲁丽当选为中央主席。

11月26日～12月3日 江泽民主席访问加拿大和墨西哥。

11月26日～12月2日 中国民主促进会第八次全国代表大会及十届一中全会在北京举行。许嘉璐当选为中央主席。

11月28日 遵照国务院、中央军委指示，云南省军区扫雷部队开始在中越边境实施第二次大面积扫雷。

12月4～29日 中央委员、候补中央委员学习邓小平理论和十五大精神研讨班在中央党校举办。

12月4日 中国科学院、中国工程院院士增选评审揭晓，两院新增院士分别为58人和116人。

12月8日 中国用“长二丙”改进型运载火箭首次成功地将美国两颗铱星送入预定轨道。

12月9～11日 中共中央、国务院在北京召开经济工作会议。

12月15～16日 东盟—中日韩首脑非正式会晤和中国—东盟首脑非正式会晤先后在马来西亚首都吉隆坡举行。江泽民主席出席并发表重要讲话。

12月15日 第六届中国金鸡、百花电影奖颁奖典礼在广东佛山市举行。历史片《鸦片战争》获最佳故事片奖。

12月22日 首次“全国优秀科技工作者”评选在北京揭晓。王启民等291名科技人员上榜。

12月24～29日 八届人大常委会第二十九次会议在北京举行。会议通过《中华人民共和国价格法》、《中华人民共和国献血法》、《中华人民共和国防震减灾法》。

12月28～1998年1月1日 钱其琛副总理兼外长访问南非。访问期间，两国签署了建交公报，定于1998年1月1日起建立大使级外交关系。

97-003

97-004

97-005

97-006

97-007

97-008

97-009

97-010

97-011

97-012

97-013

97-014

97-015

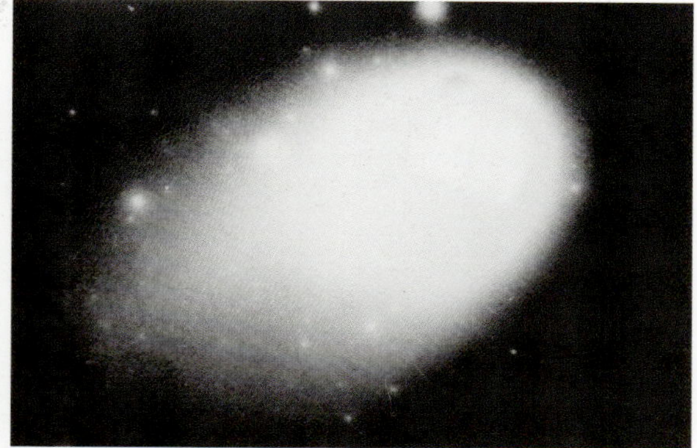

97-016

97-008. 八届全国人大五次会议会场。

97-009. 解放军代表高世良在八届全国人大五次会议上讨论《中华人民共和国国防法（草案）》时发言。

97-010. 出席八届全国人大五次会议的代表表决通过关于批准设立重庆直辖市的决定。

97-011. 范徐丽泰（右）当选为香港特别行政区临时立法会主席。

97-012. 2月2日，第八届全国人大常委会副委员长秦基伟逝世。图为秦基伟生前在军事演习现场向中央军委主席邓小平汇报。

97-013. 建设中的李家峡水电站大坝。

97-014. 海内外专家和天文爱好者在黑龙江省漠河地区观测日全食与彗星同现的奇观。

97-015. 中科院紫金山天文台拍摄的距地球2.66亿公里的海尔—波普彗星。

97-016. 北京时间1997年3月9日7分40秒在漠河上空出现的日全食奇观。

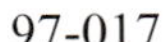

97-018

97-017

97-019

97-020

97-017. 葛菲、顾俊在全英羽毛球公开赛中获混合双打冠军。

97-018. 董炯在全英羽毛球公开赛中获男子单打冠军。

97-019. 中国奥运会金牌运动员代表团访问台北体育学院。

97-020. 伍绍祖（右二）率中国奥运金牌运动员代表团应邀抵达台北，受到欢迎。

97-021. 台湾各界文化祭祖访问团到陕西黄陵县公祭黄帝。

97-022. “迎回归香港博览会”在北京中国国际贸易中心举行。

97-023. 在“迎回归香港博览会”上一位参观者对香港影星成龙的“爱心”手印发生兴趣。

97-024. 解放军战士帮助新疆伽师地震灾区群众搭起防震棚。

97-025. 解放军医疗队抢救地震受伤群众。

97-026. 4月9日，著名画家吴作人逝世。

97-021

97-022

97-023
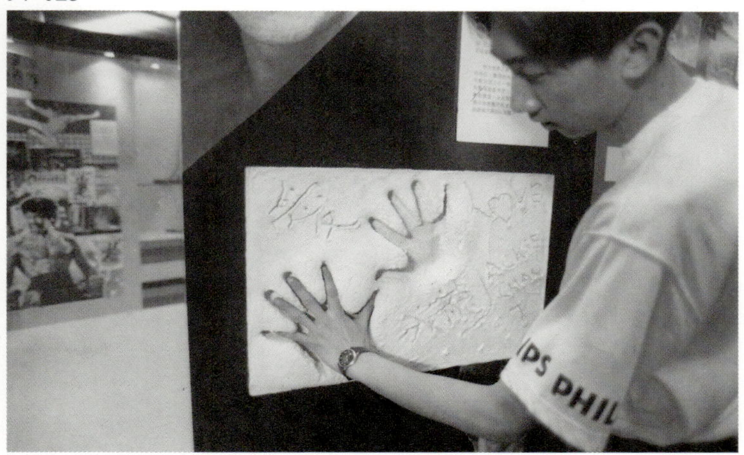

97-024

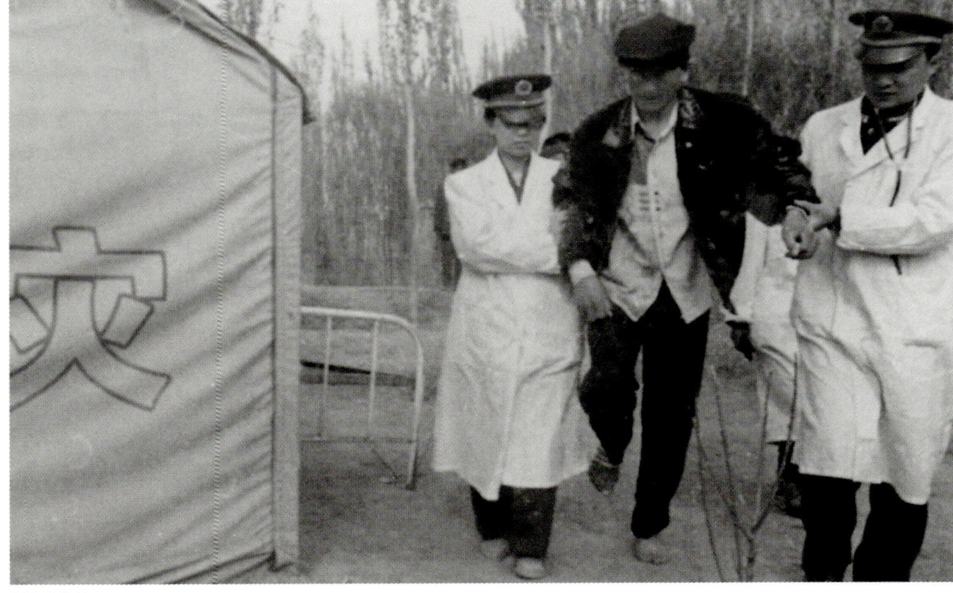

97-025

97-026

97-027

97-028

97-029

97-030

97-027. 4月9日至10日，国际商会第三十二届世界大会在上海举行。李鹏总理和中外代表步入会场。

97-028. 中国女排教练郎平与队员在一起。

97-029. 驻港部队副司令员周伯荣少将（右）等40人先期到达香港，受到驻港英军司令邓守仁少将（左）的欢迎。

97-030. 驻港部队先遣部队运输车进入香港。

97-031. 江泽民主席对俄罗斯进行国事访问到达莫斯科，受到俄总理切尔诺梅尔金的欢迎。

97-032. 江泽民主席和叶利钦总统在克里姆林宫签署《中华人民共和国和俄罗斯联邦关于世界多极化和建立国际新秩序的联合声明》。

97-033. 国家主席江泽民在克里姆林宫同俄罗斯总统叶利钦（右二）、哈萨克斯坦总统纳扎尔巴耶夫（右一）、吉尔吉斯斯坦总统阿卡耶夫（左二）、塔吉克斯坦总统赫莫诺夫（左一）签署《关于在边境地区裁减军事力量的协定》。

97-034. 4月26日，第六届全国人大常委会委员长彭真逝世。

97-035. 江泽民等党和国家领导人到北京医院送别彭真。

97-031

97-032

97-033

97-034

97-035

97-036

97-037

97-038

97-039
97-040

97-041

97-043

97-042

97-044

97-045

97-036. 中国选手刘国梁在第四十四届世乒赛比赛中。
97-037. 中国选手孔令辉(左)在第四十四届世乒赛混合双打比赛中的一个精彩瞬间。
97-038. 中国男队主教练蔡振华和他的队员在第四十四届世乒赛领奖台上。
97-039. 中国女选手在第四十四届世乒赛女子单打比赛中囊括前4名，赛场上同时升起四面五星红旗。
97-040. 中国女队教练和队员在第四十四届世乒赛领奖台上。
97-041. 新一代通信卫星“东方红三号”由新型的“长征三号甲”运载火箭发射升空。
97-042. 西昌卫星发射指挥控制中心在进行“东方红三号”发射控制工作。
97-043. 朱镕基在成都召开的全国房改工作会议上讲话。
97-044. 美国总统克林顿在华盛顿白宫会见来访的国务院副总理兼外交部部长钱其琛。
97-045. 福州到高雄40多年来首次直航。

97-046

97-048

97-049

97-047

97-050

97-051

97-052

97-053

97-054

97-055

97-046. 中共中央总书记江泽民在中央党校省部级干部进修班毕业典礼上讲话。

97-047. 朱镕基在北京中南海会见出席商务印书馆建馆100周年座谈会的代表。

97-048. 由九龙到北京的第一班直通列车从九龙站发出。

97-049. 英国爱德华王子为在英国格拉斯格举行的第十届世界羽毛球锦标赛中获女子单打冠军的中国选手叶钊颖颁奖。

97-050. 年产20万吨合成氨、52万吨尿素的化肥生产装置在乌鲁木齐石油化工总厂第二化肥厂开车成功。

97-051. 中国与巴哈马国建立外交关系联合公报在纽约联合国总部签字。

97-052. 6月21日，著名书画家董寿平逝世。图为董寿平生前在长城上写生。

97-053. 国家重点工程秦皇岛煤码头。

97-054. 中国女选手龚智超在第五届苏迪曼杯比赛中。

97-055. 中国选手董炯在第五届苏迪曼杯羽毛球赛中获男单冠军。

97-057

97-056

97-058

97-059

97-060

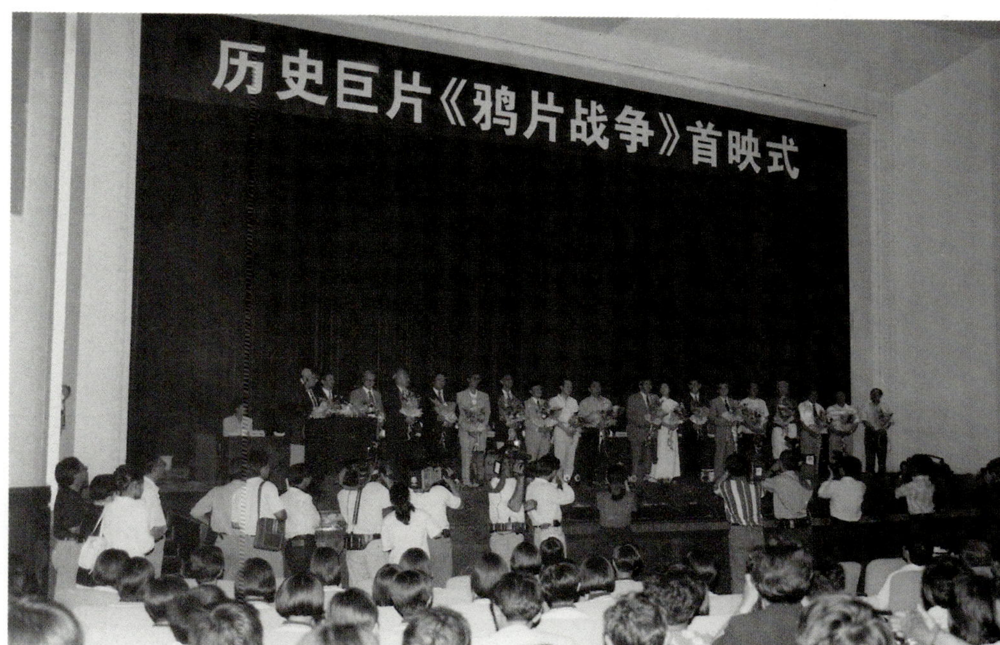

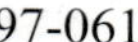
97-061

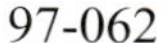
97-062

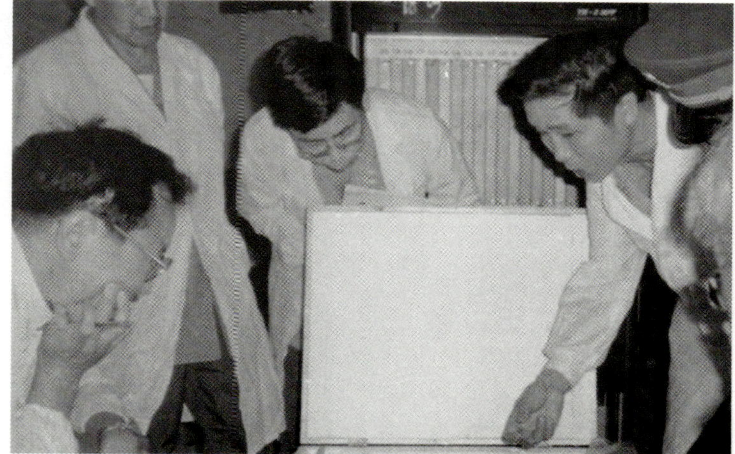
97-063

97-064

97-056. 中国选手刘永（右）、葛菲（左）在第十届世界羽毛球锦标赛混双决赛中夺冠。

97-057. 中国女队在第十届世界羽毛球锦标赛中囊括女单决赛金、银、铜牌。4 面五星红旗同时在赛场升起。

97-058. 跨越珠江口的虎门大桥试通车。

97-059. 陕西省人民政府为柯受良驾车飞越黄河壶口壮行。

97-060. 柯受良驾驶白色三菱跑车成功地飞越黄河壶口瀑布。

97-061. 由谢晋执导的历史巨片《鸦片战争》在北京举行首映式。

97-062. “香港回归宝鼎”在香港维多利亚公园展出。

97-063. “银河—III”百亿巨型计算机研制成功。图为专家们正在测试关键技术 ASIC 芯片。

97-064. 重庆直辖市挂牌揭幕大会在重庆大礼堂举行。李鹏出席大会。

97-065

97-065. 中英两国政府香港政权交接仪式于1997年6月30日午夜至7月1日凌晨举行。

97-066

97-067

97-068

97-066. 英方“告别香港”仪式在添马舰东面举行。
97-067. 香港总督府的英国国旗在缓缓降下。
97-068. 一名英国皇家警察将刚刚降下的英国国旗交给最后一任香港总督彭定康。
97-069. 国家主席江泽民庄严宣告中国对香港恢复行使主权。
97-070. 香港特别行政区首任行政长官董建华宣誓就职。国务院总理李鹏监督。
97-071. 中英双方在威尔斯亲王军营举行防务交接仪式。
97-072. 中国人民解放军驻港部队陆路纵队经皇岗海关进入香港。
97-073. 香港一瞥。

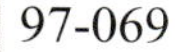

97-069

97-070

97-071

97-072

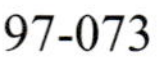

97-073

97-074

97-075

97-076

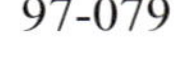
97-077

97-079

97-078

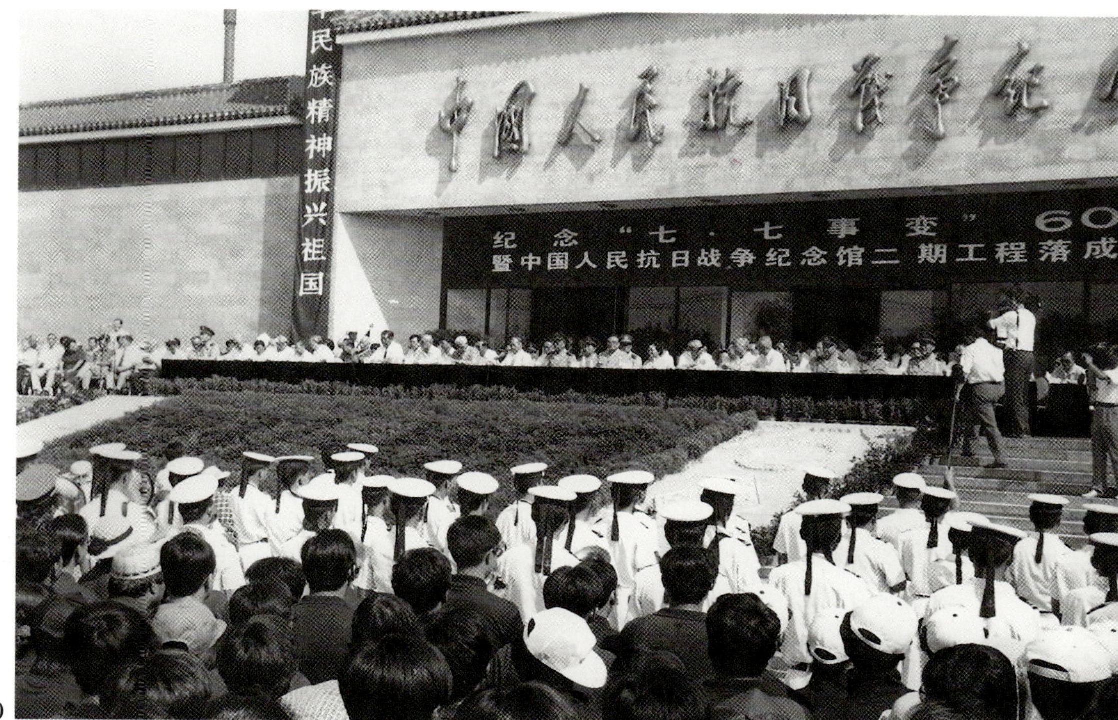

97-080

97-081

97-082

97-074. 国务院在北京人民大会堂举行庆祝香港回归招待会。

97-075. 香港特别行政区成立庆典晚会上演出的大型交响曲《1997—天、地、人》。

97-076. 在北京人民大会堂举行的庆祝香港回归大型文艺晚会《回归颂》的一个场面。

97-077. 香港特别行政区成立庆典在香港会展中心新翼举行。

97-078. 内蒙古自治区成立50周年庆祝大会主席台。

97-079. 中央代表团团长、国务院副总理邹家华在内蒙古自治区成立50周年庆祝大会上向自治区赠旗。

97-080. 纪念"七·七"事变60周年大会暨中国人民抗日战争纪念馆二期工程落成开馆典礼在北京举行。

97-081. 7月27日，著名经济学家陈岱孙逝世。

97-082. 抗日名将吕正操（中）在纪念"七·七"事变60周年国际学术研讨会上讲话。

97-083

97-084

97-085

97-086

97-083. 江泽民主席在中国人民解放军建军 70 周年大会上讲话。

97-084. 党和国家领导人出席在北京人民大会堂举行的庆祝中国人民解放军建军 70 周年大会。

97-085. 中国五金矿产进出口总公司在美国再次发行商业票据项目签字仪式在纽约举行。

97-086. “世界杂交水稻之父”袁隆平正在研究水稻长势情况。

97-087. 中国共产党第十五次全国代表大会在北京人民大会堂开幕。

97-088. 中共中央总书记江泽民代表第十四届中央委员会向大会作题为《高举邓小平理论伟大旗帜，把建设有中国特色社会主义事业全面推向二十一世纪》的报告。

97-089. 中共十五届一中全会选举产生的中央政治局常委。左起：江泽民、李鹏、朱镕基、李瑞环、胡锦涛、尉健行、李岚清。

97-087

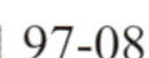

97-088

97-089

97-090

97-090. 中国共产党第十五次全国代表大会主席台。前排左起：胡锦涛、朱镕基、乔石、江泽民、李鹏、李瑞环、刘华清。

97-091

97-092

97-093

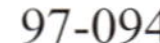
97-094

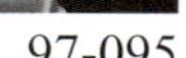
97-095

97-096

97-097

97-098

97-099

97-100

97-101

97-102

97-091. 8月24日，香港回归纪念亭在九龙落成。

97-092. 我国首次举办国际越野挑战赛。

97-093. 海峡两岸长跑活动在北京结束。

97-094. 香港特别行政区政府在国际会议展览中心广场举行升国旗仪式。

97-095. 全国政协副主席霍英东（右三）、香港特别行政区行政长官董建华（右五）等各界人士参加国旗升旗仪式。

97-096. 世界贸易中心协会第二十八届年会在香港开幕，中国对外经济贸易部部长吴仪（右二）、香港特别行政区行政长官董建华（中）、世贸中心协会总裁杜苏里（左）主持开幕式。

97-097. 世界上最高的光缆通讯干线——兰（州）、西（宁）、拉（萨）光缆通讯干线正式开通。图为邮电部长吴基传在海拔5231米的唐古拉山口向国务院报告开通情况。

97-098. 香港少女冠璐在北京举行的八运会火炬传递点火起跑仪式上点燃“世纪之火”。

97-099. 第八届全国运动会在上海举行，国家主席江泽民、国际奥委会主席萨马兰奇在主席台上。

97-100. 香港特别行政区代表团在八运会开幕式上入场。

97-101. 第八届全国运动会运动员入场式。

97-102. 在八运会闭幕式上，上海市市长徐匡迪（右三）将八运会会旗交给国家体委主任伍绍祖（右二）。右一为第九届全运会承办地代表、广东省省长卢瑞华。

97-103

97-104

97-105

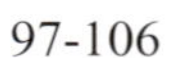

97-106

97-107

97-108

97-109

97-111

97-110

97-103. 江泽民主席抵达美国夏威夷首府檀香山，开始访问美国之行。
97-104. 国家主席江泽民在纽约参观，与当地学生见面并向他们赠送礼物。
97-105. 美国总统克林顿在白宫南草坪举行仪式欢迎来访的中国国家主席江泽民。
97-106. 江泽民主席会见美国前国务卿基辛格博士。
97-107. 江泽民主席参观美国国际商用机器总部并为该公司题词。
97-108. 江泽民主席在美国哈佛大学讲演。
97-109. 江泽民主席参加上海浦东国际机场奠基仪式。
97-110. 首届亚欧经济部长会议在日本千叶开幕，中国外经贸部长吴仪与日本通产大臣堀内光雄握手。
97-111. 中国民主同盟第八次全国代表大会在北京召开。

97-112

97-113

97-112. 首届“中国杰出青年卫士”评选揭晓。(上排左起)王玉荣(女)、毛亚社、邓昌贵、李建强、吴锡坤;(下排左起)张庆增、张志刚、莫远航、谭彦、谭振亮。

97-113. “长征三号乙”运载火箭在西昌卫星发射中心将亚太二号及通讯卫星送入预定轨道。

97-114. 第五届中国艺术节组委会在成都天府广场举行升旗仪式。

97-115. 成都川剧学校学生在第五届中国艺术节上表演川剧丑角功夫“顶碗滚灯”。

97-116. 第五届中国艺术节开幕式文艺晚会会场。

97-117. 当小浪底水利枢纽工程龙口合龙时,担负石料抛入的司机们挂起一面国旗欢呼。

97-118. 黄河小浪底水利枢纽工程截流成功。

97-114

97-115

97-116

97-117

97-118

97-119

97-120

97-121

97-122

97-123

97-124

97-125

97-126

97-127

97-128

97-119. 江泽民、李鹏在大江截流围堰堤坝上向建设者们表示慰问。
97-120. 三位现场副指挥发出绿色信号弹，大江截流开始。
97-121. 长江三峡工程举行大江截流仪式。
97-122. 三峡坝区合龙之夜礼花齐放。
97-123. 大型自卸车投抛大江截流合龙前的最后一车石料。
97-124. 参加大江截流施工的建设者在合龙点挥旗欢呼。
97-125. 九三学社第七次全国代表大会在北京召开。图为九三学社常务副主席吴阶平（右二）在大会主席台上。
97-126. 中国农工民主党十二届一次会议在北京举行。图为新当选的主席蒋正华（前左）与原主席卢嘉锡（前右）在一起交谈。
97-127. 中国民主建国会七届一次会议在北京召开。图为新当选的民建主席成思危（右三）与其他民建领导人在一起交谈。
97-128. 香港特别行政区第九届全国人民代表大会代表选举会议在香港举行。香港特别行政区行政长官董建华（中）主持会议。

97-129

97-130

97-131

97-132

97-129. 香港特别行政区九届全国人大代表选举会议成员投票。
97-130. 纪念台盟成立 50 周年暨第六次全盟代表大会在北京举行。
97-131. 中国国民党革命委员会九届一次会议选举何鲁丽为中央委员会主席。
97-132. 许嘉璐(左一)在中国民主促进会第八次全国代表大会上当选为中央委员会主席。
97-133. 南非总统曼德拉在开普敦总统官邸会见来访的中国国务院副总理兼外交部长钱其琛。
97-134. 国务院副总理兼外交部长钱其琛在开普敦罗宾岛参观曾关押曼德拉总统达 16 年的政治犯监狱。
97-135. 中国与南非两国政府签署建立外交关系联合公报后,国务院副总理兼外交部长钱其琛与南非共和国外交部长恩佐交换文本。
97-136. 南(宁)昆(明)电气化铁路全线开通运营。
97-137. 我国自行研制的"长征二号丙"改进型火箭在太原卫星发射中心成功地将美国摩托罗拉公司两颗铱星送入预定轨道。

97-133

97-134

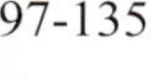

97-135

97-136

97-137

97-138

97-139

97-140

97-138. 江泽民主席访问墨西哥期间被授予“墨西哥城贵宾”称号。
97-139. 江泽民主席在加拿大总督府植下友谊树。右为加拿大总督勒布朗。
97-140. “长征二号丙”改进型火箭总指挥袁连启（右）与美国摩托罗拉公司中国项目经理克尔（中）在发射中心互相祝贺。
97-141. 江泽民等党和国家领导人出席全国组织工作会议。
97-142. 第三届亚洲女足锦标赛在广州举行。中国队在决赛中夺冠。
97-143. 大连万达队夺得1997年甲A足球联赛冠军。
97-144. 国家重点工程——青岛港前湾二期工程建成投产。

97-141

97-142

97-143

97-144

97-145

97-146

97-147

97-145. 江苏省暨南京市各界在南京江东门纪念馆新落成的悼念广场集会，悼念“南京大屠杀”同胞遇难60周年。

97-146. 南京大屠杀幸存者李秀英（左）、夏淑琴老人在“哭墙”前凭吊死难亲人。

97-147. 各界人士在悼念广场向雕塑“古城的灾难”敬献白花。

1998

共　和　国　图　典

1998年

1月1日 我国自即日起，用3年时间在广播影视系统陆续实行播音员主持人上岗制度。

1月2日 香港成立督导委员会，政务司司长陈方安生出任委员会主席。

1月5日 “中国光明工程”正式启动，将给7200万无电人口送去光明和温暖。

同日 福州市人民法院开庭审判了一起建国以来罕见的副局级干部为夺权谋私、雇人谋杀上级领导的案件，杨锦生、郑铭华被一审判处死刑。

1月8～10日 中央农村工作会议在北京举行，会议强调要稳定和加强农村工作。

1月10日 河北省张家口西北的张北地区发生6.2级地震。

1月12～15日 全国宣传部长会议在北京举行。

1月13日 全国银行、保险、证券系统行长(经理)会议在北京召开。朱镕基总理在会上指出人民币将保持稳定，不会贬值。

1月15～18日 全国广播影视厅局长会议在北京召开，会议提出要把宣传邓小平理论放在重中之重的位置。

1月16日 1997年度亚洲十佳运动员评选揭晓，中国的陈妍、邓亚萍等当选。

1月20～22日 中纪委第二次全体会议在北京举行并发表公报。江泽民总书记在会上发表讲话，强调加强党风廉政建设和开展反腐败斗争是邓小平理论的重要内容。

1月21日 故事片《变脸王》在印度首都新德里举行的第二十九届国际电影节上荣获金孔雀奖。

1月23日 上海销毁12万只纱锭，为全国实现国务院要求的“3年压锭1000万”任务拉开序幕。

同日 首届中国曹禺戏剧文学奖、评论奖在北京颁奖。

1月25日 我国目前最大的海上稠油田绥中36-1油田J区近日建成投产，年最高产油量为33万吨。

1月26日 首都各界纪念江泽民主席《为促进祖国统一大业的完成而继续奋斗》重要讲话发表3周年。

1月29日 国务院宗教事务局局长叶小文一行访问美国。2月6日叶小文等在华盛顿举行的记者招待会上驳斥美国国务院最近发表的人权报告，指出报告中对中国政府控制和迫害宗教的指责“完全是不顾事实根据，是毫无道理的。”

2月4日 新华社报道:山西省朔州市发生假酒案，造成27人中毒死亡。16日，国家经贸委等8个部门联合发出通知要求严厉打击制售假冒伪劣酒类产品的违法行为，并决定对制酒企业将核发生产许可证。

2月8～10日 全国对外经济贸易工作会议在北京举行。

2月9日 首届鲁迅文学奖评选在北京揭晓。

2月10日 周恩来百年诞辰纪念展览《人民的好总理》在中国革命博物馆开幕。

2月12～17日 李鹏总理对卢森堡、荷兰进行访问。

2月14日 朱镕基副总理在天津考察再就业工作时指出，再就业工程关系国企改革成败。

2月17～18日 李鹏总理对俄罗斯进行访问，并出席中俄总理定期会晤。

2月23日 周恩来同志诞辰100周年纪念大会在北京隆重举行。

2月23～24日 中国队囊括在北京举行的国际跳水大奖赛全部6个项目的金银牌。

2月25～26日 中共十五届二中全会在北京举行。全会审议通过了《国务院机构改革方案》和新一届国家领导人推荐名单，提交即将召开的九届全国人大一次会议审议。

3月3～14日 中国人民政治协商会议第九届全国委员会第一次会议在北京举行，李瑞环再次当选为全国政协主席。会议通过了《政协九届一次会议政治决议》等。

3月4日 国家统计局公布1997年国民经济和社会发展统计公报。

3月5～19日 第九届全国人民代表大会第一次会议在北京举行。会议通过《关于政府工作报告的决议》等文件，批准了《国务院机构改革方案》。会议选举江泽民为国家主席、中央军委主席，李鹏为全国人大常委会委员长，胡锦涛为国家副主席，决定朱镕基为国务院总理。

3月15～16日 政协九届常委会举行第一次会议，决定设立九个专门委员会。

3月16～18日 全国计划生育工作会议在北京举行。会议提出，到2000年我国人口总数控制在13亿以内。

3月21日 经国务院批准，中国人民银行决定：自当日起对存款准备金制度实行改革，并降低中央银行对金融机构的存、贷款利率；自25日起降低金融机构存贷款利率。

3月23日 首获中国证监会批准的开元证券投资基金和金泰证券投资基金在证券所公开上网发行。

3月24日 新一届国务院召开第一次全体会议，朱镕基总理主持会议并发表讲话。会议讨论通过《国务院机构设置和调整国务院议事协调机构方案》和修订后的《国务院工作规则》。

3月24～26日 朱镕基总理在长春召开辽宁、吉林、黑龙江、内蒙古等省区负责人座谈会。朱镕基总理在会上强调实施再就业工程事关大局，粮食流通体制非改不可。

3月30日 由香港特区行政长官董建华首倡、备受各方瞩目的粤港合作联席会议制度，经国务院批准正式确立并举行庆祝仪式。

3月31日～4月7日 朱镕基总理出访英国和法国。4月2日，朱镕基总理在伦敦同欧盟委员会主席英国首相布莱尔和欧盟委员会主席桑特举行首次会晤，并发表联合声明。

3月31日 哈尔滨飞机制造公司和中国航空技术进出口总公司与加拿大航空工业集团签订购买两架中国生产Y12IV型轻型多用途飞机的购销协议，这是国产民用飞机首次出口北美。

4月3日 香港特区首届立法会选举委员会正式产生。

同日 中央军委决定，组建中国人民解放军总装备部。

4月8日 香港特区临时立法会举行最后一次会议，会上全体议员一致通过《告别议案》。香港特区临时立法会经过16个月的运作之后，圆满完成历史使命。

4月13日 海南省委、省政府在海口体育馆举行建省办经济特区10年庆祝大会。

同日 《人民日报》报道，我国目前已设立了450个博士后流动站，基本形成了一个学科门类齐全、具有相当规模的博士后流动站网络体系。

4月15日 《中国教育报》报道：从5月1日起，社会力量办学许可证正式启用；7月1日起，不具备许可证的社会力量办学机构属于非法办学。

4月20日 九届人大常委会委员长会议决定，全国人大常委会将重点对7部法律和有关法律问题的决定的实施情况进行检查。

4月23日 1998年全国十大杰出工人评选揭晓。全国总工会作出向’98全国十大杰出工人学习的决定。

4月27～29日 全国粮食流通体制改革工作会议在北京召开。

4月28日 国务院派出的第一批国有重点大型企业稽察特派员及其助理培训班在中南海举行开班仪式,94个国有重点大型企业的总会计师培训班同时开班。

4月29日～5月1日 美国国务卿奥尔布赖特访华。4月29日,中美签署关于建立直通保密电话通信线路的决定。

5月1日 长江三峡工程中第一个建成的综合性项目——三峡工程临时船闸正式通航。

5月2日 大学校长论坛在北京举行，中外近百所著名大学校长出席会议。

5月4日 北京大学举行百年庆典，江泽民主席发表讲话，并会见80多位海外大学校长和著名科学家。

5月4～6日 全国宣传部长座谈会在北京举行。要求认真做好纪念十一届三中全会20周年宣传工作。5日，中共中央发出纪念十一届三中全会召开20周年通知。

5月5～6日 澳门特区筹委会在北京宣告成立。李鹏委员长出席成立大会并向筹委会全体委员颁发任命书。江泽民主席会见澳门特区筹委会委员并发表讲话。

5月8日 纪念真理标准讨论20周年座谈会在北京举行。

5月11日～6月2日 第二期中央委员和候补中央委员学习邓小平理论和十五大精神研讨班在中央党校举办。

5月14日 新华社报道，近日中国人民银行正式推出了《个人住房贷款管理办法》。

5月14～16日 中共中央、国务院召开国有企业下岗职工基本生活保障和再就业工作会议。

5月19日 公安部、信息产业部、建设部、国家税务总局联合宣布在7个具体行业中率先推广行业规范化服务。

5月21～25日 朱镕基总理在安徽考察粮食工作并强调指出，统一政策、统一行动把粮食流通体制改革进行到底。

5月25日 香港特区第一届立法会选举产生,60位议员在两年任期内行使基本法赋予的职权。

5月26日 中国目前最长的公路桥——全长17.1公里的温州大桥立体部分建成通车。

5月29日 全国禁毒展览在中国人民革命军事博物馆开幕。江泽民、李鹏、朱镕基等领导人先后参观了这次展览。

6月1日 国务院举行第四次常务会议通过《粮食收购条例》。

同日 第四届少儿电视“金童奖”在北京颁奖。

6月1～5日 中国科学院第九次院士大会、中国工程学院第四次院士大会在京举行。

6月5日 我国互联网用户首次突破百万大关，达106万户。

6月8日 中国人民银行发布《关于对金融机构违法违规经营责任人的行政处分规定》。

6月8～10日 中共和日共在北京举行会谈，决定中共和日共实现关系正常化。

同日 经济日报、光明日报两报业集团成立。

6月9日 受日元汇率下跌等影响港股下跌，恒生指数跌破8000点。

6月10日 中共中央办公厅、国务院办公厅发出《关于在农村普遍实行村务公开和民主管理制度的通知》。

6月16日 我首次实施伏季休渔制度，实行船进港、网入库、人上岸。

6月19日 朱镕基总理主持召开国务院第二次全体会议，部署各部门“三定”(定职能、定机构、定编制)方案的实施工作。

同日 朱时清院士任中国科技大学校长。

6月19～25日 中国共产主义青年团第十四次全国代表大会在北京召开，选举周强为团中央第一书记。

6月22日 经中共中央批准，中共中央金融工作委员会正式成立。温家宝为书记。

6月24日 中共中央发出《关于在全党深入学习邓小平理论的通知》。

6月25日～7月3日 美国总统克林顿应邀访华。

7月1日 香港特别行政区政府举行盛大集会庆祝香港回归祖国一周年。江泽民主席出席并讲话。

同日 《中华人民共和国防洪法》正式实施。

7月2日 香港特区首届立法会议举行第一次会议，范徐丽泰当选为立法会主席。

7月3～4日 江泽民主席赴哈萨克斯坦阿拉木图参加中国、哈萨克斯坦、吉尔吉斯斯坦、俄罗斯、塔吉克斯坦五国首脑会晤。

7月4～9日 朱镕基总理视察江西、湖北、湖南三省防汛抗洪工作。

7月5～9日 江泽民总书记在新疆视察。

7月6日 香港新机场正式启用，服务73年的启德机场于5日午夜正式关闭。

同日 经国务院批准湖北省蒲圻市更名为“赤壁市”。

同日 我国建成第一个千兆位校园计算机网络。

7月8日 我国军人保险制度正式实施。

7月9日 经中共中央批准，中共中央大型企业工作委员会成立。吴邦国为书记。

7月10～16日 中央电视台首次现场直播北京市第一中级人民法院开庭审理八一电影制片厂等国内10家电影制作单位诉北京天都电影版权中心等3家单位侵犯著作权一案。

7月13日 国务院颁布实施《非法金融机构和非法金融业务活动取缔办法》。

7月13～15日 全国打击走私工作会议在北京举行。

7月17～19日 学习邓小平理论工作会议在北京召开。江泽民发表讲话，强调高举邓小平理论的伟大旗帜是全党各项工作的主题。

7月18日 中国长征火箭首次发射欧洲国家制造的通讯卫星，成功地将“鑫诺”一号送入预定轨道。

7月20日 国务院颁布实施《城市房地产开发经营管理条例》。

7月21日 新华社报道，国务院近日发出《关于进一步深化城镇住房制度改革加快住房建设的通知》。

7月25日 以文汇报、新民晚报为基础组成的文汇新民联合报业集团在上海成立。

7月26日 江西、湖南省依据《防洪法》宣布进入紧急防汛期。

7月27日 国务院新闻办发布《中国的国防》白皮书。

7月28日 中央纪委、中央政法委召开贯彻中央《关于军队、武警部队、政法机关不再从事经商活动的决定》电视电话会议。

同日 外交部发言人代表中国政府对印尼华人妇女在5月印尼骚乱中遭受强暴表示强烈关注和不安。

7月31日 原中共中央政治局委员、北京市委书记陈希同因贪污、玩忽职守罪被一审判处有期徒刑16年。

8月2日 第二届中国“十大女杰”评选揭晓。

同日 第八届中国新闻评奖揭晓。

8月3日 外交部长唐家璇在香港发表谈话，就印尼华人妇女在印尼5月骚乱中遭受强暴和许多华人商店遭洗劫一事阐明中国政府的立场。

8月5日 国务院颁布实施《粮食购销违法行为处罚办法》。

8月6日 全国妇联发表声明，要求为受害印尼华人妇女伸张正义。

同日 中共中央、国务院、中央军委致电

慰问全国抗洪救灾军民。湖北省宣布进入紧急防汛期。

同日 第六、七届全国政协副主席邓兆祥在北京逝世，终年95岁。

8月7日 江泽民总书记主持中央政治局常委扩大会议,作出关于长江防汛抗洪抢险工作的决定。

同日 国家"九五"重点工程——兰州—西宁—拉萨光缆干线全线开通。

8月8日 中共中央军委发出《关于进一步做好防洪抢险救灾工作的紧急通知》。

8月8～9日 朱镕基总理赴湖北、江西察看汛情。

8月8～10日 中国电影家协会第六次代表大会在北京举行,谢铁骊当选为主席。

8月9日 中国十大杰出青年评选揭晓。

8月10～15日 第十八届国际遗传大会在北京举行。

8月13日 江泽民总书记赴湖北长江抗洪抢险第一线，看望、慰问抗洪救灾军民。

8月16日 李鹏委员长赴黑龙江抗洪抢险第一线察看汛情。

8月18日 我国移动电话用户突破2000万，占全球GSM用户总量的七分之一。

8月20日 新疆历史上第一条高等级公路吐(鲁番)—乌(鲁木齐)—大(黄山)公路全线通车。

同日 最高人民法院对陈希同贪污、玩忽职守案作出终审裁定:驳回陈希同上诉,维持原判。

8月28日 香港特区政府阻击国际金融炒家获阶段性胜利。恒生指数上升88.57点,以7829点闭市。

8月28日～9月2日 第七届国际图书博览会在北京举行。

8月30日 我国首条跨海铁路——粤海铁路动工。

9月1～5日 中国妇女第八次全国代表大会在北京开幕。大会选举彭珮云为全国妇联主席，陈慕华为名誉主席。

9月2日 《中华人民共和国土地管理法》颁布实施。

9月4～5日 江泽民总书记到湖南、江西察看灾情。

9月7日 江泽民总书记到黑龙江视察抗洪救灾工作。

同日 《中华人民共和国合同法(草案)》颁布。

9月7～12日 朱镕基总理在长江中下游五省市考察抗洪救灾工作。

9月15日 原国家主席杨尚昆在北京逝世，享年92岁。

9月14～18日 爱尔兰总理埃亨应邀访华。

9月21～26日 江泽民总书记在安徽考察农业和农村工作。

9月24～26日 法国总理诺斯潘应邀访华。

9月28日 全国抗洪抢险总结表彰大会在北京举行。

10月1日 朱镕基总理举行中华人民共和国成立49周年招待会。

10月4～7日 江泽民总书记到江苏、上海、浙江考察农业和农村工作。

10月5日 中国代表秦华孙在联合国总部代表中国政府签署《公民权利和政治权利公约》。

10月6～7日 中共中央、国务院、中央军委在北京召开军队、武警部队、政法机关不再从事经商活动工作会议。

10月7日 朱镕基总理视察中央电视台，与《焦点访谈》节目编辑记者座谈。

10月6～10日 英国首相布莱尔应邀访华。

10月8日 全军抗洪抢险庆功表彰会在北京举行。

10月9日 中国电视事业暨中央电视台成立40周年大会在北京召开。

10月12日 中国女队获奥林匹克国际象棋赛团体冠军。

10月12～14日 中共十五届三中全会在北京召开，通过《中共中央关于农业和农村工作若干重大问题的决定》。

10月12～16日 安哥拉总统多斯桑托斯应邀访华。

10月14日 台湾海峡基金会董事长辜振甫率团来大陆访问 。

10月18日 经国务院批准，雅鲁藏布江大峡谷正式命名。

10月19～24日 中国工会第十三次全国代表大会在北京举行。尉健行再次当选为中华全国总工会主席。

10月20～21日 "面向21世纪的世界人权"国际研讨会在北京举行。

10月23日 中央军委在北京举行座谈会，纪念彭德怀诞辰100周年。

10月25日 宁夏回族自治区成立40周年，温家宝率中央代表团出席大会并讲话。

10月26日 最高人民检察院决定推行"检务公开"制度。

11月2日 中国与汤加王国建交。

11月8日 经国务院批准，广西壮族自治区桂林市、桂林地区行政区划合并组建新的桂林市正式挂牌。

11月11～15日 韩国总统金大中访华。

11月15日 新华社报道:党中央、国务院决定对中国人民银行管理体制实行改革，撤销省级分行，跨省(自治区、直辖市)设置九家分行。18日，我国第一家跨行政区的中国人民银行上海分行正式成立。

11月17日 新华社报道：我国法官等级制度正式实行。

11月19～21日 加拿大总理克雷蒂安访华。

11月20日 中共中央在北京举行纪念刘少奇同志诞辰100周年大会。

11月22～25日 国家主席江泽民访问俄罗斯，中俄首脑举行第六次高级会晤。

11月22日 中国佛教协会召开纪念中国佛教2000年座谈会 。

11月25～30日 国家主席江泽民访问日本。

12月6～20日 第十三届亚运会在曼谷举行，中国代表团再次蝉联金牌总数第一。

12月10日 著名核物理学家王淦昌在北京逝世，终年91岁。

12月12日 第六届全国政协副主席汪锋在北京逝世，终年88岁。

12月18日 中共十一届三中全会召开20周年纪念大会在北京举行，江泽民总书记发表重要讲话。

12月19日 原中国社会科学院副院长、著名学者钱钟书在北京逝世，终年88岁。

12月23～29日 第九届全国人大常委会第六次会议在北京举行，会议通过《证券法》、《关于惩治骗购外汇、逃汇和非法买卖外汇犯罪的决定》。

同日 朱镕基总理签署国务院令，发布《基本农田保护条例》。

98-001

98-002

98-003

98-001. 江泽民等党和国家领导人会见出席中央农村工作会议的代表。
98-002. 江泽民等党和国家领导人会见出席全国宣传部长会议的代表。
98-003. 江泽民等党和国家领导人出席中纪委第二次全体会议。

98-004

98-005

98-006

98-007

98-008

98-009

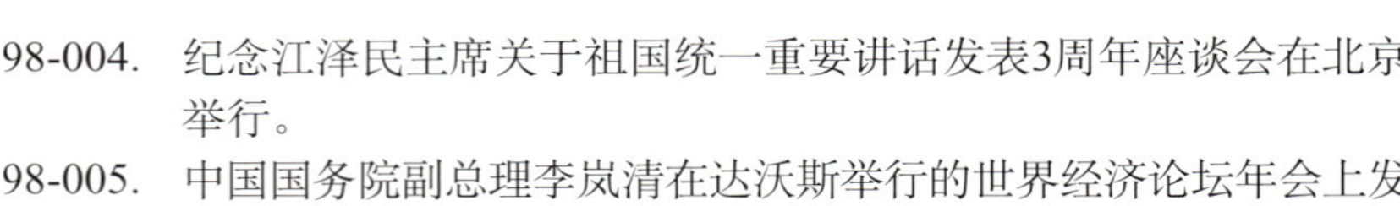

98-004. 纪念江泽民主席关于祖国统一重要讲话发表3周年座谈会在北京举行。

98-005. 中国国务院副总理李岚清在达沃斯举行的世界经济论坛年会上发表演讲。

98-006. 朱镕基在全国外经贸会议上讲话。

98-007. “纪念周恩来百年诞辰展览”在北京中国革命博物馆开展。图为竖立在天安门广场东侧中国革命博物馆前的巨幅展览告示牌。

98-008. 我国在广播电视系统实行播音员主持人持证上岗制度。国务委员李铁映为第一批持证上岗人员颁发证书。

98-009. 上海首批纺织压锭仪式现场。

98-010. 江泽民在周恩来诞辰100周年纪念大会上讲话。

98-011. 周恩来诞辰100周年纪念大会会场。

98-012. 南京市小学生来到梅园新村中共代表团旧址纪念馆缅怀周恩来。

98-013. 朱镕基（左二）在天津考察再就业工作。

98-014. 李鹏总理访问卢森堡时与卢森堡首相容克一起会见记者。

98-015. 李鹏总理在荷兰农家作客。

98-010

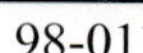

98-011

98-012

98-013

98-014

98-015

98-016

98-017

98-018

98-016. 朱镕基在北京中国人民革命军事博物馆参观全国海关反走私展览。
98-017. 石家庄市开展“为了农村消费者”下乡服务活动。
98-018. 广州市禁毒委员会和市中级人民法院在广州三元里抗英纪念碑前公开审判建国以来罕见的特大制毒贩毒案主犯。
98-019. 全国政协九届一次会议在北京人民大会堂举行。
98-020. 全国政协主席李瑞环在全国政协九届一次会议上与特邀香港人士伍淑清委员握手。
98-021. 出席全国政协九届一次会议的部分文艺界委员。左起：马季、于魁智、刀美兰、于洋、冯巩、万山红。
98-022. 叶选平副主席代表政协第八届全国委员会常务委员会向政协九届一次会议作工作报告。
98-023. 第九届全国政协主席李瑞环。
98-024. 全国政协九届一次会议闭幕。委员们走出人民大会堂。

98-019

98-020

98-021

98-022

98-023

98-024

98-026

98-025

98-027

98-028

98-029

98-030

98-031

98-032

98-033

98-034

98-025. 江泽民、李鹏、乔石、朱镕基、李瑞环、刘华清、胡锦涛、尉健行、李岚清、荣毅仁步入九届全国人大一次会议会场。

98-026. 江泽民与出席九届全国人大一次会议的新疆维吾尔自治区代表在一起。

98-027. 在九届全国人大一次会议上新当选的国家副主席胡锦涛和原国家副主席荣毅仁在休息室交谈。

98-028. 江泽民在九届全国人大一次会议上投票。

98-029. 朱镕基与出席九届全国人大一次会议的代表们在一起交谈

98-030. 第九届全国人大常委会委员长李鹏。

98-031. 新任国务院总理朱镕基。

98-032. 九届全国人大一次会议闭幕式主席台。

98-033. 江泽民在中南海怀仁堂主持召开中央计划生育和环境保护座谈会。

98-034. 朱镕基总理在中南海主持召开国务院第一次全体会议。

98-035

98-036

98-037

98-038

98-039

98-040

98-041

98-042

98-043

98-044

98-045

98-035. 朱镕基总理在长春主持召开辽宁、吉林、黑龙江、内蒙古三省一区党政主要负责人座谈会。

98-036. 粤港合作联席会议首次会议在广州举行。合作联席会议倡议者、香港特别行政区行政长官董建华（前左）出席会议。

98-037. 朱镕基总理在伦敦会见英国前首相撒切尔夫人。

98-038. 朱镕基总理在伦敦与欧洲联盟委员会主席桑特（右）会见。左为英国首相布莱尔。

98-039. 朱镕基总理在伦敦出席第二届亚欧会议。

98-040. 朱镕基总理抵达巴黎对法国进行正式访问。

98-041. 中国首届国际皮划艇漂流赛结束。中国选手陈莉获女子组第二名。

98-042. 香港特别行政区为立法会选举候选人举办简介会。

98-043. 香港特别行政区临时立法会举行最后一次会议。

98-044. 香港特别行政区行政长官董建华(左)在港岛中环圣约瑟书院投票站投票选举香港首届立法会。

98-045. 范徐丽泰当选为香港特别行政区首届立法会主席。

98-046

98-047

98-048

98-049

98-051

98-050

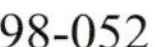

98-052

98-053

98-054

98-055

98-046. 江泽民主席在江苏农村考察时了解小麦生长情况。

98-047. 江泽民主席在重庆考察工作与重庆庆铃汽车股份有限公司工人交谈。

98-048. 海南省举行庆祝建省办经济特区10周年庆祝大会。

98-049. 美国国务卿奥尔布赖特访华。

98-050. 中国外交部部长唐家璇与美国国务卿奥尔布赖特在北京钓鱼台国宾馆签署中美关于建立保密电话通讯线路的协定。

98-051. 第四届茅盾文学奖颁奖大会在北京人民大会堂举行。左起：陈忠实（《白鹿原》作者）、王火（《战争与人》作者）、刘斯奋（《白门柳》作者）、刘玉民（《骚动之秋》作者）在颁奖台上。

98-052. 江泽民主席等与澳门特区筹委会全体成员合影。

98-053. 三峡工程临时船闸正式通航。

98-054. 朱镕基总理向首批国有重点大型企业稽查特派员颁发任命书。

98-055. 澳门特区筹备大会第一次全会在北京举行。

98-056

98-057

98-058

98-059

98-060

98-061

98-062

98-063

98-064

98-065

98-056. 江泽民主席与北京大学校长陈佳洱握手。
98-057. 庆祝北京大学建校100周年大会在北京人民大会堂举行。
98-058. 北京大学培养的莘莘学子。
98-059. 北京大学东语系教授季羡林（前左）、计算机系教授王选（左三）等敲响世纪钟，拉开百年北京大学《光明行》晚会帷幕。
98-060. 北京大学百年庆典大学校长论坛在北京举行。
98-061. 李鹏委员长向澳门特区筹委会副主任何厚铧颁发证书。
98-062. 澳门特区筹委会经济小组第一次会议在珠海举行。
98-063. 江泽民等党和国家领导人出席中央对台工作会议。
98-064. 钱其琛在中央对台工作会议上讲话。
98-065. 朱镕基总理在安徽省南陵县峨岭粮库视察。

98-066

98-067

98-068

98-069

98-070

98-071

98-072

98-073

98-074

98-075

98-076

98-066. 纪念真理标准问题讨论20周年座谈会在北京举行。
98-067. 中国羽毛球队在香港举行的第十七届尤伯杯羽毛球赛中战胜印度尼西亚队重捧尤伯杯。
98-068. 朱镕基总理到中国人民革命军事博物馆参观全国禁毒展览。
98-069. 全国禁毒展览上，观众向在禁毒斗争中牺牲的烈士像敬献鲜花。
98-070. 北京市中学生参观全国禁毒展后，庄严宣誓拒绝毒品。
98-071. 出席中国科学院及中国工程院院士大会的外籍院士。
98-072. 中国科学院第九次院士大会和中国工程院第四次院士大会在北京举行。
98-073. 国家主席江泽民在北京人民大会堂东门外广场举行仪式，欢迎来访的美国总统克林顿。
98-074. 美国总统克林顿应邀访问中国。国家副主席胡锦涛到首都机场欢迎克林顿总统和夫人。
98-075. 美国总统克林顿向北京大学图书馆赠书。
98-076. 美国总统克林顿及夫人、女儿在西安秦始皇兵马俑博物馆一号坑内参观。

98-078

98-077

98-079

98-080

98-081

98-082

98-083

98-084

98-085

98-086

98-087

98-088

98-077. 国家主席江泽民抵达香港参加香港特别行政区成立1周年庆祝活动。

98-078. 江泽民主席在庆祝香港回归1周年大会上讲话。

98-079. 江泽民主席接见中国人民解放军驻港部队营以上干部。

98-080. 一座象征圆满、永久、吉祥如意的九龙鼎安放在北京人民大会堂香港厅花园。

98-081. 江泽民主席在香港会议展览中心会见董建华等香港特别行政区主要官员及各界人士。

98-082. 香港飞行服务队告别启德机场。

98-083. 7月6日，香港新机场正式启用，首架客机正在降落。

98-084. 江泽民主席出席香港新机场揭幕典礼。

98-085. 国家主席江泽民出访哈萨克斯坦，在阿拉木图机场由哈总统纳扎尔巴耶夫陪同检阅仪仗队。

98-086. 中、哈、俄、吉、塔五国签署联合声明后，中国国家主席江泽民（中）与哈萨克斯坦总统纳扎尔巴耶夫（右二）、吉尔吉斯斯坦总统阿卡耶夫（右一）、塔吉克斯坦总统拉赫莫诺夫（左一）、俄罗斯总统特别代表普里马科夫（左三）握手。

98-087. 纪念田汉诞辰100周年文艺晚会在北京举行。演员们正演唱由田汉作词、聂耳作曲的《毕业歌》。

98-088. 江泽民主席在新疆视察。图为他在阿克苏喀拉塔勒镇与村民交谈。

98-089

98-090

98-091

98-092

98-093

98-094

98-095

98-097

98-096

98-098

98-099

98-089. 茅盾诞辰100周年纪念大会在北京举行，全国政协主席李瑞环（右四）出席大会。
98-090. 中国芭蕾舞蹈演员朱妍在保加利亚举行的第十八届国际芭蕾舞比赛中获一等奖和最佳艺术表现奖。
98-091. 朱镕基总理在湖北荆江大堤察看汛情。
98-092. 朱镕基总理在全国打击走私工作会议上讲话。
98-093. 朱镕基总理在内蒙古赤峰市劳动再就业服务中心考察。
98-094. 朱镕基总理在内蒙古红山国家粮食储备库考察。
98-095. 朱镕基总理在山西太原市与下岗职工交谈。
98-096. 北京市高级人民法院对陈希同贪污、玩忽职守案作出一审判决。
98-097. 纪念戊戌维新100周年座谈会在北京举行。
98-098. 中国选手张勇在杭州举行的第二十九届亚洲男子举重锦标赛上打破83公斤级挺举世界纪录。
98-099. 美国海军第七舰队“蓝岭”号、“麦凯恩”号两艘导弹驱逐舰访问青岛。图为美国第七舰队司令纳特尔中将在中国北海舰队司令张宝发中将陪同下检阅水兵仪仗队。

98-100

98-100. 江泽民总书记等在湖北抗洪一线对参加抢险救灾的人民解放军官兵及广大干部群众作决战动员，鼓舞大家的革命斗志。

98-101

98-102

98-103

98-104

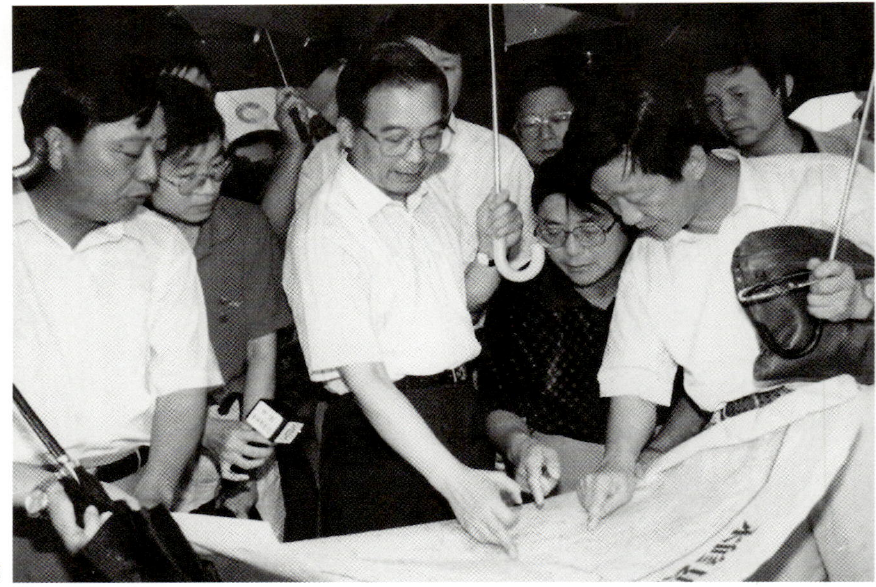
98-105

98-107

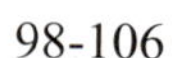

98-106

98-108

98-109

98-101. 中共中央总书记江泽民在湖北省洪湖市乌林镇中沙角堤险段向当地水文站潜水员了解水情。

98-102. 全国人大常委会委员长李鹏在哈尔滨松花江老头湾察看汛情。

98-103. 国务院总理朱镕基在四川听取抗洪救灾汇报。

98-104. 全国政协主席李瑞环在湖南洞庭湖麻塘大堤慰问抗洪军民。

98-105. 国务院副总理、全国抗旱防汛总指挥温家宝在江西九江市视察汛情。

98-106. 黑龙江军区通讯站女兵突击队在松花江大桥外的国道上加固子堤。

98-107. 坚守在湖北荆江大堤石首段的解放军某部突击队50名官兵跳入湍急的洪水加固堤坝。

98-108. 中央电视台、中华慈善总会和中国红十字会在北京举办《我们万众一心》大型抗洪赈灾晚会。被解放军从树上救出的小姑娘江珊来到晚会现场。

98-109. 遭受严重洪灾的湖南常德安乡县安障乡搭起帐蓬学校。

98-110

98-111

98-112

98-113

98-114

98-115

98-116

98-117

98-118

98-119

98-110. 济南军区某集团军副军长杨凤海少将率千余官兵在荆江大堤坚守15个昼夜。

98-111. 吉林抗洪军民抢运沙袋巩固嫩江大堤。

98-112. 哈尔滨市将23万人民群众自愿签名的千米长卷“中流砥柱主卷”赠送给抗洪抢险的解放军官兵。

98-113. “携手筑长城”大型赈灾晚会在北京人民大会堂举行。

98-114. 意大利指挥大师祖宾·梅塔（右二）和由他率领的歌剧《图兰多》原班人马在北京人民大会堂为中国抗洪赈灾义演大型交响音乐会《四海一家》。

98-115. 江泽民、李鹏、朱镕基、李瑞环、胡锦涛、李岚清等国家领导人同出席全国抗洪抢险总结表彰大会的英模代表合影。

98-116. 设立在北京市东城区新东安市场的宣传点向过路群众发放《中华人民共和国消防法》宣传材料。

98-117. 中国妇女第八次全国代表大会在北京召开，彭珮云当选为全国妇联主席。

98-118. 参加中国妇女第八次全国代表大会的部分代表在中南海参观。

98-119. 中英联合联络小组第四十三次会议在香港举行。

98-120

98-121

98-122

98-123

98-124

98-125

98-127

98-126

98-120. 全军抗洪抢险庆功表彰大会在京隆重举行。

98-121. 参加全军抗洪抢险英模事迹报告会的代表们在天安门城楼上参观。

98-122. 全军抗洪抢险英模事迹报告会在北京人民大会堂举行。

98-123. “各民主党派响应中共‘五一’口号，为建立新中国而奋斗”50周年座谈会在北京人民大会堂举行，全国政协主席李瑞环出席大会。

98-124. 国务院各部门分流人员研究生课程进修班开学典礼在中国人民大学举行。

98-125. 9月14日，前国家主席杨尚昆逝世。江泽民、李鹏、朱镕基、李瑞环、胡锦涛、李岚清等护送杨尚昆的灵柩上灵车。

98-126. 杨尚昆的故乡重庆市潼南县双江镇的小学生在杨尚昆生前种植的橙子树下悼念他的逝世。

98-127. 爱尔兰总理埃亨到北京市延庆县农村参观。

98-128

98-129

98-130

98-131

98-132

98-133

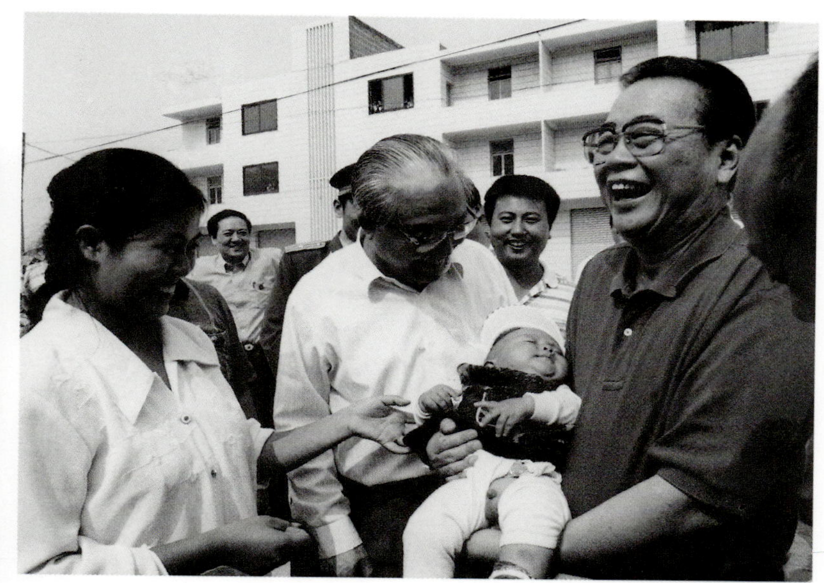

98-134

98-135

98-128. 清华大学与英国萨瑞大学合作成立清华－萨瑞微小卫星技术中心。英方塞恩斯·伯里教授将卫星模型交给清华大学校长王大中院士。

98-129. 法国总理若斯潘访华期间在北京首都机场出席法国通用水务集团向湖北灾区捐赠两座水处理装置仪式。

98-130. 庆祝中华人民共和国成立49周年招待会在北京人民大会堂举行。

98-131. 朱镕基总理在国庆 49 周年招待会上讲话并祝酒。

98-132. 中共中央、国务院、中央军委在北京召开军队、武警部队、政法机关不再从事经商活动会议。胡锦涛（左四）、尉健行（左五）出席。

98-133. 江泽民主席访俄抵达西伯利亚，在机场接受俄罗斯男女青年献上的面包和盐。

98-134. 李鹏委员长在三峡库区考察工作时与移民交谈。

98-135. 哈尔滨市道里区新郎张玉田在自家门口迎来由市邮政速递礼仪公司“邮递”来的新娘徐显昆。

98-136

98-137

98-138

98-139

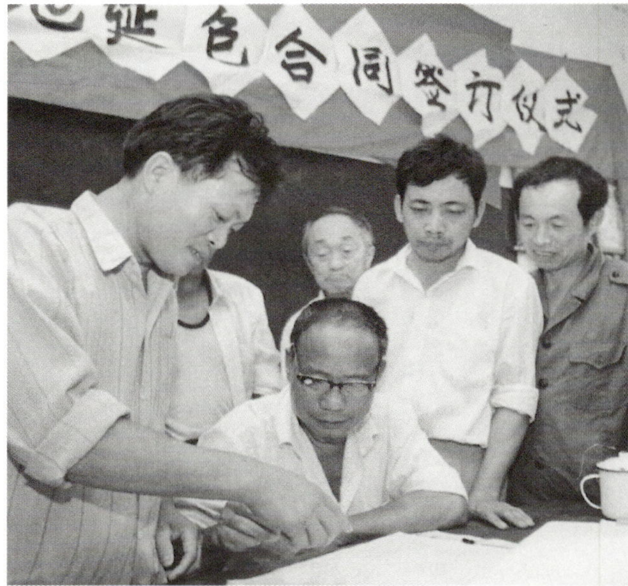

98-140

98-141

98-142

98-143

98-136. 李岚清、胡锦涛、朱镕基、江泽民、李鹏、李瑞环、尉健行（左起）在中共十五届三中全会主席台上。

98-137. 江泽民在安徽考察时与凤阳县小岗村当年发起包产到户的部分农民合影。

98-138. 第二届亚太经济合作组织中小企业技术交流暨展览会在山东烟台开幕。

98-139. 中共十五届三中全会通过《中共中央关于农业和农村工作若干重大问题的决定》。

98-140. 家庭联产承包制是中国农村经济的基本制度。图为浙江省金华市竹马乡农民在土地延长承包合同上按手印。

98-141. 江泽民主席在北京礼节性地会见来访的台湾海峡交流基金会董事长辜振甫和夫人。

98-142. 江泽民总书记在浙江嘉兴市郊考察时与当地群众在一起。

98-143. 亚洲最高的巨型铜像“炎帝神农”铜像在山西长治市落成。

98-144

98-145

98-146

98-144. 朱镕基总理视察中央电视台，与《焦点访谈》节目编辑、记者交谈。

98-145. 中国选手王艳荣（左）在'98北京国际马拉松赛中夺冠。

98-146. 参加1998年北京国际马拉松赛的运动员在天安门前起跑。

共　和　国　图　典

1999年(1~3月)

1月29日 中共中央召开座谈会，纪念瞿秋白诞辰100周年。

同日 首都集会纪念北平(北京)和平解放50周年。

2月3日 原国务院副总理、中顾委常委余秋里在北京逝世，终年85岁。

2月11日 著名作家、翻译家萧乾在北京逝世，终年90岁。

2月22日 新华社报道，国务院新闻办公室、国务院港澳事务办公室日前公布了“庆祝澳门回归祖国标志图案”。

2月24~27日 朱镕基总理访问俄罗斯。

2月28日 著名作家冰心在北京逝世，终年99岁。

3月2日 原中共中央纪律检查委员会第二书记王鹤寿在北京逝世，终年90岁。

3月3日~11日 中国人民政治协商会议全国委员会九届二次会议在北京举行。

3月5~15日 第九届全国人民代表大会二次会议在北京举行，通过《中华人民共和国宪法修正案》、《中华人民共和国合同法》，批准国务院总理朱镕基所作的《政治工作报告》。

3月8日 “雪域明珠——中国西藏文化展”在北京举行。

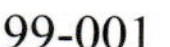

99-001

99-002

99-003

99-004

99-001. 二滩水电工程建设高峰时，有来自40个国家的600多名工程技术人员参加建设。图为外国专家参加电站总结表彰大会。
99-002. 著名作家冰心逝世。图为她生前在书房写作。
99-003. 参加十三届亚运会的中国代表团12月4日在曼谷亚运村举行升旗仪式。
99-004. 陈雁浩在曼谷亚运会田径男子110米跨栏决赛中夺得金牌。

99-005

99-006

99-007

99-008

99-009

99-010

99-011

99-012

99-013

99-005. 江泽民总书记在全国政协九届二次会议上讲话。
99-006. 全国政协主席李瑞环主持全国政协九届二次会议开幕式。
99-007. 九届全国人大二次会议会场。
99-008. 李鹏委员长在九届全国人大二次会议上讲话。
99-009. 江泽民等党和国家领导人步入九届全国人大二次会议会场。
99-010. 江泽民总书记与出席九届全国人大二次会议的香港特别行政区的代表们亲切交谈。
99-011. 朱镕基总理在九届全国人大二次会议上作《政府工作报告》。
99-012. 江泽民、李瑞环、胡锦涛、尉健行等在九届全国人大二次会议主席台上。
99-013. 江泽民总书记在九届全国人大二次会议上投票。

99-014

99-015

99-016

99-017

99-014. 江泽民、朱镕基在九届全国人大二次会议上。
99-015. 朱镕基总理在九届全国人大二次会议闭幕后举行记者招待会，回答中外记者的提问。
99-016. 在九届全国人大二次会议闭幕大会上，中华人民共和国《宪法》修正案获高票通过。
99-017. 众多观众参观“中国西藏文化展”，欣赏精美绝伦的“铜八瓣莲花大威德金刚像”。

《共和国图典》摄影资料编辑人员

一、摄影者

丁　汀　丁翔起　丁　峻　马千里　马昭运　马占成　马　寞　马俊田　马　挥　马惠英　马竞秋　马　平　马毅敏　土　登　大其米
于小平　于永甫　于　杰　于澄建　于成志　于　肇　于　志　于成建　于啟河　王一兵　王子谨　王文学　王世田　王景英　王新庆
王新迎　王敬德　王纯德　王传国　王传圣　王翼南　王　辉　王建民　王振山　王永治　王子谨　王呈选　王新著　王　平　王洪峰
王精业　王广林　王　颂　王云峰　王　岩　王小川　王毓国　王　雷　王丽南　方爱玲　毛有才　毛松友　毛众役　牛畏予　牛嵩林
尹文俊　天　元　邓观平　邓守智　邓均照　孔祥民　孔繁根　丹增多吉　卢敬利　卢　鸣　卢振海　兰　芳　兰红光　叶大开　叶用才
冯健伟　冯　杰　冯武勇　加　布　史　云　田建之　白玉杰　白连锁　白斯古郎　白　媖　艾尼瓦尔　刘少山　刘心宁　刘玉生　刘玉茗
刘　非　刘庆瑞　刘志伟　刘东鳌　刘建国　刘彦武　刘建生　刘诗临　刘　宇　刘全聚　刘恩泰　刘燕翔　刘景琪　刘　飙　刘向阳
刘长忠　刘大义　刘　明　刘　峰　刘卫兵　刘继武　刘允行　刘德源　吕子峰　吕全成　吕相友　吕厚民　吕洪民　吕淑梅　安小虎
安　康　孙丕永　孙忠靖　孙星文　孙小振　孙维佳　孙　参　孙　恕　朱大伟　朱云风　朱于湖　朱广智　朱哥　任用昭　米寿世
许革兵　许万育　许　农　许一鸣　许　颖　许必华　许介康　许安宁　许海峰　江宁生　江树积　岳国芳　成　山　任　珑　任晨鸣
成大林　成静平　华　一　向奎观　齐铁砚　齐观山　池兴旭　庄　唯　乔天富　多吉占堆　毕玥年　杨　飞　杨宝坤　杨武敏　杨绍明
杨溥涛　杨慎和　杨　华　杨建华　杨振亚　杨礼门　杨春敬　杨震河　杨　磊　杨孟宗　杜修贤　杜　捷　杜铁柯　杜海振　杜华举
苏万强　苏忠义　苏　航　宋佑民　宋连峰　宋晓刚　宋振平　闽福全　时盘棋　纳　一　佟德印　邱祥林　汪文华　汪永基　汪　强
鱼　澜　肖　野　肖敬志　沈正初　沈　桥　花　皑　巫加都　何宗跃　陆　轲　陆运祥　陆金发　陆顺生　严世昌　邹健东　邹　毅
吴元柳　吴祖政　吴森辉　吴　兵　吴增祥　吴化学　吴乙明　吴　晋　吴　群　吴松林　吴新华　李　平　李　刚　李广宽　李广佑
李子青　李生才　李生南　李生贵　李永安　李长永　李基禄　李保国　李晓斌　李振盛　李　锦　李　靖　李学亮　李永明　李根兴
李明放　李学仁　李昌元　李陪义　李永宏　李治元　李开远　李　峰　李九龄　李西望　李　刚　李启华　李俊东　李　欣　李开聪
李祖慧　李青山　李　晞　张　平　张　祝　张　宁　张　萍　张　洛　张　戈　张　彬　张　明　张　峻　张　旭　张　郇　张　领
张　昀　张小龙　张刘仁　张树源　张家昌　张家骅　张肄文　张学新　张鲁成　张桂玉　张雅心　张赫嵩　张新民　张凤国　张小军
张生贵　张立中　张曙光　张瑞琪　张燕辉　张丰祺　张申明　张继民　张瑞华　张耀智　张宗烈　张颖川　张醒生　张青云　张其军
陈　捷　陈　刚　陈思禹　陈家让　陈树根　陈娟美　陈正青　陈建华　陈学思　陈文奎　陈小鹰　陈海宁　陈沫军　陈卓志　陈宗烈
陈建力　陈毛弟　陈天湖　陈晓伟　陈凯星　陈　燮　陈　喆　武清月　武基国　武纯展　武　斌　欧启明　罗小韵　金勖琪　周庆政
周广中　周华康　周　屹　周　确　周树铭　周　斌　郑书福　郑健鸿　郑震孙　郑永吉　郑小箴　郑茂汀　岳国芳　孟昭瑞　孟庆彪
孟宪全　官天一　苗　明　忠东兵　卓培荣　宗金柱　庞伟良　罗玉和　苗勃生　林群英　林　铎　林　川　林　扬　金振强　宗子度
侯生福　侯中贤　侯少华　咸铁成　贲兰武　郝世保　郝纯一　姜可运　姜恩宇　姜　伟　姜国宪　项化庚　柯志雄　柯林渭　范　杰
范德元　范立新　胡　越　胡武功　胡　颖　骆立雪　哈治平　查春明　侯　波　施鹏飞　觉　果　姚　力　姚大伟　胥志成　段文华
南康宁　柳中央　赵天聘　赵柏林　赵连生　赵慎应　赵清海　赵　成　赵黄岗　赵迎新　赵建伟　赵　鹏　赵众志　钱兴强　高　峰
高学余　高梅及　高亚雄　高　粮　高　宏　高　风　郭占英　郭　勇　郭庆华　郭伟祺　郭　燕　郭大岳　郭世虎　袁克忠　袁汝逊
袁毅平　袁　苓　袁家骅　袁　满　饶爱民　徐义根　徐光春　徐　邦　徐佑珠　徐　步　徐　澎　徐英杰　晓　庄　钱嗣杰　桑逢康
秦玉成　贾秀文　陶　明　陶俊峰　顾延鹏　顾松年　顾绶康　顾德华　谈培章　流　莹　唐召明　唐允仁　唐京伟　唐理奎　唐师曾
唐茂林　唐永兴　夏道陵　夏力哈尔　索　郎　索郎罗布　黄兴泉　黄田宝　黄景达　黄鉴秋　黄彩虹　黄福坤　黄宗祥　黄　文　黄本强
黄玉斌　章开元　章耕辛　章　武　雪　印　崔宝林　盛　国　盛　果　盛继润　常克非　梁伯权　梁　毅　野　战　康　松　康　乐
符忠昌　曹玉泉　曹兴华　曹光辉　敏钟杰　韩居策　韩晓华　彭端池　游云谷　谢丰泉　谢家华　谢培林　谢云安　蔡志培　程至善
程　默　程　敏　喻惠如　曾志坚　曾　璜　蒋齐生　鲍广贺　舒宏平　焦卫平　彭张青　傅学军　新　华　傅　军　喜　元　葛力群
龚　兵　董智永　董荣贵　董为焜　塔吉古勒　楚　英　薛子江　薛铁军　薛　鸿　薛寿元　群　桑　虞家复　詹国强　熊汝清　蔡国胜
谭　进　谭熙鹏　谭先德　谭志强　蔡忠植　蔡尚雄　潘家珉　黎谱远　黎启榕　樊如钧　樊鸣涛　冀连波　戴顺清　戴纪明　戴颂林
戴　浩　鞠　鹏　魏善章　魏德忠

二、资料编辑人员

文稿编辑组：谢春涛　王海光　柳建辉　郑雅如　韩　威

图片编辑组：苏　航（组　长）　蔡　毅（副组长）　骆立雪　王洁平
徐丽君　胡　伟　唐京伟　张志萍　远秀英　章开元

照片资料：刘晓欣　魏慧英　白艳娥　白冬梅

照片制作：李青山

鲁新登字08号

图书在版编目（CIP）数据

共和国图典／中央文献研究室第二编研部等编．－青岛：
青岛出版社，1999.8
ISBN 7-5436-2092-8

Ⅰ．共…　Ⅱ．中…　Ⅲ．社会主义建设－成就－中国－图集
Ⅳ．D619-64

中国版本图书馆CIP数据核字（1999）第30200号

书　　名　共和国图典
编 著 者　《共和国图典》编委会
出版发行　青岛出版社
社　　址　青岛市徐州路77号（266071）
邮购电话　（0532）5814750　5814611-20
责任编辑　徐　诚　王一方　刘永贵　曹永毅　贾庆鹏　杨　慧
装帧设计　范开玉　肖　勇
制版印刷　青岛人民印刷厂　上海纪元印刷有限公司
出版日期　1999年8月第1版，1999年8月第1次印刷
开　　本　8开（850×1168毫米）
印　　张　96
插　　页　8
字　　数　1920千字
印　　数　1～3000
ISBN 7-5436-2092-8/D·134
定　　价　1280.00元